U.S. ENERGY TAX POLICY

美国的
能源税政策

（美）吉尔伯特·梅特卡夫（Gilbert E. Metcalf） 编著

吕凌燕 陈文勤 编译

中国财经出版传媒集团

经济科学出版社
Economic Science Press

·北 京·

图字号 01-2023-4588

图书在版编目（CIP）数据

美国的能源税政策／（美）吉尔伯特·梅特卡夫
（Gilbert E. Metcalf）编著；吕凌燕，陈文勤编译.
－－北京：经济科学出版社，2023.11
书名原文：U. S. Energy Tax Policy
ISBN 978 - 7 - 5218 - 5218 - 9

Ⅰ.①美… Ⅱ.①吉… ②吕… ③陈… Ⅲ.①能源工
业 - 税收管理 - 研究 - 美国 Ⅳ.①F817.123.2

中国国家版本馆 CIP 数据核字（2023）第 209369 号

责任编辑：杨　洋　卢玥丞
责任校对：刘　娅
责任印制：范　艳

美国的能源税政策

（美）吉尔伯特·梅特卡夫(Gilbert E. Metcalf)　编著

吕凌燕　陈文勤　编译

经济科学出版社出版、发行　新华书店经销
社址：北京市海淀区阜成路甲 28 号　邮编：100142
总编部电话：010 - 88191217　发行部电话：010 - 88191522
网址：www. esp. com. cn
电子邮箱：esp@ esp. com. cn
天猫网店：经济科学出版社旗舰店
网址：http://jjkxcbs. tmall. com
北京季蜂印刷有限公司印装
710×1000　16 开　24 印张　370000 字
2023 年 11 月第 1 版　2023 年 11 月第 1 次印刷
ISBN 978 - 7 - 5218 - 5218 - 9　定价：98.00 元
（图书出现印装问题，本社负责调换。电话：010 - 88191545）
（版权所有　侵权必究　打击盗版　举报热线：010 - 88191661
QQ：2242791300　营销中心电话：010 - 88191537
电子邮箱：dbts@ esp. com. cn）

序 言

随着我国工业化进程的加速，规模化生产和消费所引发的能源与生态环境问题已成为当前社会各领域普遍关注的焦点。美国通过系统化的能源环境宏观干预与税收调节政策促使能源与环境外部成本的内部化，在控制温室气体排放及能源合理开发利用领域发挥了一定的效果。近年来，随着美国联邦政府财政赤字的不断增大，能源环境税收政策的制定者和支持者们开始对美国联邦政府依靠税收补贴调节环境能源的制度措施进行反思。美国专家对影响气候变化、能源消费的税收制度深入系统的分析和讨论，对我国学者了解美国环境政策、辨析地分析美国环境能源税收制度效用，科学系统研究当前我国环境与能源税收制度体系与内容，进一步贯彻绿色发展理念、优化和完善环境能源政策具有重要意义。

本编译作品是中国地质大学吕凌燕老师与陈文勤老师在美国塔尔萨大学法学院能源法方向的访问学习期间所共同完成的研究成果。选择剑桥大学出版的此著作进行编译，一方面，缘于原版作品汇集了美国知名专家对美国环境能源政策较为前沿的研究观点和研究成果。研究视角主要集中在两方面：一是对能源宏观政策进行评估，这些政策是气候变化政策的一部分，用来减少社会发展对化石燃料的依赖；二是对现行能源税收政策的评估。研究内容主要包括四个部分：第一部分是温室气体排放定价政策的影响；第二部分是关于碳定价的设计特征；第三部分是从一个全新的视角重新审视了总量控制与交易和税收的相关研究；第四部分是能源市场中更广泛的环境问题，对现行能源政策进行评估。另一方面，原著的编者吉尔伯特·梅特卡夫（Gilbert E. Metcalf）是麻省理工学院全球变化科学与政策联合项目的副研究员，任职于美国国家科学院委员会，长期关注能源生产和消费的卫生、环境及其他外部效益，还是美国环保署气候建模工作的同行评审小组成员之一。吉尔伯特·梅特卡夫在各学术和专业杂志上发表学术论文 70 余篇，一直致力于美国环境能源政策的研究工作并取得了较为丰富的研究成果。

最后，美国学者对本国能源环境税收政策的系统性解析使我国关注环境能源政策的研究者和实践者能够更加系统地辨析能源政策发挥效用的机理和逻辑，对我国政策的完善有一定的启发和帮助。在此，编译者由衷感谢出版社编辑对本书的出版的支持和帮助。

目 录
CONTENTS

第 1 章

导　论

吉尔伯特·梅特卡夫（Gilbert E. Metcalf）

我们常常期待通过一项能源政策达到多个且可能会存在冲突的目标。例如，决策者们希望促进温室气体（主要是能源消耗所排放出的二氧化碳）减排，但同时，也要减少我们对石油消费的依赖。虽然这些目标形式上看起来似乎是互补的，但并不是如此。例如，机动车内燃机的主要竞争对手是插电式混合动力，而用电需求的增长又可能导致燃煤发电需求的增加。煤在所有能源中单位排放二氧化碳最多，因而成为环保主义者希望减排的主要目标。气候变化、能源安全及与能源生产和消费相关的污染问题是我们使用能源的主要担忧，除此之外，还要考虑复杂的分配问题。例如，在电力生产过程中，煤炭燃烧的损害在不同发电厂之间差异很大，最近的一项研究表明，标准污染物每千瓦时造成的损害在不足 0.19 美分到 12 美分之间不等（美国国家科学研究委员会，2009 年）。与此同时，减少煤炭排放的政策会有很强的分配效应，在美国蒙大拿州、怀俄明州和伊利诺伊州的煤炭可采储量占全国的一半以上。减少煤炭排放量这一政策的影响是否会不成比例地由这些州的居民承担则是另外一个问题，这个问题将在本书中有所涉及。本书对现行或拟议能源政策的一些方面进行了系统分析，重点关注财税政策。

图 1.1 显示了 2006 年部分发达国家环境税收占国内生产总值（GDP）

的比例。其中，2006 年经济合作与发展组织（OECD）国家的环境税收占 GDP 的比重平均为 1.71%，而美国为 0.86%，在 OECD 国家中最低。比较而言，英国、德国和丹麦较高，分别为 2.37%、2.4% 和 4.79%。图 1.2 有助于解释美国环境税在 GDP 中比重异常低的原因。表 1.1 显示了美国 2009 年 1 月 1 日的汽油消费税税率。美国（联邦和州）汽油消费税税率为其他国家税率的 10%～34%，是加拿大的一半。美国国会一直积极通过能源补贴政策鼓励生产活动。美国行政管理和预算局列举出了与能源有关的 24 项联邦税收支出，其中不包括酒精燃料（乙醇）生产的消费税抵免。[①]

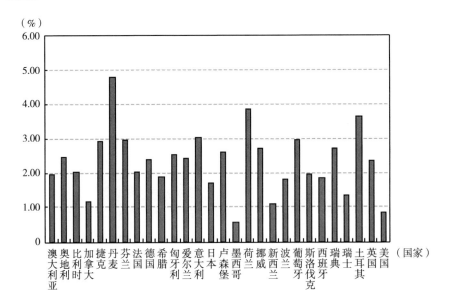

图 1.1 2006 年环境税占 GDP 的百分比

表 1.1 列举了与能源相关的联邦税收中四个重要的削减，前两项为税收优惠，大部分适用于油气钻探，其余两项是对可再生能源的税收削减。[②] 对加速折旧和其他附随着所得税与消费税抵免或减免的依赖，使得对联邦

---

① 乙醇税抵免在总统的预算提交中没有被作为税收支出对待，因为它是消费税收入的减少，而不是所得税收入的减少。

② 美国能源情报署（2008）详细描述了对能源生产和消费的各种联邦补贴及对能源使用减少的补贴。吉尔伯特·梅特卡夫（2007，2009）提供了对联邦能源税政策的评估。

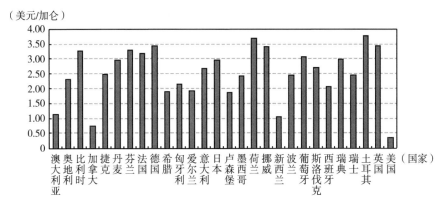

图 1.2　2009 年无铅汽油的税率

能源政策的分析变得更加复杂。本书部分章节通过对税法的深入分析，以解析能源供应和消费是如何被税收政策所影响，并对政策的分配及其效应进行了评估。

表 1.1	与能源相关的税收支出（税收支出以百万美元为计量单位）
类别	2009～2013 年
勘探和开发成本的费用支出	1550
超出消耗成本的额外部分	4430
新技术生产和投资税收抵免	5010
酒精燃料税收抵免	10630

资料来源：美国管理和预算办公室（2009 年）。

　　本书的内容大致分为两部分：一部分是对可能的政策进行评估，这些政策是气候变化政策的一部分，用来减少我们对化石燃料的依赖；另一部分是对现行能源税收政策的评估。书中还包含部分研究者在会议中表达的一些观点和一些评论。第 2 章和第 3 章主要分析温室气体排放定价政策的分配影响。虽然这些研究重点主要集中在总量控制与交易政策上，但是很多分析也适用于碳定价。这些研究都从一个基本的前提开始：美国联邦总量控制与交易制度（同碳定价一样）有可能为政府带来数十亿美元的收入。许可证的免费分配等同于拍卖许可证后将收入一次性返还给企业和消费者。尽管根据总量控制与交易制度，碳定价的负担是由家庭消费的商品和服务的碳浓度，以及碳密集产业的资本强度决定的，碳定价的全部负担必须考虑总量控制与交易制度的收益用途（或免费许可证的分配）。第 2 章由布尔特罗（Burtraw）、沃尔斯（Walls）和布隆兹（Blonz）编写，他们考虑了碳定价的分配效应。而这种效应正如在《美国清洁能源和安全法案》（以下简称"H. R. 2454"）（该法案俗称《韦克斯曼—马基法案》）中提出的那样，是由通过地方电力和天然气分销公司（以下简称"LDCs"）向消费者分配许可证的政策引起的。把津贴分配给 LDCs，在很大程度上，是为了均衡不同地区电力用户的成本。布尔特罗、沃尔斯和布隆兹的研究证明，替代性分配机制可以降低家庭的平均成本，并且与《韦克斯曼—马基法案》相比，它能在跨区域间实现更加均衡的效果。他们的分析透露出一个关键的信息，就是管理的细节很重要。LDCs 如何将其接收的许可证价格分配给纳税人，这存在显著的效率成本。

第 2 章主要探讨的是电力部门的津贴分配问题，并特别关注了《韦克斯曼—马基法案》的核心规定，而第 3 章在一般均衡的背景下考虑了更程式化的建议，在此背景下，要素价格和消费者价格都可以调整。① 第 3 章劳施（Rausch）及其同事也对碳定价政策的分配进行了分析，他们运用了一种新的可计算的美国经济的一般均衡模型，该模型能够提供关于家庭收入和地址的详细信息。这种 USREP 模型提供了几种不同情境下碳定价的短期一般均衡结果。考虑到向后转嫁，劳施和他的同事们发现，由于政策对资本收入的影响，碳定价本身忽略收入的返还是温和累进的。这与大多数的研究相反，他们认为碳价格完全向前转嫁为较高的消费者价格，而本书的研究则发现碳价格是相对累退的。正如布尔特罗、沃尔斯和布隆兹的研究一样，他们都认为政策的设计很重要。尽管 H. R. 2454 中禁止利用 LDC 津贴的价值来降低电力的边际价格，劳施和他的同事们发现，如果消费者将免费津贴误以为是价格降低，气候政策的成本则会大幅度上升。电费设计上的细微差别会导致电力消费者混淆电力平均价格的降低与边际价格的增加。

接下来的三章主要是关于碳定价的设计特征。长期以来，经济学家在

---

① 利用某些财政学术语，向前转嫁的情形发生在消费者价格为应对碳定价而上涨时，而向后转嫁情形则发生在要素价格下跌时。布尔特罗、沃尔斯和布隆兹的第 2 章假设碳价格的向前转嫁，而劳施等的第 3 章考虑了向前转嫁和向后转嫁两种情形，由模型确定每种转嫁情形的数量。

很大程度上支持碳税，而政治家和环保人士则青睐于总量控制与交易制度。第4章韦斯巴赫（Weisbach）分析了税收与总量控制、交易制度之间的差异，他认为，这两种制度从设计的角度看功能是相同的。税收固定了价格而允许排放量变化，总量控制与交易制度固定了排放量而允许价格变化，人们往往忽略税收和许可证制度的灵活设计原则，这些原则可以模糊或消除两者之间的区别。然而，在国际背景下，韦斯巴赫认为二者显著的差别依然存在，如果将协调、监控和验证等问题考虑进来，就会导致对税收而非总量控制与交易制度的明显偏好。很多关于碳税与总量控制、交易制度的讨论都是从威茨曼（Weitzman）（1974）的论文开始的。在韦斯巴赫的研究章节中，关键的一点是威茨曼对气候问题的分析是不完整的，因而把威茨曼的模型运用到气候变化的工具选择问题上会得出不恰当的结论。卡普洛（Kaplow）的第5章论述了韦斯巴赫的观点。卡普洛和韦斯巴赫认为，威茨曼模型有两个关键的局限性：对线性工具的依赖，以及假设在未来政策不会被重新讨论。一旦人们放松了这些假设，任何一个方法都可以被使用，最重要的是，碳价格可以被设计成与非线性边际损害曲线上任何点的排放边际损害相匹配。换句话说，我们无须限制自己对线性工具的使用。[1] 卡普洛的章节本来是作为对韦斯巴赫内容的评论收录在本书中。卡普洛对其会议上的评论进行了扩展，就成了独立的一章。

关于美国气候政策设计，决策者们一个主要的担忧就是泄漏的可能性。当政策引起碳密集型制造业的成本上升，导致公司把生产从实施碳价格的国家转移到没有实施碳价格的国家时，泄漏就会出现。如果把在没有碳价格的国家生产的制成品出口到美国，并且对其内置碳不征收关税，那么，国内碳税将不会对排放产生影响，只不过会导致国内就业机会的丧失。[2] 要解决这个问题，最显而易见的措施就是对从没有碳价格国家进口的产品的内置碳征收关税。然而，这个解决方案会遇到两个障碍：第一，进口产品的税率并没有明确规定；第二，任何此类关税都需要与国际贸易协定相一致。麦克罗（Mclure）所写的第6章对这些复杂问题进行了分析。

---

[1] 有人可能争论到说线性体系简单，但是个人所得税的非线性特征（边际税率随着收入增长）是税法中最不复杂的方面了。

[2] 如果国外技术不如国内技术效率高，则全球排放可能实际上会升高。

通过借鉴大量有关增值税边境调节的文献，麦克罗介绍了进行边境调节的各种不同的方式，并仔细地向读者介绍了其运作过程。他严谨的分析使立法者面临的艰巨任务明朗起来，即构建一个边境调节体系，该体系需要考虑到不同国家的各种碳定价机制，从而避免产生一些扭曲以及意想不到的后果。麦克罗对各种不同的边境调节方法进行了正反两方面的分析，并且对不相关与至关重要的问题进行了明确的区分。

本书第 7 章由斯特兰德（Strand）编写，他从一个全新的视角重新审视了总量控制与交易和税收的争论。鉴于韦斯巴赫和卡普洛证明总量控制、交易制度与税收之间的差异被过分强调，斯特兰德提出了一个重要的区别，一些国家向另外一些国家出口能源产品，并且这些出口国拥有对市场的支配权力。从韦斯巴赫和卡普洛的角度来讲，碳税和总量控制与交易政策不再等效。在那些石油进口国家里，相对于总量控制与交易制度，碳税体系能够提高这些国家的战略地位。简而言之，在从石油出口国中获取垄断租金方面，税收要比总量控制与交易制度更有效。一个国家更倾向于何种制度，取决于它属于石油出口国还是进口国。

本书接下来的三章转向能源市场中更广泛的环境问题，在很大程度上，它们是对现行能源政策而不是对可能的政策进行评估。本书的第 8 章是由帕里（Parry）编写的，他构建了美国汽油和柴油最优税的估算体系。帕里的这篇分析吸收了其早期作品的思想，但也考虑到了使用运输燃料造成的损害的最新估算，包括来自气候变化的损害。此外，技术使得新手段成为可能，因此更精确的定向手段得以使用（例如，电子计量和按里程付费保险）。正如富勒顿洪和梅特卡夫（2001）讨论过的，更精确定向的环境手段带来的效率收益可能是巨大的。帕里考虑了汽油和柴油最优税收是如何直接受到对相关里程外部性（而不是燃料）收费能力影响的。

1998 ~ 2008 年，美国石油和天然气生产商的税收待遇有着相当多的争论。尽管大多数的争论发生在联邦一级，石油生产的一个重要驱动力是州的采掘税政策。本书的第 9 章是由加达维普（Chakravorty）、格尔克（Gerking）和利奇（Leach）编写的，对美国石油税收制度以及州与联邦能源税之间的相互影响提供了一个非常有用的梳理。他们在霍特林生产模型中加入了税收因素，从而分析了生产商如何调整生产时间以应对税收。通过把模型与美国数据进行校准，他们发现，生产对州采掘税税率或联邦百分率折耗规则的变化相对不敏感。尽管由联邦政府还是州政府收取该税收收入取决于哪个税收工具被改变，提高采掘税税率，或者进一步限制百分率折耗的使用，都有可能增加新的税收收入。而且，钻井的无形成本的确会增加钻井活动，考虑到美国本土已经广泛开展的钻井活动，作者对生产更多的石油持比较悲观的态度。

本书的第 10 章是由德戈特（De Gorter）和贾斯特（Just）编写的，他们对美国不同生物燃料政策之间复杂的相互作用进行了调查。两个关键的政策分别是：对汽油乙醇混合燃料的消费税抵免和要求在运输燃料中使用生物燃料的强制令，二者之间相互作用，并且二者与现行汽油消费税相互作用。该章分析了强制令和税收抵免是如何与最优和次优的汽油消费税税率互相作用，进一步说明了帕里章节中讨论的外部性问题。编写者确认了存在最优燃油税时强制令支配消费税抵免。更重要的是，他们证明，如果对燃油税的征收处于一个次优水平，那么强制令对消费税抵免的效率优势则会大幅度提升。考虑到在美国提高汽油税会有许多政治上的困难，这些结论是有价值的。

总体而言，本书中的研究加深了我们对现行美国能源财政政策的理解，梳理了 21 世纪能源制度使用中重大环境和安全问题的政策选择。希望本书中的研究能够协助决策者制定合理的能源政策并能推动未来的研究。

第 ② 章

电力行业中碳定价政策的分配影响[*]

达拉斯·布尔特罗 (Dallas Burtraw)

玛格丽特·沃尔斯 (Margaret Walls)

约书亚·布隆兹 (Joshua Blonz)

2.1 引言

　　碳税与总量控制、交易制度将会对电力行业产生较大的影响。在美国，电力行业占二氧化碳排放量的 40%。在关注气候政策对家庭的影响时，该行业也是焦点之一。每个家庭平均每年在电力方面花费大约 1315 美元，这占能源直接支出总额（电力、汽油、天然气和取暖油）的 31.2% 及家庭平均收入的 2.25%。[①] 在美国的部分地区，这些数字和比例甚至

　　* 该研究受到了以下机构的资助：国家能源政策委员会、多丽丝公爵慈善基金会、密斯特拉气候政策研究项目 (Mistra's Climate Policy Research Program) 及美国税收政策研究所。我们也感谢艾琳·马斯特兰赫洛 (Erin Mastrangelo)，凯伦·帕尔默 (Karen Palmer)，安东·尼保罗 (Anthony Paul) 和理查德·斯威尼 (Richard Sweeney) 对我们工作的协助和指导。我们还感谢特里·迪南 (Terry Dinan) 和唐·富勒顿 (Don Fullerton) 的有益评论，以及美国能源政策研究所举办的美国能源政策会议的与会者们。
　　① 本部分数据是在本章作者 2009 年研究的数据基础上预测的。

更高，对于低收入家庭来说，这些支出占据了他们年收入相当大的一部分 [该估算在布尔特罗、斯威尼（Sweeney）和沃尔斯（2009）基础上进行了更新]。

这些因素促使研究者、支持者和决策者们提出各种方法来减少气候政策对消费者的影响并缓解区域差异。这些方法包括，对在总量控制与交易制度下获得的配额拍卖收入（或碳税收入）进行再分配，以及在总量控制与交易制度下分配配额的替代性方法。最近《韦克斯曼—马基法案》提议：基于当前的消费和排放模式，把总量控制与交易制度下的一部分配额分配给电力和天然气地方分销公司（LDCs）。LDCs 是零售供应商，为家庭和企业配送能源，并且承担向消费者收取已交付能源的全部成本的费用。对于电力而言，这些成本包括与发电、输电和配电相关的费用；对于天然气而言，这些成本包括进口价格、运输和配送成本。由于它们是受监管的实体，LDCs 将作为受托人来代表消费者，并且将配额价值用于减轻气候政策所带来的负担。依据《韦克斯曼—马基法案》，在未来的 10 年里，电力 LDCs 将收到 30% 的排放配额价值，天然气 LDCs 将收到 9%。2026～2030 年，这种分配将会逐渐退出。

如果 LDCs 确实作为受托人来代表消费者，那么我们可以期待，与配额全部进行拍卖相比，消费者在该方法下得到的电力和天然气的账单会更低。之后的问题是这些账单是如何受到影响的。如果电力的可变价格降低，那么电力消费将会比在全部拍卖中的高，并且其他的能源行业，如运输系统和工业，将不得不为此买单。在这种情况下，二氧化碳的价格要比在全部拍卖的情况下价格高。这将导致一切商品和服务的价格提高，因而，通过分配给 LDCs 来补贴电力消费这一决定到底使任何给定区域或给定收入群体的家庭境况改善还是恶化，这一点并不是很清楚。

然而，电力 LDCs 有可能通过固定收费的部分而不是可变电价将该价值传递给消费者。这将会保留边际的价格信号，在此原则下，通过较低的电费账单提供一次性减免的同时，也大大刺激了电力消耗的减少。电费账单的固定成本部分包括向消费者提供服务的成本，其可变成本部分包括在批发市场获取电力的成本，月账单中固定费用和可变费用的构成比例在全国各地是各不相同的。事实上，在大多数地区，固定成本中的很少一部分被列入固定费用中，在固定费用和可变费用分离的情况下，固定费用通常是基于使用体积计算的。为了提供在独立核算中将固定成本从可变成本中分离出来的记账方式，账单改革将是必要的，不过，这是州公用事业委员会的管理范围。此外，尽管固定费用和可变费用被分开，家庭和企业是否将对总账单变化和边际价格变化进行区分却是一个行为问题。

这些问题突出了 LDCs 分配方法中存在的不确定性。本章我们分析了在不同情形和行为假设下，LDCs 分配对家庭的影响效应。我们对美国 11 个地区和 10 类收入群体的分配影响进行了评估。首先，对根据《韦克斯曼—马基法案》分配给 LDCs 的 30% 的配额价值进行分析，并且比较了三种替代情形。在第一种情形中，我们对所有消费者类型假定为常规的电力定价和行为。所有消费者（居民、商业和工业）领取分配给 LDCs 的配额价值被视为全部拍卖情形中电力可变价格的削减部分。在第二种情形中，假设 LDCs 能够为工业和商业消费者完全区分固定费用和可变费用，并且这些消费者的反应是很理性的。与此同时，假设居民用户将固定费用的减少（相当于总账单的减少）视为电力可变价格的降低，于是我们把这两种情形与第三种情形进行比较。在第三种情形中，根本不存在对 LDCs 的免费分配，相反，该价值将按人均免税的形式返还给家庭。

我们研究了 LDCs 的方法是否能更好地保护中低收入家庭和减少地区差距，我们也分析了较低电价所带来的效益是否被较高的配额价格和在其他行业的影响所抵消。该结果表明了政策设计中分配与效率目标之间的权衡，并且可以让我们通过介绍这种尝试性的效率成本方式来处理分配问题。

其次，本书专注于研究《韦克斯曼—马基法案》制度的基础，除对电力 LDCs 的分配外，我们还包含了分配给天然气 LDCs 的 9%、给家庭取暖油供应商的 1.5%，以及给低收入家庭的 15%，这些账单的数值占到排放配额之外的 26%，总比重达到 56%。[①] 我们把这种方法与全部拍卖和人均红利以及对 H. R. 2454 的一种渐进式改革进行比较，这种改革只保留了给居民消费者的 LDCs 配额。分析表明，按净计算与按人均将收入直接返还

---

① 资料来源：《韦克斯曼—马基法案》。

给家庭相比，LDC 分配政策会导致家庭境况恶化。商业和工业消费者会理性的对不变成本和可变成本的差别做出反应，这一假设在某种程度上减轻了负担，但即使在这种情况下，对于家庭而言，LDC 方法比拍卖红利方案成本更高。我们还注意到了 LDC 分配方案与拍卖红利方案的结果中存在一些很有意思的区域差异。最后，我们发现，在实现 H. R. 2454 的分配和区域目标方面，渐进式改革比法案中的方法表现更好。前者是基于居民消费向 LDCs 分配一些配额，剩余配额作为人均红利，而后者将更多的配额分配给了电力和天然气 LDCs、家用取暖油供应商及低收入家庭。而且，我们的改革是以较低的效率成本实现的。

需要指出的是，我们的分析专注于家庭消费行为，通过更高的价格和支出感受到的碳定价影响及分配方案的影响。事实上，后者是本书的研究重点。然而，我们没有评估任何一个一般均衡效应，如对特定行业的影响及通过工人断层（worker dislocation）感受到的影响。我们也没有考虑二氧化碳减排的效益，以及这些效益在不同收入群体和地区间的分配。而且，我们关注的是年收入作为支付能力的测度，而不是终生收入。[①]

我们简要讨论了对气候政策分配效应进行评估的其他文献。在该讨论之后，回顾了排放配额分配政策的演变，并且基于美国当前电力监管的情况，给出了 LDC 方法的基本原理。本章第 2.4 节中阐述了数据和方法论，包括用来评估电力行业中碳定价影响的 Haiku 电力市场模型。本章第 2.5 节给出了一般分配方法的结果。在本章第 2.6 节中，我们将《韦克斯曼—马基法案》作为当前政策的一个案例进行了更详细的研究。最后，本章第 2.7 节给出了结论。

2.2　文献综述

对二氧化碳的排放进行定价在一定程度上损害了低收入家庭，这一点已得到证实。不可否认的是，对二氧化碳进行定价提高了能源价格，在能

---

① 关于税收不同分配方面的讨论见富勒顿（Fullerton，2009）。

源消费方面高收入家庭比低收入家庭花费更高，但是该花费占其收入的比例要比低收入家庭要低。因此，当能源价格上涨时，低收入家庭受到的不利影响更大。即使考虑到对非能源商品和服务的间接影响，该结论也同样成立 [哈西特（Hassett）、马瑟（Mathur）和梅特卡夫 2009）]。学者们在这一点上达成的共识导致了最近几年问题关注的导向，即总量控制与交易制度中配额价值的分配问题，以及对碳税或配额拍卖收入的分配问题。文献中的结论强调了分配对计划整体效率与公平的重要性。迪南和戈特（2002）发现，分配效应与下列事实密切相关：配额是适用祖父原则①还是拍卖，配额拍卖收入或配额租金的间接税收入是用来削减工资或公司税，还是给家庭提供一次性的转移支付。例如，他们预测，在适用祖父原则的配额下，收入最低的 20% 的家庭会看到他们的平均税后收入下降了 6%，然而收入最高的 20% 的家庭将会有 1.2% 的涨幅。祖父原则倾向于对高收入家庭有利，因为增值归于股东，而他们主要来自高收入群体。② 帕里在一个校准的分析模型中也得出了这一结论。相比之下，迪南和戈特（2002）发现，如果配额被拍卖，收入一次性等额返还给所有家庭，那么在不同收入水平之间的成本分配将会是相反的。收入最低的 20% 的家庭平均税后收入会增加 3.5%，而收入最高的 20% 的家庭平均税后收入将会减少 1.6%。③ 利用拍卖收入来削减工资或公司税被发现是累退的，但是累退程度较祖父原则的轻。

　　梅特卡夫等（2008）对美国国会提出的三个二氧化碳税收法案的总体影响进行了评估，并假设收入以人均红利的形式进行返还。他们关注的问题是：税收是传导给消费者还是由生产者承担一部分。具体来讲，他们观察了三种情形：第一种情形，税收负担以更高的能源和产品价格形式完全传导给了消费者；第二种情形，生产商（即公司的股东）承担一部

---

① 祖父原则，相对于追溯法令，是一种法律适用规则，即立法变化以后，旧法适用于既成事实，新法适用于未来情形。代表一种允许在旧有建制下已存的事物不受新通过条例约束的特例，这种规则的目的是减少法律制定和执行过程中的政治阻碍，是一种务实的折中手段。最早的祖父条款出现在美国的"杰姆克劳法"。

②③　Dinan Terry and Diane Rogers. Distributional effects of carbon allowance trading: How government decisions determine winners and losers. National Tax Journal, 2002, 55（2）: 199 – 221.

分税收。① 假设税收是全部向前转嫁的，则税收是高度累退的，但是收入的一次性返还使得税收成为累进的。十等分中 1～6 级的家庭都能受益于此政策，而只有收入最高的两级家庭遭受净损失。税收负担向后转嫁给股东也减少了税收的累退，因为股东主要来自高收入群体。梅特卡夫（2009）评估了二氧化碳税收与工资税减少相结合的效果。具体而言，他假定给予每个家庭的每名劳动者 560 美元的税收减免，这相当于减免了 3660 美元的工资税。梅特卡夫（2009）发现，这个选项导致一个几乎分配中性的结果。随后，他又分析了一个选项，即把该减免与社会保障金的调整相结合，该调整对最低收入家庭有利。这使得二氧化碳政策累进更加明显。最后，他把这些选项与二氧化碳税收收入的一次性再分配进行比较，发现最后这个选项累进效果最明显。

对气候政策的区域影响进行分析的其他研究包括哈西特、马瑟和梅特卡夫（2009），博伊斯和里德尔（Boyce and Riddle，2009），以及布尔特罗、斯威尼和沃尔斯（2009）。② 哈西特、马瑟和梅特卡夫（2009）使用了美国劳工统计局 1987 年、1997 年和 2003 年消费者支出调查的相关数据，并且评估了碳税如果在这三年实施可能产生的影响。他们发现，税收的直接组成部分，即通过能源的直接消耗感受到的影响，比间接组成部分，即通过耗能产品和服务的消耗所感受到的影响，累退效应更加明显。他们还发现，同其他几个研究结果一样，当使用终生收入测度而不是年收入时，税收的累退性会减轻。他们发现，跨区域间的税收归宿只有很小的差别。然而，他们只观察了对每个地区一般家庭的影响，而没有观察对不同收入群体的影响。

博伊斯和里德尔（2009）按州逐一地评估了总量控制与红利方案对家庭的净影响，在该方案中政府拍卖所有的二氧化碳排放配额，然后以人均红利的形式返还这部分收入。在州级收入、每个州电力消耗的排放浓度预

---

　　① 向后转嫁的分析以麻省理工学院的排放预测与政策分析模型运行作为根据。该模型的描述见帕尔特瑟夫等（Paltsev et al.，2007）。

　　② 皮泽（Pizer，2010）、萨奇里克和巴茨（Sanchirico and Batz，2010）也审视了区域影响，但是没有考虑不同收入群体间的差异。而且，他们只审视了直接能源利用；这里描述的其他研究以及我们的研究，包括了直接能源消费和间接能源消费。

测及布尔特罗、斯威尼和沃尔斯（2009）的区域消费模式信息等基础上，他们对全国水平的消费者支出调查数据进行调整，据此对州级影响进行预测。得出结论：与收入档次的差异相比，每个州之间的差异相对较小。他们发现每个州对于每公吨二氧化碳 25 美元的配额价格计划，至少有 60% 的家庭从中获得净效益，也就是说，人均红利大大抵消了碳定价对支出的影响。

布尔特罗、斯威尼和沃尔斯（2009）认为总量控制与交易议案及利伯曼—沃纳议案（S. 2191）类似，其导致了每公吨二氧化碳 20. 91 美元的配额价格，并且有 5 种配额价值分配替代方案，两种为总量控制与红利的情形，其中一个对红利征税，另一个不征税，其他三种方案将会改变原有的税收制度，这三种方案会降低工资税和个人所得税，并扩大劳动所得税抵免（earned income tax credit，EITC）。他们发现，总量控制与红利方案和 EITC 使碳定价的累退性得到了反转。然而，减少工资税或所得税则加重了这种累退性。对于一般家庭而言，所有这些方案的区域差异是很小的，但是对于低收入家庭而言，这些差异却很大。

最近关于《韦克斯曼—马基法案》的讨论及该法案的通过引出了能源信息署（EIA）、美国国会预算办公室（CBO）和环境保护署（EPA）的分析。这些分析不同于上述期刊文章中的分析，期刊文章只对立法条文进行了分析。而这三个机构利用不同的模型及这些模型中不同的基本假设。他们的研究得出，美国每个家庭 2020 年的平均成本分别为 134 美元（能源信息署）、175 美元（美国国会预算办公室）和 105 美元（环境保护署）。这些成本预测是针对美国所有一般家庭的，并且只有美国国会预算办公室提供了跨收入分配效应的分解。美国国会预算办公室发现，收入最低的 20% 的家庭将会获得 40 美元的净效益，而收入最高的 20% 的家庭将会净损失 245 美元。[①]

2.3 总量控制与交易计划中的分配问题

经济学文献的研究成果表明，排放配额的分配通过拍卖比免费分配有

---

① 资料来源：译者根据前文分析所得。

更显著的效率优势，有些优势是性质上的。拍卖管理起来简单，有利于保持透明度和公平性，并且会使经济体中商品的定价更有效，从而降低了政策成本。[①] 相比之下，特别是在受监管的电力市场上，免费分配会使消费者价格与生产的边际社会成本相分离，因而在更广泛的经济体中，扭曲了资源分配，难以实现效率最优（布尔特罗等，2002）。

经济学家倾向于拍卖或碳排放税的另外一个主要原因是，它能带来更多的资金，这些资金有助于降低政策成本。这些资金的一个用途可能是对与计划相关的目标如能源效率进行投资。财政学的文献都关注在将拍卖的收入用于降低原有的税收上。就像任何新的规章一样，气候政策对家庭和企业强加的成本就像是一种虚拟税收，它减少了劳动者的实际工资。然而，如果拍卖的收入用于减少其他原有的税收，这一成本则可以降低。与免费分配相比，这种所谓的收入循环将具有很大的效率优势。

然而事实上，先前的绝大多数排放交易计划都对排放配额进行免费分配。最著名的例子是二氧化硫排放交易计划中所谓的配额的祖父原则，该交易计划是根据美国 1990 年空气清洁法修正案启动的。这个计划基于一个公式向现有排放源免费分配配额，该公式就是用基本周期 1985～1987 年的热量输入乘以目标排放率，以每百万英热单位热量输入吨来计量。这种分配不随时间的推移而调整，这样就不会产生偏离无效投资行为的动机。但是，这个规则会导致在未来的几十年里，退出的排放源仍会继续领取它们的配额。其他免费分配配额的交易计划，例如，美国的氮氧化物预算计划，也通常有类似的调整。各州决定氮氧化物配额的分配，并且大多数州为新排放源预留备用配额，退出的排放源则会失去其配额。在欧盟排放交易计划中，对新排放源的配额进行调整或对退出的排放源配额进行清理是很常见的（Ahman et al.，2007）。这种方案的消极一面是，领取到的补贴价值阻碍了向较高排放源的投资（Holmgren，2006）。而且，将退出的排

---

① Burtraw Dallas, Jacob Goeree, Charles Holt, et al. Auction Design for Selling CO2 Emission Allowances under the Regional Greenhouse Gas Initiative. Report to the New York State Energy Research and Development Authority. Washington D. C. : Resources for the Future, 2007.

Binmore Kenneth and Paul Klemperer. The Biggest Auction Ever: The Sale of the British 3G Telecom Licenses. The Economic Journal, 2002, 112: 74 - 76.

放源配额进行清理提供了对本该淘汰的现有设施继续操作的财政激励。

对工业来说，通过祖父原则对现有排放者进行免费分配，并且不进行调整，这一建议应该是最受欢迎，因为它存在价值数百亿美元的资产激励。在我们重点研究的电力行业中，这种气候政策的结果将带来大量的净利润（暴利）。这种情况的发生是因为当对排放配额进行免费分配时，因电费上涨而导致的相关收入的增长将大大超过合规导致的成本增长。欧盟制度的经验也表明，免费分配的方法给电力行业带来的净利润是该方案中最具政治争议的方面之一。

然而，通过祖父原则给现有排放者免费分配的方案也造成了困境，该困境使得美国电力行业出现了意见分歧。在 1992 年《能源政策法案》之前，该行业的所有服务都得到了充分的监管，包括发电、输电和配电，而且，通常这些服务是由每个服务区单一的垂直一体化公司提供。根据规定，电价的设定是为了弥补总成本，尽管也有很多例外，但经验法则是价格设定为服务的平均成本，也就是说，总成本除以总销售额应等于平均电价。

自 20 世纪 90 年代中期开始，美国大约一半以上的地区已经从服务成本的监管（cost - of - service regulation）转为使用发电服务的市场基础价格（market - based prices for generation services）。在这些地区中，例如，东北各州、得克萨斯州，俄亥俄山谷的部分地区，发电成本由电力批发市场上的供电边际成本来决定。不同的发电机组具有不同的燃油成本和不同的二氧化碳排放率，当这些机组投入运营时，边际成本在一天中的不同时段和一年中的不同季节相差很大。

在这两种市场结构下，价格的确定方式有很大差别。因此，适用祖父原则的配额对电力价格的效应也存在很大差别。在一个竞争市场中，企业被期望去承认为了合规而使用配额的机会成本，即使企业是免费获得该配额，而且该机会成本应该反映在供电的边际成本中。因此，在以市场为基础的地区，电力的价格应该上涨，从而反映减排的资源成本和为实现合规而使用的配额价值，即使这些配额是可以免费领取的。在被监管区域的配额被列入总的可回收成本中，不过该配额在适用祖父原则时的原始成本为零。因此，由于实现减排的成本，例如，燃料转换、使用更高效的设备等，该地区的服务成本将会上升，但该成本不包括排放配额。配额的价值要比与减排相关的资源成本高出好几倍，因此，在电价中排除该价值，意味着价格的上涨幅度要比公司通过拍卖获取配额时的涨幅小得多。

由于不同州的监管及市场结构有很大差异，适用祖父原则的气候政策对零售电价的效应在不同区域有所差异。事实上，价格变化的差异性主要取决于监管是否到位，而不是电力的实际排放强度。保罗、布尔特罗和帕尔默（2010）预测了电力行业中引入排放总量控制对价格带来的影响，这与环境保护署（2008）建模的利伯曼—沃纳法案相一致。他们发现拍卖会使电价在 2020 年平均上涨 7 美元/千瓦时（按 2004 年美元价值计算），受监管区域增加 6.10 美元，而以市场为基础的区域则增加 8.5 美元。然而，根据祖父原则①，美国的平均电价只有 2.7 美元的变化。与没有气候政策相比，监管地区的电价实际上会下跌 1 美元，而在以市场为基础的地区电价将上涨 9.9 美元。

祖父原则潜在的价格增长差异在行业内部产生了不同的意见，对气候政策的利弊观点分歧很大。在过去的几年里，出现了一个替代计划，为该行业提供了解决这一困境的方法，即向电力消费者而不是生产者提供免费配额。该计划对消费者权益拥护者有吸引力，并且赢得了美国国家公用事业管制委员会的认可（2008 年 4 月 21 日）。向消费者免费分配配额可以通过向 LDCs 而不是发电公司分配配额来实现，发电公司是历史的排放者，LDCs 向家庭和企业输送零售电力。这些公司在全国范围内受到监管并且收取电费，电费是由购买发电和输电服务的成本及这些公司自身的配电成本构成的。因为这些公司都受到监管，因此，它们被期待能够作为受托人代表消费者，并且以某种形式传递它们免费获取的排放配额价值。该计划作为包括《韦克斯曼—马基法案》（H. R. 2454）在内的立法提议中一个重要问题提出。

实际上，给 LDCs 的免费分配看起来好像是对国家监管地区适用祖父原则，因为在适用祖父原则的情况下，二氧化碳配额的价值没有体现在这些地区的价格上。而且，在免费分配给 LDCs 的情况下，该效应也影响到了以市场为基础的地区。保罗、布尔特罗和帕尔默（2010）指出，LDCs

---

① 祖父原则，相对于追溯法令，是一种法律适用规则，即立法变化以后，旧法适用于既成事实，新法适用于未来情形。代表一种允许在旧有建制下已存的事物不受新通过条例约束的特例，这种规则的目的是减少法律制定和执行过程中的政治阻碍，是一种务实的折中手段。

在人口基础上开展的免费分配将不会引起监管地区电价的上涨，而在竞争地区，将导致电价上涨1.80美元/兆瓦时，并且到2020年之前，全国平均电价仅仅会上涨0.6美元/兆瓦时。价格变化上的这种差异与这些地区发电的排放强度大体一致，因此，这似乎会提供一种一致的经济信号。然而问题是，所提供的经济信号被削弱，并且二氧化碳排放可能会给电力消费者带来机会成本这一问题上，它不能够提供足够的信息。给LDCs的免费分配构成了电力消费的补贴，从而导致电价下跌和用电量增加。因此，其他覆盖的区域被要求进行额外的低效减排。对于同样的排放量，碳排放配额的价格大约上涨了15%（保罗、布尔特罗和帕尔默，2010）①。总之，LDCs分配方法有利有弊，如果采用必须要充分理解和权衡这些利弊。与LDCs的免费分配相关的第二个问题是，如何在LDCs之间确定配额价值分配的比例。保罗、布尔特罗和帕尔默（2010）分析了基于人口、排放量和电力消耗三种分配指标，他们发现，这种选择对不同地区的价格影响变化超过了10美元/千瓦时。例如，人口相对较多但排放量却相对较低的地区，如加利福尼亚州或东北部各州，将会从基于人口的分配上获益，而排放量相对较高的地区，则倾向于基于排放量的分配政策。这些大的区域效应是全国性折中的重要决定因素。与LDCs分配相关的第三个问题是，它们如何代表消费者的利益。这种预测是建立在一个假设之上，即LDCs会利用获得的配额价值来降低电价，从而扩大消费。但是，价值的利用方式将由州一级决定，为了LDCs回收成本，公用事业委员会有确定电价的特权。我们后面会讨论引用《韦克斯曼—马基法案》中的观点，试图确保所有消费者得到公平的对待，或者在一些情况下，通过将配额价值用于减少固定成本而不是可变成本来避免低电价引起的电力消费的预期增长。这是否是合理的，以及如何执行，还是一个有待解决的问题，实际上，这好像也超出了美国国会的控制范围。因此，给LDCs的分配导致的结果是不确定的，

① 环境保护署已经将H. R. 2454中该规定的目标定为降低家庭面临的直接能源成本，同时提高该计划的成本。"分析表明，给电力和天然气分销商免费分配排放配额，当其开始逐渐退出时，在2025年之前显著减轻了对消费者电价和天然气价格的影响。然而该结果可能服务于与该计划相关的区域和总体公平目标，但在价格信号被延误的范围内，总量控制与交易计划的整体效率被减弱了。这种价格信号将在电力和天然气使用方面鼓励消费者进行具有成本效益的改变。"（环境保护署，2009）

并且我们会在模拟分析中探讨这种可能性。

2.4 数据和方法论

　　我们的分析基于 2004~2006 年消费者支出调查的数据。这些数据中的人口样本包含了 39839 户家庭的 97519 个观察对象。我们利用观察对象来构建美国税后收入的十等分，但是，因为我们认为区域分析很有意义，所以采用州级指标对消费者支出调查数据进行审查。这样，我们研究区域效应的样本就成了 43 个州及哥伦比亚特区的 33234 户家庭的 82033 个观察对象。我们把观察对象整合到 11 个区域里（Haiku 模型里的 21 个区域也整合到这 11 区域中）。尽管区域级的计算中没有使用缺失州标识的观察对象，但它们被包含在了全国级的计算中。

　　我们通过商品和服务的购买来分析直接和间接的能源支出。[①] 并重点分析 2015 年，除了两个例外情况，假设消费模式和我们的数据期间是一样的。第一个是个人交通，我们分析了 2007 年《能源独立和安全法案》后到 2015 年预期的车辆变化。第二个是，我们考虑了 2015 年之前，电力市场中技术和经济的变化。我们的电力消费模式基于未来资源研究所（resources for the future，RFF）的 Haiku 电力模型。Haiku 模型解决了全国 21 个地区中电力市场均衡的问题，说明了价格敏感度需求、区域间电力传输、一年中三个季度（春秋合为一季）及一天四次的系统运行，以及 25 年间产能投资和退出的变化（保罗、布尔特罗和帕尔默，2009）。正如在第 1 章所解释的那样，Haiku 模型也检验了跨地区监管环境的差异，使我们可以为居民、商业和工业用户模拟出与固定费用和可变费用相对应的不同的行为进行假设。表 2.1 显示了我们所模拟的 11 个地区的电力行业的结果，并且显示了各州是如何被整合到这些区域中的。[②]

---

　　① 间接消费占到了家庭平均碳排放的大约 49%。
　　② 美国本土的 48 个州和哥伦比亚特区被包含在了电力模型中；如前所述，在区域一级计算对家庭的效应时五个州（艾奥瓦州、新墨西哥州、北达科他州、佛蒙特州和怀俄明州）没有计入。然而，全国的预测中通常包含了这五个州。

表 2.1 　　　在一个价格为 20.91 美元/公吨二氧化碳的基准条件下
对 2015 年 Haiku 模拟的结果

地区	州	基准的每兆瓦时二氧化碳排放量（吨二氧化碳/千瓦时）	法案实施后的每兆瓦时二氧化碳排放量（吨二氧化碳/千瓦时）	价格变化	消费变化
东南部	亚拉巴马（AL），阿肯色（AR），华盛顿哥伦比亚特区（DC），佐治亚（GA），路易斯安那（LA），密西西比（MS），北卡罗来纳（NC），南卡罗来纳（SC），田纳西（TN），弗吉尼亚（VA）	0.583	0.464	13%	−5%
加利福尼亚	加利福尼亚（CA）	0.170	0.166	7%	−2%
得克萨斯	得克萨斯（TX）	0.549	0.549	15%	−5%
佛罗里达	佛罗里达（FL）	0.538	0.448	15%	−4%
俄亥俄谷	伊利诺伊（IL），印地安纳（IN），肯塔基（KY），密歇根（MI），密苏里（MO），俄亥俄（OH），西弗吉尼亚（WV），威斯康星（WI）	0.794	0.654	27%	−8%
中大西洋地区	特拉华（DE），马里兰（MD），新泽西（NJ），宾夕法尼亚（PA）	0.573	0.512	18%	−3%
东北部	康涅狄格（CT），缅因（ME），马萨诸塞（MA），新罕布什尔（NH），罗得岛（RI）	0.372	0.317	12%	−4%
西北部	爱达荷（ID），蒙大拿（MT），俄勒冈（OR），犹他（UT），华盛顿（WA）	0.344	0.195	8%	−3%
纽约	纽约（NY）	0.308	0.288	16%	−1%
大平原	堪萨斯（KS），明尼苏达（MN），内布拉斯加（NE），俄克拉荷马（OK），南达科他（SD）	0.835	0.749	20%	−9%
落基山区	亚利桑那（AZ），科罗拉多（CO），内华达（NV）	0.627	0.471	18%	−7%
全国		0.596	0.492	16%	−5%

在没有任何气候政策的情况下，每兆瓦时 0.596 吨的二氧化碳国家基准排放量反映了不采取任何气候政策情况下 2015 年的模型结果。在采用排放总量控制导致每兆瓦时 20.91 美元（按照 2006 年的美元价值）的二氧化碳价格后，该价格是环境保护署（2008 年）根据《利伯曼—沃纳提案》预测的 2015 年的配额价格，排放量将下降到 0.492 吨/兆瓦时。表 2.1 也显示了以区域为基础的电价变化，以及二氧化碳排放定价引起的消费量的变化。家庭的直接能源支出包括电、汽油、天然气和取暖油。图 2.1 显示了十等分后每组收入中每种类型的支出在一般家庭平均年收入中所占的比重。电力支出在各等分组家庭中所占比重的变化不是很大，但是作为收入份额来讲，它确实有变化，从收入最低组家庭的 10.0% 变化到收入最高组的 1.2%。平均而言，电力直接支出占到了所有家庭收入的 2.25%。

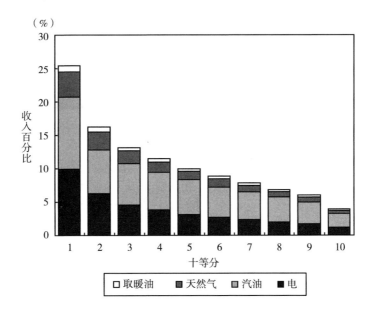

图 2.1　十等分中占收入百分比的直接能源支出

如图 2.2 所示，我们发现了支出占收入比例的一些差异，但这些差异在一般家庭中表现得并不明显。平均总支出在年收入的 6.4%（加利福尼亚州）到年收入的 8.1%（得克萨斯州）之间变化。然而，不同区域的支出类别相差很大。例如，在纽约和东北部各州，家庭取暖是支出的很大一部分，而在南部地区，电力支出占收入的比重要远远高于其他地区，汽油支出也是如此。[1] 我们的模型是使用按地区和十等分的消费模式来预测对家庭层面的排放，并根据环境保护署对《利伯曼—沃纳提案》的分析以及电力行业的 Haiku 模型按人均排放量来衡量。

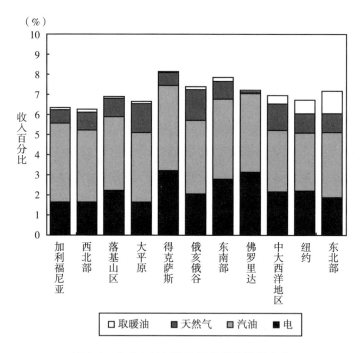

图 2.2　占收入的百分比平均直接能源支出

这个模型还预测了家庭消费者因总量控制与交易计划产生的剩余损失。环境保护署在其对《利伯曼—沃纳提案》的分析里预测了除电力外其他所有行业的二氧化碳价格，原始的消费者剩余损失（在收入被返还之前）是该给定价格的边际减排成本曲线下的面积总数。电力行业的边际减排成本曲线是基于 Haiku 模型，并且随着不同的情形变化。原始的消费者剩余损失与不同分配方案中的配额价值预测相结合，可以获得我们对消费者净剩余损失的预测值。

---

[1]　在早期的文章（布尔特罗、斯威尼和沃尔斯，2009）中，我们审视了每个地区内收入十等分后的效应，显示低收入家庭的地区差异更大。本书中，我们的区域分析仅仅关注一般家庭。

2.5 向 LDCs 分配 30% 的配额

最初的一组情形被设置用来分离两种潜在地向 LDCs 分配的结果，并将这些结果与拍卖情形相比较，在该拍卖情形中配额价值作为人均红利被返还。我们分析了分配 30% 配额总值的三种方法。在第一种情况下，我们假设常规的电力定价并且补贴用于账单中的可变部分。实际上它等同于我们描述为传统经济行为的一种情形。这样做的用意在于，对于所有的消费者群体，即使监管者试图维持二氧化碳作为可变价格的一部分，并且分配配额价值用来降低固定成本，消费者仍然不能区分账单变化和价格变化。在定性为传统行为的情形中，所有的消费者都把 LDCs 的配额价值分配当作是全部拍卖情况中电力可变价格的降低。在第二种情况下，假设 LDCs 能够将固定成本和可变成本完全分开，并且通过降低固定费用来传导配额价值；假定可变电价上涨，则它反映了二氧化碳的价格，正如在拍卖情形中的一样。进一步假设，工业和商业消费者的行为是理性的，也就是说，他们能够区分账单变化和价格变化，并且不会为了应对固定费用的变化而改变其电力消费。假设他们将配额价值传导给了股东们。另外，如果居民用户行为保持不变，并且他们察觉不到固定成本和可变成本的差异，其反应就如电价较低（如第一种情况中）时的一样。我们把这些结果与第三种情况进行了比较，在第三情况下，没有对 LDCs 的免费分配，原本分配给 LDCs 的配额价值份额以人均免税红利的形式返还给家庭。我们把第三种情况称之为拍卖与红利。

2.5.1 对不同收入群体的成本和负担影响

表 2.2 显示出拍卖与红利方案相比，第一种情况和第二种情况下消费者净剩余损失的差异。这显示出收入十等分中家庭的平均水平和全国所有

家庭平均水平中的差异①。这些差异是消费者净剩余损失的差异，是30%的配额价值以其他的方式进行分配时导致的结果。在剩余的70%中，我们假设政府预留了14%以应对联邦、州、地方层面直接能源成本的变化；剩下的56%没有考虑在我们的模型中（例如，它可能包括对排污者的免费分配，或者用于资助政府的其他支出）。表2.2也显示了每种情况下的配额价格。当配额价格为每公吨二氧化碳20.91美元时，在任何配额价值被返还给消费者之前，消费者的全部剩余损失平均为每户829美元②。这也是我们检验的"拍卖—红利"情况下所获得的配额价格。虽然，我们关注的是30%的配额价值可能以不同的方式进行分配，但作为一个比较点，我们注意到，如果所有的配额价值以人均红利的形式返还给家庭（除了政府保留的14%之外），那么，消费者净剩余损失平均为每户130美元。

表2.2　收入十等分ᵃ时，对LDCs分配配额价值和拍卖与红利情形中一般家庭在气候政策成本上的差异（2006年美元）

国民收入等分	平均家庭收入（美元）	案例1：可变价格的价值（配额价格 = 26.90美元/公吨二氧化碳）	案例2：对行业/商业活动固定要价的价值（配额价格 = 22.72美元/公吨二氧化碳）
1	7030	104	112
2	15372	112	133
3	23038	130	152
4	31036	144	162
5	39553	163	177
6	49596	167	161
7	61558	184	165
8	77074	188	157
9	100267	200	109
10	178677	175	−673
均值	58321	157	66

注：① 等分是在全国层面构建的。
② ᵃ当总配额的30%是被分配到LDCs而不是采用拍卖与红利方案时的成本差异时，剩余的收入就被有效地用完了。

———————————

① 全国平均数中包括了地区中没有包括的五个州。
② 所有结果都是以2006年的美元价值计算的。

第一种情况中，与"拍卖—红利"情形相比，所有类型的消费者都感受到电价的下降，从而导致了最高的配额价格，每公吨二氧化碳 26.90 美元，而人均红利情形中为每公吨二氧化碳 20.91 美元。在这种情况下，产生较高的配额价格是因为电价受到限制。电力消耗和排放量因此更高，并且，为了实现整个经济同等的总排放量，减排就必须在减排成本更高的其他经济行业来实现。但是，这相应地会导致其他产品和服务的较高成本，并且，与"拍卖—红利"情形相比，还会使家庭平均的消费者净剩余损失提高 157 美元。因此，尽管电力支出被限制了，但对家庭的效益却被其消费中其他方面较高的成本远远抵消了。

第二种情况中，与全部拍卖相比，只有居民消费者感受到较低的电价，工业和商业消费者通过减少消费和排放量来应对较高的可变电价。相比于第一种情况，第二种情况将导致一个较低的配额价格（每公吨二氧化碳 22.72 美元），但与"拍卖—红利"情形相比，它仍然使家庭平均消费者净剩余损失增加了 66 美元。

如表 2.2 第三列所显示的那样，当我们升级收入分配时，第一种情况和"拍卖—红利"之间负担的差异在扩大；然而，作为家庭收入的一部分，这个数字会变小。根据我们之前的研究："拍卖—红利"这种制度是相对累进的，因为一旦收入以一次性人均支付的方式返还时，十等分中较低收入家庭能够从气候政策中获得净收益①。通过提高整体成本，并将较高收入家庭的部分成本向较低收入家庭进行再分配的对分销商的分配方法就抑制了该累进性。

当对 LDCs 分配的两种方案进行比较时，这种分配效应尤为明显。在第二种情形中，不变定价和可变定价是分开的，商业和工业消费者被假设为接受了对其账单固定部分的补贴，然后将其作为红利支付给股东们。然而，较高的可变成本以更贵的商品和服务传导给了消费者。尽管这对所有

---

① 特别要注意的一点是布尔特罗、斯威尼和沃尔斯（2009）中总量控制与红利制度的强累进性是因为收入的 86% 被作为红利返还了。

的家庭都带来了影响，但大多数的股东仍处于收入水平的顶层①。在国家层面上，顶层收入家庭要比在"拍卖—红利"制度中多得 673 美元。② 这一增长是以牺牲底层的五级收入家庭的利益为代价，他们没有太多的股权，但却仍需面对较高的商品和服务价格。底层的五级收入家庭中每一级家庭的平均状况在第一种情形下都比第二种情形下更糟糕，尽管整体的家庭平均状况有所改善。

2.5.2　区域影响

LDC 方法的部分动机是为了平衡气候政策在不同区域的影响。正如本章第 2.4 节中所介绍的那样，各地区监管的差异，以及燃料混合的差异很可能带来家庭成本的差异。一旦考虑了跨区域的消费模式及 LDC 方法对所有商品和服务价格的影响，完全的效应将如何发挥尚不能确定。表 2.3 按地区显示了我们的研究结果。

表 2.3　　　**按地区[a]对 LDCs 分配配额价值和拍卖与红利比较**
　　　　　　　　每个家庭气候政策成本的差异（2006 年）　　　　　　单位：美元

地区	平均家庭收入	情形 1：配额价值用于可变价格（配额价格 = 26.90 美元公吨二氧化碳）	情形 2：配额价值用于工业/商业消费者的固定费用（配额价格 = 22.72 美元/公吨二氧化碳）
东南部	56528	148	75
加利福尼亚	69317	265	135
得克萨斯	58586	170	56
佛罗里达	54325	124	52
俄亥俄谷	60237	97	1
中大西洋地区	66037	134	0
东北部	69702	185	52

① 好几个研究都强调了这一点。例如，迪南和戈特（2002）以及帕里（2004）中关于配额祖父原则的分析。我们利用联邦储备委员会《2004 年全美消费者金融调查报告》来确定给股东们的分配。

② 数据为表 2.2 中第十等分的数据。

续表

地区	平均家庭收入	情形 1：配额价值用于可变价格（配额价格 =26.90 美元公吨二氧化碳）	情形 2：配额价值用于工业/商业消费者的固定费用（配额价格 =22.72 美元/公吨二氧化碳）
西北部	61572	226	141
纽约	66930	168	25
大平原	63131	145	58
落基山区	58202	135	67
全国	58321	157	66

注：① 等分是在全国层面构建的。

② 负的福利损失反映了二氧化碳收入被再分配后的福利净增长。

③ ª当总配额的 30% 是被分配到 LDCs 而不是采用拍卖与红利方案时的成本差异时，剩余的收入就被有效地用完了。

正如与表 2.2 中显示的"拍卖—红利"方式相比，在情形 1 和情形 2 下，对 LDCs 分配额价值方式在平均家庭的消费者剩余净损失差异；表 2.3 显示了 11 个区域的研究结果。

不同地区的不同方法在成本上有很大的差异。根据 LDC 的方法，相较于人均红利的形式，无论在第一种情况还是第二种情况的假设下，加利福尼亚和西北部的平均家庭状况都会更糟糕。在第一种情况下，加利福尼亚和西北部平均家庭额外的消费者剩余损失分别为 265 美元和 226 美元。而其他地区的额外平均损失为 157 美元。同样，在第二种情况下，工业和商业消费者电费账单中的固定收费会下降，并被传导给股东们，加利福尼亚和西北部的家庭损失相对更多。相比之下，俄亥俄谷和中大西洋地区平均家庭的境况在第二种情形下和拍卖与红利方案中的相同。

这些差异很大程度上取决于配额分配到州和各州 LDC 的方式。配额分配的三个主要标准是消费、排放量和人口。因为每个标准对各州的影响都是不同的，分配制度可能显著地影响地区分配。本章中所有情形都采用了《美国清洁能源安全法案》中消费和排放量五五分成的规定。俄亥俄谷和中大西洋地区在发电过程中的排放量是最高的，所以相较于其他地区，将

50%的比重放在排放量上对这些地区更有利。另外一个影响分配效应的因素是每类消费者电力消耗所占的比例。在大平原，与工业和商业消费者相比，居民用户的消费份额在全美是最低的。因此，在 LDC 分配方法下产生的居民消费者的效益很少来源于该地区。

2.6 只对30%配额价值进行分析的局限性

还有一个重要的问题是未分配给 LDCs 的剩余收入（例如，剩余的70%减去政府的14%）如何分配？人们对这部分配额价值的考虑会影响对家庭负担的计算。例如，向 LDCs 分配收入可能会降低电价，从而增加电力消费，而大量的电力消费会提高配额价格，因而增加了未分配给 LDCs 收入的总货币价值。因此，在对 LDCs 的分配中，可利用的潜在退款随着配额价格的增长而增长，并且，能够抵消家庭感受到的一部分增加的负担。由于只关注于30%的配额价值，我们忽略了这种影响。然而，未分配给 LDCs 的收入所增加的价值并没有完全抵消因配额价格的增长而给家庭带来的额外负担。原因在于，其他行业不得不做出更昂贵的减排决定弥补所带来的效率损失，而做出这种决定的原因是电力消费的增长及电力行业较高的排放量。第一种情况下，和拍卖与红利情形相比，家庭的平均额外福利损失为157美元；这一数额中，36美元构成了直接的效率损失，剩余的121美元则由政府收取。

图2.3表明了第一种情况和拍卖与红利方法的收入差距，而第一种情况中采用的是完全的 LDC 分配。由于第一种情况中的低效减排机会导致两种情形下曲线的不同坡度。每户家庭36美元的效率损失由两条曲线之间的黑色区域表示。第一种情况下增加的配额价格产生的收入等于增加的配额价格乘以总排放量。深灰色的矩形等于新收入的30%，用于 LDC 的电力分配。剩余的70%，或每户家庭121美元，由浅灰色矩形所代表，是政府收取的额外收入[1]。

---

[1] 在这一点上我们感谢特里·迪南的评论。

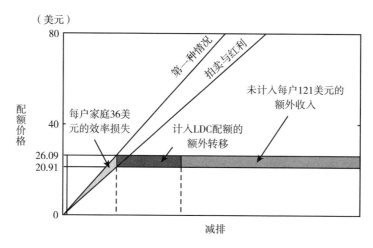

图 2.3 免费分配给 LDCs 时总配额价值的变化

在本书的分析中，为了排除 LDC 分配的影响，并且不使这些影响与额外收入的分配影响混淆，配额价格增长产生的额外资金并没有被明确地退还。然而，我们做出的每户家庭 157 美元的额外负担预测应该被视为实际负担的上限。同样，假设将所有的额外收入都退还给家庭，那么每户家庭 36 美元是下限。在没有任何直接退费的具体规定下，这笔资金的分配和区域影响仍然是不确定的。

2.7 当前政策中的一个案例分析：《韦克斯曼—马基法案》中的 LDC 分配及潜在的渐进式改革

到目前为止，我们分析了根据《美国清洁能源安全法案》分配给 LDCs 30% 配额的影响，但是没有考虑剩余的配额价值。根据该法案，在方案实施的前几十年里，56% 的排放配额会直接返还给消费者和企业，并以一种校正不同收入群体和不同地区之间的影响方式进行。其中，30% 直接分配给电力 LDCs，9% 分配给天然气 LDCs，2% 分配给家用取暖油供应商，15% 直接补偿给低收入家庭。尽管我们现在对 56% 的配额价值分配进行了说明，但是对剩余的 44% 没有说明。

根据第一种情况中的假设描述所有这些规定的特征，也就是说，对于所有类型的消费者来说，给 LDCs 的分配反映在可变成本的减少上。事实上，拟议的立法表明，配额价值可能为了"最大程度上可行"，会被用来直接减少账单的固定部分，但同时它也表明，尽管有这样的趋势，对于工业消费者来说，该价值仍可能被用于账单的可变部分①。我们假设居民消费者无法区分价格变化和账单变化，并且在两种情况下都将表现出 LDCs 的分配导致了电价的下降。对于商业消费者来说，实施账单固定部分的减少是有问题的，因为它带来了以分账和开立新账号为动机的道德风险。因此，把对 LDCs 的分配作为账单固定部分的减少，可以说是根据拟议立法最有可能产生的结果。在该分析中，我们比较了《韦克斯曼—马基法案》处理方式和 56% 分配的替代性渐进改革的结果，后者限制了对作为电力和天然气居民消费者代表的 LDCs 的分配。在改革提议中，原本安排分配给代表商业、工业电力及天然气消费者的 LDCs 的配额价值，以及原本安排分配给家用取暖油供应商和低收入家庭的部分，将会以人均税收红利的形式直接分配给家庭。这种渐进式改革因此保留了 LDC 方法的某些方面，但减少了向 LDCs 的分配，并且去除了其他一些有利于总量控制与红利的规定。它也向居民电力和天然气消费者分配 15% 的配额价值，这与《美国清洁能源安全法案》法案相一致，剩余的 41% 则作为人均红利。

2.7.1 对不同收入群体的成本和负担影响

表 2.4 显示的是《韦克斯曼—马基法案》的分配和改革提议之间关于消费者净剩余损失的差异。在全美平均水平的基础上，由于限制向 LDCs 分配所带来的效率收益，使得在改革方案中，每个家庭的成本下降了 78 美元。配额价格从（根据《韦克斯曼—马基法案》考虑 56% 配额价值时的）27.39 美元下降到了（根据改革方案的）23.01 美元。在不同的收入群体中，改革方案增加了底层三个收入群体的成本，极大地提高了最高收入群

---

① 有关将该配额价值用于账单固定部分的规定是这样表述的"如果符合本篇要求导致（或因其他原因导致）任何特定电力地方分销公司的工业零售付费者电力成本的增加……该电力地方分销公司……可以基于输送给单个工业零售付费者的电量这样做（将配额用于减少账单的固定部分—译者注）。"

体的成本，但却减少了中间六个收入群体的成本。尽管第一个收入等分组家庭有 80 美元的损失，但是，平均而言，相比于《美国清洁能源安全法案》，改革方案令他们仍可获得 87 美元的净收入。最高的收益归于第七收入等分组家庭，他们有 61558 美元的平均收入。相比于《美国清洁能源安全法案》，这一收入群体的成本将会降低 255 美元。

表 2.4　　十等分下，改革方案与《美国清洁能源安全法案》法案相比
每个家庭在气候政策成本上的差异（2006 年）　　　　　单位：美元

全国收入十等分	平均家庭收入	替代方案：在41%收入红利[a]情况下居民用电和家庭天然气的 LDC 配额价值（15%）（配额价格 = 23.01 美元/公吨二氧化碳）
1	7030	80
2	15372	16
3	23038	23
4	31036	−53
5	39553	−172
6	49596	−219
7	61558	−255
8	77074	−247
9	100267	−221
10	178677	191
均值	58321	−78

注：① 所有负的福利损失反映了与《美国清洁能源安全法案》法案相比的福利净增长。
　　② 等分是在全国层面构建的。
　　③ [a]结果仅考虑56%的配额价值分配，剩余的收入将被有效地用完。

图 2.4 显示了收入等分对家庭所带来的影响。图 2.4 左边显示的是《美国清洁能源安全法案》56% 配额的分配状况。深色部分显示的是考虑任何配额价值之前二氧化碳定价给家庭所带来的损失。浅色部分显示的是考虑了 56% 配额之后家庭所遭受的损失，该 56% 的配额是我们模拟来代表《韦克斯曼—马基法案》情形的。浅蓝色部分揭示的是有关不同家庭收入

群体中成本分布的一个倒"U"形。在保护20%的底层家庭和10%的顶层家庭方面，《韦克斯曼—马基法案》里的分配方法做得更好。虚线代表的是我们预测的该方案下的平均损失。图2.4的右面显示的是渐进式改革，它将减轻不同家庭收入群体的负担。

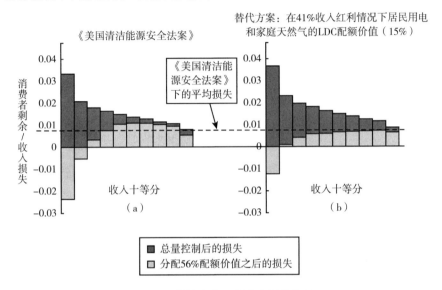

图 2.4　替代方案下分配负担的比较

　　同时，改革方案降低了计划的总成本，从而使每一个收入群体的表现都"高于平均水平"，也就是说，相比于平均损失，低于平均成本水平的部分可以算作是一种收入［如图2.4（a）所示］。图2.4还表明，改革提议对底层三个收入等级影响的累进性不是很明显，但是，在这个政策下，最底部的这一收入等级仍然是净获益者，并且第二收入等级也是收支平衡。按净计算来看，该方案看起来有利于保护低收入家庭，并且对《韦克斯曼—马基法案》下的倒"U"形提供了一个有效的校正，从而消除了气候政策对中等阶层征收不成比例税收的现象。

2.7.2　区域影响

　　对LDCs的免费分配可能在缩小地区差异方面有正当的理由。表2.5表明，由于这一改革，所有地区平均家庭的境况都有好转。

表 2.5　改革方案与《美国清洁能源安全法案》法案相比，每个家庭在
气候政策成本上按地区的差异（2006 年）　　单位：美元

地区	平均家庭收入	替代方案：在 41% 收入红利[a]情况下居民用电和家庭天然气的 LDC 配额价值（15%）（配额价格 = 23.01 美元/公吨二氧化碳）
东南部	56528	-69
加利福尼亚	69317	-86
得克萨斯	58586	-129
佛罗里达	54325	-68
俄亥俄谷	60237	-91
中大西洋地区	66037	-77
东北部	69702	-47
西北部	61572	-81
纽约	66930	-83
大平原地区	63131	-68
落基山区	58202	-85
全国	58321	-78

注：① 所有负的福利损失反映了与《美国清洁能源安全法案》法案相比的福利净增长。
② 等分是在全国层面构建的。
③ [a]结果仅考虑 56% 的配额价值分配，剩余的配额收入已被有效地用完了。

　　此外，发电排放强度最大的地区从改革中获益最多。尽管国家的平均成本下降了 78 美元，但俄亥俄谷下降了 91 美元。在其他排放量相对密集的地区，大平原地区的成本下降了 68 美元，低于全国平均水平，而落基山区的成本下降了 85 美元，高于全国平均水平。所有地区的家庭成本都降低了。按净计算，改革方案不仅可以降低方案的整体成本，而且在营造不同地区间公平的竞争环境及保护低收入家庭方面也是有效的。

2.8　结论

　　二氧化碳价格的引入对经济有着重要的影响，对电力行业尤其如此。本章研究了配额价值分配到电力行业的替代性方法，包括通过 LDCs 向消

费者免费分配和直接的人均红利。LDCs 分配已经成为实现美国一直努力的政治折中的一个重要途径，这种折中将会使气候政策得到多数人的支持。LDCs 的分配可能带来这种政治折中的结果，但是，因为它代表了经济中一个行业的一种特殊待遇，所以它将会提高气候政策的总成本。而且 LDCs 的分配在实践中如何执行仍然是不确定的。我们通过一对模型来呈现研究的结果。一个是建立在消费者支出调查的数据之上，并且解释了二氧化碳定价的引入如何影响不同地区及不同收入群体家庭。另一个是关于电力行业的详细模型，我们用这一组模型来分析 LDCs 分配的效应。

与将收入按人均返还的拍卖相比，我们发现，LDCs 分配 30% 的配额价值会使配额价格上涨 29%。然而，实际的效果将很大程度上取决于剩余70% 配额价值的处理。我们对 LDCs 分配可能使家庭获益的两种构想进行了直接的比较。在第一种情况下，配额价值被 LDCs 用来直接降低电价，我们发现，与拍卖与人均分红相比，这将会使每户家庭的平均消费者剩余损失增加 157 美元。在另外一种情况下，配额价值被用来减少工业消费者和商业消费者电力账单的固定部分，但是，它是被用来降低居民类消费者的电价。我们发现这对整体配额价格的影响并不明显，比拍卖与红利的情况仅增加了 66 美元，表明这一结果的效率成本会更低。然而，由于电费账单固定部分的降低将会对公司（这些公司构成了 LDC 的工业和商业消费者）股东们有利，其对人口的成本分配有着累进效应，从而削弱了 LDCs 分配的目标。

在本章最后一节，我们分析了《韦克斯曼—马基法案》中分配计划的内容，描述了 56% 的分配方案，包括专门校正收入群体差异与区域差异的规定。这个实验从提高方案整体成本的角度使人们对实现分配目标的成本有了深入的了解。更重要的是，它表明同样的目标可能以更低的成本实现。我们所模拟的拟议改革将改变 44% 配额价值的狭义构成，并将其用于人均红利，剩余的 15% 分配给电力和天然气 LDCs，该部分仅服务于居民消费者。

相对于《美国清洁能源安全法案》的分配计划，这种渐进式改革能够使美国家庭平均每年节省 78 美元。除此之外，与《美国清洁能源安全法案》类似，它将会保护位于收入分配最底层 20% 的家庭的利益。中产阶级在《美国清洁能源安全法案》下承担的大部分支出在替代方法中将会大大减轻。这一改革在减轻家庭整体负担的同时，通过进一步补偿居民电力消费者，对《美国清洁能源安全法案》在处理地区差异方面进行了改进。这一改革的另一个特征是，它能够比《美国清洁能源安全法案》更好地实现行政的简单化与一致性。代表工业与商业消费者利益的 LDC 分配是如何流向这些消费者，这些收益是否会归于股东们，或者是否会反映在家庭产品和服务的较低价格上，这些问题目前尚不清楚。改革的成效在很大程度上取决于州公用事业委员会的监管决策。通过直接将资金作为红利进行返还，我们所模拟出的改革消除了这种不确定性。而通过向家庭分配与新财产权价值相等的份额，直接分红的简单方式也能够避免偏袒的出现，这种新财产权是根据总量控制与交易计划产生的。

这一模型具有一定的局限性，它可能会导致对结果的错误解释，我们正在试图避免这一缺陷。模型没有直接复制《美国清洁能源安全法案》。在对拟议立法的改革进行分析时，使用了 LDC 分配的一个特征，即将价值在可变收费中传递给所有类型的消费者。尤为重要的是，该分析中也没有以任何方式考虑到剩余的 44% 配额价值。如果该价值以人均红利的形式进行返还，或者是直接降低方案中的家庭成本，那么它也会减轻 LDCs 分配对总成本的影响。然而，如果该价值被用于其他目的，例如，工业领域的免费分配，或者是与方案无关的支出，那么它会增加对 LDCs 分配的成本。此外，当检验替代的分配方法时，我们对二氧化碳抵消的有限作用建模，并且在不同情形中保持该水平不变。根据《美国清洁能源安全法案》，方案中早期抵免的扩大化使用将与国内减排相关的成本转嫁给了之后的年份。如果抵免的供应量有弹性，那么，抵免的使用可以为了应对配额价格的增长而扩大，从而可以抵消部分价格增额。

总之，排放配额的分配方式将会带来显著的效率和分配效应。这些效应被感受或被理解的方式可能会对气候政策的普及和演变，以及经济的表现产生很大的影响。本书表明，对 LDCs 的分配显示了效率与分配目标之间的权衡。尽管分配结果的价格是合理的，但是，在改革方案的分析中，我们发现通过逐步过渡到人均红利，能够以更低的成本来获得相似的分配结果。

评论 1[*]

唐·富勒顿（Don Fullerton）

达拉斯·布尔特罗、玛格丽特·沃尔斯、约书亚·布隆兹等研究者在努力衡量总量控制与交易制度对十种不同收入群体影响的过程中，遇到了许多重要的复杂问题，通过使用综合数据和建模，从总量控制与交易气候政策，如美国众议院通过的《韦克斯曼—马基法案》，很可能会提高电价并从可能分配给家庭的许可证中产生价值的方式上解释了这些问题。文章结论写得很有条理，并且是令人信服的。尤其是，他们采用了 2004~2006 年消费者支出调查中的 82000 个家庭作为观察对象，将这些家庭分成 10 个年收入的等分，并计算每组的电力支出。然后，他们使用了"Haiku 模型"，其中包括美国 21 个不同地区电力定价管理的具体差异，如"考虑价格敏感性需求、区域间电力传输、一年三个季节……和一天四次的系统运行，以及 25 年间产能投资和退出的变化"。

如果所有组的消费在他们的收入中占相同的比例，那么影响将是成比例的，但是数据显示，最贫穷组的电力开支占他们收入的 10%，而最富有组的电力开支仅为收入的 1.2%；因此，影响是累退的。然而，文章涉及的主要问题是关于用来帮助低收入家庭的许可证价值的替代用途的效应。他们计算将 30% 的许可证价值作为人均红利一次性返还的政策（称为"总量控制与红利"）对每个组的效应，以此作为基准。然后，说明了在许可证价值通过降价返还给顾客（"常规行为"）及减少工业和商业消费者电力成本的固定部分（这种情形下，家庭仅认为边际价格下降）这两种情形中这些效应的变化情况。

本人认为，如果作者演示出全部三种情形，而不是仅演示后两种情形相对于第一种基准情形的变化，累退的结论将会更加清晰。此外，他们的初始表格演示了对每一组的美元影响，对于每一组需要按收入划分来获取

---

[*] 基于第 2 章研究的评论。

相对负担，该负担将表明任何税收是否成比例，累进还是累退。在后面的图表中，他们的确说明了那些相对成本，因此我就在本段中稍稍提一下我的意见，下面转向我想要更加深入的主要点。

本章研究了对产出价格的影响（在标准税收负担的分析中叫做"使用端"），并且考察了稀缺租金的部分分配问题（返还给家庭的 30%~50% 的许可证价值）。那些代表了在富勒顿（2009）一文中我描述为六种不同类型分配效应中的 1.5 倍。

为了对六种分配效应进行归类，考虑图 2.5 中的电力市场，其中，需求反映了私人边际效益（PMB），生产已经提高了私人边际成本（PMC）。为了简化，假设每单位产出为固定污染，因而社会边际成本（SMC）就包含了边际环境成本（MEC）。在这个图中，没有政策限制的私人市场会出现 $PMB = PMC$ 的点，即产出 Q^0。最优产出是 $SMB = SMC$ 时的点，记为 Q'。许可证政策可以将产出限制到 Q'，我们现在就可以对分配效应进行归类。

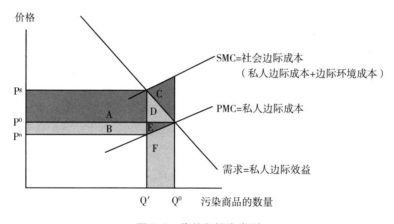

图 2.5　收益和损失类型

第一，这一政策将均衡产出价格提高到一个新的"总"价格 P^g，它减少了梯形面积为 $A + D$ 的消费者剩余。这个价格的增加额和由此带来的负担相对较大，因为这个产出的需求弹性低于供给弹性。第一个效应是累退的，正如在布尔特罗、沃尔斯和布隆兹的模型中分析的一样。

第二，许可证政策也可能给生产者或生产要素施加负担。图 2.5 显示了一个简单的部分均衡模型，其中生产者剩余（$B+E$）的损失比较小，因为供给曲线（PMC）是相对有弹性的。相反，如果生产涉及的是供给相对固定的特定行业资源，如特定类型的能源、特定性质的土地，或者具有特定行业技能的劳工，这些损失可能更大。如果这样，那么生产的削减将加重那些有限资源所有人的负担。一般均衡模型可以被用来求解新的整个经济系统中的工资、收益率，或地租，并且更复杂的动态一般均衡模型可以用来求解短期效应、资本深化，以及向一种以劳动/资本比率进行平衡增长的新路径的过渡。[1]

第三，当图 2.5 中污染商品的数量受到限制时，限制使污染商品变得稀缺，从而提高了稀缺租金（$A+B$）。在许可证拍卖的范围内，政府获得稀缺租金的一部分，并将其作为收入，可以用于任何目的，如给家庭的退款。本章考虑了返还给家庭的 30% ~ 50% 的许可证价值，但是《韦克斯曼—马基法案》分给了工业更多的许可证，所以 $A+B$ 面积的大部分会变成利润。[2]

第四，减少污染的政策也带来了环境效益。在图 2.5 中，收益的部分由面积 $C+D+E$ 表示，即在污染减少的范围（从 Q^0 到 Q'）内"边际环境成本"之和。事实上，实施碳政策的主要原因是减少导致全球变暖的温室气体排放。该政策的好处是减少了对农业的破坏、海平面上升和极端天气事件，如飓风、洪水或干旱。不同的收入群体可能不同程度地受益。例如，富人可能拥有更多的海滨产业，这些将由于减少排放的国际协议而被保留下来。

第五，家庭可能因调整和过渡成本而受到不同程度的影响。在图 2.5 中，区域 $E+F$ 表示这个行业不再使用的投入值。它们常常被假定为在其他地方重新使用，没有损失。然而，政策的变化可能是非常具有破坏性

---

[1] 劳施等（见本书第 3 章）构建了一个碳定价的一般均衡模型，其纳入了对来源端的要素价格效应和使用端的产出价格效应。尽管通过产出价格的效应是明确累退的，原因之前解释过，通过降低的资本收益率和工资率产生的效应是累进的并且完全抵消了使用端。

[2] 帕里（2004）使用了一个带有显式公式的程式化分析模型，这些公式表明了基本参数的影响。他也考察了其他污染物（二氧化硫和氮氧化物）和其他政策（生产定额、技术要求和污染投入的税收）。发现适用祖父原则的许可证制度对股东们有利，并因此在对穷人施加更高成本的同时为高收入群体提供了收益。

的，特别是对于高度依赖于开采用于发电的某个特定资源的地方经济。在一个可以几乎不存在环境保护的城镇，采煤通常是主要的职业。这些个体可以获得特定行业的大量人力资本，他们的价值会由于该行业的萎缩而丧失。与环境政策的其他资产价格资本化效应相比，这些人力资本化效应对个体可能意味着更大的损失。

前五个影响中的任何一个都可能被资本化为股票价格或土地价格，因此我们采取的方式是放大特定个体的收益或损失。预期的未来许可证或"稀缺租金"（$A + B$）的发放被资本化为公司的股票价格，而来自环境保护的收益（$C + D + E$）被资本化为土地价格。资本化效应同样适用于人力资本，对个体甚至具有更大比重的收益和损失。有趣的是，这些资本化效应有时是以一种不可预测的方式移动了收益和损失的边界。对公司新的环境要求会对其颁布时的股东们施加成本，而不是对那些在其颁布之后购买股票并为减轻污染的设备实际买单的人。海滨产业的任何收益或损失影响当时（环境要求颁布时）的所有人，而不是那些后来购买的人（溢价购买或折扣购买）。

一般来说，正如布尔特罗、沃尔斯和布隆兹所指出的，更高的电价具有累退效应，而给低收入家庭的退款可以抵消那些累退效应，并且考虑到了没有不利分配后果的环境保护。更多的许可证可能需要被拍卖，以获得必要的收入来抵销气候政策的这些和其他意外的分配效应。这一点使得使用排放税或许可证拍卖更加重要，而不是以一种有利于相对富有的股东们的方式向企业发放许可证。

评论 2[*]
特里·迪南（Terry M. Dinan）

温室气体排放的总量控制与交易制度将提供整个经济范围内的激励，

---

[*]　基于第 2 章研究的评论。

这促使家庭和企业减少对能源和能源密集型产品和服务的消费。对于该方案能否使实现期望排放量的成本最小化获得成功，这些激励措施至关重要。在与分配排放配额相关的潜在效率成本上，布尔特罗、沃尔斯和布隆兹在提出了一些有价值的见解，该种配额分配是以一种削弱家庭和企业减少排放量动力的方式进行的。作为目前政策的一个案例研究，作者根据众议院 2009 年 6 月 22 日通过的《美国清洁能源安全法案》的规定，对 2015 年分配给电力、天然气和家庭取暖油 LDCs 配额的影响进行分析。

布尔特罗、沃尔斯和布隆兹假设，那些免费的配额将占根据该法案 2015 年提供的所有排放配额的 41%，这将抵消由 LDCs 服务的顾客在总量控制与交易制度下本应面临的价格上涨。因此，作者发现，与决策者以一种不减少家庭和企业节约能源激励的方式分发配额时的价格相比，向 LDCs 的分配将会使配额价格提高 4.38 美元。

我提出三条建议，来补充布尔特罗、沃尔斯和布隆兹的结论。根据《美国清洁能源安全法案》给 LDCs 免费分配的效率成本可能小于布尔特罗、沃尔斯和布隆兹的预测，因为法案中有关于允许企业存储配额和使用抵销信贷以符合总量控制的规定，这可能抑制 LDCs 的分配对配额价格本该产生的影响。当总量控制制度本来未涵盖的国内或国际实体以批准的方式减少其排放的时候，抵销信贷就产生了。在 LDCs 的免费配额提高到了配额价格的限度内，同时也增加了在总量控制与交易制度下的收入转移，即通过支付更高的商品和服务价格，从消费商品和服务的家庭转移给最终接收配额价值的家庭。因此，要理解由 LDCs 的免费配额造成的任何配额价格增长的分配效应，要求考虑所有配额的价值。对 LDCs 配额的分配效率和分配效应的预测关键取决于 LDCs 如何将配额价值传递到顾客的假设中。因此，通过 LDCs 间接地将配额价值转移给能源消费者的方式对这种政策效应造成了显著的不确定性。

首先，允许配额存储和使用抵销信贷的规定可能会抑制由免费配额本可能造成的配额价格增加。根据《美国清洁能源安全法案》确立的总量控制与交易制度，企业将能够存入任何给定年份的未利用配额以备未来使用。账单也将允许企业通过抵销信贷来替代每年高达 20 亿吨的排放配额。

考虑配额存储的分析，通常假设这种方法将最终使满足累积性排放总量的成本最小化，并使配额价格随时间增长，增长的比率反映了与存储配额相关的机会成本（其通常被假设为一个 5%～7% 的实际收益率）。因为配额存储，未来时期遵守该政策的低成本选项的存在影响了早期的配额价格。配额存储和抵销信贷的组合往往会减少价格的增长，这些增长本可能由抑制消费者节约能源动机的政策造成。当抑制政策在政策实施的早期开始提高配额的价格，公司将会存储更少的配额，在其他条件都相同的情况下，这往往会降低同时期的配额价格。而且，在节约能源动机的抑制提高配额价格的限度内，它也将倾向于增加国内和国际抵销信贷的供给。在相对平稳的供给曲线中，特别是国际抵销信贷将可能被大量供给，但这仅是在政策已经在实施足够长的时间来达成国际协议，并且监管和执行的必要规定也已经在实施之后才会发生。反过来，在其他条件都相同的情况下，抵销信贷的额外供给将会减少配额的价格。

在预测《美国清洁能源安全法案》的配额价格时，美国国会预算办公室（CBO）假定，分配给 LDCs 并在消费者账单上以固定退款的形式传递给居民消费者的配额，将使家庭的能源消耗比电价明显降低所导致的能源消耗量减少一半。然而，CBO 发现，一旦配额存储数量的减少和为合规目的使用抵销借贷的增长被考虑进去，家庭节约能源动力的减少对配额价格的影响就很小（例如，在 2020 年小于 0.50 美元）。

其次，提高配额价格的分配将使总量控制与交易制度下转移收入总额增加。布尔特罗、沃尔斯和布隆兹发现，根据《美国清洁能源安全法案》LDCs 的免费分配在 2015 年将使配额价格提高 4.38 美元。考虑这一年将分配 50.03 亿配额，由于免费分配政策造成的转移收入大约将增加 220 亿美元。在他们的分配分析中，布尔特罗、沃尔斯和布隆兹说明了额外收入的 56%，或大约 120 亿美元的情况。剩余的 44%，或 100 亿美元，将从消费含碳商品和服务的家庭转移到从布尔特罗、沃尔斯和布隆兹分析中未分配的 44% 的配额中受益的家庭，转移基础是所消费商品和服务的含碳量。在分析中未说明的 44% 的配额中，约 10% 将通过州和联邦计划分配（例如，促进能源效率和帮助劳工）；约 23% 将直接（例如，作为对出口贸易、能源密集型行业的免费分配）或者间接（例如，作为对捕获和隔离二氧化碳排放的发电机的补贴）给企业；另外7%被消费在海外（例如，帮助减少森林砍伐、促进技术转让，以及帮助发展中国家适应气候变化）。对 LDCs 免费分配的效应进行全面说明，不仅需要考察与较高的配额价格相关的效率成本，还要考察因价格上涨而将发生的额外收入转移的全部效应。

最后，《美国清洁能源安全法案》的分配结果对将从分配给予 LDCs 的配额中最终受益人的假设敏感。通过像 LDCs 这样的中介向政策制定者可能希望补偿政策影响的实体（例如，电力消费者）间接提供配额的方式，将对政策的最终分配效应造成显著的不确定性。通过采用有关 LDCs 配额价值，最终受益者以及这些价值如何传递给商业和工业消费者的替代假设，从而考察《美国清洁能源安全法案》的直接成本如何在不同收入类别的家庭中进行分配，上述不确定性就可以得到说明。用于证明这一点的直接成本测度是对家庭将经历的购买力损失的一个预测，而该损失是《美国清洁能源安全法案》中定义的总量控制与交易制度导致的。购买力损失等于购买配额、抵销信贷和减排的成本（企业通常会以更高价格的形式转移给消费者的成本）减去因政策而收到的补偿（包括配额的免费分配，销售配额的收益，以及从补偿生产中赚取的利润）。一旦美国家庭收到的补偿从合规成本中被扣除，购买力的剩余损失则来自减少排放和生产国内补偿的成本，国际补偿的支出，以及引向境外的配额价值。不同家庭购买力损失的分布取决于他们消费的商品和服务（它们的价格将由于政策而提高），以及他们拥有的配额价值份额和从国内补偿生产中所得利润的份额[1]。在分析中，给定 2020 年由《美国清洁能源安全法案》定义的配额分配，美国国会预算办公室预测了购买力损失（或收益）将在不同收入类别的家庭中如何变化（见表 2.6 的第（1）列）。该分析假设，被分给 LDCs 的配额（且其价值随后会转移给它们的商业和工业消费者）将最终使那些企业的股东们受益。

---

① 详细内容见美国国会预算办公室（2009）。

表 2.6　根据有关分配给 LDCs 商业和工业消费者配额价值分配的替代假设，因 H. R. 2454 法案中温室气体总量控制与交易制度导致的购买力平均净损失

分类	(1) 当商业和工业消费者的 LDCs 配额使股东受益时的购买力净收益或损失[a]（以美元为单位，并作为税后收入的百分比）		(2) 当商业和工业消费者的 LDCs 配额使最终商品[b]的消费者受益时的购买力净收益或损失（以美元为单位，并作为税后收入的百分比）		相对于在假设（1）[c]下的净收益或损失，在假设（2）下的购买力净收益或损失（比率）
低收入户	125 美元	(0.7%)	190 美元	(1.1%)	1.5
中等偏下户	− 150	(− 0.4)	− 70	(− 0.2)	− 0.5
中等收入户	− 310	(− 0.6)	− 225	(− 0.4)	− 0.7
中等偏上户	− 375	(− 0.5)	− 315	(− 0.4)	− 0.8
高收入户	− 165	(− 0.1)	− 455	(− 0.2)	− 2.8
未分配的	10[c]	(0)	10[c]	(0)	N. A.
所有家庭	− 160	(− 0.2)	− 160	(− 0.2)	N. A.

注：表中的数字反映了按照 2010 年的收入水平和作为税后收入百分比计算的 2020 年政策。（2010 年收入水平是基于 2006 年收入和支出的分配）家庭按调整后的收入排序。每个五分位数包含同等数量的人口。负收入的家庭被排除在最低分位之外，但是被包括在总数内。合规成本根据其碳排放消费量分配给家庭。

[a]美国国会预算办公室，2009 年 9 月关于减少温室气体排放的立法的经济影响。

[b]作者的计算。

[c]政府合规成本的比重不在不同家庭中分配。此外，未指定接收人的配额不会被分配。按净值计算，未分配给家庭的配额价值比未分配的成本多出 10 美元。

根据替代假设，等量配额的同样分配导致的不同家庭之间购买力损失（或收益）的分布可能会看起来完全不同。例如，表 2.6 的第（2）列显示了，如果为了使商业和工业消费者受益而分给 LDCs 的配额价值最后传递给由那些实体生产的货物的最终消费者时的结果。对家庭消费的非直接与能源相关的商品和服务提供更低价格，通过这种形式在不同家庭中分配配额价值，就可以对结果进行建模。

假设中关于企业通过 LDCs 间接接收的配额价值如何最终使家庭受益的变量将显著影响到购买力损失在不同家庭分布的方式。例如，如果分给 LDCs 并传递给企业的配额，最终降低了价格而不是增加了利润，那么，在收入分配里中等偏下收入家庭遭受的购买力损失（以 2010 年的收入水平计算）大约将减少 50%。相反，最高收入家庭在这种情况下遭受的购买力

损失大约将是原来的 2.75 倍。在关于向 LDCs 分配配额的任何一个假设下，最低收入家庭的平均税后收入都将增加。

关于《美国清洁能源安全法案》的分配影响的不确定性在政策实施的后几年里将会变小，这是因为配额价值的更小部分将通过私营实体（如 LDCs）流向家庭。到 2050 年，大多数配额的价值将以联邦政府的退款形式直接流向家庭。

第 **3** 章

美国温室气体政策的分配效应分析[*]

塞巴斯蒂安·劳施 (Sebastian Rausch)

吉尔伯特·梅特卡夫 (Gilbert E. Metcalf)

约翰·赖利 (John M. Reilly)

谢尔盖·帕尔特瑟夫 (Sergey Paltsev)

3.1 引言

《美国清洁能源安全法案》建立了一个总量控制与交易制度，预计 2020 年在 2005 年温室气体排放水平基础上减排 17%，到 2050 年减排 83%。其他条款还包括各种电器的新能效标准和可再生电力标准，要求零售供应商到 2020 年通过可再生能源和能效满足其 20% 的电力需求[①]。

　* 本章为 2009 年 10 月 15～16 日在华盛顿召开的美国税收政策协会能源税收会议所作。感谢劳伦斯·吉尔德（Lawrence H. Goulder）、理查德·摩根斯坦（Richard D. Morgenstern）、托马斯·卢瑟福（Thomas F. Rutherford）和 2009 年 10 月 15～16 日在华盛顿召开的美国税收政策协会能源税收会议的参与者，以及 2009 年 10 月麻省理工学院联合项目美国建模会议参与者提供的有益建议和评论。感谢 Dan Feenberg 提供的美国国家经济研究院关于边际所得税税率税收模拟器的数据，感谢 Tony Smith‑Grieco 出色的助研，感谢通过联合政府、企业、基金会所成立的麻省理工学院全球气候变化科学与政策联合项目的支持，感谢麻省理工学院能源倡议和其他产业联合资助者的支持。
　① 参见霍尔特（Holt, 2009）和惠特尼（Whitney, 2009）对该法案的详细描述。

在提高碳基燃料和其他温室气体排放给料的价格方面，总量控制与交易立法相当于一种税收。总量控制与交易制度涉及巨额资金，2009 年 6 月美国国会预算署估计《美国清洁能源安全法案》在 2010 ~ 2019 年间会带来接近 8500 亿美元的联邦财政税收。因为该项目初期免费发放大量的许可证，同期开支也会上升至 8200 亿美元[①]。本章为评估总量控制与交易制度或碳税等碳定价的分配效应，采用了新的可计算的美国经济一般均衡模型和麻省理工学院（MIT）的美国地区能源政策（USREP）模型。所用行业细节、生产结构和 USREP 模型参数皆与麻省理工学院排放预测和政策分析（EPPA）模型类似（帕尔特瑟夫等，2005）。但是，EPPA 模型是全球模型，美国仅是其中一个地区，而 USREP 模型的建模对象仅限于美国。这种非全球性使其能够对美国各区、州，以及各区的不同家庭收入阶层进行精确的建模。正如 EPPA 模型，USREP 模型可以在能源生产和消耗方面提供详细的信息，使得本模型尤其适合对能源和气候变化立法的分析。

因为 USREP 模型可以呈现多地区多收入群体的信息，该模型尤其适用于评估政策的分配效应。诸多《美国清洁能源安全法案》条款被设计来减轻立法对中低收入家庭的影响，以及平衡地区影响。考虑气候政策潜在的强分配效应，不管与《美国清洁能源安全法案》类似的法案能否通过，对分配效应的关注都有可能成为任何最终政策的重要特征[②]。迄今为止，模拟像 EPPA 这类模型，基于能源和二氧化碳价格，以及不同地区和不同收入群体家庭能源支出份额，许多分配分析被作为辅助计算进行。该分析未能考虑工资和资本收益变化的分配效应，以及二氧化碳定价如何转化为不同地区不同的能源价格影响。USREP 模型的设计对这些问题给予了直接的考虑，它内生地计算了对每一类家庭的影响。本章考虑了若干种使用碳定价税收的可能方法，来表现这些是如何对不同地区和不同收入水平的家庭造成影响的。

经济学家通常关注政策效率，像入门的经济学教科书中图解那样，效率考量反映在"福利三角"中。华盛顿的政策评论者指出，在推进或终止

---

① 参见美国国会预算署（2009b）。美国国会预算署将免费发放的许可证既作为收入也作为开支对待。不考虑对其他税收收入的影响，100 美元许可证的免费发放将被记为 100 美元的税收和 100 美元的开支。美国国会预算署的计算方法详见美国国会预算署（2009a）。

② 例如，见布楚（2009）在参议院财政委员会所做的证明。

政策时对受益者和成本承担者的考量比效率考量更重要。在经济学教科书的图表中，受益和支付为矩阵图形，其中福利三角只占很小一部分。然而，华盛顿经济政策矩形往往大于三角形，并且与政策相关的核心是分配效应。此外，市场制度中最终的成本承担者也不会自动出现，支付税单者与成本承担者可能毫不相关，经济学家称其为税收负担，其向前可以传导给消费者，向后可以传导给资本所有者，而且其可能影响劳动力和资本收益。USREP 模型则检验该种分配效应。

3.2　背景

碳定价的影响与拥有广泛基础的能源税极其类似，因为 80% 以上的温室气体排放量与化石燃料的燃烧密切相关（美国环保署 2009）。关于能源税收对不同收入群体分配效应的文献有很多，得出的一些普遍结论有助于开展碳定价的分配分析。首先，根据年收入对家庭进行排名的分析发现，税负趋向累退［佩奇曼（Pechman，1985）关注一般的消费税，梅特卡夫（1999）关注环境税］。这种排名的困难之处在于，无论从何种应该引起福利关心的传统观点上来看，最低收入群体中的许多家庭并不是真正的贫穷。该群体包括那些面对暂时负收入冲击或者进行人力资本投资以获得更高的未来收入（如研究生）的家庭。同样也包括许多可能目前收入很少但有大量储蓄的退休家庭。

人们早已知道当期收入并不是家庭小康水平的良好测度，这就使人们对衡量终生收入进行各种评估。由此引出了文献中的第二个主要发现：当运用终生收入而非年收入的测度时，包括能源税在内的消费税的累退现象不那么明显了。研究者包括戴维斯（Davies，1984）、圣伊莱尔（St. Hilaire，1984）和惠利（Whalley，1984），波特巴（Poterba，1989，1991），布尔（Bull，1994），里昂（Lyon，1995）和施瓦布（Schwab，1995）等[1]。

---

① 这些研究中的绝大多数着眼于将一年的税收视为终生收入的某种代理——通常是费德曼（Friedman，1957）中的基于终生收入假设的当期消费。只有富勒顿和戈特（1993）例外，建立了终身税负和收入模型。

　　终生收入法对从年度税负分析中得出的分配发现是一个重要的警告，但是它依赖于家庭消费决策的强假设。特别是假设家庭是在已知他们的终身收入情况下进行当前的消费决策。尽管假设家庭对未来收入有一些预期是合理的，但是假设他们充分了解该收入或者他们必须基于未来的可得收入进行开支决策却似乎不合情理①。真相也许在年收入分析法与终生收入分析法之间的某个地方。本章采用当期收入法对家庭进行分类。

　　回到气候政策，特别需要说明的是，已经有一些论文试图去衡量不同家庭收入群体受到的碳定价分配效应的影响。迪南和戈特（2002）以梅特卡夫（1999）的成果为基础来考察总量控制与交易制度中的配额分配如何影响分配结果。这两篇论文都为关注碳定价的财政收入（无论是税收或拍卖许可证）提供了不完全的分配分析。碳定价的收入如何分配对最终分配结果有重要的影响。碳税收入对分配有影响的观点是梅特卡夫（2007）对碳税互换提出分配和收入中性建议的基础。这在布尔特罗、斯威尼和沃尔斯的分析中同样是关注的焦点。他们的论文考察了总量控制与交易拍卖收入的五种不同的利用方法，其中论述了收入和地区分配。收入和地区分配在哈西特、马瑟和梅特卡夫（2009）的研究中也是焦点。该文并未涉及税收的使用，但确实比较了年收入和终生收入两种衡量方法，并比较了年收入的地区分析。格兰杰和科斯达德（Kolstad and Grainger，2009）做了与哈西特、马瑟和梅特卡夫（2009）类似的分析，并指出使用家庭均等比可以加剧碳定价的累退。最后，布尔特罗、斯威尼和沃尔斯（2009）考虑了在支出侧分析中的分配效应，文章集中在对 LDCs 的许可证分配上，也是我们现在要考虑的问题。

　　前面提到的所有论文均假设碳定价的负担以更高的能源价格和更高价的能源密集型消费产品及服务的形式转嫁给消费者。碳定价转嫁给消费者的结论来自几个可计算的一般均衡模型分析。例如，鲍温伯格和古尔德（Goulder and Bovenberg，2001）发现，每吨 25 美元的碳税在短期和长期均

____

　　① 另外，对职业学院（商学院、法学院和医学院）硕士毕业生的随机观察清楚地显示许多家庭把未来收入考虑进了当前消费决策中。

可导致煤炭价格上涨90%（鲍温伯格和古尔德，2001）（见表2.4）①。他们发现，能源密集型产业仅需免费发放极少的许可证就可以补偿股东因总量控制与交易制度导致的任何意外损失，而这种税负结果奠定了这一发现的基础②。

梅特卡夫等（2008）探讨了从2012年开始并缓慢增长至2050年的碳税政策在不同阶段向前转嫁（更高的消费价格）和向后转嫁（更低的要素收益）的幅度。鲍温伯格和古尔德（2001）发现，在政策实施期间，煤炭的碳排放税在很大程度上会以同样的幅度向前传导给消费者，传导幅度与鲍温伯格和古尔德（2001）研究中的幅度相同。最初大约10%的原油税负会向后转嫁给石油生产商，到2050年该份额大约会上升至1/4，因为从长远来看消费者将有能力找到石油替代品③。有趣的是，消费者的天然气碳税负担会超过普通税收，这反映了天然气需求的激增。对碳定价的最初反应是在电力生产时用天然气替代煤。到2050年，生产商的价格会因严格的碳政策而出现下跌④。富勒顿和海图（Heutel，2007）构建了一般均衡分析模型来识别决定污染物税收最终负担的多种关键参数及其关系⑤。虽然该模型没有详细到足够为气候变化对美国经济的影响提供翔实的估计，但仍表明了导致负担结果的关键性参数及其关系。一般均衡模型假设了以美国为代表性主体，从而将其实用性限制在分配问题上。梅特卡夫等（2008）将代表性主体模型结果适用于美国家庭数据，从而使他们得出关于政策的分配性影响的结论，但是在该模型中未考虑到家庭的异质性⑥。

为了调查美国气候和能源的区域性影响，研究者们构建了几个可计算

---

　　①　他们推测了全球石油和天然气定价，因此随着全额征收碳税该两种化石燃料的税价总额都会上涨。

　　②　参见鲍温伯格、古尔德和格尼（Gurney，2005）中关于该问题的更多论述。

　　③　Metcalf Gilbert，Jennifer Holak，Henry Jacoby，Sergey Paltsev and John Reilly. Analysis of U. S. Greenhouse Gas Tax Proposals. Working Paper No. 13980，NBER，Cambridge，MA.，2008.

　　④　分配结果主要取决于政策的严厉性。政策的严厉性影响EPPA对无碳技术的采用，因此影响对化石燃料的需求。在前文中已经报告了在控制期内限排2870亿公吨政策的碳税结果。

　　⑤　该文同样提供了有关对环境税收负担效应的全面概况。

　　⑥　最近本托等（Bento et al.，2009）的论文通过考虑家庭在收入和地理位置的异质性而推动了研究的进步。该文考虑到日益增加的美国汽油税的影响，将一二手汽车购买、旧车报废及驾驶行为的变化等都考虑了进来。

的一般均衡模型（CGE）。例如，在罗丝（Ross，2008）的论文中，AD-AGE 模型有一个美国的地区模块，它通常由五或六个地区组成。在图拉达尔等（Tuladhar et al.，2009）中所描述的 MRN – NEEM 模型中设定了美国的九个地区。这两个模型在每个区都使用了单一的代表性家庭。

下一节所描述的 USREP 模型标志着文献研究的前沿，它是在考虑了美国境内不同收入群体和不同地区异质性下对气候变化政策进行建模。此外，该模型还允许我们检验先前有关碳定价完全向前传导给消费者的模型假设的合理性。

3.3 USREP 模型

USREP 模型合并了来自 IMPLAN（明尼苏达 IMPLAN 小组 2008）的经济数据和来自能源信息署的国家能源数据系统（SEDS）的物理能源数据。大多数的基础数据是州一级的，所以在地区层面结构中存在一定的灵活性。将州层面的数据加总到地区，用地区总和得到电力成本的差异，有利于观察地区和州的不同。在将两个数据集整合为一个统一的经济数据库的过程中涉及的模型和问题的详细技术描述放在本章的附件 3 – 1 ~ 附件 3 – 3 中。后续章节中将简要描述该模型的关键组成部分。

3.3.1　家庭

USREP 模型是一个多地区、多部门、多家庭的美国经济 CGE 模型，用于分析能够对地区、部门和行业，以及不同家庭收入群体进行评估的美国能源和温室气体政策。正如在经典的阿罗 – 德布鲁的一般均衡模型中一样，我们的模型结合了对理性经济主体的行为假设和均衡条件分析，并在微观经济学理论基础上体现了价格决定型（price – dependence）市场的交互关系及不同的经济主体收入的来源及开支。追求利润最大化的厂商在生产商品或提供服务时，使用其他部门的中间投入和家庭初级生产要素。追求效用最大化的家庭获得来自政府转移支付和公司提供的劳动报酬，并用其来购买商品或服务。政府从消费和家庭转移支付中获得财政税收。此处实施的 USREP 模型是一个对 2006 年数据进行校正的静态模型，将美国各州划分成十二个地区，如表 3.1 所示①。与产品和市场要素完全竞争的假设一致，生产过程展示了规模收益不变，并用嵌套的不变替代弹性函数（CES）建模。附件 3-1 中有对每个生产部门的嵌套结构示意图进行概述。如表 3.1 所示，非能源活动集中在五个部门②。对于排放几种非二氧化碳的温室气体的能源部门，本书对其进行了更具体的建模。静态的 USREP 模型是与 EPPA 模型类似的动态模型的最初发展阶段。为了说明与最开始几年气候政策相关的结果，本章的分析采用了相对较低的二氧化碳价格，相当于每吨二氧化碳当量 15 美元。静态的模型中考虑了化石燃料、核能、水力和现有燃料发电的情形，但是不包括 EPPA 列举的系列先进技术。不同技术生产的电力输出被假定为完全替代品。我们限制核能和水力发电的扩张不超过基准水平的 20%，或者在现有结构下从这些来源的生产可无限扩张。其他先进技术只会与遥远的未来中更高的二氧化碳价格相关，因此，正如构想的那样，我们认为用静态模型来研究在短期内相对温和的温室气体排放（GHG）的定价政策是恰当的。

表 3.1　　　　　　　　　　　　　　USREP 模型详解

地区	部门	因素
阿拉斯加（AK）	非能源	资本
加利福尼亚（CA）	农业（AGRIC）	劳动
佛罗里达（FL）	服务（SERV）	原油资源
纽约（NY）	能源密集型（EINT）	天然气资源
新英格兰（NENGL）	其他行业（OTHR）	煤炭资源
东南部（SEAST）	交通运输（TRAN）	核资源
东北部（NEAST）	能源	水电资源

① 阿拉斯加州是模型中的一个地区，我们模拟了该区的政策但未报告结果，因为我们对该区的结果并不像对其他地区的具有同等程度的信心。因为阿拉斯加州人口稀少，其结果对建模方案中微小的变动都极为敏感。另外，将阿拉斯加州合并到其他地区，则会因为该州独一无二的能源特征而出现问题。

② 帕尔特瑟夫等（2005）的研究中详细讨论了所采取的网状结构，及其反映不同的给料，尤其是与燃料和电力有关的给料替代可能性的经验相关性。

续表

地区	部门	因素
中南部（SCENT）	煤（COAL）	
中北部（NCENT）	原油（OIL）	
落基山区（MOUNT）	成品油（ROIL）	
太平洋沿岸地区（PACIF）	天然气（GAS） 电力：化石燃料（ELEC） 电力：核电（NUC） 电力：水电（HYD）	

注：模型里的美国地区划分如下：新英格兰包括缅因州、新罕布什尔州、佛蒙特州、马萨诸塞州、康涅狄格州、罗得岛；东南部包括弗吉尼亚州、肯塔基州、北卡罗来纳州、田纳西州、南卡罗来纳州、佐治亚州、阿拉巴马州、密西西比；东北部包括西弗吉尼亚州、特拉华州、美国马里兰州、威斯康星州、伊利诺伊州、密歇根州、印第安纳州、俄亥俄州、宾夕法尼亚州、新泽西州、哥伦比亚特区；中南部包括俄克拉荷马州、阿肯色州、路易斯安那州；中北部包括密苏里州、北达科他州、南达科他州、内布拉斯加州、堪萨斯州、明尼苏达州、艾奥瓦州；落基山区包括蒙大拿州、爱达荷州、怀俄明州、内华达、犹他州、科罗拉多州、亚利桑那州、新墨西哥州；太平洋沿岸地区包括俄勒冈州、华盛顿州、夏威夷。

经济模型经常区别短期效应和长期效应。在短期内主体适应价格变动的能力有限，而从长期来看，他们能够完全适应现行技术的限制。因为在静态 USREP 模型中资本是完全自由流动的，此处进行的分析最接近于长期结果。尽管潜在的支撑技术尚不明确，但都不太可能与每单位 15 美元的二氧化碳价格相关。因此，USREP 的结果显示当实施并维持每单位 15 美元的二氧化碳价格并允许经济体在 20～30 年去适应该价格水平时我们预期的影响[1]。

假设给定地区内产业间的劳动力完全自由流动，但在不同地区间不可自由流动。劳动力供应取决于家庭在闲暇与劳动之间的选择（巴比克、梅特卡夫和赖利，2003），资本在地区和产业间是自由流动的。假设存在一个美国化石燃料资源的综合市场，并假设了一个核心模型，其中地区资源所有权是按资本收入比例进行分配的[2]。将存款直接代入效

---

[1] 地区之间劳动力不流动与中间状态一致。应注意的是比较静态分析可被设定来解释长期效应，但是并不解释增长效应，这对我们调查的税收循环情形是非常重要的。

[2] 考虑美国化石燃料资源的地区所有权数据缺乏，我们使用资本收入来表示。

用函数中，该效用函数可以得出存款需求，并且内化消费投资决定。我们使用鲍温伯格、古尔德和格尼（2005）提出的方法来区分用于市场商品和服务生产的资本与家庭自用资本（如住宅）。假设前者的收益应该缴税，而来自住房资本（housing capital）的推算收入（imputed income）却不需要。在帕尔特瑟夫等（2005）的论文中能找到更详尽的总消费嵌套结构的讨论。

根据表 3.2 中界定的不同收入群体，我们将每个区划分成九种代表性家庭类型。用线性同质 CES 结构来描述家庭偏好，这意味着收入弹性是一致的且不随收入改变而改变①。家庭异质性是指从收入来源和开支角度上的不同结构（附件 3 - 1 中阐明了该嵌套结构）。

表 3.2　　　　　　　　　USREP 中使用的收入阶层及累积人口

收入阶层	描述（美元）	美国的累计人口（%）
hhl	< 10000	7.3
hh10	10000 ~ 15000	11.7
hh15	15000 ~ 25000	21.2
hh25	25000 ~ 30000	31.0
hh30	30000 ~ 50000	45.3
hh50	50000 ~ 75000	65.2
hh75	75000 ~ 100000	78.7
hh100	100000 ~ 150000	91.5
hh150	> 150000	100.0

注：基于 2006 年的消费者支出调查数据。

3.3.2　政府

传统税率因地区和部门的不同而存在差异，并且包括联邦税和州税。

---

① 我们试验了线性支出需求体系，其中消费是相对于最低的生活水平进行衡量的，并校准了收入弹性 0 ~ 1 的经验可能值。我们发现这稍微地增加了低收入群体的福利成本。总之，此处考虑的该类政策分析的定量效应无足轻重。

假定这些税收在每个地区的支出与其当前水平成比例。考虑不同的各州税收水平和当前联邦税收收入在各州的开支分配。各种假设均有可能，但本章主要关注对二氧化碳定价的意义和财政收入的分配。USREP 模型包括从价产出税、公司资本收入税、工资税（雇主和雇员的贡献）等。这些税率的计算建立在机构间税收支付数据的 IMPLAN 基础上。在资本收入税方面，仅计算平均税率。我们用 NBER TAXSIM 税收模拟器的数据来合并边际个人所得税税率，使用 NBER 和 IMPLAN 的全部个人所得税支出的数据来估测不同收入群体和不同地区的线性所得税表的斜率，取得了覆盖整个收入范围的非线性所得税。

3.3.3　贸易

每个地区的部门产出通过不变弹性替代函数转变为地区、国家和国际市场的商品，所有商品都是可交易的。根据商品类型，我们区分国内地区贸易的三种不同代表。首先，所有非能源商品的双边流动以"阿明顿"商品为代表（Armington，1969），而其他地区生产的同类商品都不能完全替代国内生产商品。其次，除电力外，国内交易的能源商品都被假定成同类商品，即存在一个全国性的需要国内出口和供给国内进口的池子。该假设反映了美国天然气、原油和精炼油及煤炭国内市场的高度一体化。最后，我们区分了六个地区性电力池，这些电力池被设计来提供美国现有的独立系统运营商结构（ISO）和三个主要的北美电力可靠性公司（NERC）互联系统的近似量。更具体地说，我们区分了西部、得州电力可靠性委员会（ERCOT）、东部北美电力可靠性公司互联系统，并确定阿拉斯加州、新英格兰地区和纽约州作为独立的地区池[1][2]。假设在每个地区池内部可交易电

---

① 我们确认纽约州和新英格兰作为单独的电力池是因为持续的独立系统运营商的电力流动仅代表这些地区内电力生产总量的一小部分。例如，基于我们对 ISO 提供的数据进行的计算，新英格兰 ISO 和纽约 ISO 之间的净电力交易占新英格兰地区 ISO 生产的全部电量的不到 1%。在纽约州和邻近 ISO 之间的电力流动占纽约州全部电力生产量的 6%。

② 地区性电力池因此被定义如下：新英格兰、纽约州、得克萨斯州、阿拉斯加州均代表单独的电力池。西部北美电力可靠性委员会联网系统包括加利福尼亚、落基山区和太平洋沿岸地区。东部北美电力可靠性委员会联网系统包括东北部、东南部，以及佛罗里达州。

力是同质商品，且在地区池之间不存在电力交易。

　　类似于出口方面，我们采用阿明顿（1969）对进口进行的商品异质性假设。一个 CES 函数描述了进口（国内和国际来源）和当地生产的各种同类商品之间权衡的特征。一国的国际收支平衡（BOP）限制决定了模型是对外封闭的。因此，美国出口总值等于美国进口总值，这解释了初始基准年统计数字的一项 BOP 赤字。BOP 的限制表明国内货币对国外货币价值的真正汇率。

　　通过规定世界出口需求函数和进口供给函数的弹性，美国经济作为一个整体被建模为一个大的开放经济体系。因此，我们虽然不能明确地对其他地区进行建模，但是可以得到一个贸易条件和政策竞争力效应，其与在一个全球模型中将得到的结果近似。

3.4　情景与分析

　　我们对温室气体政策建模，对于所有温室气体设定了一个每公吨二氧化碳当量 15 美元的价格①。我们从总量控制与交易制度角度描述该情景，但强调该分析同样适用于具有相同适用基础的碳税。所有许可证由政府拍卖的总量控制与交易制度在经济上相当于碳税。在这两种情形下，碳定价抬升了化石燃料和碳密集型产品的价格，同样提高了联邦政府的财政收入。一个根据某一规则或一组规则免费分配许可证的总量控制与交易制度可分解为一个包含两种情形的政策。第一种情形，许可证全部拍卖；第二种情形，拍卖收入的分配方式镜像反映了许可证的免费分配。因此，我们并未专注许可证是否被拍卖，而是专注于收入如何返还给经济体的不同情况②。也就是说，为了建模的目的，收入返还给经济体中的主体等同于向

――――――――――――

　　①　使用 IPCC 第二次评估报告中 100 年全球变暖的潜能值将温室气体转换为二氧化碳等量，这在大部分政策措施中均有详尽的描述。

　　②　我们的两部分解意味着更广的点，韦斯巴赫（2009）强调：税收和总量控制与交易制度的区别在很多方面较现实更明显。

他们分配配额，然后他们将其出售并获得与二氧化碳价格相等的收入①。为了促进各种情形的全面比较，我们将财政收入与国内生产总值固定在与参考情景同样的水平，定义为财政中性②。这意味着并非所有的碳定价财政收入都可用于再循环的目的，因为某些收入会被要求替代受到该政策影响的经济活动的其他税收损失。我们将该要求作为模型中的限制条件内生地计算每个模拟中的保留量，而不是像美国国会预算局那样的做法（美国国会预算局，2009），以固定的税收比例来弥补其他税收中的损失。我们考察了财政收入是如何返还给家庭的七种情形。在所有情形下，政策影响评估的根据是不适用任何政策变化的参考情景。

　　表 3.3 提供了完整的情景列表。在 LUMPSUM 情景中，来自碳税和总量控制与交易制度的财政收入通过统一的全额转移支付的方式进行分配。因为财政收入中性的限制，只有部分配额收益会被循环利用。我们内生地决定满足财政收入中性的全额支付的水平，并给所有家庭相等的转移支付数额。③

表 3. 3 　　　　　　　　　　　　　　情景概览

情景	描述
LUMPSUM	通过统一的每个家庭的全额转移支付来进行税收循环
PAYRTAX	通过统一的工资税削减进行税收循环
MPITR	通过统一削减边际个人所得税税率进行税收循环
CAPTAX	通过统一削减平均资本收益税进行税收循环
CAPITAL	按资本收益比例进行税收分配
ELE_LS	除进入电力部门的税收外，按资本收益比例进行分配，此处税收按电力消耗比例进行分配
ELE_SUB	除进入电力部门的限额外，按资本收益比例进行分配，此处税收假定按家庭消费电价进行补贴

① 在到底分配配额还是拍卖配额再分配收入方面或许会有政治和经济上的考虑，但这些都不影响模型结果。

② 一些分析者将财政中性定义为财政收入的绝对水平，但是我们观察到，随着时间的推移，财政税收在 GDP 中保持同一份额。

③ 正如描述的那样，USREP 模型在每个地区每个收入群体都有一个代表性的家庭。为了决定分配结果，我们使用了美国人口普查署关于每个收入群体的家庭数的数据，根据实际家庭数量来衡量对每个收入群体的分配结果。

接下来的三种情景中，通过降低现有税收来实现气候财政收入的再循环。PARTAX 情景统一降低了所有劳动者的工资税率。MPITR 情景为个人所得税减少同等数量（在百分比基点上）的边际税率。最后 CAPTAX 情景降低了同样数额的资本收益税率（在百分比基点上）。尽管这三种情景就绿色税收改革而言也许是最容易想到的，但是它们在许可证全部拍卖的总量控制与交易制度中都是可能的。这三种情景试图通过免费发放代表配额的方式来返还财政收入。免费发放给产业排放者、上游化石燃料生产商的配额价值会给这些公司带来意外的收益，这些收益最终将归于这些公司的股东，这将相当于把拍卖许可证或征税的财政收入分配给这些公司的股东。CAPITAL 情景假设股权分配类似于所有资本收入持有的分配。我们没有关于碳密集公司的资本持有如何在地区或收入层面存在差异的数据，但是该种方法得到了这样的事实，即高收入家庭较低收入家庭拥有更多的股份。

《美国清洁能源及安全法案（2009）》将部分许可证分配给天然气和电力 LDCs，以抵消零售客户所面临的电气成本上涨。该项法案禁止将许可证价值用来降低汽油或电力费率，但对于这些资金将被如何分配却不清晰。同样不清晰的是在州一级费率设定的程序中公用事业如何受收益率的约束。假定限定收益率的产业将不被允许保留与分配给它们的配额价值相关的意外收益，但是该收益将给予地方纳税人。尽管立法试图通过更高的价格转嫁给消费者，一个重要的问题是，这一点是否能够以消费者认为是有效地降低价格的方式来实现。如果电费账单价格更高，而资金是分开折扣的（如在年终），消费者确实可能发觉每月账单里的电费在上涨。在 ELE_LS 情景中基于电力支出，通过将分配作为总额折扣的处理方式对该种可能性进行建模。如果公用事业折扣补贴价值返回到消费者每月的账单里，尽管他们是分别高价购买了电力并获得了折扣，消费者可能只看到最终的低额账单并假定其反映了较低的电价。在 ELE_SUB 情景中，我们假设电力行业补贴的价值通过以内生决定的费率向国内消费者电价提供补贴的方式转嫁给消费者，以获取该可能的反应。在这两种情景中，假定所有的非电力补贴是以资本收入为基础来分配的。当消费者错误感知电价，或者当费率反映全部二氧化碳成本的立法意图被公用事业委员会的利率设定破坏时，消费者可能的反应将会在 ELE_SUB 情景中体现①。首先，演示中把美国看作一个单一地区的模型结果，该模型关注了家庭收入的异质性。其次，考虑地区差异，并且在最后演示考虑家庭和地区异质性的结果。然而，在论述这些结果之前，我们提出了对气候政策分析的一些概括性的影响措施。

表 3.4 显示了在参考模型下（零政策）的温室气体排放和征收每单位 15 美元碳价下的减排量。大多数减排来自二氧化碳，尽管非二氧化碳减排量所占百分比更大。当每单位碳价为 15 美元时，整体排放量下降 20.5%。气候政策最终负担的重要推动是其对化石燃料价格的影响。表 3.5 显示了在模型中不同地区的价格及作为底价百分比的碳价。价格数据取自能源信息署关于州能源消耗与支出的数据库，并且包括了联邦和州的燃料税。平均每单位 15 美元的碳税价格如果全部传导给消费者会使煤炭价格上涨 3/4，而天然气和成品油价格只会上涨不到 10%。

表 3.4　　　　　　　　　　政策对气候的影响

二氧化碳排放	5902.0（万公吨）
非二氧化碳排放	1055.7（万公吨）
参考模型中二氧化碳排放的减少	19.3%
参考模型中非二氧化碳排放的减少	27.1%

表 3.5　　　　每单位 15 美元的二氧化碳价格和 2006 年平均燃料价格之间的关系

地区	煤		天然气		成品油	
	原始价格（美元/短吨）	增加的成本（%）	原始价格（美元/万亿立方英尺）	增加的成本（%）	原始价格（美元/加仑）	增加的成本（%）
阿拉斯加（AK）	43.42	66	4.77	17	2.10	6
加利福尼亚（CA）	44.07	65	9.19	9	2.31	5
佛罗里达（FL）	52.81	54	9.43	9	2.08	6

① 布尔特罗、斯威尼和沃尔斯（2009）同样考虑了消费者对不同 LDC 分配方案的不同反应。因为他们仅关注了电力部分，不能评估不同分配方案的所有效率结果。

续表

地区	煤		天然气		成品油	
	原始价格（美元/短吨）	增加的成本（%）	原始价格（美元/万亿立方英尺）	增加的成本（%）	原始价格（美元/加仑）	增加的成本（%）
落基山区（MOUNT）	28.70	100	9.54	9	2.36	5
中北部（NCENT）	25.34	114	10.10	8	2.28	5
东北部（NEAST）	36.00	80	12.20	7	2.33	5
新英格兰（NENGL）	62.99	46	10.96	7	2.36	5
纽约（NY）	50.14	57	11.54	7	2.19	6
太平洋沿岸地区（PACIF）	32.81	88	16.09	5	2.22	6
中南部（SCENT）	29.97	96	8.46	10	2.19	6
东南部（SEAST）	46.74	62	11.14	7	2.19	6
得克萨斯（TX）	30.73	94	7.21	11	2.04	6
美国（US）	40.31	71	10.05	8	2.22	6

注：没有对生产商价格政策的效应进行调整，所有的价格都是基于 2006 年的美元价格。

资料来源：原数据来自能源署 EIA 价格数据，并且参考给定地区内所有最终用途类别和州的平均价格。

　　有多少碳价格通过更高的商品和服务价格传导给消费者，而不是向后传给生产要素（资本、劳动力及资源所有者）取决于大量的包括各种供求弹性在内的经济参数。表3.6 报告了 USREP 模型关于每单位 15 美元等量负担的碳价向前和向后转嫁的程度。

表3.6　　　　　　　　包括和不包括温室气体收费对燃油价格的影响　　　　单位：%

地区	煤		天然气		成品油		电力
	包括	不包括	包括	不包括	包括	不包括	包括
阿拉斯加（AK）	50.6	−15.0	14.8	−4.6	3.0	−2.4	3.5
加利福尼亚（CA）	71.8	−6.4	10.2	−3.1	4.7	−0.2	8.5
佛罗里达（FL）	72.8	−5.4	11.5	−3.1	5.1	0	9.9
落基山区（MOUNT）	89.5	−10.6	9.9	−2.3	4.8	−0.2	14.8
中北部（NCENT）	76.2	−6.8	11.1	−1.7	5.3	0.2	19.8
东北部（NEAST）	69.4	−7.9	9.5	−3.3	5.1	0	14.2
新英格兰（NENGL）	73.8	−4.5	9.5	−1.4	4.9	0	12.0

续表

地区	煤		天然气		成品油		电力
	包括	不包括	包括	不包括	包括	不包括	包括
纽约（NY）	71.8	−6.4	10.6	−0.7	5.0	0	7.5
太平洋沿岸地区（PACIF）	33.1	−4.2	13.5	−1.1	4.9	0.4	1.7
中南部（SCENT）	81.5	−6.6	8.2	−2.8	5.0	0	12.3
东南部（SEAST）	68.8	−7.4	9.3	−2.8	5.2	0.1	15.2
得克萨斯（TX）	76.5	−7.2	8.6	−4.2	5.0	−0.3	8.2
美国（US）	72.9	−6.9	9.8	−2.9	5.1	0	12.8

将美国作为整体来看，煤炭的碳价显著地向前传导给煤炭购买者（主要是电力公用事业）。这反映了由于煤炭存量丰富而导致的煤炭储备租金低价。天然气的碳定价同样会大部分向前传导，但比煤炭传导的程度较低。而煤炭的零售价提高的幅度为碳价的90%，天然气为75%。假定全球油价不会受到美国碳政策的影响，因此所有影响都由成品油消费者承担。[①]在碳定价被向后传给生产要素和资源所有者，气候政策的负担可能与碳价全部向前传导的模型结果大相径庭。USREP 模型帮助我们认识政策负担向前和向后转嫁，以及何种生产要素（劳动力或资本）和资源所有者不同比例地受到了影响。正如表 3.6 所示，地区性分解模型也可以解释由于不同地区间向前和向后转嫁程度的（尽管较小的）差异导致的影响差异。在消费者总体和一个地区的模型中，发现工资下降0.6%而资本的租金率下降了0.8%。虽然相较于能源的价格变化这些仅是极小的百分比变化，但是工资和资本收益构成了几乎全部的家庭收入，而能源价格的变化只影响到消费者开支的一部分。因此，在决定分配效应方面，工资和资本收益的变化与能源价格变动同等重要。正如本章 3.4.3 节讨论的那样，基于地区异质性，我们发现工资水平的下降程度不同。表 3.6 的最后一栏显示较高的能源成本如何影响到电价。就全国而言，电价上涨了近13%。考虑不同地区的电力燃料来源组合不同，不同地区的价格上涨略有差异也就不足为

---

① 美国石油消费如此之大，以至于零影响的假设是不可能的。在其他分析中我们明确地就全球石油生产和消费建模，发现大约80%的税收以较高的原油价格向前传导，但该分析同样包括其他发达国家的相关措施，所以仅美国石油价格政策的影响将会较小。

奇了。

政府支出占国民生产总值份额不变的要求意味着，并非来自碳定价的所有财政收入都会以较低的税收或总额补贴的形式循环给家庭。在全国层面，每单位二氧化碳 15 美元的碳价将会增加 830 亿美元（按 2006 年的美元价格计算）。然而，由于碳密集型产品和服务价格上涨导致的经济活动变化造成非温室气体财政收入减少了 421 亿美元。最终的均衡是只有超过一半的碳税财政收入以某种形式再分配给普通家庭[①]。

3.4.1　碳定价的来源与使用影响

一个确认的事实是，如果对成本的分析基于特定收入群体的能源支出模式，那么碳价本身是累退的（梅特卡夫，2007；布尔特罗、斯威尼和沃尔斯，2009；哈西特、马瑟和梅特卡夫，2009）。如前文所述，我们发现碳定价通过降低资本、劳动力、化石燃料资源等生产要素的价格来影响收入。因此，不同收入水平的家庭，其收入的相对来源将影响收入分配。最低收入层次的大部分收入来源于政府转移支付，而且这些转移支付并不直接受碳定价的影响。如前所述，因为高收入家庭阶层的大部分收入源于资本收益，所以碳定价对资本收益率的影响大于对工资的影响。这些基本事实意味着碳定价的来源端效应可能是不断累进的，其将部分抵消累退的使用端效应（uses side effects）。来源端效应指源于相关生产要素价格变动的负担影响，而使用端效应则指源于相关产品价格变动的负担影响。该术语可追溯至马斯格雷夫（Musgrave，1959）。一般均衡模型的优点是其能全面解释支出和收入效应的能力。

我们全部报告的核心结果包括以某种方式进行的财政收入分配。为消除财政收入分配的模糊性影响，我们模拟财政收入不循环的情况。图 3.1 提供了三种情景下不同收入群体的福利效应，这三种情景被设计来区别出

---

① 这与美国国会预算办公室认为需要将总量控制与交易制度或碳税财政收入的 25% 用来抵消其他税收下滑的假设相反。在此处未报告的模型里，我们发现税收的损失对国际贸易的封闭假设非常敏感——美国变化对世界价格影响的程度。对世界价格的影响越大，对税收影响较小的美国活动的侵蚀就越小。

福利来源端效应和使用端效应的贡献。"真实偏好和收入份额的核心模型"的曲线与之前观察到的以支出和收入数据为基础建立的模型一致，表明碳税是中性到温和的累进，尤其在高收入水平上。而"相同的收入份额模型"建立了不同收入群体的收入份额是等同的假设情形。因为这个情景消除了家庭收入方面的异质性，当前成本分配仅被不同收入群体的能源开支差异决定。就该情形而言，碳定价显著累退，与之前仅关注家庭能源开支模式分配性影响的研究保持一致。最后，"相同偏好的模型"消除了不同收入群体之间支出模式的异质性。因此，分配结果由收入阶层之间收入来源的差异单独确定。在这种情形下，碳税是高度累进的。

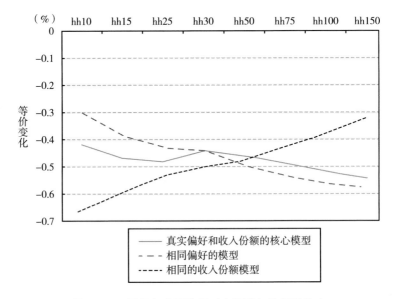

图 3.1　不同收入分配的相对来源端与使用端效应

值得注意的是，这两个情形没有消除负担的来源端和使用端驱动（模块），而是通过消除家庭的异质性来抑制不同收入分配所造成的影响。哈伯格（Harberger，1962）用类似分析来界定公司收入税的负担。同样值得注意的是，当我们衡量真正的负担（也就是说等价变量的变化）时，负担的计算结果与货币兑换率计价标准的选择无关（见图 3.1）。

总体而言，对碳定价的分配效应接近温和的累进，这与许多文献明显不同。这是通过累退效应产生的，这种累退效应由不同收入阶层的能源支出模式造成，而又被劳动力、资本和资源的收益累进效应所抵消。同样值得注意的是，在这些模拟中，福利效应的估值比其他地方报告的核心结果都大。较大的效应是由于财政收入并未返还给消费者，而仅增加了政府收入，而在我们的建模中对家庭并没有任何的福利效益。我们做出此种假设并非暗示政府方案的低效，而是将碳定价的直接效应与配额财政收入的制度区分开来。

3.4.2 不同收入群体的碳定价分配效应

我们第一组结果关注不同家庭群体的碳定价负担，关注家庭收入的差异，关注定额税和税率降低的情形。

图3.2显示定额税应该是温和累进的，而税率却是温和累退的。定额税是温和累进的不足为奇，并与布尔特罗、斯威尼和沃尔斯（2009）中分析的总量控制与红利制度结果保持一致。通过降低工资税对收入进行折扣，允许工资税（PAYRTAX）税率下降1.1%。梅特卡夫（2009）检验了工资税减免的上限，发现其对绝大多数收入分配是中性的，因为更高收入水平的上限将更多的收益转移给了较低收入的家庭。毫不意外，工资税减少使低收入家庭承担的成本更少，产生了分析的税收循环手段累退最小的结果。在收入较高的家庭中，因为工资税额已超限，所以与边际个人所得

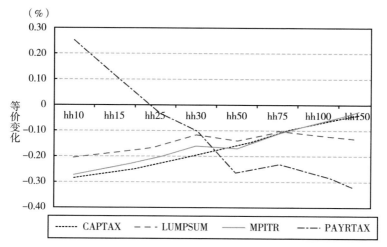

图3.2 不同退税方式下收入分配的福利效应

税税率相比，该部分税率的减少对该收入阶层的家庭来说获益更少。从某种程度上，CAPTAX 情景对于最低收入家庭更加累退，但超过 hh50 的情形更接近地反映了 MPITR 模型的分配效应。

图 3.3 显示，财政收入的分配显著影响了二氧化碳定价的整体累进或累退。如果财政收入是一次性全额分配，碳定价就会决定性地累进。对三个最低收入群体的效应范围是收入的 −0.25 ~ −0.05 个百分点。相反，对四个最高收入群体的效应范围是使收入下降 0.20 ~ 0.30 个百分点。

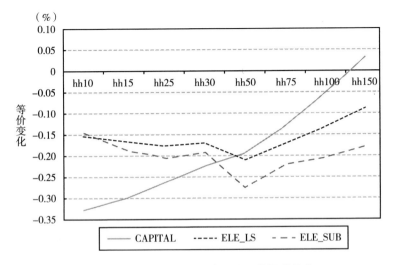

图 3.3　免费分配方案中收入分配的福利效应

接下来分析基于资本所有权财政收入返还的分配效应。并无政策明确建议这样做，但是在排放量基础上对覆盖产业群体的许可证免费分配等同于对这些产业的所有股权拥有者进行碳税财政收入的一次性全额分配。这是基于 1990 年《清洁空气法修正案》的美国二氧化硫（SO₂）交易系统和欧盟二氧化碳排放交易系统，迄今两大主要的总量控制与交易制度都采用此方法。

图 3.3 中标记 CAPITAL 线是在资本收入基础上分配财政收入或免费分配许可证。理想情况下，我们将在碳密集型产业股权持有基础上分配许可证。由于缺乏此类的分配数据，只能假设碳密集型产业股权在不同收入群体之间的分配类似于一般股权持有分配，而且两者都由资本收入表

示，后者我们确实掌握相关的数据①。基于此项折扣政策的分配是急剧累进的，最低收入群体的福利下降了 1/3 个百分点，而最高收入群体的福利略微上升。

尽管这里未对 H. R. 2454 建模，该法案有趣的一个特征是复杂的许可证分配计划。该计划包括对天然气和电力 LDCs 分配许可证，以补偿公用事业消费者因碳定价所导致的天然气和电力价格上升。在 ELE_LS 情景中，我们对分配建模采取的是根据家庭电力消费成比例的一次性全额分配，而在 ELE_SUB 情景中削减家庭费率，数额为家庭总电力账单减去分配给 LDCs 的补贴价值。我们使分配给 LDCs 的配额数量刚好与电力部门的排放量相当，因此 LDCs 无须买卖配额。如图 3.3 所示，与 CAPITAL 情景相比在相当程度上抑制了免费配额模型的累退效应。在 ELE_SUB 情景中，分配效应进一步受到抑制，政策更接近于中性，只稍微对中上层收入家庭不利。然而，除最低收入水平外的所有家庭实际上都较 ELE_SUB 情景中的状况恶化了。在少数地区电价低于"零政策"情形，电价补贴实际上意味着全体居民电力消费比在 ELE_LS 情景中要高。因为电费账单很低，消费者有很小的动力减少电力的使用，但是经济体中必须有人承担生产多余电力的成本。更多电力被生产的事实提高了总的电力成本，平均每户提高约 22 美元，但这不是由家庭直接承担成本，它通过影响资本收益率，将该成本不成比例地转嫁给了高收入家庭。因此，ELE_SUB 情景实现了近乎中性或甚至是温和累进的结果，使得所有收入群体的情况更加恶化，实质上并无好转。因为在所有情景中实施了财政收入中性的政策，ELE_SUB 政策中稍微较大的经济成本降低了财政税收，而且必须保持更多的二氧化碳财政收入以抵消税收的损失。因此，稍微减少的财政收入可用作再分配。

表 3.7 显示了不同情景下以 2006 年美元计价的每年每户碳定价的福利效应。这也是表 3.2 和表 3.3 中的基本结论，只是其以绝对美元水平而非收入份额显示出来。

---

① 帕里（2004）与迪南和戈特（2002），以及其他人使用过该方法。

表 3.7　　　　　　　　　收入阶层的等价变化（2006 年）　　　　单位：美元/年

收入群体	LUMPSUM	PAYRTAX	MPITR	CAPTAX	CAPITAL	ELE_LS	ELE_SUB
hh10	140	−114	−152	−159	−183	−85	−81
hh15	73	−115	−149	−161	−186	−103	−113
hh25	−18	−128	−159	−181	−204	−137	−157
hh30	−99	−119	−163	−197	−229	−174	−196
hh50	−305	−163	−191	−185	−222	−241	−316
hh75	−304	−133	−145	−145	−172	−224	−292
hh100	−357	−159	−97	−95	−71	−178	−273
hh150	−506	−207	−42	−61	50	−136	−276

该节的结论与早期假设碳定价的全部负担以更高价格的形式向前传导给消费者的研究一致。如前所示，碳定价本身是温和累进的，且财政收入的使用方式会显著地影响最终的分配。总体降低边际税率的折扣导致二氧化碳定价的累退结果。对不同收入水平的碳定价分配效应是决策者们关注的焦点，地区性效应同样也应被关注。

3.4.3　不同地区的碳定价分配

美国的不同地区在很多方面都存在差异，这可能会影响到温室气体政策效应的地区性分配。图 3.4 呈现了地区的碳密度（每一美元 GDP 的温室气体排放量）和能源密度（每一美元 GDP 的能源消耗）信息。不同地区的能源密度差异巨大，美国中南部地区每一美元 GDP 消耗的能源量是国家平均水平的三倍。而新英格兰和纽约每一美元 GDP 的消耗量仅为国家平均水平的一半。温室气体排放密度的差异变小，但是却比较合理地体现了能源密度。

图 3.5 显示的是在参考情景（零政策）下不同地区根据燃料来源统计的电力生产数据。全国半数以上的电力生产来自煤炭，其次是天然气和核

能（各占 19%）、水力（6%）、成品油（2%）①。在严重依赖煤炭或少有
核电或水力发电的地区，温室气体平均密度较高。

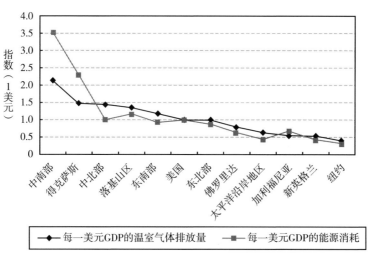

图 3.4　地区温室气体排放和能源密集度

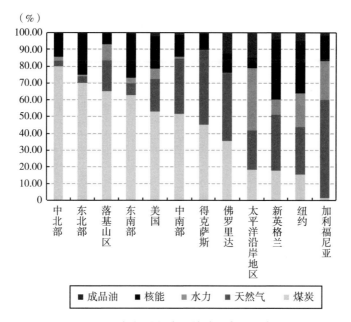

图 3.5　根据燃料来源的地区电力生产

———————

① 在 USREP 模型参考情形中有产量预测。该模型不包括非水力的可再生电力能源。2006
年，非水力的可再生电力仅占电力生产量的 2.5% 以下。

图 3.6 显示了地区性温室气体排放量，图 3.7 显示了财政收入一次性全额再分配的碳定价政策地区减排的百分比。表 3.8 显示了在参考情景下的总排放量和政策实施后的减排量。与碳密集度低的地区相比，碳密集度高的地区减排量百分比更大。

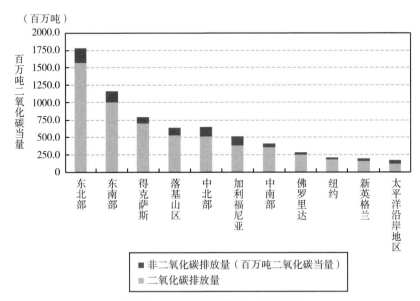

图 3.6　参考情景下的温室气体排放

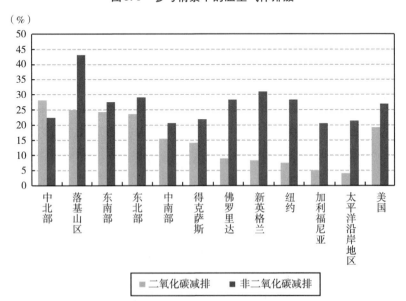

图 3.7　地区温室气体减排量

表 3. 8　　　　　　　　　　　　　　地区总排放量和减排量

地区	总排放量（百万公吨二氧化碳）	减排量（%）
美国（US）	6957.7	27.3
东北部（NEAST）	1788.4	24.3
东南部（SEAST）	1168.5	24.8
得克萨斯（TX）	794.7	15.1
落基山区（MOUNT）	639.5	28.3
中北部（NCENT）	649.1	27.0
加利福尼亚（CA）	514.8	8.9
中南部（SCENT）	415.0	16.2
佛罗里达（FL）	286.6	11.8
纽约（NY）	214.9	10.8
新英格兰（NENGL）	199.1	12.6
太平洋沿岸地区（PACIF）	176.1	8.9

　　资本和资源所有权是影响该政策的地区性经济效应的重要因素，尤其是那些易受气候政策影响的资本和资源。存在争议的是，像煤炭、石油、天然气这些资源主要为该地区的家庭所拥有，还是由全国的家庭平均拥有。美国投资移民就业模型和消费支出调查数据并无详尽的财富数据，并且也没有允许我们根据地区分配地区性资产所有权的其他数据。针对一般性资产，我们假设了一个全国性的池子，因此每个地区的家庭拥有全国池子的一部分，他们并非在其家乡所在地区不成比例地拥有企业股权。对化石能源资源我们做出同样的假设，并构建了所有地区性资源只在该地区内被拥有的可替代性的极端情形①。最有可能在资源和企业所有权间（无外乎是有些企业是合伙制，或是独资且所有人居住在本地区内）存在正相关。资源和企业所有权仅反映了全国财富持有模式的基础假设，而忽略了上述关联，但是许多这种资源被大型上市公司所有，而这些公司的股份被全国投资者所有。正确答案就在这些情形之间的某一点，而且我们怀疑更倾向于国家所有权的情形。因此，尽管资源所有权完全由当地所有的假设是极端情况，我们仍构建了这种模型来显示结果对地区所有权模式的灵敏度。

---

　　①　我们假设一个地区内农地资源也只在该地区内拥有。

图 3.8 显示了（煤炭、石油、天然气等）资源两种所有权情形下，假设财政收入为一次性全额循环时碳定价政策对福利的影响，全国所有权的情形被记为"不同地区间的资源所有权"，而另外一种情形被记为"地区内资源所有权"。我们关注 LUMPSUM 情形来考察对照地区资源分配假设的情形。"不同地区间的资源所有权"情形的损益范围在 −0.3% ~ 0.05%，在"地区内资源所有权"情形下，损益范围扩展至 −0.5% ~ 0.1%，拥有重要化石燃料的地区表现出更大的损失，而其他地区的损失较小。

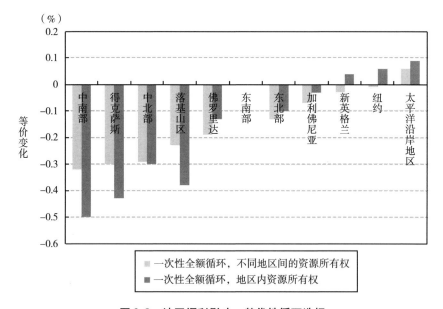

图 3.8　地区福利影响：替代性循环选择

表 3.9 显示了参考 2006 年不同地区的电力成本。比较各地区的电力生产资源，水力发电和核能发电份额更大的地区损失很小甚至是获益，而严重依赖煤炭发电的地区则需要承担成本。福利成本最低的州倾向于那些实施高于平均电价的州。这表明这些地区（更有利的非化石资源条件）采取的减少碳密度的先前行动可有助于降低该地区居民的成本负担[①]。

———————————

　① 我们并不是说这些先前行动被视为一种温室气体减排的努力，但这些行动的结果导致了较低的排放量和任何温室气体定价政策的较低成本。

表 3.9　　　　　　　　　　　　地区性电价

地区	价格（美元/百万英热）
纽约（NY）	44.75
新英格兰（NENGL）	39.69
加利福尼亚（CA）	37.66
太平洋沿岸地区（PACIF）	32.70
佛罗里达（FL）	30.62
得克萨斯（TX）	30.52
东北部（NEAST）	25.17
中南部（SCENT）	22.20
东南部（SEAST）	20.89
落基山区（MOUNT）	20.57
中北部（NCENT）	19.35
美国（US）	30.15

注：价格是 2006 年使用端地区的均值。

资料来源：美国能源信息署（EIA）和国家能源数据系统（State Energy Data System，SEDS）网站数据。

　　图 3.9 显示了与前表所示的 LUMPSUM 情景相比较，不同税收循环情形的地区性结果。

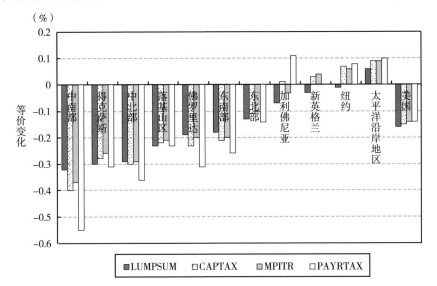

图 3.9　免费许可证分配：不同的分配方法

这些是之前将美国作为一个整体讨论的情形，其中财政收入通过减少资本收入税、工资税或所得税来循环。尽管不同循环方法的效应差异在全国层面上（美国柱状图）相对类似，不同循环方法在不同地区间存在更多的异质性。这些情形，尤其是 PAYRTAX 情形倾向于放大我们在 LUMPSUM 情形中看到的区域差额。在该情形中，中南部削减了 0.55% 的福利，较 LUMPSUM 情形中减少 0.3% 有所增加，而加利福尼亚州获得了 0.11% 的收益，从原来 0.05% 的损失上升为收益，差额从 0.3% ~ 0.66% 不等。CAPTAX 和 MPITR 效应方向趋同但很少被提及。在 PAYRTAX 情形中，收入更高和雇佣人口比例更大的地区更易从税收循环中获益，其中，财政收入从其他州转移到这些地区，而 LUMPSUM 分配则直接受人口的影响。图3.10 中免费分配情形的地区，经济效应更加多样，然而，有些大的差异产生的原因在于 ELE_SUB 在所有地区的成本较高。在该种情形下，地区间的差距达到 0.94%。对所覆盖产业（资本）的免费配额导致了 0.66% 的差距。ELE_LS 最接近于 LUMPSUM 情形，最大的差距值是 0.45%。CAPITAL 情形偏好有较大资本所有者的富裕地区。ELE_ES、ELE_SUB 与 CAPITAL 情形的差异取决于地区间的家庭电力消费量，因为它决定了除分配给资本外的配额分配。其他条件同等的情况下，更高收入地区倾向于使用更多的居民电量，但是气候差异影响空调和取暖设备的使用也会对居民用电量有所影响。

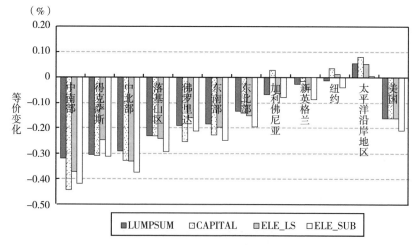

图 3.10　地区福利影响

为了进一步理解 ELE_SUB 和 ELE_LS 的效应，有必要考察表 3.10 中电力价格的变化。在 ELE_SUB 中，我们通过削减电价直接对家庭分配配额收入。可以看出，该情形中的加利福尼亚、太平洋沿岸地区、得克萨斯和纽约的电价实际上较零政策基准线有所下跌。佛罗里达的电价仅上升了 1.3%，明显低于美国平均水平。这些地区的配额收入分配较美国平均水平抵消了更多的电力成本，因此，相较于 LUMPSUM 情形在 ELE_LS 中所有这些地区均获益。

表 3.10　　　　居民电价（数据是相较于参考情形的变化）　　　　单位：%

地区	ELE_LS	ELE_SUB
加利福尼亚（CA）	8.5	−0.1
佛罗里达（FL）	9.9	1.3
落基山区（MOUNT）	14.8	6.1
中北部（NCENT）	19.8	10.9
东北部（NEAST）	14.2	5.5
新英格兰（NENGL）	12.0	3.4
纽约（NY）	7.5	−1.0
太平洋沿岸地区（PACIF）	1.6	−6.7
中南部（SCENT）	12.3	3.6
东南部（SEAST）	15.2	6.5
得克萨斯（TX）	8.2	−0.4
美国（US）	12.8	4.1

图 3.9 和图 3.10 通过显示美国的平均成本，同样演示了不同财政收入分配方案的效率效应，LUMPSUM、CAPITAL 和 ELE_LS 具有同样的效应，大约占总收入的 15%。税收循环情形削减了 12%~13% 的成本，它们的差异较小。一些分析已经表明了来自财政循环的更大收益，特别是直接削减资本税时。在所有情形中，财政收入中性的假设使可用于循环的财政收入减少了一半左右。不服从财政收入中性化假设的财政收入循环因此被期望获得双倍收益。财政收入损失同样也比有时估计的值更大，这一部分源于对个人收入边际税率的规范。较低的国民生产总值对财政收入有更大比例

的影响。

我们也发现模型中的财政收入损失对国际贸易的关闭方式相当敏感。较低的外国贸易供给弹性会使财政损失降低到拍卖收入的 30%～40%。资本税在削减政策成本上的更大效益非常典型的源于其长期对经济增长率的效应。在此处应用的静态模型中，这种增长效应并没有被获取。我们的分析与长期碳定价资本量调整政策的分配效应相关。ELE_SUB 将福利成本从 0.15% 提高到 0.21%，政策成本增加了 40%，这是因为其引入了总量控制与交易制度中的低效率①。这是一个重大的且可能是特别巨大的成本增加。然而，该模型本质上所做的是减少居民节约用电的激励，该部分用电量占到了美国电力消费的约 1/3。这促进了一般均衡效应，不仅使用更多的电量，而且电力成本更高，因为电厂使用更贵的生产方法来降低二氧化碳排放。较大的经济损失导致较低的税收，然后较少的二氧化碳税收可再分配给家庭。

最后，我们考虑收入的异质性和地区的异质性之间如何互相影响。图 3.11 显示不同地区不同收入群体的福利效应差异，这些地区的财政收入以相等的一次性全额的形式返还给家庭。我们看到在国家层面上 LUMPSUM 模型结果的广泛模式，即温和累进效应导致了最贫困家庭的正收入效应和较高收入家庭的成本，这一点在所有地区均是如此。因此，不同地区特定收入水平家庭差异的最主要原因在于那些足以影响该地区所有家庭的差异。该结果是相当直观的，如果气候状况导致了多寡不同的能源消耗，或该地区依赖于碳密集产业电力生产的程度有所差异，所有家庭受到的影响是类似的。

为了更好地看出地区分配的特殊差异，我们将每个地区的不同收入群体的影响负担相较 hh30 组进行对照，结果如图 3.12 所示，这样可以集中观察到地区内累进的差异。例如，对得克萨斯州和中南部家庭的影响表现得较累进，而对佛罗里达州的影响却最不累进，其他州的情况介于这两者之间。

---

① 所有情形都采用了每吨 15 美元的二氧化碳价格。此外降低电价的额外效应是全经济的排放量更高了，因此达到同等排放水平的成本将要比我们这里显示的更高。

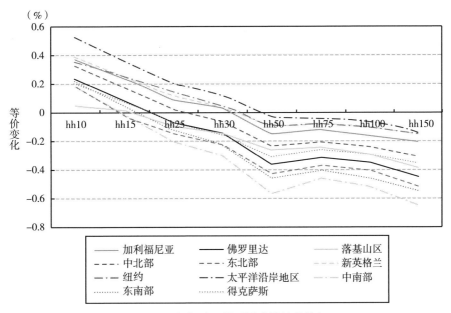

图 3.11　根据地区福利影响统计的收入

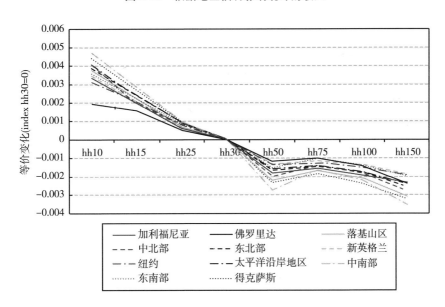

图 3.12　根据地区性福利影响统计的标准化收入

　　总的来说，大部分税收循环方案在不同地区收入群体的损失方面并未显现出太大的差异。当津贴直接发放给电力消费者时，差异最明显，尤其是当这种津贴被误认为是电价的减少时。

3.5 结论

　　USREP 模型是以多地区及每一地区内多家庭的形式来建模，这就允许我们内生地确定温室气体减排政策的分配效应。过去的工作通常使用地区或不同收入群体家庭的能源消耗数据来估测能源成本增加基础上的政策成本负担。因为较高的能源成本会影响所有货物的成本，而政策对资本收益、资源和工资等都有影响。单纯基于不同家庭能源消耗的分配效应可能具有误导性。

　　事实上，当我们关注碳定价的分配效应（忽略税收的使用）时，发现累进的来源端效应超过了累退的使用端效应。换句话说，碳定价是温和累进的，这与前期仅关注使用端负担的研究形成了鲜明的对比。

　　在仅有一个代表家庭的模型中，中性假设是将拍卖的税收一次性全额返还给该家庭。多家庭模型中没有明显中性的方式去分配配额或分配拍卖配额的所得收入。免费发放配额会使得到配额的个人或公司的持股人获益。直接将现金分配给家庭，或使用税收减少其他税收，对不同地区不同收入水平家庭的成本负担影响不同。我们发现同等的一次性全额家庭支付模式使低收入家庭获得的净收益小，因为一次性全额支付方式抵消了这些收入水平群体的政策成本。较高收入家庭因此负担了这些成本。这是迄今我们分析过的最累进的分配方案。

　　尽管有一些提案，呼吁温室气体排放政策税收或配额收入进行平等的一次性全额分配，但大多数提案还是关注使用此种财政收入的更复杂的方案。受经济学家们欢迎的一套提案内容是：使用该收入以降低其他税率，其基础在于，这将降低财税政策的税收扭曲效应，并因此降低整体的政策成本。我们考察了使用财政收入降低工资税、边际个人所得税和资本税率的情形，发现从这些税收循环方案中能取得适度的效率，但都是累退的，这就导致最低收入家庭承担更高的成本。毫不奇怪，工资税削减的累退效应最小。相对适度的效率收益是由对财政收入的中性需求所导致的。结合边际个人所得税方案的构想，这允许了半数财政收入进行再循环，因为剩余部分用来弥补税收的减少。

其他建议将发放配额而不是削减税收。通常，正如在欧盟交易体系或美国二氧化硫许可交易制度中的一样，这些配额被分配给那些被要求上交配额的公司，分配的基础是它们需要这些配额。然而，减缓成本的负担通常传导给消费者或资源所有人，因此通过这样的方式分配配额会导致公司的意外收益且多半对股权所有人有利。在近期由众议院通过，正在等候参议院行动的 H. R. 2454 中，很大一部的配额被分配给了LDCs，其费率是通过公用事业委员会设定的。我们的推论是，因为费率被设定来实现资本的公平收益率，配额有效值（significant value）的一次性全额分配将不会导致公司的意外收益，相反，该价值将被返还给纳税人。正如在 H. R. 2454 中，对该方法的一个担忧是，它将导致较低的电力费率，这将减少消费者采取省电措施的积极性，从而损害总量控制与交易制度的效率。我们并没有特别试图去模拟 H. R. 2454 情形，但是确实构造了一组模拟，其中包括将LDCs需要的配额分配给他们的情形。或者是通过与电力消费成比例的一次性全额方式，或者是通过减少家庭支付的电力费率方式将该收入返还给纳税人。

在我们分析的所有这些免费分配方案中，如果公司获得配额，会导致对资本所有者的分配是最累退的，这事实上会以牺牲低收入家庭的代价使最高收入家庭获益。因为较低收入家庭将收入的更大部分花在了电费上（但从资本收益中取得的份额很小），把部分配额分配给LDCs将会弱化分配效应。我们发现该情形在所有考察过的情景中产生出最中性（收入）的分配效应。相较于其他循环政策而言，减少电费的模拟确实削弱了政策效率，极大地增加了大部分家庭的成本。因此，H. R. 2454 中指示财政税收应通过高电价的形式返还给地方纳税人的条款对保持政策效率是十分重要的。在这方面，地方纳税人正确理解较高的电价至关重要。如果每月账单包括了较高电价，但该电价的折扣因某些数量的配额价值而减少，当这样的电费账单寄给消费者时，他只会看账单的最后一栏，并不会看出增加多少，就意识不到电价已经上涨。同样需要注意的还有LDC分配的情形，公用事业委员会可能通过不同的分配方案来改变分配结果。不是基于电力消费进行分配，而是可能会对所有家庭一视同仁地扣减，这会倾向于将较低的消费家庭作为代表，并把价值附加给较低的收入家庭，或者考虑其他机制来分配或使用资金。在该情形中的分配结果仅说明了该种收入被分配的一种可能的方法。现实中，美国不同地区的公用事业委员会为追求不同的分配效应而采用多样化的策略使用该配额收入。

从地区层面上看，我们发现加利福尼亚、太平洋沿岸地区、新英格兰和纽约普遍享受了最低成本，甚至可以从我们考察的碳定价政策中获益，而中南部、得克萨斯和落基山区各州将面临最高的成本。不同地区的成本差异取决于当地电力生产的二氧化碳浓度、能源生产和能源密集产业的存在及收入水平。那些从中获益的地区并非因为折扣本身是有益的。可能这些地区的减排成本确实较低，但是获益的原因是分配方案有利于这些地区。地区性结果对所探究的多种税收循环方法相当不敏感；然而，一次性全额方法在不同地区导致的成本差异最小。所有其他方法倾向于使高收入地区受益更多，并会增加地区间的差异，即使算上因为经济活动减少而导致的其他税种收入的减扣。一个重要的基准结果是，财税收入的增加与家庭负担的成本相比还是很大的。因此，所有家庭的成本效应更多地由该配额被分配的方式或拍卖收入被使用的方式确定，而非政策本身的直接成本决定。

这个对分配效应的初步探索运用了美国经济的静态一般均衡模型。在未来的工作中，我们期望能将该模型适用于递归动态结构，以更好地获取投资动态与资本市场扭曲的情况，并随着未来条件的变化模拟更真实的情景。递归动态结构也将允许我们考虑更接近于 H. R. 2454 或其他温室气体立法提案中的措施。

附件 3 −1：模型结构

本部分提供了一个静态 USREP 模型的代数描述并列出了均衡条件。继卢瑟福（Rutherford，1995b）和马蒂森（Mathiesen，1985）之后，我们用公式表示作为补充性的均衡问题，并运用 GAMS/MPSGE 软件（卢瑟福，1999）和 PATH 解算器（德克斯和费理斯，1993）来解决非负价格和数量问题。互补解法（complementarity – based solution）可以区分价格和需求方程式、市场出清条件、预算限制和辅助方程。并用固定收益替代弹性（CES）和不变转换弹性（CET）函数来描述生产和转换活动。

附 3 – 1 – 1　企业行为

在每个地区（用下角标 r 表示）每个部门（用下角标 i 或 j 表示）中，一个代表性企业选择一个产出水平 y，资本量和劳动力数量，资源要素（用下角标 z 表示），在生产技术水平的限制下，由来自其他部门 j 的中间投入来实现利润最大化。根据二元线性齐次的性质，代表性企业的最优化行为要求：

$$p_{r,i} = c_{r,i}(pa_{r,j}, pl_r, pk, pr_z) \qquad （附3.1）$$

其中 $p_{r,i}$，$pa_{r,j}$，pl_r，pk 和 pr_z 分别表示国内产出的价格、中间投入、劳动力、资本和资源要素，$c_{r,i}$ 代表部门 i 的单位成本函数。附图 3.1 ~ 附图 3.5

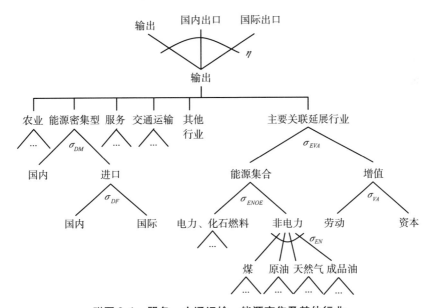

附图 3.1　服务、交通运输、能源密集及其他行业

注：在投入网络中垂直的线表示里昂惕夫或固定的生产结构系数，此时替代弹性为零。带有 "…" 的终端网络表示详细显示在 EINT 部门中同样的国内和进口商品的集合结构。在模型中的国际贸易商品被假设为同质商品。下面的图形提供了经济中各子部门生产结构的更多细节。

提供了一个采用嵌套的 CES 结构来解释生产部门的图解概述。式（A.1）中的零利润条件表明了活动程度 $y_{r,i}$ 的互补松弛。对于每个部门，$to_{r,i}$ 表示特定部门和地区的从价产出税率的极值。在增值量上，tk_r 表示特定地区资本收入税率，tl_r 表示工资税税率。

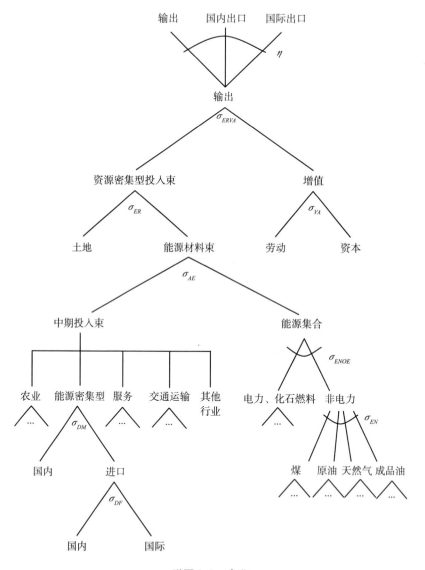

附图 3.2　农业

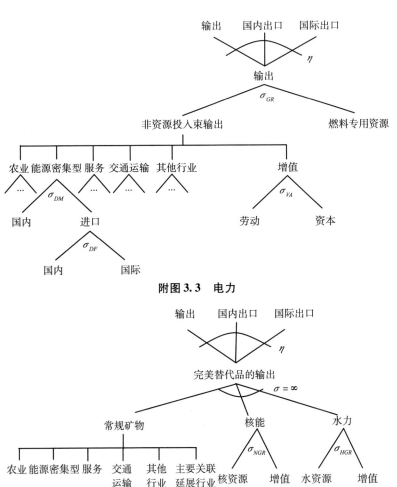

附图 3.3　电力

附图 3.4　初级能源部门（煤、原油、天然气）

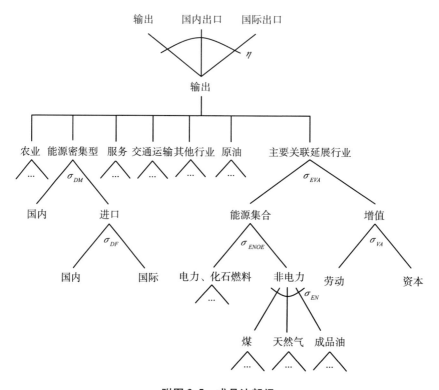

附图 3.5　成品油部门

为了说明如何将税收引入到 CES 成本函数中，就要考虑农业部门的定价方程（附 3.2）。在校准的配额表中写出方程（卢瑟福，1995a），ϕ 表示各自的基准价值份额参数，而向上的柱状图则表示可变量的基准值。单位成本函数由下式给出：

$$\frac{(1-to_{r,i})p_{r,i}}{(1-\overline{to}_{r,i})\overline{p}_{r,i}}=\left[\phi_{r,i,RES}\left(\frac{p_{r,RESI}}{\overline{p}_{r,RESI}}\right)^{1-\sigma_{EVRA}}+\phi_{r,i,VA}\left(\frac{p_{r,VA}}{\overline{p}_{r,VA}}\right)^{1-\sigma_{EVRA}}\right]^{\frac{1}{1-\sigma_{EVRA}}}$$

（附 3.2）

其中，$p_{r,RESI}$ 表示资源密集型投入束的价格。增值混合物的价格 $p_{r,VA}$，由下式给出：

$$\frac{p_{r,VA}}{\overline{p}_{r,VA}}=\left[\phi_{r,i,L}\left(\frac{(1+tl_r)pl_r}{(1+\overline{tl}_r)\overline{pl}_r}\right)^{1-\sigma_{VA}}+\phi_{r,i,K}\left(\frac{(1+tk_r)pk}{(1+\overline{tk}_r)\overline{pk}}\right)^{1-\sigma_{VA}}\right]^{\frac{1}{1-\sigma_{VA}}}$$

（附 3.3）

σ 代表弹性。附表 3.1 和附表 3.2 提供了模型中用到的一系列弹性参数。

根据谢普德定理（Shephard's Lemma），部门 i 的货物需求 j 表示如下：

$$x_{r,j,i} = y_{r,i} \frac{\partial c_{r,i}}{\partial pa_{r,j}} \qquad （附 3.4）$$

而劳动力、资本和资源要素的需求分别为：

$$ld_{r,i} = y_{r,i} \frac{\partial c_{r,i}}{\partial pl_r} \qquad （附 3.5）$$

$$kd_{r,i} = y_{r,i} \frac{\partial c_{r,i}}{\partial pk} \qquad （附 3.6）$$

$$rd_{r,i,z} = y_{r,i} \frac{\partial c_{r,i}}{\partial pr_{r,z}} \qquad （附 3.7）$$

附 3 – 1 – 2　国内和国际贸易

我们采用阿明顿（1969）对进出口产品的异质性进行的假设。每个地区产生的部门产出通过 CET 函数转换成流向不同市场的商品。相关的单位成本函数由下式给出：

$$\frac{p_{r,i}}{\overline{p}_{r,i}} = \left[\alpha_{r,i,d} \left(\frac{pd_{r,i}}{pdfx_{r,i}} \right)^{1+\eta} + \alpha_{r,i,f} \left(\frac{pdfx_{r,i}}{pdfx_{r,i}} \right)^{1+\eta} + \alpha_{r,i,u} \left(\frac{pdx_{r,i}}{pdx_{r,j}} \right)^{1+\eta} \right]^{\frac{1}{1+\eta}}$$

$$（附 3.8）$$

其中，$pd_{r,i}$，$pdfx_{r,i}$ 和 $pdx_{r,i}$ 分别表示国内产出价格、国外出口价格、国内出口价格，并且 $\alpha's$ 表示价值份额参数。正如本章的主要部分所描述的，我们用不同的市场结构来模拟以下三子类商品的美国内部贸易：非能源商品（用 ne 表示）在双边基础上进行交易，电力（用 ele 表示）在六大地区池（用 $pool$ 表示）中被作为同质商品来交易，而非电力能源商品（用 e 表示）则是在美国统一市场上进行交易。与市场结构相一致，三种国内贸易对应了三种价格如下：

$$pdx_{r,i} = \begin{cases} pn_{r,i} & i \in ne \\ pnn_i & i \in e \\ pe_{pool} & i \in ele, r \in pool \end{cases} \qquad （附 3.9）$$

嵌套的 CES 函数描述了产品进口（来自国内外）和在当地生产的同类商品品种之间的替代性。$\alpha_{r,i}$ 表示决定阿明顿生产水平的零利润条件，由下式给出：

$$\frac{pa_{r,i}}{pa_{r,i}} = \left[\beta_{r,i,d} \left(\frac{pd_{r_r,i}}{pd_{r,i}} \right)^{1-\sigma_{DM}} + \left(\beta_{r,i,u} \left(\frac{pdx_{r,i}}{pdx_{r,i}} \right)^{1-\sigma_{DF}} + \beta_{r,i,f} \left(\frac{pdfm_{r,i}}{pdfm_{r,i}} \right)^{1-\sigma_{DF}} \right)^{1-\sigma_{DM}} \right]^{\frac{1}{1-\sigma_{DM}}}$$

（附3.10）

其中，$pdfm_{r,i}$ 和 $\beta's$ 分别表示国外进口价格和各自的价值份额参数。

将美国经济作为一个整体建立一个大国开放型经济的模型，也就是说，假定每项商品贸易的世界出口需求和世界进口供给函数都是弹性的，这意味着美国能够影响世界市场的价格。用 GAMS/MPSGE（卢瑟福，1999）求解该模型限制了我们使用规模收益不变函数。为了建立世界贸易的凹函数模型，对于每个地区和部门，我们引入一个固定要素作为柯布—道格拉斯进出口转换函数的输入变量。外国消费者要支付固定要素的租金，并且对外汇有需求。$pfix_{r,i}$ 和 $pfim_{r,i}$ 分别表示与进口和出口有关的固定要素的价格，pfx 表示外汇的价格。地区 r 的国际出口商品 i 的定价由下式给出：

$$pfx = pdfx_{r,i}^{\gamma_{r,i}} pfix_{r,i}^{1-\gamma_{r,i}}$$

（附3.11）

需要注意的是：运用份额参数 γ，我们可以校正任何外国出口需求的价格弹性[①]，如果 $\gamma = 1$，美国就不能影响世界价格，也就是说，美国仅是一个小型开放经济体。同样，对国际原料进口的价格方程如下：

$$pdfm_{r,i} = pfx_{r,i}^{v_{r,i}} pfix_{r,i}^{1-v_{r,i}}$$

（附3.12）

其中，$pdfm_{r,i}$ 和 v 分别表示国外进口价格和份额参数。

---

① 为了弄清这一点，考虑与式（附3.11）相关的原始函数：$FX = X^Y R^{1-Y}$，X 和 R 分别代表国际市场的商品数量和固定因素。考虑到出口量，外汇收入弹性由 $\gamma = \frac{X}{FX} \frac{dFX}{dX}$ 给出。外汇收入可写为 $FX = p(X)X$，其中，$p(X)$ 表示美国出口产品的世界需求反函数。接下来的是 $\frac{dFX}{dX} = p + X \frac{dp}{dX}$ 和 $\frac{dFX}{dX} \frac{X}{FX} = 1 + \frac{X}{p} \frac{dp}{dX} = 1 + \frac{1}{\kappa}$，其中，$\kappa$ 代表世界对美国产品出口需求的反价格弹性。因此，有 $\gamma = 1 + \frac{1}{\kappa}$。在小型开放经济体情形中，世界进口需求弹性非常好，隐含 $\kappa \to \infty$ 和 $\gamma = 1$。

附 3 - 1 - 3　家庭行为

在每个地区，代表性的收入阶层 h 在既定收入水平 $M_{r,h}$ 下的预算约束下选择消费、住宅和非住宅投资，以及最大化效用下的闲暇。收入被定义为：

$$M_{r,h} = (pk\overline{K}_{r,h} + pl_r\overline{L}_{r,h})(1 - tinc_{r,h}) + pk\overline{RK}_{r,h} + \sum_z pr_z\overline{F}_{r,h,z} + \overline{TR}_{r,h}$$

（附 3.13）

其中，$\overline{K}_{r,h}$，$\overline{L}_{r,h}$，$\overline{F}_{r,h,z}$ 和 $\overline{RK}_{r,h}$ 分别表示期初的非住宅资本、劳动（包括闲暇时间）、化石燃料资源和住宅资本。$tinc_{r,h}$ 和 $\overline{TR}_{r,h}$ 分别表示特定的地区和家庭边际个人所得税税率和转移性收入。

CES 函数表示偏好，并且附图 3.6 提供了家庭效用的嵌套结构示意图。根据二元线性齐次的性质，家庭行为的最优化要求：

$$pw_{r,h} = E_{r,h}(pa_{r,i}, pl_r, pk, pinv_r)$$　　　（附 3.14）

其中，$pw_{r,h}$ 表示价格指数的效用。$pinv_r$ 表示在地区 r 的投资商品价格，该商品由下式的固定生产系数产生：

$$\frac{pinv_r}{pinv_r} = \sum_i \phi_{r,i,INV}\frac{pa_{r,i}}{pa_{r,i}}$$　　　（附 3.15）

根据谢普德定理（Shephard's Lemma），在地区 r 中，家庭 h 对商品 i 最终补偿需求如下：

$$d_{r,h,i} = \overline{M}_{r,h}\frac{\partial E_{r,h}}{\partial pa_{r,i}}$$　　　（附 3.16）

闲暇、住宅和非住宅投资需求如下：

$$leis_{r,h} = \overline{M}_{r,h}\frac{\partial E_{r,h}}{\partial pl_r}$$　　　（附 3.17）

$$rsd_{r,h} = \overline{M}_{r,h}\frac{\partial E_{r,h}}{\partial pk}$$　　　（附 3.18）

$$nrd_{r,h} = \overline{M}_{r,h}\frac{\partial E_{r,h}}{\partial pinv_r}$$　　　（附 3.19）

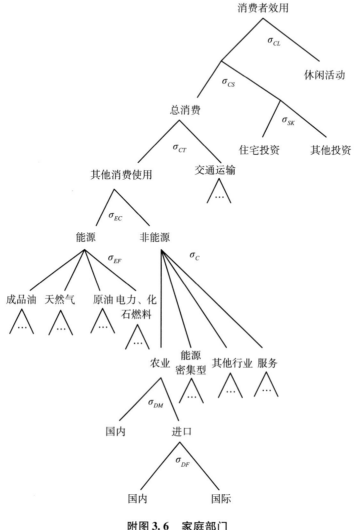

附图 3.6　家庭部门

附 3 - 1 - 4　政府

联邦政府机构以固定的比例对地区的政府产品产生需求如下：

$$\frac{pg}{pg} = \sum_r \psi_r \frac{pgov_r}{pgov_r} \qquad （附 3.20）$$

其中，$\xi_{r,i}$ 表示基准的价值份额，而地区的政府商品是阿明顿商品的 CES 集合，其价格由下式给出：

$$\frac{pgov_r}{\overline{pgov_r}} = \left[\ \sum_i \xi_{r,i}\left(\frac{pa_{r,i}}{\overline{pa_{r,i}}}\right)^{1-\sigma_{GOV}}\right]^{\frac{1}{1-\sigma_{GOV}}}$$ （附 3.21）

并且其中 $\xi_{r,i}$ 表示价值份额参数。政府预算限制由下式给出：

$$GOV = \sum_{r,i}\left(to_{r,i}p_{r,i}y_{r,i} + tl_r pl_r k_{r,k,i} + tk_r k_{r,k,i}pk\right)$$

$$+ \sum_{r,h} tinc_{r,h}\left(pl_r(\overline{L}_{r,h} - leis_{r,h}) + pk(\overline{K}_{r,h} - nrd_{r,h})\right)$$

$$- \sum_{r,h}\overline{TR}_{r,h} - \overline{BOP}$$ （附 3.22）

$\overline{BOP}$ 表示期初收支平衡（赤字）。

附 3 – 1 – 5　市场出清条件

市场出清时系统达到稳定状态，从而可以得出不同产品和要素市场中的均衡价格。阿明顿商品的市场出清条件为：

$$a_{r,i} = \sum_j x_{r,j,i} + \sum_h d_{r,h,i} + i_r \frac{\partial pinv_r}{\partial pa_{r,i}} + g_r \frac{\partial pgov_r}{\partial pa_{r,i}}$$ （附 3.23）

根据谢普德定理，式（附 3.23）中最后两个被加数分别表示对货物 i 的投资需求和政府需求。地区性劳动力市场均衡条件为：

$$\sum_{r,h}(\overline{L}_{r,h} - leis_{r,h}) = \sum_j ld_{r,j}$$ （附 3.24）

加总的美国资本市场出清条件为：

$$\sum_{r,h}(\overline{RK}_{r,h} + \overline{K}_{r,h}) = \sum_{r,j} kd_{r,j} + \sum_{r,h} rsd_{r,h}$$ （附 3.25）

原料市场均衡条件为：

$$\sum_{r,h}\overline{F}_{r,h,z} = \sum_{r,j} rd_{r,z,j}$$ （附 3.26）

双边贸易基础上的非能源商品的国际贸易平衡条件为：

$$y_{r,i}\frac{\partial p_{r,i}}{\partial pn_{r,i}} = \sum_{rr} a_{rr,i}\frac{\partial pa_{rr,i}}{\partial pn_{r,i}}, i \in ne$$ （附 3.27）

非电力能源商品的国内贸易平衡条件为：

$$\sum_r \left(y_{r,i} \frac{\partial p_{r,i}}{\partial pnn_i} - a_{r,i} \frac{\partial pa_{r,i}}{\partial pnn_i} \right) = 0, i \in e \qquad （附3.28）$$

地区电力贸易平衡条件为：

$$\sum_{r \in pool} \left(y_{r,i} \frac{\partial p_{r,i}}{\partial pe_{pool}} - a_{r,i} \frac{\partial pa_{r,i}}{\partial pe_{pool}} \right) = 0, i \in ele \qquad （附3.29）$$

国际收支平衡（BOP）约束使模型对外稳定，由此决定了外汇价格：

$$\sum_{r,i} EX_{r,i} + \overline{BOP} = \sum_{r,i} LM_{r,i} \frac{\partial pdfm_{r,i}}{\partial pfx} \qquad （附3.30）$$

其中，出口水平 $EX_{r,i}$ 和国外进口 $LM_{r,i}$ 由式（附3.11）和式（附3.12）中的条件决定。

附3-1-6 政策分析模型的拓展

迄今为止，我们已经描述了没有明确包括政策变量和其他结构模型特征的一般模型，而这些变量和模型特征是本章开展的政策分析所要求的。本章节将补充描述我们如何处理温室气体政策和本章所列情形下特有的模型特征。

根据麻省理工 EPPA 模型（帕尔特瑟夫等，2005），通常在每个生产部门的嵌套结构中引入温室气体排放作为与燃料有关的里昂惕夫投入，这反映了减排使用更少燃料的现实。在其他大多数情形中，我们将温室气体引入顶层的 CES 嵌套中，并选择替代弹性来匹配对自下而上的减排可能性的估计（Hyman，2001；Hyman et al.，2003）。

需要注意的是，我们在消费上征收能源税，也就是说，进口煤、石油和天然气，与国内生产的能源一样，受温室气体税的约束。并对能源生产过程（如精炼厂）征税，因此能源是在国内还是国外消费都无关紧要。最后，对出口商品生产所用的能源征税，而对进口商品生产所用的能源不征税。

在考虑许可证拍卖的政策情形下，我们对积极循环工具的内生水平进行额外的限制，例如，一是政府开支所占 GDP 份额保持不变，二是实现统一的家庭转移支付和积极循环工具百分比的统一变化。在免费发放情形下，施加的限制是政府开支所占 GDP 比重不变，并且根据为特定情境设计的分配方案来分配税收（除去维持政府份额固定的那部分以后的净额）。

在 ELE_SUB 情形下，用 AV_r 表示使用电力部门的配额价值，用 $psele_r$ 表示用来补贴国内电力的消费价格。通过在电力消费价格上增加下述定价方程来实施：

$$psele_r = pa_{r,ele} - sub_r \qquad （附 3. 31）$$

其中，内生的特定地区补贴率由下式决定：

$$\sum_h sub_r d_{r,h,ele} = AV_r \qquad （附 3. 32）$$

附件 3 – 2：数据来源

USREP 模型建立在涵盖所有商业、家庭和政府机构交易的 2006 年州级经济数据的基础上，该数据来自 IMPLAN 的数据集（Minnesota IMPLAN Group，2008）。IMPLAN 州级经济账目的加总与调节可以作为模型校正的基准数据集，它是通过使用劳施和卢瑟福（2009）文献中的辅助工具完成的。现有税种的具体表现显示了税基侵蚀和特定部门与地区从价产出税、工资税和资本收益税的效果。为了表现不同地区和不同收入群体的边际个人所得税税率，IMPLAN 数据增加了来自 NBER 税收模拟器的地区性税收数据。USREP 模型建立在能源部 EIA 州能源数据系统（能源信息署，2009）中的能源数据基础上，它包括能源生产、消费和贸易的价格与数量数据。我们将每个州的所有经济 IMPLAN 数据集的能源数据替换为加总的价格—数量 EIA 数据，并使用最优化技术对经济和能源数据进行调节。整合后的数据集是微观常数，即以 EIA 能量统计数字为基准描述了一种可参考的均衡。

额外的温室气体（CO_2，CH_4，N_2O，HFCs，PFCs，SF6）排放数据是

基于 EPA 清单数据，包括非二氧化碳温室气体减排的内生成本（海曼等，2003）。根据帕尔特瑟夫等（2005）描述的方法，模型增加补充性的实地盘存，从而将价值项中的经济数据与能源生产、消费和贸易的实物量联系起来。此外，USREP 模型还增加了基于美国人口普查数据（美国人口普查局，2006）的每一地区和收入阶层的家庭人口和数量数据。

附件 3 – 3：模型校准

　　根据使用一般均衡分析的惯例，我们采用 2006 基准年的综合经济 – 能源数据集的价格和数量来校准模型的价值份额和水平参数。外生弹性决定了自由参数，该参数描述了生产技术和消费者偏好函数形式。附表 3.1 和附表 3.2 提供了模型中使用的一系列弹性参数，以及核心模型中使用的参数值。只要有可能，我们就在 EPPA 模型（版本 4）（帕尔特瑟夫等，2005）中为所有的美国地区采用单一的美国区域参数化，这是受韦伯斯特等（Webster et al.，2002）和科萨（Cossa，2004）的敏感性分析的影响。然而，有些弹性参数只在 USREP 模型中有效。

　　为了将资本和劳动力参数化，我们按照巴比克等（2001）描述的方法，从相关供给弹性和基准份额数据中推断替代物的弹性价值。在帕尔特瑟夫等（2005）的基础上，假定闲暇时间相对于工作时间的比率是0.25。然后校准闲暇和消费之间的替代弹性以匹配巴比克、赖利和维齐尔（Viguier，2004）0.25 的综合劳动力供给弹性。假定不同的地区和收入群体有着统一的劳动力供给弹性。以类似的方法校准住宅和其他投资之间的统一替代弹性使其符合奇里克、法扎里和迈耶（Chirinko, Fazzari and Meyer，2004）0.3 的综合资本供给弹性。对国内和国际市场中所有产品的产出转换弹性设定为 2.0，假定所有地区所有商品的全球出口需求和全球进口供给具有统一的价格弹性，那就是 $\gamma_{r,i} = v_{r,i}$。

附表 3.1　　　　　　　　　生产部门替代弹性的参考值

符号	描述	值	评价
能源替代弹性			
σ_{EVA}	能源 – 附加值	0.4 ~ 0.5	适用于大部分行业，在能源密集型和其他行业是 0.5
σ_{ENOE}	电力 – 燃料总量	0.5	所有行业
σ_{EN}	燃料之间	1.0	除化石燃料以外的其他行业
σ_{EVRA}	能源/材料/土地 – 附加值	0.7	仅适用于农业
σ_{ER}	能源/材料 – 土地	0.6	仅适用于农业
σ_{AE}	能源 – 材料	0.3	仅适用于农业
σ_{CO}	煤 – 石油	0.3	仅适用于化石燃料
σ_{COG}	煤/石油 – 天然气	1.0	仅适用于化石燃料
其他产品弹性			
σ_{VA}	劳动 – 资本	1.0	所有行业
σ_{GR}	资源 – 所有其他投入品	0.6	被校准匹配中期供给弹性时，适用于原油、煤、天然气行业
σ_{NGR}	核电 – 附加值	0.04 ~ 0.09	被校准匹配中期供给弹性时，随地区变化
σ_{HGR}	水资源 – 附加值	0.2 ~ 0.6	被校准匹配中期供给弹性时，随地区变化
阿明顿贸易弹性			
σ_{DM}	国内 – 总进口	2.0 ~ 3.0	随货物变化
		0.3	电力
σ_{MM}	国内进口 – 国际进口	5.0	非能源货物
		4.0	天然气，煤
		6.0	石油
		0.5	电力
η	为国内、国际市场生产的产品	2.0	所有货物统一的交通弹性
γ, v	在全球贸易总额的占比	0.01	被用于校准世界出口需求弹性和世界进口供给弹性
σ_{GOV}	为政府生产的 CES 加总	1.0	

附表 3.2　　　　　　　　　　最终需求弹性的参考值

能源的最终需求弹性			
σ_{EC}	能源 – 其他消费	0.25	
σ_{EF}	燃料和电力之间	0.4	
其他最终需求弹性			
σ_{CS}	消费 – 储蓄	0	
σ_{CL}	消费/储蓄 – 闲暇	1	校准匹配 0.25 的劳动供给弹性
σ_{SK}	居民投资 – 其他投资	1	校准匹配 0.3 的资本供给弹性
σ_{C}	非能源货物之间	0.25 ~ 0.65	
σ_{CT}	交通 – 其他消费	1.0	

评　论 *

理查德·摩根施特恩（Richard D. Morgenstern）

　　在华盛顿政策制订的艰难推进中，二氧化碳排放定价措施的分配效应是重要的考量因素。正如本章作者指出的，成功的立法"受益者和负担者"的问题通常比经济学家们传统所关注的效率问题更重要。劳施及其合作者通过建模分析了《美国清洁能源与安全法案 2009》（H. R. 2454）中的全国总量控制与交易制度的影响，并关注了收入群体和地区在家庭层面上的重要影响。

　　之前大部分研究都单纯分析了家庭能源消耗基础上的分配效应。相反，劳施及其合作者则使用一般均衡模型来分析一项新政策对所有商品和服务的成本、资本收益及包括劳动力在内的其他资源的影响。这种分析是基于麻省理工美国地区能源政策（USREP）的静态模型，并且可以认为是转化为与麻省理工的全球排放预测和政策分析（EPPA）一致的动态模型的初级阶段。这个受欢迎的进步提供了与 EPPA 类似的部门细节、生产结

---

　　* 基于第 3 章研究的评论。

构和其他关键参数。通过关注美国内部，并使用家庭异质性替代代表性经销商的方法，对美国多地区多州和每一地区内多家庭收入群体建立了显式模型。这种分析关注了净分配的效应，从而考虑了新引入的二氧化碳价格和一系列循环配额拍卖收益的替代机制效应，这些替代机制是在财政收入中性框架内考虑的。并对《美国清洁能源与安全法案 2009》中详细规定免费分配一部分配额给 LDCs 的机制给予特别关注，这是本研究与当前政策的讨论相关的一个创新点。

　　总而言之，该分析肯定了之前的研究发现，即事实上所有的二氧化碳定价政策的成本都向前传导给了消费者。毫无疑问，尽管替代方案确实涉及细微的效率收益，与其他如减少劳动力或资本税收的替代方案相比，该模型给家庭平等的一次性全额支付却是到目前为止最累进的分配方案。效率收益的适度规模由财政收入中性的假设决定，因为仅有半数的财政收入可用于再循环，另一半用来弥补税收损失。

　　向 LDCs 免费分配配额，作者们表示了一定的担忧，财政收入的返还被认为以总量控制与交易体制导致的更高电力费率的方式传导给纳税人。这种公用事业账单中即使包含对配额值的单独记录（折扣），消费者也可能并不能完全理解电价已经上涨。分析显示了与这种消费者误解相关的福利成本。因此，劳施和其合作者推荐考虑平等的一次性全额支付而不是基于电力消费的支付。其优势是简单增加消费者辨识电价包含碳损害的机会。

　　从地区角度，劳施和其合作者发现一些州：加利福尼亚、太平洋沿岸地区、英格兰还有纽约都拥有最低的整体方案成本，甚至能从一些再分配方案中获取净收益。地区之间存在差异负担的主要原因在于电力生产的能源资源不同，那些对再生能源（包括水利、核能）依赖性强的地区明显比使用煤的地区情况更好。有趣的是，最低福利成本地区往往是实行高于平均水平的前期政策电价的州，这表明前期行为有助于这些地区的居民负担更低的成本。一次性全额再分配方法同样会导致地区间的最小成本差异。

　　为推动未来模型的发展，我将做出三个方面的延伸分析，并在下文进行探讨。

1. 调试假设的短期和长期分析

　　在家庭和企业已通过使用新能效技术进行调整，并且至少隐式地确立了新的进口模式后，劳施与其合作者们选择关注长期影响。然而，这种建模不能反映家庭或企业有可能面临的中短期成本。没有哪个家庭或轧钢厂面对突然增高的能源价格能立即或毫不费劲地采用能效更高的技术。同样，长期结果的路径选择显然也非常重要。忽视中短期影响的碳控制政策将会引起对公平的担忧。而且，预期方案可随时间改变，也就是说，最初几年关注公平的政策可能在未来不被视为是公平的。因此，应在不同的时间段考虑不同的分配效应，这包括当企业（和家庭）具有调整价格的有限能力时的短期效应，多种输入可以改变但是资本还不能轻易更替时的中期效应，以及当资本可被分配和被能效更高的技术所代替时的长期效应。

尽管劳施及其合作者们采用的长期方法是合理的，然而在分析中所使用一些个别假设似乎更适宜于中短期框架。例如，在一般均衡建模中，假设资本完全自由流动，而劳动力不能跨越州界。正如许多学术研究一样，关于密歇根州工人因汽车行业工作前景惨淡而大批离职的报告表明，工人可以并确实会随着劳动力市场条件的改变而快速流动。劳动力不可流动的假设对分配分析来说可能很重要，因为州或地区工资水平的变化在应对新的二氧化碳定价制度的调整很可能是重要的因素。基于某些地区劳动力需求萎缩，如那些由能源密集型、贸易敏感行业主导的地区，劳动力不可流动的建模假设：必须利用工资水平大幅度下降来实现这些地区劳动力市场的均衡。否则，如果工人能够移出重灾区，对工资和收入的整体影响将有可能减少，某些地区性的差异也将随之减少。因此，我建议至少要放宽劳动力不可移动的假设并且引入替代模型。

2. 能源密集型产业部门的更多分类模型

尽管在 USREP 模型中有丰富的能源生产和消费细节，能源消费行业仅分为了五个部门：农业、服务业、能源密集型产业、交通业和其他产业。这对总量控制与交易制度或其他碳定价机制来说至关重要，在这些机制中，增加的生产成本会减少国内生产，尤其是在能源密集型、贸易外向型产业。这些能源密集型、贸易外向型产业的产量减少并不会平均地分配在所有地区。在 USREP 模型中，对能源密集型部门的进一步分解很明显为地区影响的潜在差异提供了一个更准确的分析框架。尤其是当作者们想用模型对政策的公平性进行讨论时，理解二氧化碳定价机制下哪个州或地区的何种产业更为脆弱至关重要。而且，对于理解被设计来减轻不利分配影响的特定政策的效应来说，这种分析至关重要。

3. 在一些产业上使用产出折扣而非祖父制的建模

众所周知，在能源密集型、贸易外向型产业中，与可能采取不均衡的国际二氧化碳定价政策有关的很大一部分产出的减少短期内将由增加的外国生产来弥补。国内能源密集型产业减排的碳泄漏百分比估计值会升高到 40% 或以上（Fisher，2009）[1]。通过向能源密集型、贸易外向型产业引入以产出为基础的分配方案，H. R. 2454 涉及了碳泄漏的可能性。重要的是，每单位分配并非基于企业的排放量，而是基于部门的密集度标准，如平均排放量。该系统可在排放总量控制下保护弱势产业，同时抵消生产成本的上升。本质上，当配额或折扣限制运营成本的过高上涨时，二氧化碳价格会保持不变。然而，使用折扣减少竞争力的影响确实可以实现，但是会以减少排放密集型商品消费的机会为代价。

由于未能区分贸易外向型产业与其他能源密集型产业，USREP 模型不能模拟 H. R. 2454 中以产出为基础的分配方案。费雪和福克斯早期的一篇文章试图在可计算的一般均衡模型中使用代表性经销商的方法模拟这类条款。美国政府的一个跨部门小组进一步用该模型的一个更新的版本开展工作（EPA，2009）。因为基于产出的分配方案会明确限制能源密集型、贸易外向型行业中的生产损失，所以该项政策对美国的不同地区，甚至可能不同的收入群体存在明显的分配效应。因此，在具有家庭异质性的模型背景下考虑这样的分配方案将会提升对 H. R. 2454 分配效应的评估质量。

总而言之，通过不断发展和完善二氧化碳定价制度分配问题的一般均衡分析，劳施与其合作者们对相关的文献研究做出了重大的贡献。与其他建模研究一样，应当对稀缺资源的分配进行选择。在未来研究上，我建议研究应更加关注政策的受众群体。

---

[1]　Ho, Mun S. , Richard D. Morgenstern and Jhih－Shyang Shih. Impact of carbon price policies on US industry. Discussion Paper 08－37. Washington D. C. ：Resources for the Future，2008.

第 4 章

温室气体控制方式的选择

戴维·韦斯巴赫（David Weisbach）

本章分析了税收与总量控制、交易制度这两大温室气体排放的控制手段。本章认为，在一国之内，讨论这两种工具的差异来源于未经证实的假设。在气候变化的背景下，一国之内有足够的政策弹性来明显地消除这种差异。在存有差异的范围内，政府会偏好税收政策，但是税收的好处往往被政策设计带来的好处所掩盖，即便最佳的税收制度可能胜过最佳的总量控制方案，前提依然是恰到好处的政策设计。

世界上税收是控制温室气体排放的主要手段。出于国家间的协调问题和减少抵制的考虑，一个国家内部政策设计的弹性放在全球背景下则会丧失许多灵活性。此外，在国际背景下，欺诈动机与欺诈效应在这两种制度中并不等同。由于气候变化需要全球性的排放制度，这些考虑意味着税收手段会成为控制温室气体排放的首选。然而，偏好是适度的，即使在国际范围内也存在较多的制度弹性，税收也会面临协调和执行问题。

本章内容中第 4.1 节介绍了研究相关的基本定义。第 4.2 节讨论了威茨曼（1974）的观点，即当政府对边际减排的成本不确定时，税收和许可证制度显著不同。威茨曼的观点是基于这样的假设：税收是单一从量税，许可证是固定总量控制；两者都不能及时变化以应对新情况。因此这些假设在气候变化的情境下均不正确。基于卡普洛和萨维尔（Kaplow and Shavell,

2002）的观点，只要制度设计具有弹性，不确定性就不会对工具选择产生影响。4.3 节分析了单个国家税收和许可证制度之间七种额外的可能差异。例如，考虑两种工具是否存在不同的分配和收入结果、临界点和环境确定性是否会改变选择、许可证价格波动是否会成为问题，以及框架效应是否至关重要等。结论是，这些差异及其他声称的差异通常只是未经证实的假设导致的结果。只要存在弹性，两种制度在这些维度上就基本相同。4.4 节解析了全球碳税或总量控制与交易制度的实施状况。一旦考虑国家间的协调和抵制问题，国内制度设计上的一些弹性就会消失殆尽，特别是在全球范围内，对新信息进行许可证数量的调整是比较困难的，而税收制度在缺乏调整机制时表现较优。而且，欺诈效应在税收和许可证制度中是不同的，整体而言对许可证制度更糟。因此，世界范围内各国政府会比较偏好税收制度。

在分析单个国家温室气体控制工具的选择时，考察的是一般的市场经济，而非任何特定国家或特定时期。政治制度和联盟情况在不同国家的不同时期存在着差异。特定国家在特定时期不会出台带有特定标签或特征的定价制度，如果是这样的话，就没有什么可分析的，政治制度会各司其职（尽管在设计满足政治约束的良好制度时留有创造空间）。同样，如果某个特定国家某段特殊时期内的监管者或立法委员能力突出，那么该国就会充分利用这些条件来选择相应的工具。工具选择的一般分析不能将此类地方性因素考虑在内，这些因素在不同国家不同时期差异悬殊。相反，本章的目标是要分析不同工具的基本特征，强调适用于不同国家的限制，如信息限制、不确定性效应等。

4.1　基本定义和术语

个人或企业排放二氧化碳或其他温室气体时会给他人造成损害[1]，如

---

[1]　许多不同的气体都会导致温室效应，包括二氧化碳、甲烷、氧化氮等。其中，二氧化碳扮演最重要的角色。此处用二氧化碳指代所有温室气体。

果污染排放个人或企业无须承担损害成本，那么他们就不会考虑这些危害的结果，会导致排放过多的温室气体。气候变化的危害是大气环境中所有温室气体累积所导致的结果，而非大气流动造成的。除非到达增加存量的程度，否则特定年份的排放量不会导致重大影响。全球大气中的二氧化碳也在不断混合，不管排放源在何处，危害都是相同的。前工业化时期的二氧化碳浓度为 280 百万分比浓度，目前的浓度为 380 百万分比浓度，并以每年 2 百万分比浓度（百万分之二）的速度增加。尽管存在很大的不确定性，但两倍于前工业化时期的浓度水平可能会导致全球平均气温上升 3.5℃。绝大多数分析家认同 700 百万分比浓度或者更高的二氧化碳浓度会导致严重的危害，气候变化提案的典型目标是控制在 400 百万分比浓度 ~ 500 百万分比浓度的范围内。

传统上环境外部性是由命令和控制规章来调整，根据该规章，政府会详细规定特别技术或各企业的排放限值。然而，市场工具被认为能更廉价地解决外部性问题，因为政府无法确定哪个特别的技术最佳或哪些企业该使用何种技术。市场工具利用企业减排成本的内部化来实现总成本最小化。目前主要的市场工具是税收和总量控制。对温室气体的征税仅仅是对排放量的征收，当排污者考虑是否排放更多污染物时，会面临一个成本，该成本等价于额外单位污染物对他人造成的损害。当排污者面临这样的收费时，就会适当调整自己的行为。如果边际损害不同，即每单位污染物美元数不固定，税收也会随边际损害变化而变化。例如，如果边际损害的增加与污染量的增加成正比，则最优税率也会相应提高。同样，如果政府了解到边际损害与其最初认为的不同，税收就会对新情况作出反应。

梅特卡夫和韦斯巴赫（2009）设计了一种碳税，证明向不超过 2500 个实体征税即可覆盖全美 80% 的总排放量。原因在于化石燃料的排放量占全美排放的 80%，这些可精准地对上游产业如炼油厂征收。全球范围来讲，化石燃料排放占总排放量的 67%，一个全球性的碳税同样可对上游的排放企业征收。另外 14% 的全球排放量来自农业。因为其来源分散、多样，部分甚至难以察觉，这些排放很难纳入征税体系。对于投入进行征税，如对氮肥和牛存栏量，可能是在税基上对这些排放量征税的唯一方法。森林砍伐是位列第三的温室气体排放源，约占全球温室气体排放的

12%。对砍伐森林征税的依据必须是与基线比较之后的砍伐，而砍伐森林的效果则取决于地理位置、木材使用和森林替代品等诸多因素。因此，对砍伐森林进行征税极其复杂。对农林业的温室气体排放进行征税不仅依赖于这些产业的边际减排成本，还需要考虑是否有恰当、精确且可管理的方法将其纳入税基内。

税收制定的考虑因素极大地影响税收制度的成本和收益。例如，政府可以对下游排放者征税，而不是对化石燃料生产商、分销商等小部分上游企业征税。美国约有几千万辆汽车，却没有一个简易的方法来测量每辆车的具体排放量。同时美国国内也有大量的家庭使用天然气取暖。对下游排放量征税很明显会提高行政成本或减少税基或者两种不利的情况同时发生。

总量控制制度，又称许可证制度或总量控制与交易制度（本章中这两个词可互相替代），限制了总的排放量。政府在给定期间发放许可证（或者通过拍卖或分配），数额与其决定的合理的总排放量相当。排污者必须获得许可证方可排污。许可证持有人将被允许出售许可证，从而产生了一个许可证市场。任何许可证持有人能以低于市场许可证的价格进行减排，可将其持有的许可证在市场上进行交易，其他任何人可以购买许可证，从而使所有用户的边际减排成本相等。如果政府发放的许可证价格等于边际排放损害，则与纳税情形相同，排污者将会面临与边际损害相等的价格，据此适当调整自身行为。在总量控制与交易制度中，许可证的数量并非一成不变。政府可以随时调整许可证的数量，因此许可证的价格可以及时反映边际损害，如通过购买许可证以提高其价格或出售多余的许可证以降低其价格。

史蒂文斯（Stavins，2008）考虑了总量控制与交易制度的设计。实施总量控制与交易制度会产生与税收方案类似的问题。例如，确定需要覆盖哪些排放种类及在什么水平下施加许可证要求（如上游对化石燃料生产或下游对排放者）等问题在许可证制度和税收制度中一样会出现。同样，总量控制也需要一个交易市场和进行许可证初始分配的方法。如果政府能正确地设定税率或许可证数量，则二者是等价的，因此在这两种情形下排污者面临的价格都是排放的边际损害。从某种意义而言，两者是相同的。在税收情形中，政府设定价格，企业在价格约束下决定排放量大小。在许可证制度中，政府设定数量，企业决定给定数量下的许可证价格。只要政府掌握充足的信息，其可以选择任何一侧去进行规制，对任何税收都可以有一组等价的许可证，反之亦然。对于核心的实施问题，即需要覆盖哪些排放种类以及在什么水平下施加许可证要求（例如，上游或下游）是相同的。例如，控制上游的决定可以在税收和许可证制度中对等地实现。接下来两节的问题是当政府准确地定价的假设不成立时或当我们考虑更微妙的实施问题时的情形。

4.2 边际减排成本不确定时税收和许可证的等效

威茨曼（Weitzman，1974）认为当边际减排成本不确定时，税收和总量控制之间的等效不成立，因为对于税收和总量控制而言，错误成本不同[1]。根据边际减排成本曲线和边际损害曲线的相对斜率，税收和许可证都可能是优选方案。我们对于每个工具选择的分析都始于该观点。威茨曼的论述所依赖的关于制度设计的假设在气候变化背景下不太可能成立。尤其是其假设税收是单一从量税，且数量是固定上限。此外，威茨曼假设税率或总量控制都不能根据信息进行调整，这表明它们本身被设置错误。威茨曼对这些假设态度明确，并且认为它们在其所考虑的单一排污者情形中是适当的。然而，这些假设在基于威茨曼论点进行研究的气候变化文献中鲜有提及，且据笔者所知，在气候背景下这一点从未被辩解过。这些假设在气候变化背景下都不适合，并且在不存在这些假设时，税收和总量控制是等价的。

笔者的观点基于卡普洛和萨维尔（2002）中关于气候变化背景的论证，并对其进行了扩展。卡普洛和萨维尔认为威茨曼关于税收是单一从量税且无限期固定的假设是错误的，并认为税收可以并且通常是非线性的[2]，

---

① 同时代的艾达尔和格里芬（Adar and Griffin，1976）罗丝·阿克曼（Rose‐Ackerman，1973）和费雪森（Fishelson，1976）均持类似观点。

② 爱尔兰（Ireland，1976）提出了相似的观点，认为临时税收制度是可能的并举例说明。

而且非线性税是次优选择，对边际减排成本估计的错误并不会影响设计的非线性税的效率。因此，卡普洛和萨维尔认为非线性税决定许可证制度，例如，不可交易的许可证或有严格总量的可交易的许可证。两人也论述了许可证设计的灵活性，并关注到如罗伯特和斯宾塞（Roberts and Spence，1976）等提出的灵活的许可证制度设计。正如本章所论述的，有了充足的设计灵活性，他们得出了税收和许可证的等价可以重新实现的结论。

4.2.1　威茨曼的观点

回想一下，如果边际损害是非线性的，对排放量的最佳收费等于边际损害，同样最佳税收也等于边际损害，如果边际损害发生变化，税收也将相应地调整。威茨曼对阻止政府进行最佳收费的政府管制的选择提出了两种假设。首先，假设政府必须实施固定从量税或固定的数量控制。例如，税收必须固定为每单位污染物的给定数额，总量控制必须明确规定在一段时间内或规定给定期间内的总排放量①。其次，威茨曼假设税率或数量保持固定不变即使政府获得了最优税收或数量的新信息，最初的推测也不变，至少在未特别指明的期间内会保持不变。

本章4.2.2节和4.2.3节讨论了这些假设对气候变化而言是否合理。为证实威茨曼的观点，我在本章节中假设它们是合理的，政府必须选择固定从量税或固定的排放数量。如果使用固定税率，政府应当在其估计的边际减排的成本等于额外一单位污染所带来的预期边际损害的点上设定税率。面对税收企业已知其边际减排成本，其将会控制排放使边际减排成本等于税率。如果政府能正确预估边际损害和边际成本，企业将排放最优量。如果使用许可证，政府应当以其设定税率的方式设定许可证数量：在其估计的边际减排成本等于额外一单位污染所带来的预期边际损害的点设

---

① 威茨曼考虑的是在排放期间造成损害的污染物——流动污染物。一个期间内排放的二氧化碳导致大气中二氧化碳累积，累积浓度导致了危害。赫尔和卡普（Hoel and Karp，2002），纽厄尔和皮泽（Newell and Pizer，2003），以及卡普和张（2005）讨论了如何诠释威茨曼关于流动污染物到累积污染物的观点。这些考虑不会改变本章的观点。威茨曼同样考虑了一些更接近于命令和管制规章而非现代总量控制与交易制度的方案。他所考虑的制度似乎涉及政府对私人企业实施数量限制。尽管如此，他的观点现被广泛运用于总量控制与交易制度中，我将继续发扬这个传统。

定。如前所述，如果按照这种方式设定，许可证将会以与税金相同的价格交易，而结果也将是一样的。如果政府错误地估算了边际减排成本，税收和许可证将会有不同的效应。当政府按照排放量征税时，企业会设定排放量使边际减排成本等于税率，排放量将会得到调整。当政府限定数量时，排污者会排放到该数量而价格也将随之调整。预估错误导致的无谓损失因错误发生的方式不同而有所差异。

为选择更优的工具，我们须将数量弹性与价格弹性进行比较。如果相对于边际减排成本，边际损害相对平滑，错误地设定数量的成本较低，则税收为优选。或者，如果相对于边际成本，因数量变化导致的边际损害较陡，错误地设定数量的成本会非常高。如果每额外单位的污染造成了严重损害，我们可能仅想要对额外单位的排放予以禁止而非征税。总量控制将会更佳。威茨曼通过边际成本和边际损害曲线的二阶近似值论证了这些观点，并提出一个建立在这些曲线相对斜率基础上的简单公式。

为使读者理解这一分析，本章在图 4.1 中再现了阐明该问题的标准示意图。X 轴表示减排，即排放量的减少；向右移时，排放量下降。Y 轴表示美元。向下倾斜的曲线即边际减排收益（与边际损害相反），向上倾斜的曲线表示边际减排成本。假设是减排增加时，边际减排收益会随之下降。从特别高浓度的二氧化碳转变到适当浓度可能会产生巨额效益，但是从低浓度转变到极低浓度时效益较小。同样，边际成本增加。考虑到政府对边际减排成本和边际减排收益的最优估测，最优税等于 t^*，最优总量控制为 q^*，如果设置正确，t^* 价格的税收将会决定 q^* 数量的排放，且在 q^* 总量控制下许可证将会以 t^* 价格出售。两种制度将会等价。

然而，假设实际边际成本证明较预期更高，如果使用税收方案，那么它可能会被设定得过低。最优税是实际边际成本与边际收益曲线相交的点，即 t_{opt}。排污者将排放二氧化碳至 t^* 与实际边际成本相交的点。在该水平的排放上，额外减排的边际收益超过边际成本，并由于减排量太少而造成无谓的损失。这个可以由图中小的黑色三角代表。如果使用许可证，排污者将排放到被允许的数量 q^*。在这个数量上，减排的边际成本超过边际收益，减排量应该被减少。损失的部分由淡阴影大三角代表，表现较佳的工具是相对具有较小损失三角的，在本示意图中即税收方案。

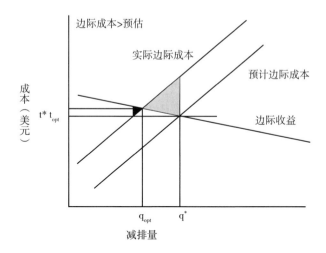

图 4.1　不确定情形下的工具选择

　　三角形的相对面积仅取决于边际成本曲线和边际收益曲线两者的斜率。随着边际收益曲线斜率变小而边际成本斜率变大，税收手段更好。如果相对斜率反方向变化，应以许可证制度为主。这个结果反映的是，税收在保持价格不变时允许数量变化，而许可证在保持数量不变时允许价格变动。问题是，在错误的情况下是价格好还是数量好？斜率较小的边际收益曲线说明数量错误不会有太大影响，而斜率大的边际成本曲线则表明价格错误确实有影响，如果曲线斜率相反，则反之亦然①。

4.2.2　应对信息不对称

1. 威茨曼假设

　　威茨曼的观点是企业在面对税收和许可证时会对政府的错误反应不一。该观点如果是正确的话，则必须是企业对边际减排成本的预估与政府不同。即使错误很显著，如果企业和政府的估值相同，那么税收和许可证

---

　　①　边际损害的不确定性（与边际减排成本相对）并不影响工具选择。尽管边际损害的估计会影响税收或许可证的水平，一旦被政府采用，企业都会实现最优化而不考虑边际损害。企业将基于其自身成本和管理制度成本做出决策。因此，边际损害的不确定性不影响工具的选择。卡普洛和萨维尔（2002）表明当在边际损害上存在不确定性时，最优方案等于预期边际损害。

的效应也是相同的。在威茨曼的模型中，政府起初就边际减排成本进行了有信息根据的估算，因为不能就新信息进行调整，最后往往与企业的估算值有差异。他设想了一个进行反复试验过程的管理者，朝着最优税率或总量控制方向探索，但最终结束了该过程，并且固定了税率或数量，至少是在某段时期内的固定。他指出：在无穷弹性的控制环境中，计划者持续调整工具来应对不稳定的情形，并且生产者也会立即做出反应，则上述考虑均不相关，并且控制模式的选择应该基于其他因素做出（Weitzman，1974）。然而，他认为在某个点上，管理者不得不停止收集信息并实际执行基于现有信息的计划。因此，他推断给此类问题正确建模就如同管理者已经设置了固定税率或总量控制。拉丰（Laffont，1977）这样描述威茨曼：假设一个迭代解（iterative scheme）被采用了，但是在新的迭代解出现后而不得不重新决策时，其就会被迫终止。

用以区分政府和企业边际递减成本估算的可替代路径是假设存在信息不对称。如果管理者没有与企业相同的减排成本信息，管理者将会错误地设定税率和总量控制，而企业知道真实的减排成本，会根据管理者使用税收还是总量控制对错误决策做出不同的反应。威茨曼的观点基于如下假设：要么存在关于减排成本的不对称信息，要么管理者有可靠的信息但是没能及时更新。不论哪种情况，一旦价格或总量控制被错误地设置，企业将会对不同形式的管制做出不同反应。信息不对称和不及时更新的假设很少被解释，甚至很少被提及。威茨曼自己也谨慎地提到管理者可能过后会调整税率或数量，并且该模型只适用于过渡时期。纽厄尔和皮泽（Newell and Pizer，2003）简略地为该假设辩护：原则上而言，即使在不确定条件下，尽管状态依存（state-contingent）政策可以被设计来维持该命题，这种政策的实用价值也很小。桑德姆（Sandmo，2000）认为：在大多数情况下，税率或配额必须事先固定，同时存在成本和效益性质的不确定性。更多情况下，假设并没有被提及。例如，至少《经济学手册》中的最近三章详细讨论了威茨曼的观点，但却未提到此种限制①。马斯·克莱尔、威斯

---

① 科斯达德和托曼（2005）、鲍温伯格和古尔德、埃尔方等（2003）、卡普和张（2006）是本书仅发现的关于学习和工具选择的文章。

顿和格林（1995）（标准的微观经济学研究生教材）的相关章节都没有提及这些假设。

接下来的问题是，每种制度到底能多快和多好地进行调整以适应边际减排成本的新信息。如果调整足够迅速和准确，这两种制度的威茨曼类型差异将很小。如果这两种制度必然刚性，该分析将会有效。这是一个设计的问题：主要考虑每种工具通过设计来应对新信息，以及不同工具的调整率之间的差异。

2. 气候变化情境下的不对称信息范围的背景介绍

在考察税收和数量能调整到何种程度之前，首先应弄清在气候背景下需要什么。威茨曼的模型是关于单一排污者的。如果污染物是来源于某个企业或适度数量的企业，则以下两个假设是合理的，即：这些企业比管理者掌握更翔实的边际减排成本信息，或边际减排成本可能会快速地变化。企业如拥有保密专利可能会导致管理者的估算产生巨大失误。

皮泽（2002）提供了如何将信息假设引入气候变化的文献例证中的方法。他计算出税收产生的收益比许可证大五倍。这一计算是基于这样的假设：相关政策（例如，选择采用税收并设定税率）要保持 250 年不变（比美国的存在还要长，比整个工业革命时期还要久）。在对 2010 年的说明性计算中，假设边际减排成本的年度标准偏差是每吨碳 16.43 美元[①]。为使大家明白假设的幅度，预估最佳边际减排成本为每吨碳 7.5 美元。事实上，假定政府的最佳估测（7.5 美元）与私有部门的信息偏差非常大。尽管如此，政府的估算基本上永远保持不变。皮泽的估算已经被美国国会预算署用来告知美国国会有关工具选择的事项（美国国会预算署，2008）。

这种类型的假设对气候变化来讲并不适合。因为气候变化是全球性问题，涉及数以千计（或者可能上百万）的企业和数以十亿计的个体排污者。减排将要求应对经济的巨大改变。由于问题面广，公共范围大，企业不太可能比政府拥有显著的信息优势，减排成本的信息也不会迅速改变。

---

① 皮泽使用碳而非二氧化碳作为其分析单位，二氧化碳重量是碳的 44/12，所以对二氧化碳的等价税可以按该比率进行计算。

当然，企业会比政府更清楚自己的个别成本，但相关的价格是全部经济的边际减排成本，且企业在计算该数字上没有优势。

全球碳排放主要有三个来源：67% 来自化石燃料燃烧，14% 来自农业，12% 来自森林砍伐①。预估边际减排成本涉及到估算改变这些系统的边际成本。这将涉及对分散在整个经济体的减排技术的估算，例如，全部经济和新能源系统的装置或者广泛使用的农业新方法。几乎所有的这些减排方法都将会公开，该种技术将是显而易见的。在存在一些私人技术的领域，如专有的低排放生产方法——单个或适度数量的私有技术都不会很大程度上改变对减排成本的整体估算。企业不可能在整体边际减排成本估算方面比管理者更具信息优势②。

而且，边际减排成本的估算不太可能迅速改变。能源、林业和农业部门是庞大的国际体系，因此很难改变。在缺乏像台式冷聚变这样的发明时，这些系统的变革是渐进式的。即使重要的发明也很可能对边际减排成本只有温和的效应。例如，生产太阳能或风能的新方法，或减少甲烷排放的牲畜养殖新方法，仅对整体边际成本具有温和的效应。而且，当前的边际减排成本估算可能包含有预期技术发展。

3. 税收

由于信息问题使得边际减排成本估算系统性地不同于企业的估算，问题是基于前者设定税收的可能性有多大③。如前所述，整体而言，政府不太可能在气候变化背景下对边际减排成本估算具有信息劣势。问题在于，税收将生成什么类型的信息以改进估算值，以及为应对新信息对税收进行调整的频率可能是多少。下面我将依次分析这些问题。

征税为政府提供了边际减排成本的私人估算信息。在税收制度中，监管者已知税率和数量信息，通过这些信息可推断出排污者的当前边际减排

---

① Herzog Tim. World greenhouse gas emissions in 2005. World Resource Institute，2009.

② 政府将不会知道任何特定企业的减排成本或者可用的最佳技术，这就是为什么市场工具应当为优先选择。

③ 政治体制当然可能会产生次优规定，但有关税收和许可证不同政治结果的断言是独立于威茨曼类型断言的。

成本的估值。例如，假设政府设定税率为每单位二氧化碳排放量 50 美元；以该税率估算应当排放 100 单位二氧化碳。如果观测到排放了 110 单位或 90 单位，可以推断出其错误估算了边际成本曲线并做出相应调整。如果排放量为 110 单位，边际成本较预期高，税率应当下调；反之，如果为 90 单位则应上调。换句话说，在给定税率基础上的排放数量揭示了私人边际减排的成本信息，政府可据此调整税率。

　　纳税申报单必然会提供这些信息，因为数量是计算税金所必需的。纳税实体不得不报告数量并将之乘以税率来计算税额。纳税申报可被要求在较短间隔内进行，至少对化石燃料排放而言是如此，因为这些税收可就上游的少量大企业进行征收。此外，监管者也能够通过已获得的数据来观测化石燃料的进口、出口、生产和储存，并以此推断出排放量。例如，美国能源信息署每周都在收集此类信息①。同样，卫星技术也已发展到可以在短期内密切监控森林的面积变化。很明显，通过直接观测能源、农业和林业的技术和成本变化，以及通过税收或其他信息报告系统收集排放信息，政府和排污者所掌握的整体边际减排成本的信息少有偏差。如果有了这些信息，问题在于政府调整税率的频次应该是怎样的？仅通过授权专家机构进行调整是有快速调整的可能。这样的典型包括美联储、欧盟央行和英格兰银行，其中立法机构将货币政策决策授权给专家机构，而这些专家机构大多是不受政治干扰。这些机构收集详细的信息，并能在新信息出现时做出快速反应。它们调整利率时不会受一般规则的约束。当新信息表明情势发生了重大改变时，在行动上几乎没有延迟。没有先验理由证明碳税不可以进行类似的授权。这可能显得不切实际，因为给定国家和时期的立法机关可能不愿意以该种方式进行税率授权。然而，考虑税率调整需求并不频繁，较少的授权或其他调整税率的方法即已足够。

---

　　① 　美国能源信息署出版《石油周报》，其中包含了原油和汽油产品的供应、进口、出口和库存等详细的信息。同样有《天然气储量周报》，其中把全国天然气的储存和生产划分为美国本土 48 个州的东区和西区。独立的报告（《天然气月报》）提供了全国每月的天然气进出口信息。至于煤炭，有《煤炭生产周报》，该报告以州、周和年度为统计单位，提供了美国煤炭生产的预测。此外，美国能源信息署出版《月度能源评论》，其中专门有煤炭板块，该评论按部门报告每月的生产和消费量，以及库存，还包括美国进出口累积量。

4. 数量

该分析对总量控制也类似。政府仍需观察能源、农业和林业市场的总体变化，并尽可能与排污者掌握同样的边际减排成本信息。而且，因为许可证是可交易的，许可证制度本身也会产生信息。政府在了解总体总量控制后，仅需观察价格，仅通过观察市场便可获知价格信息。政府也可利用该信息及时更新总量控制。与税收情形一样，我们可以想象授权给类似美联储的专家机构，该机构可以快速应对信息变化。考虑边际减排成本变化相当缓慢，较少的授权和较慢的总量控制变化就足够了。

5. 结论

威茨曼的观点基于信息不对称的假设，要么是因为政府不像排污者那样拥有完全的边际减排成本信息，要么是因为政府拥有完全信息但受制于官僚体制缺陷而不能及时修正和完善监管体系。在气候情境下该假设是站不住脚的。如果政府完全拥有边际减排成本信息，并且都能在信息明显过时的情况下进行及时修正，税收手段和许可证制度没有区别。

4.2.3 复杂方案

1. 简单方案的假设

威茨曼观点的第二个必要假设是：碳税是单一税率税，每单位污染量为 X 美元，而总量控制也是简单的固定数量。像之前提到的：最优制度将要征收的费用等于排放所导致的边际损害，这不太可能与上述任一方案相匹配。威茨曼为该假设进行辩护，声称使用更多复杂方案"很明显并不可行"，而且对这些制度进行分析"是明确且直接关注作为规划手段的价格和数量之间本质差异的最佳方法。"[1] 如前所述，纽厄尔和皮泽（2003）认为状态依存性计划并不可行[2]。

---

[1]　Weitzman Martin L. Prices vs Quantities. Review of Economic Studies, 1974, 41 (128)：477 -491.

[2]　这可能指复杂方案或根据新信息进行调整的简单方案。皮泽（2002）推荐了一个含有复杂方案的体系但假定政策保持 250 年不变，不会随任何新情况做出调整，这暗示了引文涉及根据新信息进行的调整。

如果政府征收的费用等于排放的边际损害，则政府无须知道边际减排成本。不论私人估算的边际减排成本是多少，收费都是正确的，因此将不会出现威茨曼类型的税收和许可证的不同错误成本。为说明这点，请想象政府对边际减排成本的高低并不确定，如果政府实施了与边际损害等值的方案，无论怎样企业都会被正确收费①。因此，边际减排成本的不对称信息或延迟更新将会毫不相关，那么威茨曼的观点也会站不住脚。

2. 方案的复杂性设定

在确定政府能否征收等于排放边际损害的费用时，一个初步问题是：该方案将会有多么复杂？答案是，在气候情境下可能会非常简单并相对平缓。因为人们认为气候变化所导致的边际损害是随着排放量缓慢变化的。边际损害会因较广范围的浓度而增加，具体来说是，在 750 每百万单位的浓度下，排放增量的损害可能会出现高于 400 每百万单位的情形。但是这些是浓度显著差异时边际损害的变化。即使按照当前的排放速率②，这个幅度的变化也将需要一个世纪以上。无论在任何地区，变化都很可能很小。350 每百万单位、450 每百万单位和550 每百万单位浓度的排放增量所导致的损害差异很可能小到难以测量。如果政府仅估算该浓度范围内的边际损害，便足够包括数十年的排放量，边际损害曲线将可能会相对简单（并非估算简单，而是曲线形状简单）。

举例来说，现在二氧化碳正以每年百万分之二的速度增加。如果对浓度的百万分之一变化使用不同的边际危害估计，则仅意味着限制每六个月更改一次的税率或数量。令人怀疑的是，在这种详细程度上，边际伤害是否存在可测量的差异。如果我们只能衡量差异的边际损害变化，比如说，大约百万分之十，那么新的税率或数量只需要每五年适用一次。这样，模拟边际损害曲线的税率表或总量控制可能会非常简单。另一个问题是，临界点的可能性是否会改变该结论。环境结果可能是非线性的，因此在碳浓

---

① 卡普洛和萨维尔（2002）中的图 4.1 进行了举例说明。

② 排放速率是指单位时间内向大气中排放的污染物的量。可根据国家环保部制定的《中华人民共和国环境影响评价法实施手册》中制定的标准衡量各类污染物，包括：碳氧化物、氮氧化物、硫氧化物、氟化物、氯化物、各类重金属及其化合物、小分子有机物等最高允许排放速率。

度达到一定水平之前我们看到的变化很小，而在该水平点我们看到了急剧的变化。例如，随着海冰融化，暴露出的颜色更深的海平面吸取了更多热量，加剧了变暖。如果这个影响足够强烈，一旦超过某个给定点，海冰融化可能是自我维持的。科学家们回顾上百万年的气候史，发现了气候急剧变化的证据，引发了对临界点可能性的真正担忧。如果存在临界点，那么将浓度保持在临界值之下是非常重要的。临界点的可能性不会改变预期边际损害曲线可能看起来相对平滑的结论①。最优收费等于预期边际损害。我们对临界点在哪里及在临界点损害增长的幅度知之甚少。当计算不确定方案的平均值时，即便其中一些存在拐点，预期曲线将仍然是平滑的。

为说明这点，假设在 550 每百万单位、600 每百万单位和 650 每百万单位边际损害曲线中存在拐点的可能性是某个估计的百分比，例如 1% 或 2%（如果人们考虑到超越临界点的损害，该百分比则是一个巨大的数值）。为确定预期边际损害，我们对所有可能的边际损害曲线取概率加权平均值。每个浓度水平只存在小概率的拐点，预期将相对持平。因为存在临界点的可能性，总体预期将较高（因为如果存在临界点，边际损害就较高），但该预期仍将平滑地上升。临界点的可能性不会使方案明显更复杂。

3. 税收

很明显，税收方案应当足够复杂以便模拟边际损害曲线。方案将只需列举一组浓度（或可能是排放量）和相应的税率。根据《联合国气候变化框架公约》，排放量和浓度数据至少每年会计算一次。排污者只需查阅可适用于当前二氧化碳浓度或排放量的税率并适用即可。如果税率随时间改变，例如，在有些建议中即使浓度没有变化，税率也会随利率上升，纳税人也将必须知道税率发生改变的具体日期。

这比当前全球使用的个人所得税方案要简单得多。美国《国内税收法典》的第一条就包括多种非线性税率表。具体包括分阶段淘汰（phase - outs）、限制措施和适用于特定项目的不同税率。在如何申报项目上，存在

---

① Kaplow Louis. Capital Levies and Transition to a Consumption Tax. In Institutional Foundations of Public Finance, Economic and Legal Perspectives, A. J. Auerbach and D. Shaviro (eds.), Cambridge: Harvard University Press, 2008: 112 - 146.

不确定性和本能判断。税率也会随时间而改变，正如布什减税方案，美国国会可能会在某一年采用一组税率，而在另外一年采用另一组；并在不同收入项目和不同类型减税方案方面差异巨大。

此外，所得税方案适用于个人；碳税可以在企业层面征收①。相较于个人，企业将会更轻松地处理复杂方案。然而，碳税税率不能够复杂到无法模拟预期边际损害的地步，这一点是不言自明的。

4. 数量

用数量方案模拟边际损害曲线可能会稍微困难，因为简单且固定的总量控制不像简单且固定税率的税收（因为排放的边际损害是相对平缓的，即便是最简单的税收方案都将接近边际损害）那样更接近边际损害。然而，很明显这是可行的。

一个广泛讨论的可能性是，设定价格上限和下限。如果数量制度中可交易许可证价格超出限度，新许可证将自动发放，产生一个价格上限。同样，如果许可证价格跌破下限，政府将回购许可证②。

在图 4.2 中政府实施了总量控制，其中排放的预期边际损害等于预期边际成本——垂直线 q^*。然而政府也有价格上限和下限。如果价格超过了一个设定的数目，政府会以该价格继续发放新的许可证，有效地在价格上限处使该体系转变为一种税收。同样，如果价格下降到低于一个设定的数目，政府会回购许可证以确保价格不会低于设定价格。粗黑线证实了这种净效应。可以看到，粗黑线与边际收益曲线密切匹配。

由罗伯特和斯宾塞（1976）提出的相关替代方案是管理者以不同的执行价格发放许可证，特定执行价格的许可证允许持有人支付该执行价格以取得排放特定量的权利。一旦特定执行价格的全部许可证都用完，持有人必须使用更高执行价格的许可证，因此产生出一种模拟边际损害曲线的价格曲线。通过对该制度再增加几个步骤即可接近期望中的边际损害曲线。纽厄尔、皮泽和张（2005）考虑了一种存储系统的可能性，即根据前一期

---

① Metcalf, Gilbert E. and David A. Weisbach. The Design of a Carbon Tax. Harvard Environmental Law Review, 2009, 33（2）: 499-556.

② 关于这项制度的讨论，参见雅各比和埃勒曼（Jacoby and Ellerman, 2004）。

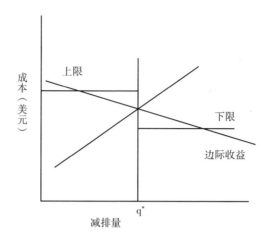

图4.2 设定价格上下限时的总量控制

获得的信息，每个时期发放的许可证数量会有所不同。他们证明这个体系
与价格制度具有同样的成本弹性。根据期望的弹性程度，可以对管理者进
行不同的限制，例如限制可出售的许可证数量。皮泽（Pizerl，2002），以及
默里、纽厄尔和皮泽（Murray，Newell and Pizerl，2009）考虑了附加机制。

5. 结论

显然，税收、许可证都能被建模来模拟边际损害曲线。对于税收，我
们只需要公布税率表。对于许可证，我们需要更精细的机制，随着时间的
变化，允许有额外的许可证买卖。如果管理体制模拟了边际损害曲线，威
茨曼关于边际成本曲线中不对称信息的观点就不能适用。

6. 复杂方案与调整机制的结合

前两节讨论了，（1）为维持威茨曼关于固定税和简单总量控制的假设
而进行税率和数量调整，或者（2）更为复杂的（尽管依旧相当简单）方
案本身足以使威茨曼的假设不能适用于气候情境。然而，因为可以将复杂
方案与为应对新信息的调整结合起来，该论点就得到了强化。最重要的
是，排污者面临的价格等于最优边际损害。通过控制我们想要的方案的复
杂度，以及为了应对边际减排成本曲线的新信息而进行方案调整的频率，
可以实现这个目标。最优模拟边际损害的方案将消除税收和许可证之间的

差异①。调整后的时间表将包括有关边际减排成本曲线的所有新信息，也将消除差异。如果对方案的复杂度和调整的频率有担忧，制度可以将两者结合起来。复杂度居中的方案比简单方案所需的调整要少，因为它更接近边际损害；当减排的边际成本变化时，复杂度居中的方案将具有内置的调整。只有内置调整机制不足时，整个方案才需要更换。

在气候变化情境中，最优方案将相对简单，调整也没有那么频繁。我们能够得到一个方案，其复杂程度和调整频率符合需要。如前文所述，如果对每一额外的百万分之一的二氧化碳浓度实施不同的税收或总量控制的话，每年只需更新两次税率或总量控制即可。如有必要，对方案的调整可以在新信息出现时立即实行，或定期进行调整，例如，每年一次或每五年一次。很难想象在非线性价格方案和对这些方案的调整之间我们不能实施接近预期边际损害的价格。

7. 价格和数量之间的人为区分和建模策略

威茨曼的论点基于两个在气候变化情境下站不住脚的假设：（1）单一税率或固定总量控制；（2）当最优方案的新信息披露时无调整。一旦考虑复杂方案和应对新信息的税率调整，税收和许可证的差异便会开始消失。市场主导的气候政策目标是迫使排污者考虑其对他人施加的损害。他们需要面对一组收费，该收费等于他们的行为所导致的边际损害。单一税和固定总量控制只是监管者能够使用的两种可能的价格方案，除非边际损害碰巧呈现出特殊状态，否则两者都不可能是最优的。复杂方案则处于两个极端之间。与其讨论"哪种简单工具更佳"，不如讨论"如何最好地构建更准确的工具"。事实上，这些方案的设计几乎就是为了体现税收和许可证之间的人为区分。一个例子是许可证的"管理价格津贴"方法。根据该方法（主要由美国国会预算署提出）排污者将被要求购买许可证，正如在普通的总量控制制度中的一样②，但许可证需要直接从政府手中以预设的价

---

① 当然，必须根据我们获知的边际损害的新信息进行调整，但是这些调整不会影响工具选择。

② U. S. House of Representatives, Committee on Ways and Means. Testimony of Douglas W. Elmendorf on the Timing of Emission Reductions under a Cap – and – Trade Program. Washington D. C. : Congressional Budget Office, 2009.

格购买，并且没有出售总量控制。这仅仅是伪装成许可证制度的税收。根据吉尔伯特·梅特卡夫提出的另一项议案，政府将征收一种税率可以自动调整以满足目标数量的税收①。在给定期间内，如果排放量过高，税率会在下一阶段提高并保持在该水平直到排放量回到预定的路径。这是总量控制伪装成税费的情况（并伴随某些通常与税费相关的特征，例如，不具备严格的每个期间的排放量限制及不同期间之间的弹性）。这也正是威茨曼（1974）与纽厄尔和皮泽（2003）因不可行而排除掉的那种状态依存性制度。当考虑此类提案时应该清楚，简单的端点毫无意义。在气候变化背景下，经常会讨论带有价格上限和下限的总量控制与交易提案。无数提案中都包含了价格上限，至少，考虑到最近的提案，只有简单制度具有现实意义的观点已不太切合实际，目前美国国会正在讨论的提案，内容超过了1000页，复杂程度难以想象。

有时检验端点是有用的，因为它有助于提示我们中间点。带有极端假设的模型通常对证明潜在的结构来说是有用的。然而，在这种情形下，当百年不变的单一税或固定数量的许可证被可行的中间制度主导时，我们并不清楚通过对二者进行检验能得到什么结论。这样做会导致以错误问题为导向的方式设计讨论，如关注哪种极端体制更受欢迎，而不是如何设计一个制度能最好地使排污者内部化边际损害。

4.3 七种可能的差异

文献中提及了税收和许可证制的很多其他可能的差异，以下对其中的七种可能的差异进行简要的分析。

4.3.1 收入/分配/转型

有人认为免费发放许可证不能像税收那样增加财税收入，因此税收和

---

① Metcalf Gilbert E. and David A. Weisbach. The Design of a Carbon Tax. Harvard Environmental Law Review, 2009, 33 (2): 499 – 556.

许可证之间的差异是收入的数目不同，最终导致不同的分配效应以及对所得税体系的不同次级效应。然而，税收和许可证在这点上是相同的。拍卖许可证增加的收入与以拍卖价征收的税收所增加的收入相同。同样，对现有排放量适用祖父原则的税收制度，或者向获得免费许可证的个人或企业提供可退税抵税额的税收制度与免费分配许可证，具有同样的收入和分配效应①。主张二者不同的基础在于，回顾历史，除少数例外情况环境许可证是免费发放的；而新税制有时适用祖父原则，但通常却不适用。认为许可证总是被免费发放的主张是基于一系列的环境总量控制与交易制度，例如，美国的二氧化硫制度和欧盟的二氧化碳制度。然而，如果我们观察政府已经更广泛地创设了新财产权的情形，其中就存在拍卖的例子，最典型的是美国和欧盟存在的电磁波频谱权。还有许多其他的政府分配新财产权的例子，例如，分配公共土地或矿产租约，以及在共产主义转型中新上市公司的分配。通常这些财产权都是免费发放的，但也并非全部如此。目前尚不清楚，我们能否取得适用于不同国家、不同时期和不同项目的一般性经验。

假设政府免费发放许可证的趋势不可阻挡，投资热门产业并取得成功的机会极大。如果确实如此，税收方案会通过祖父原则或其他方式免费发放。换句话说，建立联盟以通过碳定价机制的基本问题不会因名称不同而改变。如果遭受不利影响的产业能阻碍议案的通过，那么，不管颁布何种制度他们都将获得回报。无论是税收方案还是许可证制度对分配方案的影响都相同。尽管存在这些考虑，如果两种体系仍不同（例如，在特定国家的特定时间段，许可证很可能会免费发放而税收并非如此），应当讨论何种途径更佳，是要求排污者通过不适用祖父原则的税收为初始排污权买单还是通过许可证分配的方式免费给予该权利更好。对这一议题的充分讨论会使文章跑题，但是大部分评论家认为最好是通过征税或拍卖许可证获得财政收入。理由各不相同，但最重要的理由是，根据现有排放量适用祖父原则会产生不良动机，过去排污越多，将获得的有价值的排放许可

---

① 税收抵免或类似的税收利益也许只能是可转让的或可退还的才能等同于可转让的免费分配的许可证。

证越多。该观点与其他情形中的法律变迁的观点类似①。结果是偏好税收
方案。

评论家们清楚它们的分级。评论家们与其假设将分级基于许可证免费
发放而税收不适用祖父原则，并且设想读者也有同样的假设，倒不如区分
四种（或更多的）制度方案：拍卖的许可证、税收、免费分配的许可证和
适用祖父原则的税收（加上各种组合，如50%拍卖的许可证）。这四种制
度的分级与纯粹单一税率和隐含祖父原则假设的固定总量控制间的分级看
上去不一样。

4.3.2 复杂性

反对总量控制与交易制度的观点认为其操作管理比税收更复杂。有三
个可能的原因：第一个原因是，总量控制与交易制度需要市场，而市场的
运作代价高。即使是成熟且流动性高的市场，交易成本也可能增加。而税
收制度无须此类市场，管理者仅需要征税。注意这两种制度中，监管者都
需要监控排放量，因此监控与执行成本应该是类似的。区别在于建设和运
营市场的成本。

第二个原因是，总量控制与交易制度倾向于颁发附期限许可证。附期
限许可证是仅能在特定时间段内使用的许可证。附期限许可证是当评论家
讨论许可证时的缺省假设。很有可能只有由于当污染物的流动性至关重要
时，附期限许可证才是必要的；监管系统必须控制每个时间段的排放量，
因为正是每个阶段的排放量会对其造成损害。而对像二氧化碳等存量污染
物来说，流动性无关紧要，因此，使用附期限许可证需要其他的理由。使
用附期限许可证的一个可能理由是：定期分配许可证使监管者能更好地控

① Kaplow Louis. Capital Levies and Transition to a Consumption Tax. In Institutional Foundations of Public Finance, Economic and Legal Perspectives, A. J. Auerbach and D. Shaviro (eds.), Cambridge: Harvard University Press, 2008: 112-146.

Graetz, Michael. Legal transitions: The Case of Retroactivity in Income Tax Revision. University of Pennsylvania Law Review, 1977 (126): 47.

Shaviro Daniel. When Rules Change: An Economic and Political Analysis of Transition Relief and Retroactivity. Chicago: University of Chicago Press, 2000.

制许可证的发放数量（因此能及时应对新信息）。如果监管者不能确定许可证的最优发放量，每个时期只发放有限数量可能是最好的做法，这样便于更轻松地进行调整。另外一个原因可能是，如果政府不能承诺未来不会再颁发新许可证时，政府可能希望阻止企业过度增加对许可证的使用①。

然而，如果仅发放固定期限的许可证，市场就会失去确定何时减排的灵活性②。随着时间变化，总量控制与交易制度在减排努力的分配方面会产生低效。当政府没有遇到迫使其颁发附期限许可证的难题时，问题就变成了最小化这种低效率。

发挥这种效用的机制——所谓存储与借用（banking and borrowing）条款，会使情况变得更复杂。存储系统允许企业在未来的期间使用某个期间获得的许可证，这些相对没有争议，监管起来也不复杂。借用系统允许企业借用未来的许可证供当前使用。这就使管理更加困难，因为这需要企业、政府（或包括两者）对未来行为的承诺。例如，如果许可证是免费发放且企业可以借用，则企业就会仅借用未来的许可证，再期望政府在未来颁发额外的许可证。如果企业耗尽了未来的许可证，政府会面临极大的压力，不得不签发更多的许可证以防止严重的混乱。因此，管控借用的机制往往复杂且有限。

第三个原因是，总量控制与交易制度可能会比税收制度需要更多的上限、下限和调整措施等。简单的单一税率税收可能比简单的固定总量控制更贴近于边际损害曲线，因此提高其精确性需要较少的临时调整措施。上限、下限和类似的调整机制增加了复杂性和成本。

尽管这些观点证明总量控制与交易制度很可能会产生额外成本，但仍不清楚其具体数额。运作市场、设定价格上下限、规定存储和借用条款等的成本可能很高，但目前我们还没有充分的证据知晓。

---

① 第三个原因可能是定期分配会为立法者提供更多的寻租机会。然而，一次性的永久分配，风险会更大。目前尚不清楚立法者采用一次性大规模分配和定期少量分配哪个更好。如果立法者的执政期有限，就可能会倾向于快速发放所有的许可证，参见 Fischel D. R. and A. O. Sykes. Governmental Liability for Breach of Contract. American Law Eco - Nomic Review, 1999, 1 (1): 313 - 385.

② 个体企业仍能购买现在的排污许可证来交换未来的许可证，但总体上，每个期间的排放量将是固定的。

4.3.3　信息生成

总量控制与交易制度的一个可能的优势在于许可证市场生成信息。尤其是许可证未来价格的设定取决于市场参与者对未来减排成本的预期信息。用一个极端案例来证明，假设业内人士而非政府知悉未来五年将拥有一项能免费消除排放的低碳技术（即无碳能源价格将低于化石能源价格）的情形。在总量控制与交易制度中，行业内将借用未来的许可证供当前使用。不知道该技术的政府会观察到现在的低许可证价格和高使用率。同时也会注意到许可证的未来低价。政府能够从该信息做出推断并能用其制定政策，这能推断出业内人士预期未来的减排会很便宜。

政府对税收很难做出类似的观察。业内人士将预期未来的极低税收，但政府得不到该种预期的任何暗示。政府很可能会看到现在的减排很少，但不知道是由于减排成本的预期降低导致的。相反，这种情形可能是因为减排成本较期望值高所导致的。然而，政府能够观察到化石能源的期货价格，该价格将会给出预期边际成本的提示。在许可证市场比商品市场传输更优质信息的限度内，许可证制度可能会向政府传递一些税收制度不能传递的信息。

然而政府如果签发附期限许可证（存储和借用是有限制的），许可证所具备的这种优势就会消失。在这个例子中，许可证的核心信息优势是，通过赋予排污者在不同年限间价格和数量的灵活性，政府可以推断关于未来预期的信息。如果企业不再拥有不同年限间的灵活性，在附期限许可证中就不存在这种灵活性，政府也不再能做出类似推断。许可证制度也不会比税收制度获得更优质的信息。

此外，从市场所获取的信息反映了市场对未来政府政策及减排成本的预期，上述事例中的市场可能认为政府未来会发放更多的许可证。因而，政府想要对市场数据进行正确的解读将会步履维艰。唯一可获取准确信息的方式就是避免按所获取的信息行事。

最后，如果期货市场产生的信息对政策制定具备真实的价值，我们可以在税收制度中设立信息市场。

4.3.4　价格波动

对总量控制的普遍关注点在可交易许可证的价格波动性上。现存各种总量控制与交易制度的历史证明它们具有较大的价格波动。诺德豪斯（Nordhaus，2007）计算了美国二氧化硫总量控制与交易制度的价格波动，显示其波动性与石油极其接近，远远大于标普 500 指数。值得注意的是，这种波动性将会损害投资，减少征收碳税的收益。此外，鲍德松和冯德飞（Baldursson and von der Fehr，2004）认为如果许可证持有者惧怕风险，价格波动性将减少交易量，可能导致许可证所有权的低效模式。为评估对价格波动的担忧，我们需要探讨该担忧为何产生。许可证价格可能变化的核心原因是关于边际减排成本的新信息。例如，如果新信息显示减排成本比预想的低，许可证价格将降低，如果减排成本比预想的高，则许可证价格会上涨。这种价格根据新信息进行变化的趋势应受到鼓励。市场是一种整合散户信息的方法，这是市场体系相较于计划经济的核心优势之一。第 4.3.3 节从许可证市场获得的信息估计出许可证的效益，因此最不应该做的是抑制价格变化。以商品市场作为类比，地球上有各种各样的矿藏、化石燃料、大气等稀缺资源。这些商品的市场发挥了关于其相对稀缺性、替代品价格等信息传递的功能。这在几乎所有的商品市场上都是成立的，作为一般理由，我们不应去抑制价格变化。

价格波动的另一个原因可能是所谓的噪声交易效应。股票市场上的一个长期忧虑源于席勒（Shiller，1981）推测的股票价格过于波动的原因。紧随其后的有大量探讨的论文，德隆等（Delong et al.，1990）建立了非理性"噪声交易者"的股票交易模型，正是这些噪声交易者导致了股价的过度波动。很有可能许可证市场将呈现出类似的效应。经过 30 多年的研究，我们仍不知道股票市场是否存在价格过度波动及过度波动的幅度到底有多大。研究者马凯尔（Malkiel，2003）不赞成该观点，认为仅证明许可证市场一直存在波动并不意味着它们过度波动。如果许可证市场由于噪声交易或其他类似效应而导致价格过度波动，目前仍不清楚如何做才能在不抑制价格的同时又能传达信息。这个问题相当普遍，适用于所有呈现价格过度波动的市场，并且还没有被广泛接受的解决办法。股票市场采取一些措施以减少价格波动，包括熔断机制、卖空限制，诸如此类。这些措施都有争议，因为它们抑制了价格，对解决过度波动的深层次问题可能收效甚微。在该种措施发挥作用的程度内，它们可能被纳入许可证市场。

许可证市场价格波动的最后一个原因是糟糕的市场制度设计。在气候变化情境下，即便认为已知最优二氧化碳浓度极值，也没人能宣称知晓每年的最优流量。而附期限许可证却是逐年规定限额的。防止跨期交易的逐年限制，会导致给定时期内许可证供应过量或供不应求。回到商品市场的类比中，商品的提取可能会加速，或者商品可能会被储存。在这方面，附期限许可证市场可能与大多数商品市场不尽相同。这种波动性的解决方法就是利用良好的市场设计。如果限期是波动存在的根源，那么减少时间限制的可行方式则是，要么完全摒弃时间限制，要么允许存储与借用。

认为价格波动将减少投资或改变交易模式的观点也值得分析。目前尚不清楚许可证市场的波动效应为何有别于其他市场。个人应对波动性的办法是分散投资。因此，尽管企业应该是风险中立的，风险也可能会以不利的方式影响企业行为。例如可能会使所有人对经理人的监管更加困难，经理人可能会因在明处而不愿承担风险等。企业可在一定程度上分散投资以减轻这种风险，并且可以采用对冲手段将风险转移给市场参与人，他们能够分散投资或能以较小的代价承担风险。另外要注意，企业不会因价格波动而次优地延迟投资，该价格波动是边际成本估测发生变化导致的[1]。只要交易价格正确估算了边际成本，企业将进行最优投资，就像平常一样做出延迟或加速投资的决定。除了糟糕的许可证市场设计导致的波动性问题外，很难解析为什么波动性是许可证市场的特殊问题。最后要注意，在税收体系中，企业仍需面临边际减排成本新信息的问题。如果预先估算的边际减排成本由于新发明、新研究等类似情况的出现而不断变化，企业不得不在面对不确定性的情况下做出投资决定。税收制度并不存在市场设计或噪声交易者的问题，但却面临着同样的问题，即减排成本潜在的不确定性。

---

① 卡普洛和萨维尔（2002），在税收制度背景下提出了相关的论点。

4.3.5　框　架

税收制度与许可证制度的诸多可能差异都被归入认知框架。关于差异的很多观点总是随意做出，因此很难对其评估。比较过程中建议考虑如下三点。

第一点是关于美国工具选择的一个普遍观点，美国国会将不会通过任何排污税或能源税政策。许多提出这种观点的评论者们认为，这是他们偏好总量控制与交易制度的主要原因之一（Keohane，2009），但这并非是总量控制与交易制度的理论基础。这仅是一个陈述，即如果不能设立税收制度，总量控制与交易制度将是次优选择。美国国会无所作为的事实并不是该工具为非偏好的论据，这与优点无关。而且，立法协商结果是很难预测的。在这些分析者的观点具有影响的程度内，并非出于根本原因而是基于政治考虑支持总量控制与交易制度时，其后果是减弱了税收制度的可能性。如果所有分析者们确实认为税收制度优于许可证制度，且真实呈现这种排序结果，而不是任意调整来预测立法机构未来的行动，立法结果可能会因此不同。

可交易许可证的历史即为明证。经济学家们最初提出可交易许可证的设想时，这种观点并未被广泛接受。环保人士反对这种观点是因为它允许人们花钱购买做坏事的权利，人们称其为"道德沦丧"或者"杀人许可证"。① 随着时间流逝，由于分析家们持续宣传该制度的优点，该观点逐渐被人们接受，一些环境保护团体也接受了此类观点。美国国会在 1990 年的《清洁空气法修正案》中采用了该制度，最终欧洲也接受了将该制度适用于二氧化碳排放的管制。只是因为分析家们忽视了总量控制与交易制度在政治层面上是不可接受的传统观念，我们才需要陈述这段历史。无从知道环境税是否也会有类似的发展演变，但分析家们只能通过讨论该制度的优点而非猜想政治上的可接受性以求有所借鉴。

第二点是立法机构更可能发放许可证，而非在税收中对既有排放适用

---

① Conniff Richard. The Political History of Cap and Trade. Smithsonian Magazine，2009.

祖父原则。不知为何，迫使企业为过去的一贯做法付费的框架有别于就其所做之事征税。的确，尽管如前所述，存在大量的拍卖情形，确实美国乃至全世界的立法机构经常发放许可证。然而，通过对受损害的纳税人"免税"，在税收中对既有排放适用祖父原则会同样容易。如果政治要求买通强大的利益集团来通过一项法案，很难说当框架变化后这些利益集团将如何退场，更难判断分析家们如何考虑工具选择的经济性被良好地定位以预测政治结果。此外，正如已提到的，如果确实将发放许可证，而税收将不适用祖父原则，评论家们应该根据这些制度的特征弄清楚它们的排序。

第三点是仅因为许可证的专门用语是固定数量，所以我们很有可能最终在许可证制度中而非税收中适用固定总量控制。总量控制与交易制度倾向于从硬性限制着手，然后人们会争论是否需要价格上限和下限。在目前美国的讨论中，价格上限被视为安全阀但偏离了基本制度，而不是偏离了其使排污者面临的价格能更好地反映边际损害的固有特征。税收手段倾向于从可变的数量体系着手，而这又会产生疑问，如果排放量下降速度不够快时该如何限制数量。可能从两种极端出发，以最优制度的交点结合，但不清楚这种情况是否会发生。框架可能是重要的，如果关注焦点从工具选择转移至工具设计，也许我们更有可能创制出一种可行的制度。

4.3.6 环境的确定性与临界点

在气候变化情境下总量控制比税收手段更优的最普遍论据是，总量控制提供了确定性，能避免灾难性结果发生的可能性。第4.2.2节指出该种可能性对工具的选择应该不会有影响，尽管无论采取哪种工具都会导致该制度更加严格。即使一些可能的边际损害曲线有临界点，并且这些临界点可能出现在不同的浓度水平上，预期边际损害将会比没有此种可能性但浓度仍平滑增长时要高。在任何给定点上的浓度边际增长都将使少量浓度击中临界点的可能性增大，因此预期边际损害增长很小，最优环境收费将反映这种平滑增加曲线①。在这种情形下，税收手段和许可证制度的表现同样好。由于税收允许人们通过付费尽情排污，税收手段不能提供环境确定性，他们正冒着将碳浓度提高到非常危险程度的风险，只有限制排放总量才能保证将碳浓度维持在安全水平内。正如两位著名的气候分析学家所述："总量控制与交易制度配以恰当的执行措施，就可以保证环境目标将在一定日期内实现。考虑到损害恶化的可能性和实现既定排放目标的紧迫性，这种确定性就是主要的优势所在。"②

　　这个环境确定性的主张存在许多问题。假设在全球排放上有严格的总量排放限制，并有强有力的执行措施来保证排污者遵守规则，碳浓度即可被控制在限定数额以下。这会产生排放确定性而不会产生环境确定性。原因在于，我们对任何给定碳浓度所导致的环境结果知之甚少。例如，国际气候变化专门委员会把气候敏感性（二氧化碳浓度加倍时的平衡全球平均气温的区间增长）设置为 2℃ ~ 4.5℃，这个范围包括从温和可控的损害程度到严重损害情形。也就是说，即便确信二氧化碳浓度最多是翻倍，我们仍然对它的环境影响知之甚少。而且，二氧化碳浓度的适度变化不会根本改变我们对环境的期望。国际能源署对比了严格限制排放上限和允许适度弹性的政策（Philibert，2008）。到 2050 年，严格的总量控制能减少一半的排放量，弹性政策具有同等目标但对许可证价格设置了上下限。因此，如果许可证交易量超过一定额度，排污者可能会以该价格购买额外的许可证，从而有效地将总量控制转化为税收手段。在他们的模型中，严格的总量控制会使碳浓度固定在 462 百万分比浓度（ppm）的数值上，而弹性政策则得出一系列介于 432 ~ 506ppm 的数值结果③。在这两

①　本章中的论据是，威茨曼类型的考虑并不适用于气候情境，因为即便存在临界点，仍有足够的设计弹性使税收手段与许可证制度的效用等价。即使某方想要采取威茨曼类型的分析，结果也会类似。皮泽（2003）使用了一个基于威茨曼分析的模型来分析临界点问题。他得出结论，如果接近一个临界点，两种工具的差异会被快速落实制度的需要所掩盖。这就是说，如果接近临界点，如何减少排放并不重要，重要的是能够迅速减少排放。而且，基于对临界点的错误猜想所制定的政策可能会导致大量损害。

②　Chameides William and Michael Oppenheimer. Carbon Trading Over Taxes. Science，2007（315）：1670.

③　这里 ppm 指的是大气中二氧化碳的浓度。工业革命以前的二氧化碳浓度为 280ppm 左右，目前的浓度为 380ppm，学界通常讨论的目标是控制在 450ppm。

种情形下环境结果基本相同，严格总量控制的平均温度增长为2.49℃，而弹性政策的为2.53℃；规避糟糕结果（全球平均地表温度5℃的增长）的风险概率，在严格的总量控制制度中是98.5%，而在弹性政策中是98.3%。然而，弹性政策的成本不及总量控制制度的1/3。该项研究总结道："精确地或平均达到给定浓度水平（如462ppm）并不会对环境结果有任何真正的差异。由浓度水平的价格上限所引入的不确定性完全被气候敏感性的不确定性掩盖了。"①

环境确定性主张的第二个问题在于其对税收和许可证手段如何运作做出了不切实际的假设。假设不顾成本地持续实行固定的总量控制制度，并假设排放量超出期望值，税率也不会做任何调整，一旦放宽遵守固定总量的假设，将会丧失总量控制可能带来的任何确定性优势。例如，如果严格总量控制的成本被证明非常高，因此放松总量控制，我们将不会获得最终的浓度确定值。同样，一旦税收不会因人们行为的影响而进行调整的假设被放宽，税收制度就能获得更确定的碳浓度数值。因此，如果给定水平的税收没有产生预期的减排效果，我们就可以提高税率。实际上，随着我们获得更多气候科学知识及减排成本的信息，总量控制制度和税收手段应当做出调整。

4.3.7 机 构

总量控制和税收手段的最后一个差异是它们依赖不同的行政机关，经过不同的立法程序。在美国，税收通常由美国国内税收署管理，而拥有优先管辖权的美国国会委员会是税收编制委员会。总量控制可能由环境保护署或能源部管理，而拥有优先管辖权的美国国会委员会是负责能源和环境事务的委员会，这些差异将影响结果。例如，由美国国内税收署管理该项目可能更简单，因为它与纳税人经常接触且在数量估算方面有丰富的经验；或者由环境保护署管理该项目可能会更好，因为它在处理气候相关事

---

① 资料来源：菲利伯特（Philibert，2008）文献中阐述的国际能源署对严格限制排放上限和允许适度弹性的政策开展的对比研究。

宜方面见长；也有可能能源部更好，因为它在化石燃料和替代能源方面具备专业经验，且与其他国家情况各不相同。

这些差异意味着单个国家可能会存在本国管理体制的差异情况，例如，某个专门的主管机构、专家立法委员会偏好某种制度，但总的来说都与工具选择无关。的确，即便拥有当地信息，如美国制度如何运作的知识，也很难说这些考虑会如何改变平衡①。

4.3.8　国内制度的结论

前述分析的结论是：总量控制和税收手段的主要区别均归因于制度设计而非任何制度的固有特征。如果坚持威茨曼想象的简单设计，一种永久固定的单一税率税收或永久固定的严格总量控制，那么就会有实际的区别，并且在气候情境下税收手段很可能占主导。然而，这些假设在气候情境下是不恰当的。若赋予更多精妙的设计，这两种手段的作用就会大体相同，仅可能会在如政治经济等微妙问题上有差异。

4.4　国际制度

到目前为止，讨论仅限一国之内，由于存在设计弹性，总量控制和税收制度的差异很小，差异大多仅反映出制度设计的未阐明且不正确的假设。然而，气候变化是全球性问题，解决方案需要所有的主要污染物排放国家减少排放。在全球制度情形下进行分析，结论会有所变化。一个国际协调制度需要多个政府通力合作，这就提高了执行成本。例如，随着越来越多的国家加入一个协定，合规性监测就变得更加昂贵。同样，协定谈判中的抵制问题可能会限制未来对该制度进行调整的能力，从而限制弹性。如果执行成本更高且该国际制度缺乏必要的弹性，之前章节所做出的结论就可能出现不确定性。

---

① 参见韦斯巴赫和努斯西姆（Weisbach and Nussim，2004）关于这个问题的讨论。

在开始讨论前，有必要阐明国际协调税收及总量控制制度的具体内容。在一种国际协调碳税中，各国将具有相同的税基和税率，以及相同或类似的执行机制。税率调整须通过协调加以确定。在一个国际协调的总量控制与交易制度中，各国将不得不同意采用相同的基础和执行机制。为确保共同的价格，我们将需要许可证的跨国交易，或者其他类似机制实现价格一致。而且，需要有针对各国或各排污者的初始全球数量配额①。另外，更具可能的是建立一系列跨区域协商机制的地区体系。在这样的体系中，各地区将同意内部的协调制度。在跨区域的情形下还会有各种协调机制，例如，允许某区域的信用额度用于另一区域的减排。对于增值税和所得税，不同体系间大量协调但具有不同税基和税率的情形会出现。协调越少，错失低成本减排机会的可能性越大。

4.4.1　协调的好处

国家或地区会有各自独立的体系，并在各体系间存在一些协调机制，一个完全协调的机制具有更大的优势。在一个完全协调的体系中，所有国家及各国内的所有排污者都会面临同一系列的价格机制。一个统一的全球二氧化碳价格意味着不管区位如何，人人都会追求最低成本的减排机会。如果各国或各地区存在彼此独立的价格各异的体系，边际减排成本将不会等价，并会以牺牲较低成本选择的代价追求较高成本的减排选择。基于跨地区价格和各地区减排机会的差异程度，协调的效率收益可能会很大。分析家们使用部分国家的数据估算了追逐气候变化的成本。例如，张（2003）考虑了不同排列中即没有交易，只在《京都协定书》中的交易，所有国家间均可交易等情形，在分别存在或不存在跨国交易的情形下实现京都议定书目标的成本。随着更多的国家参与交易机制，成本大幅度下降，从"没有交易情形"到"各国均可交易的情形"下降的幅度超过了93%，考虑到

---

① 对于税收手段而言，这种分配是隐式的——每个国家都持有本国内的税收收入。这种分配通过在不同国家之间支付税收（将模拟许可证分配的效应）可以将税收变为显式的，正如对总量控制那样。

减少碳排放所需的全球性重组规模，这些交易的确非常大①。

允许在一国或地区内进行交易的收益估算值也类似。埃勒曼和哈里森（Ellerman and Harrison，2003），把美国二氧化硫体系和一个不进行交易的管理体系进行对比，从而估算了交易所节约的减排成本。从 1995~2007 年的 13 年间，他们估算的总节约为"没有交易情形"成本的 57%，为交易体系成本的一半多。同样，布尔特罗和马瑟（1999）发现与不能交易的基准情形相比，通过硫排放许可证的交易，到 2005 年与健康相关的收益为 1.24 亿美元（以 1995 年美元计算），考虑到该项目的规模，这确实是一个很大的数字。

4.4.2　弹性

前述讨论认为，威茨曼对总量控制和税收手段所做的差异分析不恰当地建立在有限弹性的假设上，无论是根据新信息随时进行调整，还是在体系的复杂性方面，弹性都有限。问题在于全球情况下这些观点会在多大程度上继续存在。本章节将把问题拆分成两个部分：适应新信息和方案的复杂性，进行讨论。

1. 基于新信息的调整

由于抵制问题，税收在国际上达成一致尤为困难。每次税率调整都需重新进行气候条约谈判的做法，在实践中并不可行。我们可以想象类似于国际货币基金组织（IMF）、世界银行（The World Bank）、世界贸易组织（WTO）或国际气候变化专门委员会（The International Panel on Climate Change）等组织被授权来开展税率调整工作的情形。为避免赋予国际官僚对国家政策的太多自由裁量权，该组织可以在一个给定的准则下决策，从

---

① 马康德雅和霍尔斯纳斯（Markandya and Halsnaes，2004）考虑了 16 个不同的模型结果，这些模型都提及了这个问题。当不允许跨区交易时，实现京都议定书目标的成本范围从美国的每吨 200 美元到日本的每吨 400 美元，以及介于这两者中间的欧盟每吨 305 美元。当交易只允许在发达国家间进行时，平均成本跌至每吨 77 美元。如果交易在全球范围内都允许适用，平均成本跌至每吨 36 美元。史蒂文斯和罗丝（2002）也有类似的发现。

而这些决策就会基于证据而非政治因素做出。各国应有自愿退出的选择权或复核调整的条款。

尽管这种授权可能会对现有环境带来大幅度改变，各国并未就税率事项授予某国际组织的意见达成广泛一致。即便在欧盟内部，各国在税率事项上都拥有自由权。因为工作复杂，国际组织不可避免地拥有相当的自由裁量权。而且，如果排放量较期望值高或低，各国可能不得不同意调整税率，这意味着如果有的国家排放量较预期高，别的国家也必须同意提高其国内税率。

许可证制度也存在类似的问题。由于谈判艰难，为应对新信息而调整许可证数量可能需要与税收类似的授权。目前尚不清楚问题的差异所在。各国可能仍需将财政政策授权给享有调整自由裁量权的国际组织。

为应对新信息进行调整的弹性的可能在国际层面比国内层面更小。各国将不得不同意将税率设定权或总量控制授权给一个国际组织。当然绝不能强迫抵制的国家同意这种授权。如果某个主要排放国不同意这种授权，制度将难以实施。在国内层面，立法机构通常是多数决定投票程序，因而少数抵制方将不得不接受多数投票形成的结果。因此，国际税率或数量调整要比国内迟缓。

2. 复杂方案

（1）税收。

原则上在国际协调的体系中征收非线性税不存在任何问题。即便各国不可能将税率设定权授权给某国际组织，但它可能会先同意模拟排放量预期边际损害的税率表。我们没有理由相信抵制问题意味着更简单的税率表，虽然谈判过程中为满足各方的需求可能产生更复杂或更简单的税率表，但很难提前判断谈判将产生什么结果。唯一核心的问题与税率调整的问题是各国是否允许因别国的过量排放而提高税率。在预设复杂税率表的情形下，税率将依照准则自动提高。

（2）许可证制度。

各国可能很容易同意复杂税率表，就总量控制的复杂方案达成一致。总量控制的复杂方案的问题出现在实施阶段。不妨设想一个总量控制制度，其中许可证的交易价格具有上限和下限。如果许可证价格超出上限，就将发行新许可证。如果新许可证是拍卖的，各国可能必须就收益分配达成一致。如果许可证价格跌破下限，需要购买许可证以支撑价格，而各国必须就谁买单达成一致。

原则上，这些成本和效益的分配与一般条约中的其他成本和效益的分配无异。可以假设，成立一个国家或国家集团，它既有扮演执行价格下限角色的国际基金，又有权出售许可证以产生价格上限。或者，倘若使用罗伯特和斯宾塞类型机制，该实体将会买卖许可证期权。相较于基于新信息行使自由裁量权去设置税率或总量控制的国际组织，前者看起来更为合理。尽管如此，总量控制和价格下限的实施要比在国内更为困难。例如，倘若许可证价格因一国或多国的欺诈行为而下跌，其他国家可能不愿意付款去支撑价格下限。尽管如此，另外一个选择是设计可自我调整的许可证。考虑到先前阶段的排放量，许可证将自动调整以允许现阶段有一个不同的排放量，该排放量的确定基础是一个被设计来使价格接近边际减排的准则。

国际社会中复杂方案的执行并不像在国内那般容易。尽管如此，相较于根据新信息而频繁调整税率或数量，国际复杂方案似乎更为可行。

3. 结论

国际制度的弹性比国内制度更困难，授权给某机构自由裁量权看似不大可能，但复杂的税率或总量控制方案也许可行。尽管如此，最优方案可能是相对简单的，并且最佳调整时间的设定不应该很频繁。尚不清楚精心设计的国际制度有没有足够的弹性使威茨曼类型的税收和总量控制的差异存在两个鲜明的层次。

4.4.3　流氓政权

诺德豪斯（2007）认为流氓国家问题是偏好税收手段的一个重要理由。论据是，在总量控制与交易制度中，一些国家因不监控国内排放量且在国际市场上出售许可证配额具有了欺诈动机。诺德豪斯（Nordhaus，

2007）以尼日利亚为例，认为该国每年有大约 1 亿吨的排放量①。倘若所分配的许可证等价于其最近的排放量 1 亿吨，并能以每吨 20 美元的价格出售，尼日利亚每年将会获得 20 亿美元的外汇收入，相当于其非石油产品出口规模的 3 倍还要多。诺德豪斯指出，税收会产生较少的欺诈动机，因为国家在碳税上欺诈意味着会减少财政收入。该节比较了税收和许可证的欺诈问题。如哈维和赫鲁兹马克（Hovi and Holtsmark，2006）所讨论的，流氓国家销售许可证会导致总排放量上升。流氓国家会一如既往地排放而非进行总量控制。而且，其他国家将增加与分配给流氓国家许可证数量相等的许可证。净值为全球总排放量的增加（高于议定的总量），增量等同于流氓国家的现有排放（许可证数量等于议定数量加额外的流氓国家的现有排放量）。因此，在尼日利亚的情形下，始终存在议定排放量外的 1 亿吨额外排放。

在税收制度中，流氓国家的问题则截然不同。在许可证制度中，流氓国家不执行排放量监管而榨取其他国家的利益。而税收制度中，倘若流氓国家不执行税收规则，则会失去税收收益。诚然，不征税也会产生净收益。但是，就排放量征税减少了一国强加于世界的外部性，不征税会使国内排污者强加该外部性而获取地方收益。然而，该收益小于许可证中的收益，这是因为流氓国家在许可证制度中不仅向世界强加外部性，还能获得硬通货。

同样，流氓国家在税收制度中的排放增量比在总量控制制度中的要小。该增量仅等同于流氓国家征税与不征税之间的差值。世界上其他国家的排放量不受影响（暂且不考虑碳泄漏问题）。

因该问题产生的税收手段的优势程度取决于监测排放量和执行议定总排放量的能力。倘若有足够能力来监测流氓国家，并在发现欺诈时有调整的灵活性，则这两种制度等效。这是由国内制度的讨论直接继承过来的；如果欺诈导致排放量或许可证价格较预期有偏差，该制度可以被调整到使价格接近于边际减排收益。只要有做出调整的充分灵活性，两种制度的功

① 该估值实际偏低。根据世界资源研究所的排放量数据库，尼日利亚的排放量略低于 3 亿吨，在最高排放国家中排名第 25 位。参见 www. cait. wri. org. 尼日利亚以每吨 20 美元的价格销售许可证能获得每年 60 亿美元的现金收入。

能便等效。尚未有类似制度从而监控效果；从某种程度上说，这取决于技术手段。对那些不生产大量化石燃料的国家来说，可以通过监控化石燃料的进口来推测合规情况。如果该国生产化石燃料，将不得不估测产量（以及进出口）以确定合规情况。该方法或许可行，但如果许可证价格很高，欺诈动机也会随之变强。最后，卫星可能很快就能监测当地的排放量，这提供了一种很难躲避的监测方法。一旦欺诈者被抓住，我们需要设计相应的执行机制。对某些国家而言，贸易制裁或类似措施可能会奏效，对其他国家可能收效甚微，因为这些国家出口重要产品，不太可能对其实施贸易制裁。维克多（Victor，2001）、基奥恩和罗斯特兰（Keohane and Raustiala，2008）认为，因为产生了市场主导的执行动机，买方责任制度会起到作用。这种制度是，卖方一旦被发现有违约行为，买方就不能使用许可证。然而，该种制度最终仍依赖事后的政治措施来对抗流氓国家有关许可证无效的宣称。相关的替代解决方案是禁止流氓国家许可证的未来使用，从而将欺诈行为的影响限制在某个或少数几个时段之内。

税收手段也存在监控问题。正如维克多（2001）指出的，为确定遵守国际协调的税收制度，必须审查一国的整体税收及补贴方案的设置，以判断税收是否为本体系内的补贴所抵消；也就是说，某国可能有一套名义税收制度，但同时因提供了抵扣补贴而不存在净税款。因此要求向某国际组织报告所有净税款及补贴。否则，即使使用卫星技术进行排放监控，这种数量目标控制方面颇具前景的方法也将无济于事。一旦抓住欺诈者，税收制度的执行问题可能更为困难。对总量控制与交易制度而言，流氓国家的许可证使用可以被禁止。但税收手段却没有类似选项。

总之，相较于税收体制而言，总量控制与交易制度下的欺诈动机会更强，欺诈行为的影响也更具破坏力。倘若有良好的监控体系，例如，精确的化石燃料消费核算或针对排放的卫星追踪技术，总量控制与交易制度较税收制度的问题会大幅度减少，因为总量控制与交易制度中的执行比税收制度容易。

4.4.4 基线、分配

诺德豪斯（2007）认为总量控制与交易制度的一大缺点是，需要一系列基线设置以确定目标，例如，2050 年达到 1990 年排放量的 20%。他认为设置基线将会既复杂又充满争议。税收制度中，只需要税率结构，这就使税收制度更容易建立。目前仍不清楚该观点是否正确。设置基线等同于每个国家确定总排放量，在目标日期前达到给定年份排放量的 Y% 可转化为目标日期前 X 百万吨的二氧化碳。只要基线的百分比能够变化，基准年本身并不重要，反之亦然。真正重要的是每个国家每年或设定时期内允许的总排放量。由于排放许可证将在全球范围内交易，初始分配没有直接的效率效应①，分配制度从根本上决定了该制度的分配效应。

至少每个国家都保有自己税收收入的税收制度，并存在假定的分配效应。该效应等同于基于现有排放量分配许可证的效应。税收制度不能避免分配问题。如果各国反对税收制度中的隐式分配，就会要求可转移支付或类似其他要求以达成新的协议。无论决定总量控制与交易制度中的利益分配过程中存在什么问题，它们并不会因为规范排放量的手段发生变化而不复存在。另外可供选择的观点是，许可证有助于解决分配事宜，因为买通有许可证的国家要比直接等额转移支付容易得多。诸如斯图尔特和维纳（Stewart and Wiener，2003）等评论家们认为，关于许可证的条约比关于税收的更可能产生。该观点存在的问题与诺德豪斯观点中问题的反面相一致。无论是什么分配问题，它们并不会因工具的选择而发生变化。而且，大量分配问题不能通过工具选择被隐藏起来。

关于框架讨论，一种可能性是对谈判者及其母国选民而言，显式许可证分配看起来不同于税收的隐式分配。许多人直觉认为排放许可证会平均分配给地球上的每个人（基于所有人对大气有同等权利的思想），但同时直觉认为各国应保有各自税收。两种直觉自相矛盾，因为这些互相矛盾的直觉，两种制度中纯粹的分配谈判的最终结果也将不同。框架可能至关重要，无论如何，考虑到问题的规模，任何人都不可能会被愚弄。气候条约中存在大量的分配问题，不可能通过规制工具的选择就可以避免。

---

① 可能存在与不同制度的转型相关的效率效应。这些转型问题不应该被忽视。倘若许可证基于通常的预测来分配，各国将会产生在条约出台之前增加排放的动机。参见卡普洛（Kaplow，2008）的相关讨论。

4.5　结论

　　工具选择的讨论总带有强烈的设计假设。税收通常被理解为固定从量税，总量控制与交易制度被理解为具有年度总量的排放限制，可能有时会兼具有限的额外弹性，例如，存储和有限借用或设定安全阀。这些假设没有在气候情境下得到证实。其他差异，如分配或收益差异，同样是基于设计假设，这些假设即使在国内情形也很可能不成立。与其关注工具选择，还不如专注于工具被选定后的设计事宜。现有或提议中的气候变化制度，能预计到大量工作还需要去做。例如，限额与交易系统仅覆盖了小部分排放量，有自由分配的许可证，并且包括不可管理的抵消程序。美国国会认真研究的大多数议案均存在着类似问题，其中还嵌入大量的命令和控制规章。因此，改善制度设计的收益可能会远远超过工具选择的收益。

评　论[*]

埃里克·托德（Eric Toder）

1. 引言

　　戴维·韦斯巴赫（2001）论述了政策分析家们在气候变化辩论中讨论最广泛的问题：温室气体减排的最佳方法是根据碳排放量征税，还是发放固定数量的排放许可证，然后企业被允许自由交易这些许可证（可交易许可证）。该辩论的基础是经济学家们达成的一个广泛共识，自由的市场机制，即允许面临较高能源价格的企业或家庭选择如何最好地去减排，优于

---

　　[*] 这些评论是应对早期版本中韦斯巴赫（Weisbach，2004）的论文，本书中发表的版本已经处理了我提出的大部分问题。

其他替代方法。这些替代方法包括：规定应如何减排的命令和控制规章，用于可再生能源和环境保护投资的补贴。关于如何最优地使用市场机制进行减排的学术争论发生在更大的政治争论框架之内，即是否应该在美国颁布市场主导的碳排放限制。反对整体碳排放限制的政治家和评论家们拒绝接受广泛的科学共识，即人为碳排放造成的全球气候变化，而民意测验也反映出日益增长的对科学共识的怀疑主义及对采取行动的需求（Pew Research，2009）。美国众议院在 2009 年颁布的立法中制定了可交易许可证制度，但是立法在美国参议院的前景并不明朗，尽管可交易许可证法案止步不前，美国国会延长并扩大了对环境保护和可再生能源的补贴，并且环境保护署正在考虑对碳排放实施新的限制。

鉴于市场主导的碳排放限制前景迷茫，在税收和总量控制与交易制度之间的选择好像没有制定市场主导的制度重要。但是韦斯巴赫（2004）论文的主旨是税收和总量控制与交易制度的讨论学术意义不大，因为碳税和可交易许可证可以被设计成具备同样的特征。碳税被认为是固定了价格而不是数量，但是可交易许可证制度同样也可以限制价格变动（通过相关的数量扩张或缩减），如果政府设立价格上下限，它将在该价格点上发放或回购多余的许可证。人们会认为碳税提高了财政收入，这些收入可通过收入或工资税削减返还给工人或企业，但是如果许可证经拍卖而非基于现有排放量或其他标准发放给企业，可交易许可证可以获得同样的财政收入。如果基于现有的排放量提供减免税，碳税可模拟许可证的免费发放，这也通常是总量控制与交易制度的特征。韦斯巴赫总结认为，重要的是细节设计事宜，而非碳税和可交易许可证之间的选择。如其所述，"制度设计优化的收益远远超过工具选择的收益"①。

本人赞成这一结论，但它仅开启了政策讨论。在这些评论中，本人关注韦斯巴赫在本章所涉议题中的三个：（1）目标价格还是目标数量；（2）对生产征税或限制生产还是对消费征税或限制消费；（3）在工具选择时仅单纯考虑技术还是也需要考虑政治和经济。

---

① Weisbach David. Instrument Choice Is Instrument Design. Washington D. C. : American Tax Policy Institute, 2009.

2. 目标价格还是目标数量

设计市场主导碳减排制度的关键在于选择目标价格还是目标数量。如韦斯巴赫所言，目标价格和目标数量的选择与碳税和可交易许可证制度的选择并不相同，其具有价格上下限的可交易许可证可发挥类似于碳税的功能。但仍然有一个核心问题，即到底应该有价格目标、数量目标还是需要两者皆有？考虑生产者和消费者对更高价格的反应，许可证的任何价格 P^*，都将与一个排放量 Q^* 相关，反之亦然。但是因为精确的行为反应不能被准确地估计，所以政策制定者不能提前获知给定 P^* 的 Q^* 的值，或者任何给定 Q^* 的 P^* 的值[①]。原则上如韦斯巴赫指出的，政策目标是排放量减到边际减排成本等于较低排放的边际社会效益。利润或效用最大化的私人主体将会减排到使边际减排成本等于 P^*，所以 P^* 的水平将决定无须政策制定者知晓减排的技术参数（替代减排技术的相对成本；电力生产能源来源的可替代性；产业生产和运输；能源密集型产品和其他产品之间的消费替代性）情况下减排的短期社会经济成本。然而，私人主体无从评估减排的边际社会效益，政府同样无法精确预测减排所导致的 Q^* 值。除此以外，接受碳排放产生有害气候变化的科学共识仍然使在任何 Q^* 水平下额外减排的边际效益存在很大的不确定性。

此处留给我们的一个问题是：如何界定政策目标以及工具和目标之间的关系。通常，政策通过改变投入（即分配给特定行为的经济资源）发挥效用。这些投入通常与产出相关联，如生产或消费量。但是真正的目标可能是结果，如经济增长、更优的环境或改善的公共卫生。人们可在该框架中考虑气候政策（见表4.1）。

---

① 关于到底以价格还是数量为目标的讨论在经济决策讨论中无处不在。例如，在货币政策中，长期以来有一种争论，即联邦储备委员会在寻求提升价格稳定和充分就业的结果是否应该短期以货币数量或利率增长措施作为目标。政府开支计划的设计者们面临的选择在于将其设计为基于规则的权利（rules‑based entitlements）还是固定预算拨款（fixed budgetary allotments），前者确立受益资格与金额（benefit eligibility and amounts）公式，其风险在于该项目的成本将太高，后者的风险在于资金将不足以实现项目目标。

美国的能源税政策

对象	气候目标	成本
投入	减少的二氧化碳排放	较高的能源价格
产出	减少的大气中二氧化碳存量	减少的能源消费
结果	较慢的气候变化率； 经济混乱被避免；健康改善	经济增长和效率的短期损失；分配效应

表 4.1　　　　　　　　成功的衡量：气候政策

韦斯巴赫探讨的政策辩论关注于选择设定排放价格还是固定国内能源生产商（炼油企业和公用事业公司）的二氧化碳排放量，前者会直接提高能源的价格并被期望促使各主体减少排放量，后者会造成碳密集型能源来源价格的提高。限定价格而非数量减少了经济成本预测的不确定性，可以合理预测更高的能源价格对能源使用的影响，以及（精确性较低）对更宽泛结果的影响，收入分配变化取决于财政收入如何用于受到更高能源价格伤害的家庭。

投入变化导致的产出和结果在效益上难以估量。每年二氧化碳排放量的减少最终会影响到大气中二氧化碳存量的增长，但是政策规制（无论是通过价格上限或法定的许可证价格提高）的排放量不是大气中二氧化碳存量的唯一贡献者。存量二氧化碳还会受到未被规制的来源（羊或牛排放的甲烷，森林砍伐）和不受控制的规制来源（任何协议以外国家的能源生产者）的影响。气候变化和广义的经济绩效、环境质量、公共卫生和气候变化的估测成本之间建立了紧密的联系（Stern，2007），但是这些预测仍存在相当多的不确定性。

此外，中短期的排放限制效益比成本较难为公众所见，使得强加成本而无明显效益的政策难以持续。这表明某些形式的短期价格目标对一个政策的可接受性和可持续性无疑是必要的，无论其实现方式是选择税收工具，还是在任何总量控制与交易制度中包括某种形式的价格上限。

3. 损失函数弹性

限定价格而非数量的传统观点是：短期减排的边际效益曲线较减排的边际成本曲线平缓得多（Weitzman，1974），因为边际效益取决于排放存量，一年的排放量变化仅对该存量产生极小的变化，而对年度排放量的限制会使边际成本快速上涨。韦斯巴赫反对这种观点，认为该观点基于不对称信息的假设，而这一假设"在气候变化情境中站不住脚"①。然而，韦斯巴赫接着断言"最重要的是污染者面临的价格等于边际损害"表明固定价格归根结底是最好的政策，尽管它可以在一个修正后的总量控制与交易制度中实现，因此不要求使用碳税作为政策工具。

4. 目标弹性

选择价格和数量目标的另外一个标准是，如果出现预测失误，哪个目标更容易调整。如果价格目标设定过低而不能产生足够的减排量，随后提高价格更容易一些，或者如果数量目标设定得如此低以至于产生了一个过高的许可证价格，在下一年放松数量限制将是可能。依照该标准，数量目标看上去优于价格目标。提高排放价格总会很难，以及承担了初始的价格上涨，使得反对限制的那些利益相关者对价格进一步提高的反对更激烈。然而，如果数量限制太过严格导致难以开展，则问题将变成防止过多调整的问题，因为产业界和能源消费者强烈要求更低的价格，而不是压根不增加数量，尽管可交易许可证的当前持有人对降低许可证价格的任何情况都会存在抵制。

5. 量化成功

在此种标准上数量目标看起来更好，因为政策制定者可以宣称他们积极地"减少"排放，而不是实施了一个能减少排放的政策。该政策的效益体现在温室气体排放的减少方面，而不是在更高的能源价格或导致减排的税收方面。然而，正如前文提到的，在避免政策缺失时气候变化带来的更大损害成本方面，成功量化非常困难。不管相对于"零干涉"基线有任何的改善，如果气候变化造成的损害明显，即使成功的政策也可能看起来是失败的。

---

① 韦斯巴赫断言政府能像"污染者"（如私营生产者）一样预测整体边际减排成本。在预测数量限制的价格总体效应上，政府分析师能与私人分析师一样，甚至优于特定企业的分析师，这个在一定程度上成立，但并不相关。与之相关的是私营生产者比政府更清楚自己的减排成本，他们回应的总和将产生总量控制的总体价格效应。

6. 目标向"好"还是向"坏"

大部分政策涉及利益的权衡，人们不得不牺牲某些目标以达到其他目标。提高能源价格的政策几乎毫无例外地不受欢迎，但减少温室气体排放却被广泛认为是件好事。通过鼓吹政策的效益而非成本更容易宣传一个政策，这就是为什么市场主导的污染控制机制的美国国会提案人对限制排放的政策（即使结果将提高价格）比对能源税（即使结果是排放减少）更感兴趣①。

7. 效率还是成本效益

韦斯巴赫认为温室气体排放的效率意味着目标价格，许可证价格被设定等于减排的边际外部社会效益，然而，这也意味着我们可以估计减排的边际社会效益。如果做不到这一点，我们仅可能在排放量中寻求实现设定的（且稍微）主观减排量。然而，迪南（2009）认为，如果从预先制定的减排量开始，实现目标成本最低的方法就是价格和数量目标的结合。

8. 限制生产还是限制消费

很多文献都讨论了封闭经济体内的减排问题。韦斯巴赫的许多章节同样限于封闭的经济体内，只用很短的篇幅讨论了国际协调事宜。如果考虑的是限定全球排放的立法，则它是相关的，但目前在美国参议院审议的立法将单方面地限制美国的排放。

在开放的经济体内，在任何司法管辖区内的生产量并不必然等于消费量。对于单边行动的国家，减少由其消费者引起的温室气体排放就是相关目标。然而，如果美国消费者用进口产品替代国产商品，而外国消费者较

---

① 类似动态是《1986年税收改革法案》发展和最终颁布的特征，也是20世纪最后25年中最成功和复杂的立法成果之一。税收改革的目标是扩大税基、消除税收优惠，以便在不牺牲收入的情况下降低税率。1984年最初的财政部议案是从设计理想的税基开始，在进程结束时设定税率来达到财税目标。但是美国国会采用了相反的方法——从财政部削减税率（效益）开始，为了实现税率和财税目标使得削减优惠（私人纳税群体的成本）成为必要（Birnbaum Murray，1988）。当该种努力在参议院好像停滞不前时，参议员帕克伍德（Packwood）加入联合税收委员会，要求寻找继续降低税率的方法。正是对于大幅降低税率效益的强调使得议员们推动了立法的通过。

少从美国进口，那么减少美国能源生产商的温室气体排放，以及提高它的排放成本除了损害美国生产商以外收益很少①。基于行政原因，因为任何税收或许可证制度都是对生产商而不是最终的消费者实施，所以会有更广泛调整的需求，正如欧盟类型的增值税，将"来源地"制度转换为"目的地"制度。正如麦克罗详细讨论的那样，在设计这样一种制度时面临的技术问题和法律问题非常复杂且相当棘手。然而，税收或许可证制度提高了美国消费者而非国内生产商的温室气体的消费价格，如何更好地设计这些制度非常关键。

9. 技术纯粹性或政治经济学

争论碳税和可交易许可证制度的评论家们经常将纯技术与政治论据交替组合来提出自己的立场。韦斯巴赫对此采取强硬的立场：分析家们想要有所帮助，只能论证制度的优点而非预测政治的可接受性。就分析家们的角色而言，技术人员（律师、经济学家、气候科学家）为本国或全球设计各种最优政策，然后将之推送给政策制定者。这些技术人员大半生混迹于政治领域，却发现很难接受这样的框架，无论它表面上如何具有吸引力。若只专注于技术，纯粹性会将我们抛到与政策讨论无关的危险边缘，但若紧紧拥抱政治，现实却又会使我们处于使政治家们所做的一切都合理化的风险。因此，利用分析技巧来完成狭隘的任务，例如，起草立法或估算对政府接受他人设计的政策的影响。

满怀赤诚之心却又何处安置？既要为政策发展贡献绵薄之力，又不至于仅成为纸上谈兵的理论家或政治家身旁的敲边鼓者，这相当富有挑战性。如果要提出有益的政策建议，不免会对政治和经济权衡指指点点，这在碳税和总量控制与交易制度中尤为明显。正如韦斯巴赫所建议的，同样关键的政策设计选择在两种广义的政策工具中均可实现。因此，当有分析家认为碳税较总量控制与交易制度更优的原因是政府而非排污者获得了财政收入时，实际上，他所说的"政治"议程更可能是在总量控制与交易制

---

① 美国碳密集型燃料输出的减少如果提高了全球能源价格，那么它将有一些好处，但是，如果来自其他国家的供给相当灵活，这种输出的减少对全球的价格效应很小。

度而非在碳税制度中统一了排污者。当分析家辩称碳税较总量控制与交易制度更优，是因为错误设置数量的损失小于错误设定价格的损失时，实际上他是在做出隐式假设：即什么价格上限可以或不可以包括在总量控制与交易制度中，如果预测失误，政治制度的反应有多快。这些隐晦的政治判断正误参半，然而它们属于政治判断，同时是大多数分析家据以认定碳税和总量控制与交易制度哪个更优的关键因素。

10. 结论

制定气候变化政策具有非同寻常的挑战性。尽管温室气体排放尚未造成看得见的损害成本，否认全球气候变化中人类影响证据的人们在美国造成了强大的政治影响。已颁布的任何政策最多能预先阻止未来的成本，而不是产生看得见的效益。考虑专家间广为流传的观点，即不作为成本高昂，因此基于可接受的可能性对政策进行评估至关重要。

考虑碳税和总量控制与交易制度之间的潜在互换性，关注于哪一种工具更佳的争论似乎有些错位。相反，更多地关注每个政策工具的详尽细节，接受任何市场主导的机制都优于替代方案的观点才会大有裨益。许可证应该拍卖还是免费发放？设计价格上下限的最佳方法是什么？根据总量控制与交易制度，未来额度有何种存储规则，如果有的话，是必需的吗？随着时间推移是否需要有自动调整的补贴（或税率），它的基础是什么？如何设计边境调节使消费者而非国内的生产商承担税收负担，同时又符合国际贸易准则呢？韦斯巴赫的文章在思考碳税方案或总量控制与交易碳限制的重要设计事宜方面颇为有益。

第 5 章

税收、许可证和气候变化

路易斯·卡普洛（Louis Kaplow）

5.1 引言

卡普洛和萨维尔（2002）对威茨曼（1974）的观点提出了系统性的批评，他们认为在充满不确定性的世界中，矫正性税收和数量指标之间的选择是十分偶然的[①]。两人强调，在环境经济学的课本和研究及更一般性的教材中，这种常规的理解被广泛采用，但是，它建立的基础却是不被领会且不可靠的一系列假设。

第一，在威茨曼的理论中，即便边际损害假定为非线性的（典型的是排放量的增加），税收限定为线性的，威茨曼的税收工具依然违反了基本的庇古税原则，即边际税率等于边际损害。

第二，税收假定为恒定的，尽管税率（仅限为线性的）设定时的任何错误都会立即反馈给政府。放宽两者任一假设都将显现出税收对数量管制

[①] 除了威茨曼（Weitzman，1974），还请参见艾达尔和格里芬（Adar and Griffin，1976），费雪森（Fishelson，1976），罗伯特和斯宾塞（Roberts and Spence，1976），以及罗丝·阿克曼（Rose-Ackerman，1973）。非常感谢哈佛大学约翰·M. 奥林（John M. Olin）在法律、经济和商业研究中心的资助。

的优越性。此外，这两种假设都未曾被威茨曼或后续文献进一步地挖掘。在多数情形下，非线性税收都是易于描述的，无论政府还是市场设定各种税率（其实是价格）时，一般都会根据变化的情势来进行常规性的调整。

第三，卡普洛和萨维尔（2002）将他们的分析延伸到许可证体系。一方面，相较于命令－控制的数量管制工具，许可证工具广为人知，而它重要的优势在于能以最小成本实现给定的数量指标①。另一方面，正如那些为人熟知的体系，数量由法令一劳永逸地设定。然而，卡普洛和萨维尔强调，后者并不是许可证体系的固有缺陷。因为与命令—控制监管不同，许可证市场本身也会产生一个价格。因此，政府会了解企业的边际成本（在市场均衡时等于许可证的市场价格），来确定是否超过或低于现有指标情形下减排的边际效益。借鉴以往的文献，他们描述了许可证数量可以被调整的几种方式，从而实现税收（它们或是显式非线性或是可调整的）产生的次优目标。并指出设计适当的税收与许可证体系之间存在潜在的对偶性，前者构成数量依赖型价格，而后者为价格依赖型数量。在两种情形下，企业的控制成本信息都受到了限制，因此，每个企业的边际成本都等于边际效益。

韦斯巴赫在第 4 章节中用了一半的篇幅详尽阐释了在控制温室气体排放情形下，卡普洛和萨维尔（2002）对威茨曼（1974）观点的批判。他指出，令人遗憾的是，正如十年前威茨曼观点的局限性没有被充分领会一样，当下情况依旧不容乐观，这种错误解读可能导致在实践中设计出一些不必要且低效的监管体系。而鉴于其高风险性，对美国及全世界来说，这种结果都是不幸的。除了潜在的巨大规模的经济浪费，更令人担忧的一种情况可能是，一旦发生灾难性的后果，人们能控制的却很少。

---

① 很不幸，传统许可证（或税收）的优势并没有得到太多的关注，尤其在美国，激进的燃油经济标准，生物燃油强制令，以及其他要求都会对潜在收益强加巨大的成本负担，这本身就是一种浪费，而且这种现象可能降低通过税收和许可证体系进行进一步控制的意愿。

5.2　背景

5.2.1　威茨曼研究的框架

威茨曼（1974）在一个充满不确定的环境中对数量管制和税收措施进行了比较。企业的边际控制成本被认为是企业熟知而政府无法观测到的[①]。就现实意义而言，我们可以认为这种差距是政府的不确定性区间。至于温室气体排放控制，其边际控制成本的量级在未来将具有重要的意义，我们和政府一样关心企业的规划质量[②]。当前背景下，毋庸置疑的一点是边际损害同样受不确定性的约束。与之相关的是，总的边际损害没有被视为恒定，而是随着排放水平的提高而增强，这是气候变化研究中一个重要因素。

威茨曼的工具极为简单，数量管制详细规定了企业可以产生的排放量，而税收工具则细化了每排放单位的单一固定价格。考虑政府对边际控制成本和边际损害都是确定的，不难得出这两种工具都无法实现最佳效果。最优的数量是限制排放的边际控制成本等于边际收益时的数量。如果政府选择数量管制工具，它可能选择一个过高或过低的数量。同样，如果选择了税收工具，企业使边际成本等于税率也会导致可能出现过高或过低的数量。经验告诉人们，任何一种方法都可以做得更好，威茨曼证明在某些特定的假设下，当边际控制成本曲线较边际损害曲线（schedule）的坡

---

①　严格意义上，威茨曼方案只是预见了单个企业，而卡普洛和萨维尔（2002）大量关注了在考虑多企业背景时可能产生的差异。考虑到气候变化问题的性质，本章全篇的焦点是存在很多企业的情形。

②　一种观点可能认为，任何时候，政府关于经济范围的边际控制成本知识与企业相当。在这种情形下，无论是线性税收还是许可证体系均可完美地达到次优价格目标，也无须任何调整。然而，因为边际控制成本（尤其是将来的）取决于技术变革和学习曲线效应，及其他的微妙现象，因此，显著的信息不对称仍将存在。遵循标准方法，本文讨论的其余部分也假设政府在信息获取方面处于不利，尽管应该注意到，如果政府能和企业一样在私人成本控制方面拥有足够的信息，前文所述的内容将会适用。（注意，无论是税收还是许可证体系，相关的只是全国经济范围在均衡时的边际控制成本，而非任何单个企业的边际控制成本安排。）

度更大时，税收工具更好；反之，更倾向于使用数量管制工具①。

5.2.2 最优政策

众所周知，通过设定等同于边际损害的排放税可以实现庇古税的理想水平。关键是，即使政府不知道企业的边际控制成本，该工具依然可以实现这一效果。当面对一个等于边际外部损害的税收价格时，外部性被内在化，企业的数量决策就会达到最优。唯一复杂的是政府可能对边际损害并不确定，这一点明显与气候变化相关。尽管许多经济学家似乎认为损害的不确定性倾向于对数量管制工具有利，而这一观点是错误的。卡普洛和萨维尔（2002）的另一节提供了一个简单的证明，即次优体系是设置等于预期边际损害的税率，并且对于边际损害不确定性的所有分配方式，这一结果均成立②。

此外值得注意的是，这种逻辑可延伸到任何边际损害曲线，包括临界点的可能性。如果在已知数量水平存在临界点，税率将会在该点无限上涨。考虑存量污染物和该临界点分布显著不确定性的情形时，与现有背景的相关度会更高。当存量污染物规模超过某个特定的点后，边际损害可以被认为会急剧地上升。然而，该点是不确定的，增加一个额外的单位会导致在未来污染物存量超过这个临界值的可能性更是不确定。总之，考虑多种可能的情况，预期边际损害曲线将是一个概率的加权求和。即使在或多或少的情况下存在相对偏高的临界值，所有这类曲线的期望值无疑将是平滑的预期边际损害曲线。

---

① 为了表明这种直觉，首先假定边际损害是不变的（所以边际损害曲线是水平的）；其次单一、线性、恒定定的税收会达到次优结果。如果边际损害曲线是垂直的（边际损害从零到临界量的无穷大），那么数量制度（在临界值点设定数量）会达到次优。

② 正如威茨曼（1974）和史蒂文斯（1966）在威茨曼假设背景下所证明的，边际控制成本和边际损害的相关性会影响最优工具的选择。然而非线性税收继续比数量管制有优势，但是最优非线性税收并不总是等于边际损害（给定一个税率时，企业的数量选择传递了控制成本的信息，因为其现在被视为与边际损害相关，企业的数量选择对最优边际税率产生了影响）。然而，在许多情形中，这种复杂性看起来是本质上非相关的。边际损害的不确定性来源于气候模式的不确定性，气候变暖对农业的影响，以及许多其他与成本控制方法无关的因素（例如，未来可替代能源或碳捕获的成本）。作为一项重要的条件，还请参见5.5.3节部分第二个复杂性的讨论。

因此，当损害成本和企业控制成本不确定时，最优体系是对企业征收与其排放所造成的预期边际损害等量的税。因为边际损害被认为是随着排放量的增加而上升，而最优的税收曲线是非线性的，随数量的增加而增加。韦斯巴赫曾恰如其分地表述：在当前形势下，虽然有存量污染物，但是在区域范围内该曲线却相当平缓，在给定月份或年份中，排放量的增加或减少将会对现在和未来污染物存量的规模产生极小的影响，因此对边际损害影响较小。相比之下，长时间征收明显错误的税率将产生高昂的社会成本。如果税率在过去十年内持续过低，就会积累大量的温室气体，将造成长期的伤害。即使以后在能控制且应控制的程度下，控制成本也会比早先提高税率更为高昂，这种情形会促使企业承诺边际控制成本低于预期损害的减排任务。同样，如果价格在延续期间特别昂贵，这将产生远远超过任何边际效益的成本。

5.3　非线性可调整的税收

庇古税的基本原则是在理想情况下，任何时刻的税率都应与排放量所造成的预期边际损害的当前最佳预估值相当，像温室气体这样缓慢发展的存量污染物，缓慢增加的排放量导致的预期边际损害并不是一个快速运动的目标。在给定年限内，排放量以高出期望值若干百分比的速度跳跃式增长，其对存量水平的长期影响也只是气流短期变化的一小部分。因此，即使在威茨曼（1974）的初始构想中，单一持续且固定的税率也会在短期内（这里的短期应解释为数年而非数日）接近最优效果。然而，污染物存量在长时间内的演化则显示出更多的不确定性，主要是因为控制成本的不确定性。威茨曼（1974）将税收制度限制为线性的，也就是说，存在单一的与数量无关的税率，而且他不允许根据所观测到的排放量对税率进行调整。换句话说，税率表被规定为非最优的，并且不能根据不可避免流入的信息进行矫正。卡普洛和萨维尔（2002）和韦斯巴赫强调，威茨曼对这些假设提供了极少的实践证明，后续研究在这方面贡献也很小。更糟的是，两者均未强调，有时甚至并未提及这些限制性假设所扮演的角色。这种情况更加令人奇怪，因为绝大多数论述都声称它是关于外部性规制的一般性的和独立于制度的分析。最后需指出的是，很难看出威茨曼本人对其1974年论文中假设的适用性具有很强的信心。威茨曼（1978）在其出版物中，毫无歉意地认为相关税收是非线性的，进而在一个不同的模型中检验它的意义。当前背景下，与有时假定还简单的工具相比，非线性表会采用更为简单的形式。正如之前解释的，需要非线性表是允许企业通过在给定期间所面临的边际税率来反映现有温室气体存量所隐含的边际损害水平。因此，单个企业甚至无须面对非线性表，所需的只是从先前宣布的边际损害表中读取当前期间（固定且线性）的税率①。

以此类推，即一些税率可能存在预定的路径：例如，一个预定税率的提高可能会根据最初公布的公式或表格在几年内一直沿用。一些税收（尤其是所得税）在税率方面通常有通货膨胀调整机制。一年中给定的通货膨胀指数可以机械地确定下年度的税率水平。这些事例的共性是，税收体系的特点可能会在预定动机的基础上随时间自动发生变化。此外，这些调整会随时间的推移发展为一个条件函数。例如，给定年份的碳税率表会基于截至上一年观测到的存量水平来设定，这在操作上是比较简单的。这也不是使市民和政治家们感到奇怪的非线性税收情形。同样也存在其他的我们熟悉的非线性定价的使用情形。数量折扣（价格随数量增加而降低）在许多场合中司空见惯，一些公用事业收取非线性费率，法律体系有时使用非线性制裁形式（量刑指南有时以复杂的方式确定罚款或者刑期，比方说，它的非线性取决于盗窃或欺诈的程度，超速罚款有时也涉及非线性收费，根据司机超过限速的程度进行罚款）。

此外，在规范温室气体的情况下，非线性税收给人的感受更直观。税率的非线性表是预先设定的，但是在给定期间内所有排放量却是固定（线性）的税收。因此，根据预先规定的非线性税率表，在随后的期间实施相

---

① 事实上，具有更多复杂性的非线性税收本身是相当直接的。美国和其他地区的每个纳税人（甚至一些精明的人）的个人所得税均使用非线性表，每个人的复杂程度也极其有限。他们可能会在一张简单的表上（做计算用）查看纳税义务的情况，或者购买报税软件或聘请报税人。因此，即使单个企业对温室气体排放使用非线性表在单周期内会有所帮助，很难看出为何该种挑战被认为是并非微不足道，令人望而却步。

应较高的税率会被认为是理所当然的。对污染物存量的控制意味着因为增加的后续排放量所导致的预期边际损害比其他情形更高，从而将更高的税收设为最优。较高的税收，反过来促使企业愿意牺牲更多利润去削减排放量，以使他们的边际控制成本达到与现行高税率相等的程度。同样，如果结果是污染物存量低于预期水平，即先前的税收导致较预期值更多的减排，税收自然可以缓和一些。当然，在这种情况下，达到边际排放量的耗费更少。因此，努力控制较低税率是最优的。总之，在这两种情况下，非线性对策不仅在操作上简单，而且一般民众也较易理解。

在前面的分析中，没有任何一点要求临时的政治决策或国际性的重新谈判。所有描述都来自一个初值选取，该选取需要设定一个边际税率表，该表与预期边际损害表相同，作为在未来不同时期内污染物存量水平的函数。边际税率表对比预期值偏高或偏低的控制成本进行自动响应。正如卡普洛和萨维尔（2002）所解释的，税收体系具有内置的反馈机制，污染物水平必须被观测到以便从一开始就征税（而且应该注意，这种信息要求与许可证等数量体系的信息要求一致）。这些污染物水平恰恰提供了实施非线性表所需的反馈。人们也可以对福利项目或所得税中的通货膨胀调整机制进行类推。如果调整在自由裁量的基础上做出，就需要新的立法，我们可以想象所有的政治复杂性将会导致平滑调整之外的其他结果。如果（正如现在很多情况下所做的）规定一项调整规则，就可以每年都做出调整而无须重新评估。统计机构公布指数显示，该指数被政府机构自动采用来计算新表，该表随后被公布。认为因受到各种政治问题的约束，适用非线性体系或经常调整线性税率会使其非常地不切实际或者不可靠，这一观念似乎是无根据的。然而，这还存在着要求某种审议程序的另外一个重要的渠道：预期边际损害的新信息。如前文所解释过的，最优非线性税收表应被设定等于预期边际损害表。这种方法可以实现次优。然而在气候变化情形中，我们期待有新信息和更好的模型，人们关于预期边际损害的知识会随着时间的推移不断深化。由此得出结论，对表本身进行更改可能实现最优。例如，如果了解到气候变暖会更快地发生，我们就应该征收更高的税，而如果减缓损害的方法发展得较预期的更快，那么税率表就应降低。

如何更好地迎接挑战是重要的问题，缺乏全面的全球再协商机制，该任务很可能被授权给一个机构。在任何情况下，当控制工具是一个税率表时，所要求的调整是透明且直接的。此外，还有可能某些灵活性的部分会成为初始表的一部分。例如，可能存在一个公式来确定这个表如何根据新发现进行调整。这些新发现可能是关于多大程度的气候变暖与不同水平的温室气体浓度相关，因此，机构或者谈判小组不得不确定这种新的关联关系。当然，此种再评估自然会变成试图对先前交易进行再协商的情形，这是在应对气候变化问题方法中无法避免的难题。

5.4 许可证与数量调整

　　通常人们认为，当管理者对企业的控制成本不确定时，设定数量指标往往是低效的。此外，如前文所述，关于公司的控制成本可能存在巨大的不确定性，尤其是为未来设定数量指标时。如果削减成本的技术进展比预期更快，有价值的控制机会将会在数量指标未达到前被舍弃，如果计划的技术突破没有发生，可能会承担巨大的无效率成本。数量指标的这种缺陷传统上和命令－控制监管有关，但是同样适用于为实现硬指标的许可证体系。如果那些指标随时间进行变化，例如，指标随着预期的成本削减变得更为严苛，该观点同样正确。决定指标的是管理者对企业随着时间变化的成本预测而不是实际产生的那些成本。

　　正如卡普罗和萨维尔（Kaplow and Shavel，2002）更广泛地探索的那样，许可计划具有非常有吸引力的特征，此外，它们还具有众所周知的将给定数量目标的跨公司控制成本降至最低的能力。许可证的市场价格不仅有效地协调了控制成本，其中每一个企业的边际成本均等于一般的市场价格。因此保证了所有企业的边际控制成本都相等，这是实现成本最小化的条件。该价格同样给公共管理机构发出了关于企业边际控制成本现行水平的信号，这正是管理者最初缺乏的信息，使得机构不得不对最优数量进行猜测。相反也注意到，那种命令—控制监管并不能产生这样的一个价格，因此无论数量指标如何糟糕，管理者都不会知晓其偏离企业行为的错误程度或方向。

　　具备了许可证价格的知识，管理者就可以调整许可证数量以实现次优，其中企业的边际控制成本与预期边际损害相等，这在非线性税收情形下也同样正确。这样做原则上是很直接的，管理者仅查看边际损害表的现行数量就可得出该数量的边际损害。然后在非线性税收体系中，管理者宣布将这些数字作为税率。在许可证体系中，管理者仅需要将该数字与现行许可证价格进行比较。如果该价格低于税率，就应当通过减少许可证的数量来提高价格；如果价格高于期望税率，就应该增加许可证的数量以降低价格。尽管管理者可能没有立即精确地达到目标，也就是说，在给定量（这里指现有污染物存量）的许可证市场价格等于理想的税率这一点上，但是，管理者可以快速地接近该目标则是毋庸置疑的[1]。

　　许可证的数量调整有很多种方法。如果许可证是永久的，当数量过高或过低时，人们就可以出售多余的许可证或回购一些许可证[2]。很可能出现的情形是，许可证可能会按年或间隔适度期间进行发放或换发。在这种情况下，下一期间的发放与任何情形中的一样，将由某种既存方案或机制来确定。前述分析表明，这种方案应根据历史均衡的许可证价格来调整许可证的数量，以便未来的数量更接近预期边际损害时的市场许可证价格[3]。随着时间变化可以一种或其他方式调整带有数量的许可证体系，似乎很清楚，人们可以基本上实现与次优非线性税率表情形下同样的结果，该次优

---

　　[1]　还要注意调整数量以维持目标许可证市场价格的许可证体系在很多其他方面与非线性税收相似。例如，斯特兰德的重要结果，即出口商在许可证制度情形下与税收情形下采取对进口商不利的不同的战略性表现，这种事实是以许可证制度具有硬数量指标为假定条件的。如果使用了价格指标，这种差异（即许可证体系的不利方面）将会消失。

　　[2]　或者，人们可以重新指定现有许可证的单位。例如，不出售多余的许可证从而在总数上提高 2 个百分点，人们可以让之前的许可证价值（根据排放量或碳单位）抬高到原先的 1.02 倍。相较于出售或回购的一个好处是，通过使之前的许可证价值未被稀释或升高，许可证价格不会直接受到后续许可证的购买或发放的预期影响。所有永久性体系（或其他种类）都面临着这样的挑战，即拥有市场能力的企业可能会有动力去试图操纵许可证价格以影响政府的后续政策。然而，如果许可证是被广泛发放的，正如不可避免地有这种情形的需要，这一问题或许并不会产生（更为复杂的是，一个企业可能试图积累较大的许可证市场份额，而将他们的许可证使用权出租给实际需要的企业，这种情况相应地应予以禁止或限制）。

　　[3]　另外一个聪明的演变，最初由罗伯特和斯宾塞（1976）提议，并被科林奇和奥兹（1980），拉丰和泰勒尔（1996）所检验，是发行具有不同行权价格（excercise price）的许可证，该价格被设定下来以形成边际损害表。第 i 个许可证的行权价格将是第 i 单位排放量造成的边际损害。通过这种方法，编号最低的许可证将首先被使用，许可证将会被一直使用，直到使用中的边际许可证所具有的行权价格等于均衡时的企业边际成本，并且每个许可证的交易价格将是边际许可证的行权价格减去特定许可证的行权价格。

非线性税率表使规定数量的税率等于预期边际损害。前提要求相同，必须尽可能好地确定损害表，人们将通过选择适当的许可证数量试图引导市场均衡的许可证价格保持在同等水平上。这种调整大部分都会是自动和公式化的，而非自由裁量和定期再协商的产物。而且与非线性税收一样，如果关于预期边际损害表的新信息出现，就会要求重新分析（例如，由被授权进行该种程序的机构）或者重新谈判。

此外，应注意这些许可证数量的调整应该让非专业的旁观者看起来也完全是自然的。如果许可证价格比预期的低得多，很明显控制成本会低于预期，因此明智的做法是减少指标数量，这也正是在这一情形下许可证数量调整所做的。同样，出乎意料的高价则是成本高于预期的信号，这要求在指标上有所放松。

5.5 税收与许可证的比较

5.5.1 税收和许可证的对偶性

卡普洛和萨维尔（2002）的重要观测之一就是，非线性税收与可调整数量的许可证体系可相互被视为彼此的对偶。如前文所描述的，非线性税收是一种数量决定价格（税率）的税收；可调整许可证体系是价格决定数量的体系。一个是数量依赖型价格，而另一个是价格依赖型数量。尤为正确的是，第二个函数仅是第一个函数的反函数。曲线相同，只是从 X 轴急速变换到了 Y 轴。

此外，这种理论上的等价性由特定的第 5.3 节和第 5.4 节中对实用力学的分析所决定。对非线性税收所描述的特征与许可证的特征非常相似，反之亦然。也就是说，如此相近的概念关联性同样在更大程度上反映在实施的行政方面。很明显后者是存在限制的，韦斯巴赫就其中的一些观点进行了探讨，但是，与韦斯巴赫的主旨一致，中心论点是共性远不止显而易见的这些。事实上，为了分析适当构建税收和许可证体系是相等的，这是很好的初始假设；不同之处则需要证明，必须解释一种方法的独特性为何没有或不能在另一种方法中被复制。

5.5.2　政治吸引力

这些论述并没有延伸到政治考虑。首先，正如前文已解释过的，非线性税收和可调整数量的许可证体系，随着时间的变化进行的价格或者数量调整的本质非常符合常识。因此，当产生复杂、微妙或违反直觉的政策法规时，必须对立法机构和公民做出解释或者绕过立法者和公民。其次，这好像对气候控制论战的某些派别存在着一些直接的吸引力，考虑在重要的事实上实际存在或虚构的不同意见，这些类别的控制体系可能真正地促使妥协的达成。例如，强烈的环境保护主义者提出的观点，控制成本——尤其是从长远来说，严格的制度一旦变成现实，就会使技术进步的利润可观，还将会比散布恐惧心理者所断言的要低。如果这些支持者确实认为这是真的，那么，非线性税收或者可调整数量的许可证体系将会变得极具吸引力。如果成本确实很低，控制水平将高于预先设定的数量指标水平，这种预先设定的数量指标反映了不同观点之间的妥协，而不是维护环保主义者的意见。同样，对那些担心严格控制会影响生活品质的人来说，无论是对发达国家还是发展中国家，非线性税收和可调整数量的许可证体系具有内置的安全阀。如果控制成本保持高位，控制的严格性将自动地放松。值得注意的是，这些观测和采用非线性税收而非硬数量指标（最初被理解为由命令—控制监管来实施）的最初理论论证之间有着紧密的联系。后者的问题是，政府对企业的控制成本一无所知，因此不能随着时间的变化相应地调整指标。税收的美妙之处在于限制了企业的成本控制信息。通过市场均衡的许可证价格，许可证体系有着异曲同工之妙。两种类型的体系，即非线性税收和可调整数量的许可证体系，明示或默示地利用该信息，根据所披露的信息对数量指标进行调整，达到了次优结果。

控制成本具有不确定性，并且在未来，时间越长不确定性越强，这不仅对监管者来说是个问题，而且对达成政治共识也是一个障碍。通过税收或可调整数量的许可证体系所体现的非线性价格的优势，可以让我们回避某些政治问题。在控制成本可能水平的论战中持反对意见的人们会求同存异。所需设置的只是预期边际损害表，剩下的都交给市场。因此，这些体系也并非政治的灵丹妙药。

5.5.3 复杂性 *

气候变化问题中一个复杂的也是最大的政治挑战是涉及全球范围内的协调。"搭便车"问题大量存在，需要持续进行协调，任务十分复杂，并且结果难料。首先，困难的核心是如何达成影响未来的国际协议。然而，未来具有高度的不确定性，因此，任何长期的协议很可能会随着时间的推移而难以操作。非线性税收和可调整数量的许可证体系部分解决了这一问题。随着时间的变化，当市场活动波及更多的因素时，控制成本的事前不确定性将增加。这些体系在这方面具有内置自动调整的灵活性。因此，它们的效率优势在另一个方面可能会是政治优势。然而，此种效益并未延伸到关于预期边际损害的新信息方面。在某种程度上，如预先指定的专家机构解释的那样，人们可以将这种信息的某些部分纳入为非线性税收或许可证价格表，但是可以这样做的程度可能存在政治限制。其次，还存在一个复杂的问题是涉及温室气体的存量性质。如前文所述，相对于可能意想不到的短期波动，污染物存量的变化非常缓慢，最优的税率或许可证价格也变化缓慢，所以在一个调整税收或许可证数量有很大滞后的制度中效率损失也很小。（相对快速的调整更具可行性，重点在于，在目前的情形下，这一点好像并不是很重要）然而，有一个问题是，根据给定现行的排放单位来预估边际损害，这一问题由于污染物的存量性质而变得复杂。除了气候变化建模的所有问题和其他确定边际损害的方面，还有一点是，现行每排放单位的边际损害绝大部分取决于对未来边际控制成本的预估。例如，如果将来的成本被证明较预期值低，自我调整系统就会产生较低的未来存量，而相应地将减少目前污染物排放的预期边际损害。因此，同时期预期边际损害的预估将部分地反映对未来控制成本的预期。尽管存在这种复杂性，最优现行税率或许可证价格等于预期边际损害的最佳预估仍然是正确

---

* 很明显，存在各式各样的其他复杂性，有些已经被韦斯巴赫（见本书第 4 章）提及。本章考察与前述讨论密切相关的复杂性。

的。目前的要点在于，确定该数量级将会比人们设想的仅仅计算损害值的
艰巨任务更加困难。

5.6　附加的注意事项

5.6.1　未来价格的不确定性

有时会存在一种担心，未来价格的不确定性，无论是未来非线性税收
体系中的税率，还是可调整数量的许可证体系中的许可证价格，都会抑制
创新（或产生其他的社会成本）。作为第一近似值，在以下意义上好像并
不是问题。市场基于预期的未来清算产生投资。如果存在真正的未来风
险，即气候变化的量级大到足以导致系统性风险，甚至在理论上也无法将
其完全分散，事前投资必须考虑这种不确定性。然而，投资反映未来不确
定性的情况倾向于社会最优。市场风险是真实的，它们并不能因政府或任
何人的期望而消失，决策应该在考虑这些风险的前提下实现最优。[1]

有关气候变化的投资情况就像市场经济中存在的所有形式的投资情
况[2]。尤其是最近几十年来，大量投资进入计算机芯片、通信、互联网和
软件等技术领域。市场很难完美，一个特别的关注点是创新溢出效应，因
为不能被完全掌控，所以导致了投资不足，尤其是在基础研究领域。即使
是在最优的执行良好的知识产权制度领域也存在扭曲，确定最优制度并非
易事。因此，政府对基础研究的支持及在基础研究方面的国际合作可能具
有重要作用。然而，正如在高科技产业，由政府选择优胜或落后技术可能
是一个不好的替代选择一样。例如，未来由政府限定计算机芯片或宽带的
价格是有很大问题的，因此，政府也不应该干预许可证的市场价格，也就

---

① 不可避免地会有一定程度的风险分散机制（投资者拥有多样化的投资组合，未来市场可
能会允许一些风险对冲），但是不管剩余风险是什么，它都反映了经济活动的真实不确定性，因此
应该被私人投资者考虑在内。

② 该分析与反对过渡救济（将在下一小节考虑）的核心争论如此密切相关，以至于其预期
扭曲了事前投资的激励。参见卡普洛（1992，2003）和沙维罗（2000）。

是说，除了使它们等于预期边际损害的最优预估。同样地，税率的设置应当考虑到外部性的预估量级，而不应该仅为了提供一个更稳定的投资环境进行调整。考虑到未来价格不确定性的实际影响，这一点的重要性可以更加具体化。设想，未来价格高于标准预测值有 10% 的可能性，也许因为某些削减成本的技术有可能将会面临不曾预料的障碍，在此情况下，向投资者披露该风险至关重要。这种高价格的前景将激发更多寻求减排替代方案的努力，无论是通过替代性技术的发展，还是通过更积极的环境保护。同样，如果有价格远低于预测共识的危险前景，可能是一些重大突破导致的结果，那么，这种前景的抑制效应，即减少寻求其他排放控制方法的激励，在该程度上是最优的。假定泡沫和其他现象可以为市场提供不完美的指南，在可能时最小化这一定价缺陷是可取的。然而，任意抑制税收幅度或许可证价格变动的一般政策是可能造成无效率的迟钝工具，还有可能会朝着命令—控制替代方案的方向发展，该方案为了误导性地追求可预测性而在更大程度上回避了价格机制的效益。

5.6.2 过渡、祖父原则和事前激励

过渡问题对温室气体控制而言是个重大问题，这一问题是卡普洛（1992，2003，2008b）和其他学者沙维罗（2000）的持续关注。国际上围绕气候变化的应对形成一致很可能是未来若干年之后的事情，重大的全球性监管机制的前景应当被重视。如果企业期待实质的祖父原则，就会产生极大的无效率。我们需特别关注，误导的投资在防止气候变化方面可能会适得其反。祖父原则的一种形式是基于事先公布的排放量分配免费的许可证，另一种形式则为在税收体系情形下授予相似的优先权①。在基于先前投资的救济层面上，企业和国家缺乏充分的事前激励去制定使其投资和政策符合预期的新制度，为了获得更大的优先权，他们的表现可能适得其

---

① 如果免费许可证可以交易，差异将会产生，税收偏好则不会（也就是说，企业不能直接或间接将其豁免排放单位转让给其他具有更高控制成本的企业）。一方面，事后的免费可转让性更有效，因为接受救济的企业比其他企业可能有更低的边际控制成本。另一方面，可转让性的前景因提高的救济价值而恶化了前文所述的事前激励。

反。授予免费许可证或为代价高的既存污染源提供其他救济，这通常被视为是公平与政治可行性之间的一种权衡。然而，此种路径下，企业和国家期望因增加非减少排放量而受到奖励，则可能正在承担着巨额的成本。这个过程持续了十多年，而且仍有可能继续持续一些时间。同样，如果后续的再协商仍被预期是帮助那些在遵守新制度方面做得不佳的人，任何协议都不可能被成功地推进。

5.7 分配

在对整体收入分配的影响方面，税收和许可证体系也持续关注规范性和政治性①。该议题出现在韦斯巴赫（见本书第 4 章），在本书中的其他几个章节中也关注了此问题。我们需要注意以下几点：首先，通常我们认为须设计气候变化的干预计划来满足分配目标。例如，免费的许可证或者其他的灵活措施可能会被授予穷人或授予为减缓汽油价格上涨发生累退分配而从事驾驶行为的人们。其次，这一观点从根本上是错误的，容易混淆分析，从而形成比备选方案更低效的政策。最直接且最好的方法是设计最优的环境控制体系，与其扭曲环境政策，不如我们可以有效实施该政策，并调整一般的经济分配机构来提供所需的补偿。实现此目的的一个特别的方法是调整所得税和转移体系，因此组合方案是分配中性的。例如，如果碳税或许可证体系抬高了汽油价格，该汽油被穷人不成比例地消耗，人们可能会降低税收来弥补差额。如果环境效益不均匀地集中分布在富裕阶层，那么，他们的所得税可能以抵免的方式被提高。这个简单的方案来自熟知

---

① 分配还存在着其他与政治相关的方面，例如地理影响范围，但是在此设定为次要的（见第 2 章）。然而，注意到，保护基于立法前排放模式的既有分配既能够产生本章第 5.6.2 节中讨论过的无效率类型，又能够（如果设计提供长期且持续的赔偿）保持或者甚至增加后续行为的无效率。例如，如果在某些气候条件下能源使用更多，考虑到温室气体的问题，真正的整体社会能源成本将较预想更高，那么，部分长期有效的调整就会涉及不同的人口地理分配。在气候变化论战（历时数十年，甚至一个世纪之久）进行的时间范围里，这类差异相当重大：到 2050 年时的人口分布跟如今的将大为不同，并且非常重要的一点是，指引这种运动的激励应该反映生活在不同地区的真实的社会成本。

的经济学原则，采用排放税或者许可证体系来取得碳定价权，并且采用所得税和转移体系来产生所需的分配结果。分配中性实施的另外一个经常被忽视的特点是，它不仅中立分配效应，同样作为第一近似值，就劳动力供给而言也是中立的。导致该结果的假设是从这一问题的其他特征上，尤其是不同形式的消费和环境效应①，劳动力在效用上的可分性更弱。基本的直觉是，在分配中性实施的情形下，考虑到所有的情形，改革后赚取更多收入的边际收益与改革之前的一样，因此，个人将被诱导去选择同样水平的劳动力。

这些观点也与一个常见的做法有关，即对实施税收征收与分配的不同方式的影响进行比较。与免费分配相比，拍卖的许可证提高了税收，同样，税收体系增加了国库资金。提高的税收中存在的差异因此被有些人视为不同许可证体系之间及许可证与税收之间的重要区别。而且，对分配这些税收的不同方式进行比较在经济分析中是很普遍的。通过成比例地减少劳动所得税，或者其他方式，税收可能会被全额退回。然而，根据之前的讨论，人们可以看出来，这种分析通常是不全面的，因此，它具一定的误导性。有时不同的税收处理根据其效率成本进行比较，而不考虑分配。然而，不同税收处理的差别效率成本很大程度上或者完全由再分配的差异导致，正如卡普洛（2004，2006，2008a）所强调的那样。总之，比较了这两种方法后，环境干预保持恒定，唯一的区别在于，前者较后者而言，在资助更慷慨的全额支付转移时，边际税率更高。这是通过与监管温室气体确实毫无关系的税收体系导致的一个再分配的典型增长。分配中性实施将会消除这种效率后果（劳动力供应再分配的扭曲效应）和分配差异，仅遗留环境监管的内在效应，这一观点仍在研究中。

其他的一些分析确实探讨到了分配效应，但是正如所提到的，倾向于将其视为与使用不同管理工具的特殊手段相关。如前所述，因为人们可以调整税收和转移体系以便实施分配中性，或者其他任何所需的分配，就此

---

① 正式的分析参见卡普洛（2006）。如果相反，比如说汽油是一种休闲补充，正如韦斯特和威廉（West and Williams，2007）所证明的那样，则在汽油上设定高于庇古税水平的矫正税楔是最优的（因为这样做将进一步减少汽油的使用，而在主张的假设下汽油的使用也将减少闲暇，而闲暇因所得税和转移系统而向上扭曲）。

而言，分配（以及相关的劳动力供给的扭曲）应该被视为在处理气候变化的问题时很大程度上可分的一个问题。此外，如果学术分析是有用的，并且清晰地指引与分配事宜相关的政治进程，呈现明确分配中性的实施版本似乎是最好的，分析者可能对其附上其他的描述清楚，带有分配表格或图表的分配依据。这种分配中性的案例是有用的分析性和政治性的基准，会促进交流并且厘清思路。

进一步观测可知，中性政策具有潜在的重要政治优势。无论在单个的国家立法机构，还是在一个国际多边谈判中，达成协议的部分困难在于这种分配效应[①]。事实上，分配效应也可能是最大的障碍。然而，在分配中性模式中实现的一个有效政策变动的特征是，其倾向于达到帕累托改进。提高的效率意味着更大的蛋糕，而分配中性意味着与以往一样，将这块更大的蛋糕在各方之间进行分配。

5.8　结论

本章的主要结论是，在非线性税收体系和可调整数量的许可证体系中存在很强的对偶性。此外，两种机制都较固定数量的许可证体系表现出显著的优势，因为后者的温室气体控制水平可能会过高或过低，尤其从长远来看更是如此。庇古声称，污染者应该承担等同于他们导致的边际预期损害的税收或价格，这是考虑到包括温室气体排放在内的外部性政策的恰当基准。威茨曼（1974）的框架比较了固定数量管制和固定线性税收体系，在气候控制方面本质上是误导性且不恰当的。在管制存量污染物方面，该污染物水平的演化非常缓慢，次优非线性税收可以高度近似于使用税收和许可证的行政性直接手段。此外，考虑到解决控制成本的不确定性，随着

---

① 在国内背景下，所得税和转移机制是调整分配的核心工具。国际上，使用相似的逻辑，因为间接工具倾向于涉及附加的、可避免的无效率，所以准确地使用明确的支付转移机制倾向于是最佳的。在现在的背景下，很熟悉的是，来自最优国际协议的最大的效率来源之一是，实现不同国家间最小化成本的潜在可能性，在较为贫穷的国家中使用更多的控制手段，在这些国家价格低廉的减排机会可能是极大的，通过合适的旁支付（side - payment）可促使对这一方面的努力。

时间进行调整也是必需的；当考虑到未来数十年间的规划时，以本质上自动、非随意性的方式调整，这一点是非常重要的。不幸的是，当获得更多关于因温室气体导致的预期社会损害水平的信息时，任何类型的体系都需要酌情调整，可能还需要政治上协商。

而且，一个非线性体系中的内置调整程序，无论通过税收还是许可证实施，都是相当直观的，因此其自身并不呈现明显的政治壁垒。一些附加的注意事项也进行了说明。经常忽略的一个问题涉及过渡，尤其是在现行排放水平基础上给予许可证或者规定税收豁免，将为立法之前的控制提供不当激励。考虑到在相当长的时间里，真正严厉的限制不可能具有强制约束力的事实，这个问题可能很重要，无论对国家内的单个来源还是对许多国家而言，它会使得扩张导致额外过渡期损害的活动更具吸引力，同时使得未来减排的实现更令人气馁。

涉及分配效应的另一个方面，已被本书中的多个章节涉及，但通常被分析得不全面或有误导性，尤其是关于国家内部或国家间整体的收入分配。应牢记的核心是，税收和转移机制（包括国家之间的转移）典型地提供了处理分配事项最有效的手段。尤其是，分配中性的实施作为分析架构是非常吸引人的，总体来看，将有效的温室气体监管体系与税收和转移调整联合起来保持整体的分配不变。例如，将通过增长的再分配导致的扭曲跟与外部性监管相关的扭曲区分开来，从而厘清思路。而且，分配中性体系更易于与决策者交流，他们也有非分配中性的建议，与分配中性体系一起比较来厘清分配效应，并且他们还会有一些务实的有效规制体系的诉求，该体系也是分配中性的，而且将会使所有群体的情况好转。最后，即使在进行关于实际问题的激烈政治讨论和谈判中，强调牢记并传播基本的经济学原则是有用的。从短期来看，无论是采取税收形式还是许可证形式，更好的政策都可以被设计并实施。

更重要的是，长期且进一步的监管和改进在未来是不可避免的，尤其是温室气体问题很可能会伴随我们数代之久。很多人可能会回想仅数十年前，经济学家认为，许可证体系优于命令—控制监管的倡导被视为是错误的，因为这种方法牵涉到几乎能要人命的支付许可。假如许可证的支持者们那时放弃了战斗，现行的环境监管几乎无疑会更加昂贵和低效，处理气候变化的前景将更为黯淡①。

　　最优控制是有成本效益的控制，推进这一点至关重要，该控制不仅牵涉到实现给定目标时使成本最小化，而且牵涉到反映边际控制成本等于边际效益的目标的选择和改进，这种成本和效益可能随着时间的改变会与当前的预估相差甚远。近期内不会有最终的明确的国际机制来处理温室气体，而且无论采用何种安排都将会有持续改进的压力。因此，即使有些观点短期内不能全面地且有说服力地呈现，这些观点也值得长期研究。

----

　　①　即使在 20 世纪 90 年代早期最初引入二氧化硫交易机制时，媒体（包括著名的动画片）的反应是将许可证刻画为杀人的合法执照。

第 6 章

碳税和排放许可证的经济、行政和法律问题

查尔斯·小麦克罗（Charles E. McLure, Jr.）

6.1 引言

　　根据京都议定书，除了美国以外，大部分发达国家都致力于降低本国范围内的二氧化碳排放量，相对于 1990 年的碳排放水平，这些国家在 2008 ~ 2012 年的碳排放量平均将降低 5%[①]。相比之下，这一议定书豁免了发展中国家在减少碳排放方面的义务。尽管议定书没有规定实现这一目标的具体途径，但是人们期望碳税和总量控制与交易制度（以下简称"碳定价"）将扮演重要的角色。在有关税法的文献里，最早实施的碳定价制度依赖于所谓的来源地制度，该制度是为国际交易产品中内含的碳进行定价的[②]。例如，根据欧盟的排污权交易制度（ETS），截至目前现存的最重

[①] 《京都协定书》介绍［EB/OL］. 中国人大网，2009 – 08 – 24.
[②] 和其他文献一样，本书采用了两种惯例。在两种情形下，应该根据语境明确术语的含义。首先，因为燃烧所消耗的碳量与二氧化碳的排放量之间存在技术性的联系，碳与二氧化碳有时交替使用。其次，导致全球变暖的碳被认为是内含在产品中的，尽管其作为二氧化碳排放的一部分被排放出来。

要的碳定价制度，每一个成员国内需要排放二氧化碳的生产都被要求排放许可证。出口产品也没有被免除持有许可证的要求，而且出口产品成本中内含的碳排放许可证的成本在产品出口时也不会被退还。相反地，对于通过进口进入欧盟成员国国家的产品则不需要遵从排放许可证的要求，除非这些产品是欧盟内部其他成员国生产的。表 6.1 的第一列描述了根据来源地碳定价制度（包括碳税和总量控制与交易制度）的国际贸易待遇。

表 6.1　　　　　　　　碳税和总量控制与交易的替代性贸易体制

贸易体制			
全球性参与		发展中国家不参与/豁免	
纯粹来源地（没有边境调整）(1)	纯粹目的地（对所有进出口进行边境调整）(2)	混合 对称性的：与"白名单"国家开展贸易的来源地；对其他贸易进行边境调整； 非对称性的：从"白名单"国家进口的来源地及所有出口的来源地；对于其他进口有边境调整 (3)	边境调整，带有对原产国税收或许可证成本的抵免 (4)
碳税的边境调整			
进口	免税	纳税	来自"白名单"国家：免税 来自其他国家：边境税调整	边境税调整，有抵免
出口	纳税	免税，带有内含税的退款	对称性的 到"白名单"国家：纳税 到其他国家：免税，带有对内含前期税的退款 不对称性的：纳税	纳税
总量控制与交易制度的边境调整			
进口	不要求许可证	要求许可证	来自"白名单"国家：不要求许可证 来自其他国家：要求许可证	要求许可证：对来源地国许可证的内含成本进行抵免
出口	要求许可证	不要求许可证，带有对前期许可证的内含成本的退款	对称性的 到"白名单"国家：要求许可证 到其他国家：不要求许可证，带有对前期许可证的内含成本的退款 不对称性的：要求许可证	要求许可证

来源地（或者生产地/排放地）碳定价制度具有一些当前公认的不利后果，部分原因是，从同意降低碳排放量的意义上说，并不是所有的国家都"参与"了京都议定书联盟①。并非所有国家都签署了条约，如美国拒绝批准京都条约。第一，相对于未参与国的生产企业，在参与国境内生产碳密集型产品的企业处于竞争劣势②。第二，存在着国家充当"搭便车者"的诱因，他们通过不参与京都议定书联盟来保持其国内生产者的竞争优势。因为全球变暖涉及跨国的外部成本，这些国家享受防止全球变暖的利益。第三，该议定书的部分覆盖可能导致"碳泄漏"，因为生产包括与新投资相关的生产，从京都议定书参与国转移到非参与国，从而阻碍了全球碳排放的减少③。第四，即使京都议定书中的目标得以实现，如果有的碳排放来源国对碳排放设定了价格，而有的国家没有设定的话，则全球范围的经济效率会受损，因为在碳排放最为廉价的地方碳减排不会发生。表6.2的第一列总结了这四个问题（这一表也描述了后面几节中描述的几个碳定价制度的其他关键特点）。

表6.2　　　　　　　　　　碳税替代贸易体制的含义

特点比较	关于国家碳税的贸易体制		
	没有全球性参与		发展中国家的不参与/豁免
	纯粹来源地（没有边境调整）	纯粹目的地（对所有进出口进行边境调整）	混合的 对称的：与"白名单"国家开展贸易的来源地；对其他贸易进行边境税调整 不对称的：从"白名单"国家进口的来源地及所有出口的来源地；对其他进口进行边境税收调整

① 严格来讲，签署了京都议定书的发展中国家参与该议定书。"参与"这个术语在这里被用来仅指已经承诺减排的京都议定书联盟国家。其他国家被视为未参与。

② 正如其他文献中强调的那样，竞争性应该在部门或企业层面进行界定，而不是在整个经济层面界定。

③ 区分两种类型的碳泄漏非常重要。碳泄漏这个术语指因碳定价导致的，国内二氧化碳生产的减少超过了国内内化二氧化碳的消耗。这种情况的发生是源于碳定价参与国与非参与国之间使用碳基能源的相对成本。计算机模型显示出，一种在定量上更重要的泄漏形式发生了，因为碳定价抑制了采取该政策的国家对能源的需求。因此，能源价格回落，更多的能源被利用，特别是在非参与国境内。例如，McKibbin Warwick J. and Peter J. Wilcoxen. The Economic and Environmental Effects of Border Tax Adjustments For Climate Change Policy, In Climate Change, Trade and Competitiveness: Is a Collision Inevitable? Lael Brainard and Isaac Sorkin (eds.). Washington D. C.: Brookings Institution Press, 2009.

续表

特点比较	关于国家碳税的贸易体制		
	没有全球性参与		发展中国家的不参与/豁免
一般描述性特征			
贸易商品的边际税率	来源地	目的地	"白名单"贸易：来源地 不对称的： 从非参与国进口：目的地 出口到非参与国：来源地
取得收入的国家	来源地	目的地	"白名单"贸易：来源地 不对称的： 从非参与国进口：目的地 出口到非参与国：来源地
碳泄漏	是	否	对称的：否 不对称的：是
"搭便车"问题	是：援助生产商	是：补助消费者	对称的：否 不对称的：是
经济效率	否	否	对称的：是（如果碳价格统一） 不对称的：否
额外的管理要求	基准：否	启动碳税收边境调整	对与非"白名单"国家贸易进行碳税边境调整 "白名单"的界定
"污染者付费"的寓意	二氧化碳在哪排放	内含二氧化碳在哪被消费	逻辑上一致的解释是困难的
发达国家选择该机制的前景			
竞争性问题	是	否	对称的：否 不对称的： 进口：否 出口：是

　　来源地/生产地/排放地碳定价制度与增值税（VATs）通常被征收的方式形成了鲜明的对比。在标准的目的地增值税中，进口产品与国内产品征收同样的税，并且出口产品免税进入世界市场。简而言之，税收适用于消费而不是生产。对进口产品实行增值税和对部分出口产品税收进行豁免的目的地税收原则通常被称为边境税调整（BTAs）。毫不奇怪，基于目的地的税收得到的结果与基于来源地的税收得到的结果有着很大

的差别①。这样一来在没有这种税收的国家进行生产是没有竞争优势的，该税收不会扭曲人们对生产地的选择，并且"搭便车"也不是问题。同样的推理适用于碳定价的目的地体系②。与来源地定价不同，目的地（或者消费地）碳定价将不会影响不同生产者之间的竞争，无论生产者所在国家是否对碳进行定价。此外，政策导致的碳泄漏将采取一种不同的且不那么有害的形式，并且那些诱使国家通过回避碳定价来"搭便车"的动机也将会减轻。尤其是当国际社会决定对碳实施一个目的地价格时，一些国家可能会选择不这样做，以免加重其消费者的负担。这种情形下的碳减排比在全球范围内对碳进行定价时要少，而那些没有对碳定价的国家在减缓全球变暖的努力中被称为"搭便车"者。然而，相对于来源地模式，在目的地定价模式下，环境效应和"搭便车"效应造成的危害较小，在来源地模式下，"搭便车"的国家会避免加重其生产者的负担。表6.2的第二列总结了目的地碳税的这些效益（以及其他一些特点和效应）。总量控制与交易制度的结果是相同的，除了管理的要求不同且税收收入将归于发放许可证的国家。后者则是由许可证发放权限的国际分配来决定的。

同增值税（VAT）一样，目的地碳定价制度的实施将会需要边境调整，或者我们称之为BAs③。在碳税情形下，税收将会对进口产品中内含的碳进行征收，而出口产品将被免于征税，并且这一内含的碳税需要在出

---

① 有个古老的定理认为：适用于所有产品或所有消费的税收在经济效应上是等同的，因为在汇率或价格水平变化中这些区别会消失。这个定理在现实世界的增值税中只有有限的适用性，如果采用了来源地原则的话，这些增值税并不对所有的消费征收，很可能也不会对所有的产品征收。Feldstein M. and Krugman P. Internal Effects of Value – Added Taxation. NBER, 1990.

② 前一注解中引用的定理与碳价格的关联度更少，与现实世界的增值税相比，该税收对不同的部门有非常不同的影响。因此，胡弗鲍尔和金姆写出了如下段落："当贸易部门的增值税情况参差不齐时——有的税率很高，有的税率很低——来源地边境税调整和目的地边境税调整的相似性就逐渐消失了。来源地边境税调整将不能充分地保护高税收部门免受外国的竞争，即使在汇率调整之后"。（参见 Hufbauer, Gary Clyde, Steve Charnowitz and Jisun Kim. Global Warming and the World Trading System. Washington D. C.：Peterson Institute for International Economics, 2009.）而洛克伍德和惠利（Lockwood and Whalley, 2008）以及惠利（Whalley, 2009）中则表达了不同的观点，其中强调了一种可能性，即碳价可能反映在工资率并返回到仅对部门有影响的其他要素上，而不是影响产品价格。尽管劳动力和其他要素可能短期内对特定部门有影响，长期来看影响越来越小。更重要的是，正是这里采用的对特定部门和要素的短期影响激起了关于竞争性的关切。

③ 边境调整这一术语同样适用于碳税制度和总量控制与交易制度；BTAs则是边境税调整的首字母缩写。

口退税之前缴纳。在总量控制与交易制度下，基于内含的含碳量，许可证会对进口有要求，但对出口不要求，且发生在出口阶段之前的许可证内含成本将得到退款。表6.1的第二列描述了目的地碳定价制度。

为了回应关于竞争力、碳泄漏和"搭便车"者等问题的关注，欧盟的几位官员建议，要求那些来自不参与京都议定书国家的进口产品（主要是那些来自美国的产品）要受边境调整的约束，在美国国会提出的关于碳税和总量控制与交易制度的立法草案中包含上述条款①。对非参与国的出口实施边境调整的建议是不常见的，这可能是因为与出口市场的不公平竞争相比，国内市场的不公平竞争好像是一个更大的威胁。绝大多数对碳价边境调整的审查都设想把以目的地为基础的特征嫁接到来源地体系之上，而不是创设一个概念上统一并且普遍适用的目的地体系。因此，边境调整可能只适用于与那些没有类似来源地体系来减排的国家进行贸易，这样便造就了本章第6.3节中所谓的混合体系②。

尽管上文中我们提到过一些关于目的地体系的优点，但这一碳定价情形很容易被夸大。首先，要实施这一体系需要克服严峻的技术和行政管理挑战。其次，根据国际贸易的规则，主要是关贸总协定（GATT）和补贴与反补贴措施协议（ASCM），实施碳定价的目的地体系可能会遇到一些法律障碍，尤其是在一个混合体系中。再次，实施目的地定价体系的尝试是否明智取决于扭曲的大小和性质，对竞争力、碳泄漏和"搭便车"（当一些国家不对碳进行定价时，这种情形会存在）诱因的效应。最后，因为发展中国家强烈反对发达国家使用边境调整，人们普遍关切边境调整的单边引入可能会引起贸易战争，尤其考虑到根据国际贸易规则，这些措施的合

① McLure Charles E. , Jr. The GATT – legality of Border Adjustments for Carbon Taxes and the Cost of Emissions Permits: A Riddle Wrapped in a Mystery, Inside an Enigma. Mimeograph, Hoover Institution, Stanford, CA. , 2010a.

② Aldy Joseph E. , Peter R. Orszag and Joseph E. Stiglitz. Climate Change: An Agenda for Global Collective Action. Paper Prepared for a Conference on the Timing of Climate Change Policies, Pew Center on Global Climate Change, 2001.

Biermann Frank and RainerBrohm. Implementing the Kyoto Protocol without the USA: The Strategic Role of Energy Tax Adjustments at the Border. Climate Policy, 2005, 4: 289 – 302.

Metcalf Gilbert E. and David Weisbach. The Design of a Carbon Tax. Harvard Environmental Law Review, 2009, 33 (2): 499 – 556.

法性还不确定。这一困境就像是一团乌云笼罩着 2009 年 12 月初开始的哥本哈根谈判。原则上对国际贸易规则进行修订使其明确允许碳价的边境调整是可能且可取的，但是因为修订的政治阻力，这一修订将不会很快发生，并且可能永远也不会发生。

为专注于问题分析设定了一些限制条件。第一，二氧化碳是我们考虑的唯一的温室气体，但是这里讨论的很多内容，在进行一些修改之后，是可以适用于包括其他温室气体定价的一个更全面的体系。第二，只明确地考虑了来自化石燃料燃烧产生的二氧化碳；因此，举个例子来说，森林燃烧产生的二氧化碳就不会被考虑进来，但是相同的推理可以适用于一些其他排放密集型的活动，包括水泥的生产。第三，本章不会考虑扣除某些产品（例如，化学制品、钢铁和沥青）中碳的物质体现的需要。第四，这一章没有试图比较边境调整政策和其他处理竞争性与碳泄漏的拟议方法，例如，免费补贴和基于产量的退款的功效。第五，这一分析特别适合于国家之间的贸易。当然，在确定与州际贸易相关的州碳定价边境调整政策的合法性方面，国际贸易准则没有相关性。

6.2 全球综合性的统一碳定价

从经济学的角度来说，最理想的碳定价方式是通过一个实现碳价等值的统一体系，也就是说，无论碳的燃烧或者内含碳的消耗发生在什么地方，碳的价格是相同的。在碳价统一的情况下，减排将会发生在最具成本效益的地方，因为减排的边际成本将等于全球统一的碳价，并且排放二氧化碳的惩罚将与内含二氧化碳产品的产地和消费地无关。在一个统一的全球体系中将不存在碳泄漏和竞争性优势和劣势。根据该假设，也不存在"搭便车"者。最容易理解和实施这种体系的将是一个全球统一的碳税，但是一个允许排放许可证进行国际交易的总量控制与交易制度，理论上也可以产生一个全球统一的碳价。这一节通过介绍三个实现碳价等值的典型（或程式化）方式，解析了从三者中做出选择的标准，讨论了在来源地体系和目的地体系下不参与（包括对发展中国家豁免）的效应。

6.2.1 碳定价的三种全球综合性统一体系

在这三个典型的碳定价制度里,价格被施加在对化石燃料的采掘、二氧化碳的排放,或者内含碳的消费。当然,一个国家可以同时是燃料的产地,排放的来源地,和内含碳的消费地。基于综合原因,国际社会不太可能会选择成为燃料的产地,单纯地实施另外两种体系中的任何一个,尤其是目的地体系也不具有成本效率。表 6.3 描述了这三种体系之间重要的结构差异。

表 6.3 基于化石燃料的采掘、二氧化碳的排放的来源地和内含碳的消费的综合性统一碳征税系统

经济活动	计税依据		
	燃料的采掘	二氧化碳的排放/燃料燃烧 (来源地/排放)	"碳"消耗 (燃料和内含碳) (目的地/消费)
碳税			
燃料的采掘	征税	不适用;在来源地征税	
二氧化碳的排放/燃料燃烧	不适用	征税,对内含碳不进行边境税调整;如下	征税,对内含碳进行边境税调整;如下
国际贸易待遇			
化石燃料进口	不适用	征税	
化石燃料出口	不征这样的税;采掘时征税	不征税;如果在进口时征税则退款	
对进口的内含碳进行边境税调整	不适用	否	是
对出口的内含碳进行边境税调整		否	是

(1)在一个采掘体系里,化石燃料的开采国(也就是说,煤矿和油气井的所在国)将要求为燃料的开采许可支付税费或者特许权使用费。从内在来说,这也是一个来源地体系,但是,这是燃料的来源地而不是排放的来源地。

（2）在一个来源地（排放来源地）体系里，二氧化碳排放的司法行政区将会对其境内所有的碳燃烧或者所有排放设定一个价格。因为进口燃料将受税收（或者许可证）的约束，但是出口燃料则不受该约束，所以可以说这样的燃料是受边境调整约束的。

（3）在目的地（或者消费地）体系里，居民消耗内含碳（包括电力、家庭取暖用油、汽车燃料、产品和服务）的司法行政区将对其境内内含碳的消费征税（或者要求许可证）。因此，内含在进出口商品包括进出口化石燃料价格中的碳税将适用边境调整。

6.2.2 从全球综合性统一体系中做出选择

在考虑从以上三种体系中做出选择时，将三种考虑因素进行区分是很有用的，即在目前情形下无效的或者无关的因素，在将来很可能是支配性的因素及其他一些需要牢记的因素。对前两组考虑因素的讨论假定，这些制度将按照所述实施，特别是各国将充分参与，没有作弊行为。

1. 无效的或者无关的考虑因素

在建立一个全球综合性的统一碳定价制度的当前环境中，一些支持来源地或者目的地原则的论据或无效或无关。目前，税收收入将会以完全不同的方式进行分配，这一事实是被忽略的。（1）经济效应。一些人可能会认为三种不同的体系对产品、就业、消费、价格、减排、碳泄漏，或者经济效率的影响是不同的。但是，这种想法是错误的。因为这三种体系对于碳价具有相同的效应，全球统一的碳定价制度的经济和环境效应与采取哪种体系无关。（2）税收归宿。也许有一种倾向认为，这三种碳定价制度将会对收入在人们之间的分配（在有关税收的文献里，通常被称为税收归宿）产生不同的影响，例如，在目的地体系里，消费者将会承担相对更多的负担，而在来源地体系里，生产者则会承担更多的负担[①]。同样，这也

[①] 为了解说的方便，文章中的比较局限于这两种体系。跟其他经济效应一样，采掘税的负担当然也将跟其他两个体系的负担相同。正如下文强调的，在三种体系中的收入分配是完全不同的。

是错误的。这是因为这三种体系对价格的影响是完全一样的，它们的税收归宿也是相同的。（3）"污染者付费"原则。最后，还有些人可能认为"污染者付费"的原则是直指来源地税收，因为排放碳的公司从事了污染行为，所以应该付费。相比之下，其他人可能会认为这一原则支配目的地定价体系，因为污染是为了内含碳产品消费者的利益发生的。实际上，这一原则没有提供任何指导意义，因为，无论税收是基于开采地、（排放）来源地，或目的地（消费地），最终"付费"的人都是相同的。

2. 支配性考虑因素

来源地与排放地体系显然支配着开采地和消费地体系，但是分别支配这两种体系的原因却是不同的。

（1）税收收入分配。在三种不同的体系选项中，碳税的收入（或者出售碳排放许可证的收入）在国家间的分配是完全不同的。在开采地体系里，税收收入将会流入石油输出国家组织（OPEC）的成员国，不属于OPEC 的石油和天然气生产国，以及煤矿所在国。尽管将该选项包括进来是出于完整性的考虑，但是从实际的考虑来看，这一选项是不相关的。国际社会是不可能将鼓励和促进 OPEC 卡特尔的扩张和加强作为减缓全球变暖的一种方式。接下来将主要集中于来源地和目的地体系上，其中包括了那些既不综合也不纯粹的体系。这两种体系之间的选择对税收收入的分配也有影响。在目的地碳税体系中，国家之间税收收入的分配由消费的分布决定，在来源地体系中，则由排放的分布决定①。因为发达国家消费的碳要多于排放的碳，所以，相比于来源地体系，在目的地体系中，更多的税收收入会流入这些国家。相比之下，在一个许可证可国际交易的总量控制与交易制度里，税收收入的分配将由许可证颁发权力的分配来决定，但是这一点将可能类似于税收收入的分配。不管怎样，相对于合规和行政管理的成本差异，在从来源地体系和目的地体系中做出选择时，税收收入的分

① 原则上，国际收入分享、旁支付、甚或一个超国家的税收（或总量控制与交易）权力是可能存在的。这些可能性在本书并没有考虑，因为它们对现在考察碳定价国际交易制度的目标来讲是次要的。然而，可参见 Seidman Laurence and Kenneth Lewis. Compensations and contributions under an international carbon treaty. Journal of Policy Modeling, 2009, 31: 341–350.

配可能只是次要的考虑因素。

（2）合规和行政管理成本。在这三种碳定价的典型模型中，开采地体系将会是实施起来最为简单的一个。燃料的开采国可以在化石燃料开采出来时（也就是说，当石油和天然气从井口出来时或者当煤炭从坑口出来时）或者是在各个"瓶颈处"（如在天然气加工厂或者精炼厂或者在出口时），对其含碳量规定一个价格。尽管如此，这一体系还是不太可能被选择。来源地体系将会要求对碳的燃烧（最容易实现的方式就是监管化石燃料的国内生产和进出口）或者二氧化碳的排放量进行监管。这一体系实施的容易程度位列第二，尤其是如果对上游而不是针对二氧化碳的排放实施时①。在全球综合性目的地体系的情况下，实施将尤其困难。除了来源地体系的合规与行政管理要求，目的地碳定价制度将要求掌握所有非燃料进口产品和出口产品的内含碳量，以便计算适当的边境调整。承担这些成本将是无意义的，因为来源地体系会实现同样的环境效应。此外，有必要对国际贸易规则进行再协商，如果对采取这种方式达成了国际共识的话。但是，这将是一个艰巨的任务。

为了降低合规与行政管理的成本并因此增加成本效益，几乎很确定的是，碳定价将受限制条件的约束，即使碳定价是以一个全球综合性和统一的方式来施加。在目的地体系中尤其如此。例如，碳定价也许会局限于某些部门，并且不会延伸到生产销售链中的某些点之外。而且，边境调整将可能局限于碳密集型和贸易密集型的产品。

3. 其他考虑因素

尽管在许多情况下，全球综合性的统一体系从社会的角度是受欢迎的，但还是会有一些诱因使得某些国家不愿意参与这一体系。在不同的体系中，诱因也是不同的。

（1）不参与的诱因。在京都议定书规定的体系下，不参与来源地体

---

① 排放不能通过在以下情形中购买的燃料数量来测量，有些情形中二氧化碳被捕获和封存，或者有些情形中碳被纳入产品中，正如化学物、橡胶、塑料、钢铁和沥青等。考虑到燃料碳含量的变化，为了给定的准确度，较简单且便宜的办法是测量排放量，而不是测量特定设备燃料给料的碳含量。但是测量上游燃料的碳含量仍然较简单且便宜。

系的好处就是使其能源密集型部门的国内企业获得更大的竞争优势。被不参与国内在化的不参与该体系的成本（与其他地方经历的不公平竞争和由碳泄漏导致的环境损害不同），将是来自税收和许可证出售的弃置收入。但是，不参与国其他来源的收入可能大大增加，包括更多的所得税收入。成本和效益之间的权衡将取决于内含碳产品的供给和需求曲线的形状。鉴于单个国家的碳密集型产品的需求曲线很可能具有高度的弹性，不参与的净激励可能很庞大，这是被京都议定书和哥本哈根的谈判经验所证实的一个结论。目的地体系中的不参与减少了不参与国消费者为碳密集型产品支付的价格。在来源地体系里，能够和不参与该体系（或者作弊）这一趋势相当的可能性是碳定价可能是一个国家尤其是发展中国家提高收入的最有吸引力的途径。但是，实施目的地体系对一个发展中国家来说可能是相当困难的。也许不参与目的地体系的最大动机就是对维持现状的渴望。

（2）作弊的诱因。在所有三种体系中，都有刺激国家（还有企业）去作弊的诱因。这些诱因及其效应将与不参与情形下的类似。在来源地和目的地体系里，作弊将以松散的管理（对二氧化碳的排放或者消耗收费不足）形式呈现①。与来源地体系中的收费不足一样，在目的地体系中超额的边境调整（例如，对进口产品中内含的碳进行超额的收费和对出口产品中内含的碳进行的超额退税）将人为地增加作弊国生产者的竞争优势，并且会诱使碳泄漏流入作弊国。这是人们对允许碳价边境调整的担忧之一。

6.2.3　在小于全球范围的综合性目的地体系中不参与的影响

在京都议定书之前的谈判中，发展中国家成功地主张它们不应该被要求减排，因为发达国家要对目前大气中的二氧化碳承担责任，并且减少二氧化碳排放将会严重破坏它们发展和实现更高生活水平的机会。而且，美

---

① 与作弊相关的一个问题是补贴的提供，包括抵消碳定价预期效应的免税，如在来源地体系里，由排放地国家实施的免税。考虑到冲击碳生产和燃烧及内含碳非燃料产品消耗的大量税收和补贴，很难在关于符合任何体系的测度基线问题上达成一致。

国拒绝签署该议定书，因为它担心失去对被免除义务的发展中国家的竞争优势。我们讨论在目的地体系中不参与的影响，主要集中在发展中国家的豁免权上。在全球性统一的目的地碳定价制度中发展中国家豁免的影响与类似情形下来源地体系中的影响大不相同。在这里，豁免可以解释为发展中国家将不被要求对本国市场或者进口市场中产品的内含碳进行定价。但这并不意味着发达国家将不会对来自发展中国家的进口产品进行边境调整。简而言之，发展中国家境内的消费将会受益于这一豁免，但是出口的产品则不能。尽管不用担心自己国家的能源密集型产业的竞争力受到损害，但中国、印度和其他发展中国家也不会毫不约束地排放二氧化碳，这是因为他们向发达国家出口的产品将会受到边境调整的约束。另外，它们从发达国家的进口产品将不会像在综合性目的地或者来源地碳定价制度中那样承担碳排放价格。

表6.4展示了在统一的来源地和目的地体系中，发展中国家豁免的结果。第一列和第三列表明，如果对发展中国家没有豁免，不论在来源地体系还是目的地体系里，发达国家和发展中国家都要对碳消耗进行定价；唯一的问题（假定一个统一的碳价）是由来源地国家还是目的地国家获得税收收入。在来源地体系里，发展中国家被豁免了抑制碳排放的要求，正如在表中第二列所示，如果碳是内含在本国产品或从其他发达国家进口的产品中，则发达国家的这种碳消费会被定价，但如果该碳内含在从发展中国家进口的产品中则不会对碳进行定价（如黑体字部分所示）。另外，如果碳内含在从发达国家进口的产品中，在发展中国家消费的这种碳会被定价，但如果这种碳内含在本国产品或者从其他发展中国家进口的产品的话（同样见黑体字部分），则不会对其进行定价。这一列说明了对竞争力的顾虑和这一体系内在碳泄漏的可能性。最后，第四列表明，目的地体系下对发展中国家的豁免不会扭曲人们对产品产地的选择，因为在给定国家中，所有消费中内含碳被处理的方式都是一样的，不论是一个发达国家（所有的碳消费都将被征税），还是一个发展中国家（所有的碳消费都会被豁免，如黑体字所示），不论所消费的产品产自国内、其他发展中国家，还是发达国家。

表 6.4　　　　　根据来源地和目的地国际贸易待遇，对发展中国家
有无免税情形下的碳消费定价

类别	来源地体系		目的地体系	
对发展中国家豁免？	否 (1)	是 (2)	否 (3)	是 (4)
在发达国家消费中内含碳的定价				
国内产品	是	是	是	是
从其他发达国家进口	是：X	是：X	是：M	是：M
从发展中国家进口	是：X	**否**	是：M	是：M
在发展中国家消费中内含碳的定价				
国内产品	是	**否**	是	**否**
从发达国家进口	是：X	是：X	是：M	**否**
从其他发展中国家进口	是：X	**否**	是：M	**否**

注："是：M"和"是：X"意味着在进口国或出口国的内含碳是分别定价的。黑体字表明对发展中国家豁免的含义。

　　边境调整在平衡竞争环境、防止碳泄漏和减少"搭便车"诱因等方面所起的作用已经讨论。表 6.4 有助于强调一个明显的试图利用边境调整去实现减少全球二氧化碳排放量这一更重要的目标尝试。只要发展中国家没有豁免权，无论是来源地还是目的地碳定价制度，化石燃料的消费或者与本国消费产品有关的二氧化碳排放将要被征税或者受许可证的约束。另外，如果这些国家被豁免的话，无论哪种体系被选择，对于本国国内市场产品燃烧或释放的碳都将不会被定价。考虑到即使在出口导向型的发展中国家里，生产产品来满足国内需求还是有着压倒性的相对重要性，这表明，边境调整在减少全球碳排放方面可能并不是非常有效的。要么发展中国家必须不能豁免，要么就是找到新的技术来诱导发展中国家减少二氧化碳的排放量。

6.2.4　重新考虑经济效率、税收归宿和"污染者付费"

　　一旦承认参与不是全球性的，就有必要对经济效率、税收归宿和"污染者付费"原则重新考虑。在京都议定书并没有被全世界参与的情形下，目的地碳定价制度在经济效率方面要明显优于来源地定价体系。但是，这

一考虑很可能被实施目的地体系的困难所压倒。

（1）税收归宿。如果一个来源地碳定价制度不是全球适用的话，内含碳产品的生产者能否从消费者那里挽回碳定价的成本则取决于供需条件，尤其是需求的弹性。因为特定国家的产品需求通常可能是有弹性的，所以说碳定价成本转移的可能性是有限制的；因此，污染企业的所有者、雇员（通过较低的工资或者较低的就业率）及供应商很可能承担有地域限制的来源地碳定价制度的负担，而那些消费这些内含碳产品的人们无须承担该负担。而在有地域限制的目的地碳定价制度的情形下，情况则大不相同。因为在给定国家中消费者面临的供给曲线是相当平滑的，目的地体系的负担可能由消费这些内含碳的人们承担。即使对于参与国居民来说，在目的地和来源地两种体系中，总负担是一样的，但是负担没有那么集中。对来源地碳定价负担集中的担忧加强了人们对竞争力丧失的顾虑。

（2）"污染者付费"原则。在一个非全球综合性碳定价制度情形下，"污染者付费"原则并不是没有意义的。不论其暗示来源地碳定价制度还是目的地碳定价制度，好像都归结于一个哲学的问题：到底是那些排放碳的人们还是消费内含碳产品的人们应该付费？为了获得深刻的见解，我们不妨引用《关于环境与发展的里约宣言》第 16 条原则，其中关于环境成本的内部化指出：国家当局应努力促进环境成本的内部化和利用经济手段，同时考虑污染者原则上应承担污染成本的做法，适当顾及公共利益，不扭曲国际贸易和投资。

该声明的第一部分似乎与基于起点或目的地的收费一致，因为两者都将碳排放的环境成本内部化。但是，只有基于目的地的收费才能满足斜体字内容的要求。

6.2.5　不同选项的概括评价

由于化石燃料的生产国税收收入的集中，开采地碳定价就不值得且不可能会得到认真的考虑。对于剩下的两个选项，如果碳定价制度不是全球性的，从经济背景考虑，目的地定价体系似乎要比来源地体系略胜一筹。这一体系避免了对竞争力和经济效率的不利影响，它可以更好地适应"污染者付费"这一原则,更不容易受到作弊行为和非参与的影响,更好地兼容对发展中国家的豁免,并且碳泄漏及"搭便车"诱因的有害性也较小。然而,它确实提出了关键的、也许是控制性的关于国际贸易法的实施和兼容性问题。这些问题我们将在第 6.4 节和第 6.5 节中进行讨论。

6.3　在一个来源地原则的世界里实现目的地碳定价制度

在一个参与国的所有交易中,来源地和目的地碳定价制度在其复杂性方面有着巨大的差异。准确实施目的地原则所要求的边境调整将很难计算。这样一来好像来源地碳定价制度将是一个与温室气体作斗争的主要的市场主导型工具。然而,让那些采取了来源地体系的国家回避采取措施,以防止来自未采取碳减排措施国家的不公平竞争、碳泄漏和"搭便车"等行为,这一点既不适当也不可能。此处将分析对竞争力、碳泄漏或者"搭便车"等行为(或者仅是寻求谈判杠杆)有顾虑的国家能够原则上在一个按来源地收费的世界里实施目的地定价的两种形式。为方便分析,碳定价是这里考虑的控制碳排放的唯一手段。我们有一个初始假定,所有国家产品的碳浓度都是一样的,并且所有参与国都实施了相同的碳价。鉴于这一简化的假设,现在唯一的问题就是,碳价是由来源地国家还是目的地国家实施。

6.3.1　一个"混合的"来源地/目的地定价体系

在一个混合体系里,与实施"类似的"碳定价制度的国家进行贸易将是以来源地为基础的,因此不受边境调整的约束。相比之下,从其他国家的进口将是以目的地为基础的,因此受调整的约束。在对称的混合体系里,对这些国家的出口也将会适用边境调整,但在一个非对称的体系里则不受约束。当然,两个没有对碳排放进行定价的国家贸易中,内含的碳将不标价。现在假设贸易被整齐地分成这些类别,无论是对碳定价的国家还是不定价的国家,该贸易都不包含任何来自这两种国家的成分。这种体系可以广泛地或局部地适用于特定的碳密集型产品。美国众议院在 2009 年

6月通过的《瓦克斯曼—马凯气候变化议案》中包含了覆盖行业的名录。此外，一个国家可能因不同的产品受到不同的对待。因此，只有在贸易伙伴没有考虑对行业实施碳定价时，边境调整才可能适用。同样，如果美国采纳一个比欧盟的碳排放交易体系（ETS）覆盖面更广的体系的话，只有美国从欧盟中那些根据ETS受碳定价约束的国家进口的商品才可以在美国豁免边境调整①。当然，对于不受定价体系约束的内含碳的产品，国家将不会对其采取边境调整。

通过区别认识"对称的"和"非对称"的体系，表6.1和表6.2中的第三列描述了一个"混合的"体系，该体系是从对碳定价的特别国家的视角来说②。表6.2只考虑了碳税，对总量控制与交易制度的相似影响是明显的。

（1）对称和非对称的边境调整。区分对称和非对称混合体系有几个原因。第一，从实际的考虑来看，对边境调整这一公共政策的讨论绝大多数集中在进口方面。第二，很多人认为根据关贸总协定（general agreement on tariffs and trade，GATT）的基本规则，对碳价的边境调整将不符合要求，根据关贸总协定第20条规定的一个一般例外，如果有的话，对于进口的调整可以被保留，但是对于出口的调整则不能以这种方式幸存。简而言之，一个非对称的混合体系根据GATT也许是合法的，但是一个包括对出口进行边境调整的对称体系则不合法。第三，对出口的边境调整可以说将会阻碍碳定价制度背后的几个政策目标的实现。最后的一个原因值得我们研究。

在增值税情形下，对出口边境税调整的经济论证与关于进口边境税调整的论证一样有力；这两个论证都是实施目的地原则所必需的，并且还要确保增值税适用于所有消费，包括进口产品，而不适用于出口产品。如果进口国选择不征收增值税，就不会产生全球性的国家公共政策问题。这一推理可以说不会发生在对碳税的边境调整中。对从非参与国进口的商品中内含的碳进行边境调整具有假定的好处，但是除了竞争力好处，类似的结

---

① 在第一个阶段，ETS的排放总量控制只适用于能源活动（电力、炼油、焦炉），黑色金属的生产和加工（金属矿石和钢铁），矿产行业（水泥窑、玻璃、制陶业），以及生产纸和纸浆的工厂。

② 边境调整应该适用于与采用目的地碳定价体系的国家进行的贸易，否则，出口到这些国家的产品中内含的碳将被进行两次定价，而从这些国家的进口则不被定价。因此，假设混合体系的边境调整将适用于这些贸易，且同样适用于与对碳未定价的国家进行的贸易。因为纯粹的目的地体系不存在（也不可能被设立），这个条件可能没有什么实践意义。

论并不适用于对出口到非参与国的商品中内含的碳进行的边境调整，因为
非参与国允许对它们的出口免除碳定价的约束。对进口的边境调整通过创
造公平的竞争环境，使得对进口产品和国内产品必须支付相同的碳价，从
而阻止了竞争效应，并因此阻止了碳泄漏。相比之下，允许将边境调整适
用于出口到非参与国的商品，通过消除出口产品中内含的碳价创造了公平
的竞争环境。如果边境调整适用于出口产品，则可能不存在碳泄漏的诱
因，同时也不存在出口部门减少国内二氧化碳排放的诱因。对出口进行的
边境调整不但没有减少成为"搭便车"者的诱因，反而增加了这一诱因，
这样的结果是在没有碳定价的进口国中对国内市场的生产企业施加了竞争
压力。最后，经济中性变差，因为对于已经对碳定价的国家来说，他们更
愿意出口而非为国内市场服务。出于这些原因，专注于对进口商品的边境
调整是有道理的。表 6.2 的最后一列描述了在混合体系中对称和非对称边
境调整的影响。

（2）什么是一个类似的体系？如果存在另外一个统一的全球性碳税或
排放许可证的国际交易，其中一个国家或者参加或者不参加，该国是否有
一个类似的碳定价制度是很明显的。在其他情况下，可能很难得知，在特
定情形下一个国家的碳定价制度是否和其他国家"相类似"。碳价体系必
须多相似才可以被视为类似的？而且，碳定价并不是满足减排目标的唯一
方式；尤其是，可以使用规章来管理。此处不讨论类似体系相似程度的检
验问题。但需要注意的是，对于采用非定价方法减排的国家，将边境调整
适用于与这些国家的贸易不符合关贸总协定第 20 条规定的要求。

6.3.2　对来源地碳定价制度适用包含税收抵免的边境调整

表 6.1 和表 6.2 的第 4 列展示了另外一种选择。在这种选择里，进口
国将会对所有的进口适用边境调整，但是允许对进口产品在出口国承担的
碳税或者许可证成本进行抵免，抵免的上限为进口国的边境调整水平[①]。
出口产品可能受边境调整约束，也可能不受此约束。出口国将具有实施来

___

① 跟对所得税的外国税收抵免运作类比应该是很明显的。

源地碳价的诱因，该碳价等同于进口国实施的碳价水平，这么做的目的是为避免税收损失，否则这些税收收入将流入进口国。与混合体系一样，这一体系可以广泛适用，也可以局部适用。此方法好像明显不如混合体系，因为它更加复杂难懂。这一体系将要求对参与国和非参与国进口商品中的内含碳量进行计算，需要计算税收抵免之前对进口商品进行边境调整和在出口国支付的碳价抵免。相比之下，在第一种情况下，之前描述的混合体系将仅要求确定某一特定贸易伙伴对于某一特定产品是否有一个类似的对二氧化碳排放进行收费的体系。如果有的话，讨论中的进口或者出口的商品不受边境调整约束，而且调查也不会继续进行。只有当跟一个没有对碳排放定价的国家进行贸易时，才会有必要计算和适用边境调整。尽管在混合体系中，合规和行政管理的负担不应该被低估，但是这一负担比目的地体系（且其中对内含在进口产品中的来源地碳价进行了抵免）中的小很多。因此，这一目的地选项不值得进一步考虑。

6.4 技术与行政管理问题

即使在最好的情况下，碳定价实施边境调整时涉及的技术和行政管理方面的挑战也将会是严峻的，因为有必要确定出口和进口成本中内含的碳含量。在碳定价被局限于一小部分能源密集型的领域，或者边境调整被局限于碳密集型和贸易密集型产品的限度内，这些问题将会得到缓和。此处利用一个简单的数例来对比增值税体系中边境调整的相对简单，流转税（在补贴与反补贴措施协议中称为前阶段累计间接税）或碳税中做出准确边境调整的相对困难。这一分析同样适用于总量控制与交易制度。表6.5提供了一些假定为该案例基础的交易数据。其中考虑了五个生产活动：精炼化石燃料的销售、运输、发电、铝的生产和汽车的生产，这些可以被考虑为家庭购买或出口的所有制成品的一个代表。另外我们也做了一些极端的假设条件简化这一分析，并且允许对关键问题集中关注。第一，假设每个部门的销售都只针对表里列出来的购买者。第二，假设对于增值税和流转税没有豁免权（除了在后一种情况中出口的情形）。第三，只有汽车部门向消费者销售，并且只有汽车和铝部门进行出口。第四，假定所有精炼的燃料都是进口的。第五，燃料的进口在边境都不缴纳增值税；尽管这一假设一般来说是不现实的，它没有最终的效力，而且做该假设只是为了简化陈述。相比之下，进口的燃料被假定要负担流转税。第六，假定碳排放的单位和碳排放税率被选定，从而使得每个部门燃烧的碳量及对其实施的税收都等于该部门购买燃料的货币价值。需要强调的一点是，在这一例子中用到的数字并没有被打算用来准确反映不同行为的能源密集度，或者给料在不同部门的重要性。

表6.5　　　　　　　为证明增值税和流转税的边境税调整而假设的交易　　　　单位：美元

采购部门	销售部门					
	燃料	运输	电力	铝	汽车	总计
运输	50					50
电力	100	50				150
铝	50	50	200			300
汽车	50	50		150		250
消费者					300	300
出口				200	100	300
总计	250	150	200	350	400	1350

1. 增值税

表6.6描述了每一部门中增值税、对增值税实施的边境调整、流转税及内含碳量的计算。前三列描述了每一部门的总销售额，根据10%增值税税率的总纳税义务，根据2%流转税税率的义务。这两项税收被假定只在国内销售环节征收，与目的地原则中的一样。这两项税率并不必然得到同样的税收收入；它们是否能得到同样的税收收入取决于对流转税适用边境调整的假定。但这一点对于目前的目标并不重要，该目标是要理解边境调整对于这两种税收的作用机理。值得注意的是，没有对铝和汽车的出口直接征收增值税，也就是说税率为零。对于流转税那一列的数字将在下一节里进行讨论。第四列展示了要缴纳增值税的采购总额，以及根据不同环节的销售进行的分解。第一条记录反映了一个假定，即250单位的燃料进口

（见第一列）在边境不需要缴纳增值税。第五列显示了对购买的给料增值税的总税收抵免。接下来的两列，其中一列显示了增值，根据目的地原则和差减法（国内销售和购买的差额）计算得来，另一列显示了净增值税纳税额，根据税收抵免法（国内销售额的税负和购买额的税负差额）计算得来。因为铝和汽车产品的出口是零税率，所以对于所有购买的投入品缴纳的增值税都可以有税收抵免。在前一种情形下，因为在购买环节支付的税额超过了国内销售应付的税额，净的增值税纳税额为一个负值，这意味着需要对投入品已经缴纳的一部分增值税进行退还。对于消费者和出口的条目，括号内来表明消费者支付的增值税恰好等于国内汽车销量的增值税，唯一针对家庭的销售，并且对出口没有支付净增值税。

表 6.6　　　　增值税、对增值税的边境税调整、流转税和内含碳的计算例证

分类	销售；税收（美元）			采购；投入品增值税抵免（美元）		增值；净增值税（美元）		销售中的内含碳（8）（%）
销售部门	销售（1）	对国内销售的增值税（2）	对国内销售的流转税（3）	征税的采购（4）	投入品增值税抵免（5）	增值（6）	净增值税（7）	
化石燃料	250	25	5	0	0	250	25	
运输	150	15	3	50（燃料）	5	100	10	50（燃料）
电力	200	20	4	150	15	50	5	117
				100（燃料）				100（燃料）
				50（运输）				17（运输）
铝	350	15	3	300	30	−150	−15	183
				50（燃料）				50（燃料）
				200（电力）				117（电力）
				50（运输）				17（运输）

续表

分类	销售；税收（美元）			采购；投入品增值税抵免（美元）		增值；净增值税（美元）		销售中的内含碳（8）（%）
销售部门	销售（1）	对国内销售的增值税（2）	对国内销售的流转税（3）	征税的采购（4）	投入品增值税抵免（5）	增值（6）	净增值税（7）	
	400	30	6	250	25	50	5	145
汽车				50（燃料）				50（燃料）
				50（运输）				17（运输）
				150（铝）				78（铝）
				300（汽车）			[30]	109（汽车）
消费者				300			[0]	141
出口				200（铝）				105（铝）
				100（汽车）				36（汽车）
总计	1350	105			75	300	30	250

值得注意的是，由于投入品税收抵免体系的运作方式，燃料的进口在边境免于征税的假定无关紧要；因为购买环节没有税负，所以也就不存在投入品的税收抵免，并且所有销售给家庭的产品，当燃料为投入品时，该产品承担全部10%的税收①。当然，通常来说进口都是要被征税的，即进

① 值得注意的是，理论上，将销售税作为零售税来实施是可能的，零售税只针对家庭的销售征收。因此，对向家庭销售的300辆汽车商品征收10%的税将产生与10%增值税相同的收入。在零售税情形下（消费者直接进口的情形例外，此处不予考虑）边境税调整将不是必需的，因为出口和进口都发生在零售阶段该税被征收之前。事实上，零售税在行政管理方面不如增值税，因为零售商需要在对注册商人的免税销售和对家庭的需征收销售之间做出区分，而行政管理人员需要对合规的这个方面进行监管。

口边境税调整（BTA），该项调整有资格获得投入品税收抵免。

2. 流转税

要精确地计算流转税的边境税调整（BTAs）是相当困难的，流转税适用于来自国内销售的总收入，这些销售发生在每次产品被销售时，或者"转手"（只适用于进口而不适用于出口）时。消费者需要支付的税额包括在早期阶段支付及内含在汽车产品价格里的流转税[1]，还包括直接对这些产品征收的税负。对消费品进口进行的精准的边境税调整将会理想地反映出对国内产品的流转税阶梯[2]。尽管在这个简单的例子里，它可以通过表6.5中提供的信息计算出来，这依然并不是一个容易理解的问题。

当然，阶梯并不局限于销售给消费者的产品，流转税也被内含在那些注定要出口的商品价格里。因此，仅仅豁免铝和汽车产品的出口是不够的，因为这样一来，将导致无法补偿在生产配送流程的早期阶段中已支付的流转税，在这个例子里，指对燃油的国内销售、运输服务、电力和铝征收的税负。让汽车生产商只对直接购买铝[3]而支付的流转税适用边境税调整也是不充分的，因为这样的话，其他投入品的成本中内含的税将不能得到补偿。考虑到用于生产铝的电力的重要性，至少在计算铝的出口和可能铝制的汽车产品的边境税调整时，将为电力支付的流转税考虑进去是可行的，但这样一来，会使得为化石燃料进口和运输支付的流转税无法得到弥补。除非边境税调整反映所有内含的流转税，否则出口将不会是免税的，如同增值税情形。在这个简单的例子里，追踪内含的流转税到消费者的销售和出口的相对容易与计算边境税调整的难度不符，该调整将恰恰消除出口产品中内含的税负，并且对进口产品施加了一个与国内产品相同的负

---

[1] 在关于关贸总协定（GATT）边境税调整的文献里，被称为税收隐性（隐蔽税）。

[2] 与碳税的类似情形不同，对进口产品的边境税调整应该不同于对国内产品支付的流转税数额以便反映不同程度的外国阶梯，这一点是没有道理的。

[3] 以物理形态并入汽车产品的唯一投入品。

担。这一计算将会更加复杂，因为它包含了更多的销售须缴税投入品的部门和生产分配过程中更多的阶段。此外，真实世界也不会遵循这一简化的假设，销售仅针对表 6.5 中列表最下面的购买者，这就意味着，运输部门不会购买任何汽车生产部门的产品，电力供给部门也不会购买任何铝制产品，以此类推。当然，在这一例子中，这种复杂性可以通过直接适用投入产出分析来处理。但是在现实世界里，符合关贸总协定（GATT）的边境税调整不适用于部门；它们须适用于单个的产品①，这种分解的水平远远超出了最复杂的投入产出分析。准确计算流转税边境税调整的难度是欧洲经济共同体②中六个成员国在 20 世纪 60 年代转向增值税的原因之一。

3. 碳税

表 6.7 展示了精确计算碳税边境税调整的难度，这类似于对流转税计算边境税调整，与增值税中边境税调整的简单形成鲜明对照。③ 如之前提到的，假定每个部门燃烧的碳量（见表 6.7 第一列）和对其实施的税负都等于相应部门购买燃料的货币价值（见表 6.5 的第一列）。在这一例子中，碳价是否通过对进口燃料，对燃料购买或者对二氧化碳排放量征收税负来实现并不重要。而且，同样的分析将适用于排放许可证的成本。

而对于流转税，最初由运输和电力部门支付的碳税成本被内含进了铝的成本里，并且内含在这三个部门成本中的税负又被内含进了汽车部门的成本里。这样一来，问题就变成了计算铝和汽车产品出口的边境税调整，该调整将减轻出口中的碳税成本，其中包括了内含在投入品成本中的碳税成本。忽视内含的税负，仅仅对直接支付的碳排放税适用边境税调整是不充分的。

---

① 例如，汽车、卡车，还有各种类型的零部件，而不仅仅是"汽车"产品。

② 欧盟的早期组织形式。

③ 麦克罗分析并发现了通过利用碳附加税来克服这一困难的需求及建议，碳附加税是以抵扣型增值税为模板的。

内含碳的计算例证

表 6.7

内含在产品成本的碳税的间接影响

注：假设数据，不一定需要单位。

下表按"最终产品 — 税负来源阶段 — 数值（单位）— 小计"整理，数值均为假设数据。

最终产品	税负来源（阶段）	数值	小计
运输	第一阶：消耗燃料的税收（分摊至电力、铝、汽车）	16.7 / 16.7 / 16.7	50
电力	第一阶：内含在电力成本消耗燃料的税收	100	100
电力	第二阶：内含在电力成本的运输成本	16.7	16.7
电力	**总计**		**116.7**
铝	第一阶：内含在铝成本消耗燃料的税收	21.4 / 28.6	50
铝	第二阶：内含在铝成本的运输成本	7.1 / 9.5	16.7
铝	第二阶：内含在铝成本的电力成本	42.9 / 57.1	100
铝	第三阶：内含在铝成本的电力成本又被内含到运输成本	7.1 / 9.5	16.7
铝	**总计**		**183.3**
汽车	第一阶：内含在汽车成本消耗燃料的税收	37.5 / 12.5	50
汽车	第二阶：内含在汽车成本的运输成本	12.5 / 4.2	16.7
汽车	第二阶：内含在汽车成本的电力成本	16.1 / 5.4	21.4
汽车	第三阶：内含在汽车成本的铝成本又被含到运输成本	5.4 / 1.8	7.1
汽车	第三阶：内含在汽车成本的燃料的电力成本	32.1 / 10.7	42.9
汽车	第四阶：在铝成本下的电力运输成本	5.4 / 1.8	7.1
汽车	**总计**		**145.2**
最终归宿（两类）		108.9 / 141.1	
总计			**250**

在表 6.6 的第一列中显示了燃料的碳税 "直接" 成本。而内含于非燃料产品价格中的 "间接" 税负成本和总成本（直接和间接的成本）则在表的剩余部分显示[1]。因此，第二组列将每个部门最初承担的 "第一阶段间接成本" 在购买其产品的其他部门、消费者和出口部门之间进行分配。当然，如第三组列所示，除了当税收内含在对消费者的销售和出口时，还有税负的 "第二阶段间接成本"。例如，用于生产电力的燃料的税负成本被内含在铝的成本里，该铝或者销售给汽车产业或者被出口。同样地，我们还有第三和第四阶段间接成本[2]。最后一列总结了这些计算，并把之前的间接效应进行合并同时将它追溯至其被内化于所列部门成本中的点。在 "总计" 这一列中，最下面的三条记录表明了消费者销售和出口之间的直接和间接成本的最终分配。出口边境税调整的目标是为了返还全部内含在出口价格中的碳税，但是，如流转税情形一样，计算出恰当的退税额是一件相当艰巨的任务，不但会遇到许多同样的问题，而且还有许多新的问题，但至少不用去考虑阶梯程度，因为在一个健全的碳税体系下是不会对同一碳重复征税的。例如，如果电力同时由碳密集型和 "清洁型" 技术生产，但是采取了统一的售价，这样的话，铝的生产者将会有诱因去使用以碳密集型工艺所研发的电去生产出口产品，以便使出口退税最大化。但在增值税体系中就不会有类似的问题。当然，在之前提到的非对称的体系下，这些问题将不会出现。

进口边境税调整的计算将会更麻烦，因为它应反映出口国产品中的碳含量。获得必要的信息可能会异常困难，尤其是在发展中国家。使这一问题更为困难的一个事实是，进口产品包括来自对碳定价的国家的产品中可能包含要经过多个国家，包括进口国生产的零部件。在这些情形下有必要存在计算适当边境税调整的来源地规则和方法论[3]。类似的问题将会出现在出口方面。但是在增值税体系和流转税体系下则不会有相似的问题。因

---

　　[1]　前面的术语是基于一个假设，即碳税是对燃料的购买或者消费或者二氧化碳的排放量实施的；相反，如果税负是在进口时支付，则该税负将被内含于燃料的成本中。

　　[2]　在后一种情况里，内含的成本链从燃料到运输，到铝，到汽车，再到消费者和出口。

　　[3]　伊斯默和诺伊霍夫（Ismer and Neuhoff, 2007）引起了一些国家再出口的担忧，这些国家对来自未实施碳定价国家的产品进行碳定价，也许是在进行了充分的修订以满足来源地规则和反滥用规则的需要之后。科斯贝（Cosbey, 2008）提供了贸易从碳定价国家转移的例子。

为边境税调整并不取决于来源地国家的税费。最后，计算进口边境税调整的两种方法，即进口国主导的生产方法和最佳实用技术，将有必要被适用于生产分配过程的每一阶段，以便计算出可接受的进口边境税调整水平，更进一步使计算复杂。

4. 限制边境调整

得到精确边境调整的难度表明，实际上做到这一点的努力可能在几个方面是有局限的。第一，边境调整可能仅仅适用于能源和贸易密集度最高的部门，如铝、铁和钢制产品，制浆造纸及化学制品①。这可以被称为边境调整的行业宽度。第二，与生产直接相关的碳燃烧将几乎确定地会在边境调整的计算中被考虑进去，而为大多数其他目的燃烧的能源，如办公室取暖，甚至交通可能将不会被考虑。这可能被描述为边境调整在部门内部的宽度。第三，尽管一些间接效应和一些直接的效应可能会被考虑，但是对于高阶间接效应的补偿，将涉及边境调整部门宽度的扩展尝试好像不大可能。这可以被描述为边境调整在纵向深度上的限制。我们可通过下面这个问题来阐明这一限制，即是否要对运送贸易部门的投入和产出所用能源的税负，包括能源本身的税负提供边境税调整，但是却不对该部门供应商运送投入所用能源的税负进行调整。

这些限制因素的结果是边境调整很可能达不到理论上需要维持竞争平衡和防止碳泄漏的调整需求。从实际考虑来看，其重要性如何取决于寻求边境调整的碳定价的覆盖范围和边境调整的宽度及深度。如果碳税或其他等价税仅针对允许边境调整的相同部门，并且边境调整在这些部门碳定价的总的直接和间接成本中被允许的比例很高，这些差距将会相对不太重要。另外，如果碳税的适用要远远大于边境调整的适用，如果边境调整仅仅被允许针对其适用部门中较小部分的碳定价总成本，这些影响将会更加严重。

---

① 《瓦克斯曼—马凯气候变化议案》预见了一种可能性，即像化学制品、钢铁、水泥、玻璃、石灰、某些纸浆和纸制品等能源密集和贸易敏感产品，以及像铝和铜等有色金属的进口国可能会被要求购买"全球储备配额"。早先的沃纳·利伯曼法案中包含有类似条款。

6.5 边境调整在关贸总协定（GATT）中的合法性

在关贸总协定（GATT）和补贴与反补贴措施协议（ASCM）中，边境调整被允许只适用于特定类型的税负，这两个条约是与目前国际贸易规则多边条约目标最相关的规定。WTO 负责监督 GATT 和 ASCM 的遵守情况。即使 WTO 发现一个措施违反了基本的或者实质性的贸易规则，它可能会发现该措施符合 GATT 第 20 条规定的一般性例外。WTO 是否将允许对排放许可证成本进行边境调整则更不确定，尤其是当许可证的分配完全免费或是在二级市场上购买时。

接下来我们将检验在总量控制与交易制度下对碳税和排放许可证成本适用的边境调整在 GATT 中的合法性①。因为 GATT 的规则被制定来处理边境税调整，虽然这些规定不是针对碳或者其他环境税的边境税调整，但是我们先对其进行了非常细致的检验。作为这一节重点问题还有许多附属问题。这些附属问题包括，对于进出口边境调整是否采用了相同的规则、碳税是否是直接税、碳税是否是"前阶段累计间接税"，我们会在之后对这一概念进行解释。碳税是否对产品征收、是否会对相似产品征收碳税、对碳税进行的边境税调整是否符合 GATT 第 20 条中的某个一般性例外，即使其被认定违反了 GATT/ASCM 的基本规则，在这一问题中还可以引申出一些更深层的问题，我们是否能够从对碳税进行的边境税调整的合法性推断出对拍卖排放许可证的成本进行边境税调整的合法性，以及边境调整是否适用于那些没有从政府购买排放许可证的实体。

6.5.1　进出口规则

尽管经济学家可能认为边境调整是一个可以对称地适用于进出口的调

---

① 本节的讨论是以麦克罗（McLure, 2010a）为基础的，该文提供了更细致的讨论，并且参考了大量的关于这一主题的文献。也参见 Hufbauer, Gary Clyde, Steve Charnowitz and Jisun Kim. Global Warming and the World Trading System. Washington D. C. : Peterson Institute for International Economics, 2009.

整套餐，正如它们通常情况下在增值税体系中的适用一样，但是在世界贸易组织法①及其相关文献中对待边境调整的方式则完全不同。而且，至关重要的一点是，即使存在针对进口边境调整的第20条例外，好像不可能存在允许出口边境调整的例外规定。确定进口边境调整在 GATT 中合法性的 GATT 基本规则主要是那些规定国民待遇和最惠国待遇的规则。根据前者，对进口产品不能征收比同类国内产品更重的税负；根据后者，对于来自不同的 GATT 签约国的进口产品采取区别性对待是不合法的。那些与出口相关的规则主要是 GATT 和 ASCM 中与津贴有关的规则，其把超出相似商品应付税额部分的免税和退税视为出口津贴。德玛雷特和斯图尔德森（Demaret and Stewardson，1994）总结了这种情况："GATT 包含了涉及进出口的不同条款，但是关于这些条款是否应该以一个对称的模式去实施并没有明确的规定。"根据 GATT 第 20 条，获得一个例外的其中一个关键是贸易措施须是健康保护所必需的，或是与可耗竭自然资源的保护相关的。考虑到之前描述的出口边境调整可能的经济效应，出口边境调整例外情况的出现好像是不可能的。这使区别对待进口边境调整和出口边境调整的情形更严重，也是之前验证的混合体系中考虑非对称边境调整的原因之一。

6.5.2 碳税的本质

在解析是否要对"相似商品"征收碳税这一重要的问题之前，着手处理另外两个可能有清晰答案的问题将是有用的。碳税是直接税吗？边境税调整自身对其适用是不被允许的吗？如果是的话，碳税是前阶段累计间接税（PSCI）吗？GATT 明确允许边境税调整对其适用吗？GATT 不能对第一个问题给出一个令人满意的答案。它仅规定边境税调整被允许适用于与"类似国内产品相关的"税负，不适用边境税调整的税收类型只能进行推断。相比之下，ASCM 清楚地规定边境税调整可以适用于间接税，但是不适用于直接税，与此同时，该协议也给出了一个直接税的定义，这一定义对于大多数的税务专家来说都是熟悉的。尽管这一观点并非没有挑战，但

---

① 英文简称：WTO Law。

是占主导地位的观点认为碳税不是直接税，并且因此对碳税进行的边境税调整本身并不违法。

ASCM 中特别规定边境税调整是可以适用于生产中所消费的投入品上的前阶段累计间接税，这些原料明确包括能源、燃料和石油。一些人认为这意味着，边境税调整将被允许适用于碳税，但是这种观点好像是基于对前阶段累计间接税性质的误解。当一些国家开始采用增值税的体系，并且明确允许边境税调整适用于该体系时，前阶段累计间接税被创设出来去描述在某些国家仍然存在的流转税。因此，关于前阶段累计间接税（PSCI）规则的合法性在目前的背景下就显得不相关了。

6.5.3 是否要对"同类产品"征收碳税

是否要对"同类产品"征收碳税涉及了三个相互关联的话题：这一税收是否对产品而不是对加工和生产方法（PPMs）征收；基于加工和生产方法的税收是否可调节；碳强度的差别是否会使产品变得不同，并由此导致对进口产品适用的边境税调整可能会超过对国内市场中除了碳排放强度外其他方面相同的产品生产征收的碳税。

1. 产品与加工和生产方法

GATT 中涉及"直接或间接适用于同类国内产品的税收"。直接对化石燃料征收的碳税明显是可调节的，正如对交易产品中的物理投入品征收的税收一样。但是内含在产品组成部分的碳税会怎么样呢？排放的碳很明显没有并入产品中。在早先对边境税调整合法性的讨论中，对于那些不直接对产品或者物理投入品征收的间接税被称为"税收隐性"（隐蔽税）。如今它们通常被描述为与加工和生产方法相关而不是对产品征收。

2. 基于加工和生产方法的边境税调整

尽管人们对关于加工和生产方法税收的可调整性存在观点分歧，WTO给出了下面这段明确的陈述：根据现行规则和司法管辖权，"产品"税和相关费用可以在边境进行调整，但是"加工"税和相关费用总的来说是不能进行调整的。例如，对于生产一吨钢材所消费能源征收的税负不能适用于进口钢材。如果对碳税的边境税调整受到挑战时，该观点能否占优势是不清楚的。在超级基金的案例中，一个 WTO 的专家组坚持了对进口化学制品的边境税调整的合法性，该调整用以补偿美国对本国生产这些化学制品的原料所征收的美国国内税收。但不幸的是，这一专家组并没有指出这些原料是否是物理性地并入了本国生产的化学制品中，或者这一问题是否重要，而这些问题在评估对碳适用边境税调整时至关重要。如果这些原料被物理性地并入的话，则可以认为边境税调整补偿的美国国内税收是基于加工和生产方法的。

那些破坏臭氧层化学物质（ODCs）的美国税收所伴随的边境税调整很明显是基于加工和生产方法的，因为这些调整是对那些用 ODCs 生产的产品实施的，但不适用于包含 ODCs 的产品，ODCs 的进口和包含 ODCs 产品的进口。边境税调整没有在 WTO 被质疑过的事实导致有些人认为对加工和生产方法适用的边境税调整在 GATT 下是合法的，但是如果 WTO 被请求对 ODC 税收的边境税调整的合法性进行决定时，没有办法知道其会如何进行裁定。很多人认为和 WTO 关系最相关的案例甚至都没有涉及税收。在海虾海龟案中，WTO 的上诉机构裁定，美国可以禁止进口使用未安装海龟排离器的渔网捕到的虾。尽管这一案例涉及了第 20 条中的一个例外规定，但人们还是将其解释为根据 GATT 规则及 20 条，WTO 可能维持基于加工和生产方法（PPMs）的边境税调整。但是，应该注意到 WTO 决定并不受遵循先例原则的约束。

3. 能源密集度和"同类产品"

如果碳税的边境税调整是为了平衡进口产品和国内产品之间的竞争环境，这些调整必须反映进口产品的能源密集度；但是边境税调整不能超过"同类"国内产品的税负。这就产生了一个新问题，即对于那些表面看起来一样，但是有着不同能源密集度的产品是否属于"同类"产品。如果它们是"同类的"，边境税调整就不能基于进口产品的能源密集度了。"相似"涉及了产品之间的竞争关系。因为相同的产品通常具有竞争性，所以它好像可能会被认定为"同类"产品。尽管 WTO 的上诉机构已经认定相似可能取决于消费者的品位和爱好，以及产品的最终用途、性能、性质、质量和关税分类，但是这一条件对于如钢铁、铝、木材和纸张，以及化学制品等工业投入原料，在关于碳价的边境调整讨论中占据显要的地位来说却关系不大。

尽管上面提到的这些考虑因素在根据基本规则①评价边境税调整的GATT 合法性中起着重要的作用，但是它们对一个 20 条的例外规定是否将是决定性的，这一点却是不清楚的。

6.5.4　混合体系和最惠国待遇

边境税调整是否符合 GATT 和 ASCM 的国民待遇原则和津贴规定的要求是不清楚的。另外，有一点是确定的，即仅适用于没有碳定价国家的进口产品及可能对这些国家出口的产品的边境税调整将被认定为违反了GATT 的最惠国条款。

6.5.5　第 20 条例外

如果人们假定之前的分析是正确的，对碳税的边境税调整，包括混合体系下的是否能够被 20 条中的一般例外所拯救呢？对于此问题的答案涉及一个按顺序适用的两级测试。首先，符合一般性例外中的一个，其次，根据批注部分的可接受性，这些批注涉及的是一个措施是如何被适用，以及该措施如何试图平衡寻求例外的国家与抗议该措施的国家相互之间的权利和义务的。

第 20 条的例外中最相关的是有关措施的例外：

（b）为保护人类、动物或植物的生命或健康所必需的措施；

（g）与保护耗竭性自然资源有关的措施，如果此类措施与国内生产和消费的限制措施一同实施。

尽管有些人认为根据（b）款，针对碳税的边境税调整是符合条件的，

---

① 此处具体指国民待遇原则和最惠国待遇原则。

但是更普遍的意见是边境税调整根据（g）款被认可的可能性更大。基于WTO上诉机构在海虾海龟案中的决定，有理由相信，对进口的边境税调整将被认定为满足（g）款的规定，因为它们与大气①的保护直接相关，并且它将与国内碳税一同实施。值得注意的一点是，上诉机构在海虾海龟案的决定中指出，第20条（g）款例外中"对耗竭性资源的保护"必须"根据国际社会对环境保护的当前关切"进行解读。《联合国气候变化框架公约》（UNFCCC）和《京都议定书》反映了这些关切。相比之下，我们很难说针对出口的边境税调整与清洁空气的保护有关，因为这些调整实际上去除了一个抑制二氧化碳排放的因素。因此，接下来假定针对碳税的出口边境税调整将不应该被允许。

一个措施满足（b）款或（g）款的规定仍然不充分，它必须也满足本条起始段批注部分的规定，即要求相关措施"……的实施在条件相同的各国间不会构成武断的或不合理的歧视，或者不会形成对国际贸易的变相限制……"②。针对来自那些来源地碳税制，或者其他减排手段国家的进口边境税调整可能将不被允许，因为那将导致双重征税，或者这一功能的等价物。另外，发达国家很可能被允许对来自那些"叛变的"发达国家的进口采取边境税调整，这些"叛变的"发达国家主要是指那些不采取减排政策的国家，如美国。就如同在混合体系下一样，要使这一结论说得通，我们需要真诚协商，例如，在《京都议定书》通过之前及之后的会谈，并且尊重正当程序和公平。

对来自发展中国家的进口适用边境税调整的合法性似乎还不太好说。发达国家会主张应该允许边境税调整，因为相同的条件，即缺乏碳定价及发展水平，在发展中国家并不普遍。或许更重要的是，发展中国家或许会注意到在《京都议定书》中对其减排义务豁免的逻辑矛盾，所以对其出口实施边境税调整。尽管美国可能会抗议说，他们并没有批准《京都议定书》，但它是《联合国气候变化框架公约》的缔约方，该公约承认国家在处理气候变化方面"共同但有区别的责任及各自的能力"。

---

① 该上诉机构之前确定，大气是一种耗竭性自然资源。
② 《关税及贸易总协定》第十二条。

6.5.6 计算边境税调整

如果边境税调整被认定为具有 GATT 合法性，但表面看似相同的产品又被认定为是"相同的"，那么，针对进口产品的边境税调整不能够超过同类国内产品中内含的碳税。在超级基金的案例中，WTO 允许在进口国计算可以适用于化学品进口的最高边境税调整时采用"主要生产方法"（PMP）[1]。假设同样的方法可以用来计算对碳税允许的最大边境税调整。但是如果一个外国生产者能够证实其产品的碳密集度要低于国内产品，他就可以根据其产品的实际碳含量来支付边境税调整。超级基金和 ODC 的立法也规定了这一选项。相比之下，如果对出口的边境税调整被允许，它应该反映了出口产品真实的碳含量。另一个被建议来计算进口边境税调整的方法是"最佳实用技术"（BAT），对于这一术语，主要的倡导者定义为"例如，活动发展及其操作方法的最有效和最高级的阶段，它表明原则上提供排放限制值基础的实际适度性，该值被设计来预防及在预防不可行时减少排放及对整体环境的影响……"[2]。尽管这些作者声称，实施边境税调整将是"相对简单的"，但是他们也界定了一些需要解决的问题[3]，其中包括产品类别的定义，产品类别内部的能源密集度变化，最佳实用技术的界定，以及用来计算贸易商品中碳含量的燃料选择，这是在电力情形下尤为麻烦的一个问题，因为可用来发电的燃料很多，从零排放的选择，如风能、水力发电和核能到中度碳密集度的选择，如石油和天然气再到高碳密集度的火力发电。

无论是使用主要生产方法（PMP）还是最佳实用技术（BAT）都将不能平衡高能源密集度的进口产品和低能源密集度的国内产品之间的竞争环境。这将要求以进口产品的实际碳含量来计算边境税调整，当然这种做法

---

① 同样的方法也被用来计算对破坏臭氧层化学物质（ODCs）税收的边境税调整。

② Ismer R. and K. Neuhoff. Border Tax Adjustment: A Feasible Way to Support Stringent Emission Trading. European Journal of Law and Economics, 2007, 24: 147.

③ Ismer R. and K. Neuhoff. Border Tax Adjustment: A Feasible Way to Support Stringent Emission Trading. European Journal of Law and Economics, 2007, 24: 154 – 158.

只有在相同的产品被认定为不是"同类产品"时，或者如果这一方法为了回应第 20 条例外的某一请求而被准许时才是符合 GATT 规定的。这一措施的实施将会是特别艰巨的，因为它将要求对进口产品碳含量知识的掌握。碳含量的预估必须与具体企业生产的特定产品有关；这些估算是不能基于一个国家或者部门的平均水平的。暂且不考虑计算碳含量的问题，尤其是在发展中国家，要对产品中的碳含量进行查证将会是一项巨大的挑战。另外，如果一个企业使用不同能源密集度的技术，它们可能被预期出口使用最高碳密集度的技术所制造的产品以便最大化出口边境税调整。这一问题的处理方式可以通过采用该企业产品的平均能源密集度来计算边境税调整，但是这种做法的 GATT 合法性不清楚。

6.5.7　碳排放许可证成本的边境调整

碳排放许可证成本的边境调整的 GATT 合法性必须从一些原本用来处理其他问题的条款中推导出来，比如，关于对税收和其他收费的边境税调整的条款，或者也许是关于规章的条款，后者是本章未考虑的一种可能性。因此，碳税边境税调整的 GATT 合法性的不确定性与这些条款将如何适用于许可证成本的不确定性混合在一起。

经济合作与发展组织（OECD）将税收定义为"支付给政府的具有强制性和无偿性的费用"。① 从政府购买排放许可证的成本将看作是一项强制的无偿的费用，这似乎是合理的，在这种情形下，成本边境调整的 GATT 合法性需考虑的因素应在逻辑上与碳税边境税调整 GATT 合法性的考虑因素一致。但是，无从得知 WTO 是否同意这一观点。而且，向政府支付费用并不是获得许可证的唯一途径。尤其是，有时许可证可以免费获得或者是从二级市场上购买。为了克服之前提到的竞争力、碳泄漏和"搭便车"行为等问题，有必要允许对通过这些渠道获得许可证的成本进行边境调

---

① 经济合作与发展组织："多边投资协议协商小组主席关于税收定义的注释"［DAFFE/MAI/EG2（96）3，1996 年 4 月 19 日］，2009 年 9 月 3 日访问，转引自 de Cendra Javier. Can Emissions Trading Schemes be Coupled with Border Tax Adjustments? An Analysis Vis à vis WTO Law. RECIEL，2006，15（2）：135.

整。推理很简单。许可证的无偿分配最好能被看作是一种一次性转移支付的行为。排放许可证具有价值，同时也具有机会成本，无论是从政府购买，通过无偿分配取得，还是从二级市场上购买。这些机会成本将反映在价格上，至少当电力公用事业管理机构允许时。除非这些机会成本也反映在边境调整上，否则它将会降低竞争力，并且导致碳泄漏和"搭便车"行为。[1] 尽管对于经济学家来说，这一推理也许在逻辑上是无懈可击的，并且可以真实地描述现实中形势的发展，但是，对于WTO来说并没有什么说服力，尤其是无偿分配许可证的情况下。归根结底，这一推理意味着边境调整应该被允许适用于那些没有实际产生的成本，这和GATT和ASCM的规定截然相反。在边境调整将局限于不是免费分配的许可证时，似乎存在普遍的一致性。

在二级市场上获得拍卖许可证的成本是否被视为一种适当调整的税收，似乎取决于经合组织将税收定义为"对一般政府的强制性、单相思付款"的重点。持有排放许可证将是强制性的，可能是无回报的，但是费用并不是支付给政府，至少不是直接支付给政府。在二级市场上取得最初无偿授予的排放许可证加剧了这种不确定性。

6.6 结论

对碳税和排放许可证成本将采用边境调整的可能性引起了一系列的经济、管理和法律问题，并有激起保护主义倾向的危险。边境调整很可能会被移植到来源地碳定价制度上，并且仅适用于那些没有类似减排机制的国家，以便缓解高耗能产业竞争劣势、碳泄漏并促使碳定价。这些调整几乎确定会被认定违反了GATT的最惠国待遇条款，而且因为该调整是对加工和生产方法（PPMs）实施，而不是对产品实施，所以也会被认定违反了国民待遇原则。根据GATT第20条，进口边境调整很可能会被许可为例外情

① Frankel Jeffrey. Global Environment and Trade Policy. In Post－Kyoto International Climate Policy Joseph E. Aldy and Robert N. Stavins（eds.）. New York：Cambridge University Press，2008.

形，但是出口边境调整就不可以。进口边境调整到底是要基于进口产品的碳含量，这是平衡进口产品和国内产品之间的竞争环境所要求的，还是基于进口国家同类产品的生产，或是基于最佳实用技术，这一点是不确定的。不管怎样，要计算出准确的边境调整都是相当复杂的。因此很可能，边境调整的应用广度和范围将受限制，也就是说，它们应该仅被适用于相对少数的能源密集型产品，可能仅仅补偿在生产中产生的直接和间接内含的碳价，而且在包含间接碳价方面将不会达到非常远的上游，因为那样的做法没有成本效益。因此有限的边境调整不可能完全补偿国际贸易中内含的所有碳价，但是可以补偿那些最重要的成本。

第 **7** 章

税收和总量控制：国内燃料和进口燃料的气候政策工具

约翰·斯特兰德（Jon Strand）

7.1 引言

　　如今，大部分的经济学家和决策者认为，在排放者可自由交易排放权的背景下，作为减少全球碳排放的有效政策工具，设置排放税和排放总量控制在本质上没什么差别[①]。本章内容将证明这个观点通常是错误的。当不同的国家或地区在燃料市场上具有利益冲突时，这两种气候政策工具是不等同的，并且通常具有很大的差别。首先，我们做一个仿真假设。全部的燃料市场和政策由两个具有利益冲突的国家集团主导，一个集团消费绝大多数的化石燃料，并且是气候政策的制定者和实施者；另一个集团生产化石燃料。无论是生产集团还是消费集团，当他们的集团内部政策相协调

---

　　① 该报告中，我们忽略了碳以外的其他所有气体，碳占约所有温室气体气候影响的 80%。关于我们的两套政策工具，一般认为任何差异都只存在于不确定的情况下，或者在政府和私营部门之间的分配方面，例如，关于排放权是否被政府赠送或拍卖。政策制定者的非竞争行为造成的差异却鲜为人知。

时，都倾向于在化石燃料市场上表现出一种非竞争性。其次，从燃料消费国的角度，分析证明税收方案作为最高效且最有效的气候政策工具往往比总量控制与交易方案占优势。

设想一个高度程式化的环境，世界经济被分割成两个集团。被称为区域 A 的集团消费所有的化石燃料，并且制定和实施气候政策。假设区域 A 消费两种燃料：其中燃料 1 完全从其他地区进口，假定为石油；燃料 2 完全在区域 A 境内生产，可以理解为煤炭、天然气或可再生能源中的一种。假设区域 B 生产所有的燃料 1，但是不生产燃料 2，并且区域 B 自身不消费任何燃料。这两个区域的利益冲突在于，对燃料 1 征收较高的进口或出口税会减少出口方区域 B、进口方区域 A 的最大福利。因此，假设这两个区域在制定燃料税或碳税，或者制定总量控制政策方面是不合作的。相反，在给定另一集团政策的情况下，每个集团会都会制定自己的最优政策。这里援引的自然平衡概念就是非合作的纳什均衡（NE）。

与此同时，假设在每一个集团内部所有国家的各项政策都是完全协调的，因此该集团可以作为单一决策者行动。从气候政策的角度，本章所假设的这个理想状态是很容易构想的：对碳排放者来说，最优的气候政策就是最优地协调了所有排放者战略的政策。作为制定气候政策的区域 A 可以被视为 OECD 的全部成员方，加上大部分的亚洲国家、拉丁美洲国家和非洲国家。这些国家绝大多数属于燃料进口国，总体的能源消费和人口几乎占到了全世界的九成。也正是这些国家似乎专注于限制温室气体排放。由燃料出口国组成的区域 B 是一个比区域 A 要小得多的国家团体，主要由石油输出国组织（OPEC）成员国和俄罗斯组成。我们认为，燃料出口国协调它们出口战略的观点并不牵强，尤其考虑 OPEC 是石油市场中的全球势力。假设该集团不消费任何自产的能源并且对控制气候变化没有根本的利益关系，这一点是符合实际的，因为该集团的人口与能源消费仅占到全球的一成。

除了由出口国生产并全部由进口国消费的燃料 1 以外，假设还存在着燃料 2，燃料 2 完全由进口国生产和消费。燃料 2 的存在将会使我们的分析产生很大的不同。在区域 A 选择总量控制与交易政策来限制碳排放的情况下，燃料 2 存在的主要意义在于为区域 A 提供更多的选择。因为有了可选择的除石油外的燃料，进口国集团拥有了两种燃料而不是之前的一种，这使得碳排放总量控制可以被调整或履行。结果是，根据碳排放总量控制政策，相对于区域 B，区域 A 的战略地位得到提升。如前所述，该分析集中在两个控制碳排放的可替代范式上，即燃料或碳税和总量控制与交易方案，它们代表了目前处理温室气体减缓问题时采用的两种主要范式。

　　本章我们将从 7.3 ~ 7.5 节讨论三个不同的模型。在所有的情形中，区域 B 燃料出口国都将制定一个最优的出口税，该税可同样被解释为对区域 B 境内的燃料生产征收的国内税。这些模型的区别之处在于区域 A 所采取的行为不同。在模型 1 里，假设了税收设置的纳什均衡，也就是说，区域 A 最优区分了燃料 1 和燃料 2，并且对燃料 1 和燃料 2 分别制定了不同的消费税。在模型 2 里，假设区域 A 对两种燃料制定了一个通用的碳税。这就承认了当两种燃料采取不同的税制时，对燃料 1 征收的税有理由被解释为战略性的进口税，而不是排放税，这种做法与 WTO 规则的要求不符。基于上述理由反对根据单位碳排放征收的通用税可能比较困难，尤其是这种税收也适用于国内生产和消费的燃料。在模型 3 里，区域 A 选择总量控制与交易方案，而不是设置税收，也就是说区域 A 设定了该区域消费两种化石燃料的碳排放水平。作为全球消费化石燃料的唯一区域，区域 A 被假设能够制定和实施全球碳排放总量控制。区域 B 不能直接控制碳的排放量，但是我们假定它仍然对燃料 1 设置了出口税。

　　尽管两个税收设置模型 1 和模型 2 情形中的战略博弈是相似的，并且与单一燃料情形中的等价博弈类似，而总量控制与交易情形模型 3 中的战略博弈则完全不同。出口区 B 把区域 A 消费两种燃料的权衡计划作为前提条件，面对区域 A 预先设定的碳排放总量控制，现在也设置了自己的最优税收。在这里，进口区可以被视为设置了排放配额价格[1]。相比之下，在此之前关于该主题的论文里[2]，设定一个排放总量控制相当于选择特定量的燃料 1 进口额。这种战略差异证明对均衡解有重大的影响，至少在某些

---

① 总量控制的对偶，假定对两种燃料设置了通用的配额价格，并且区域 A 面临着给定的区域 B 对燃料 1 设置的出口税。

② Strand Jon. Who Gains and Who Loses by Fossil - fuel Taxes and Caps: Importers Versus Exporters. World Bank, 2009a. 只有一种化石燃料。

情形中是这样。这一点将在后面的表格分析里用数值进行验证。在燃料 2 不含碳，且燃料 2 被解释为可再生能源的限度内，两种模型结果是等效的。

分析过程中，首先，燃料 2 在区域 A 充当了燃料 1 的替代品，尽管并不是完全替代品。其次，燃料消费区域如今也生产燃料，而且该区域是燃料 2 的唯一生产者和消费者。燃料 1 始终被考虑为石油国际交易的主要燃料。本章对燃料 2 有三种选项理解。其中两种是化石能源，可以是煤或天然气。当燃料 2 是煤或天然气时，其单位能源排放量将会比燃料 1 高或低。燃料 2 的第三种选择是可再生能源。有些可再生能源具有与天然气相似的排放特征，但有些可再生能源可能会有更低的排放量。有趣的是，根据这三种不同的选项理解将使模型产生明显不同且具有启发性的结果。根据燃料 2 的不同特点，进口国在总量控制与交易方案中的结果在当前会有显著的差异，正如 7.6 节表格中记录的模拟所显示的那样。本章将产生一系列经验关联式的预测，尤其是关于燃料出口国在满足燃料进口国确定的排放总量控制要求时做出的最优战略预测。

之前论文里考虑的是一个类似静态的模型，不过是一个只有一种燃料的模型。在那篇论文里，证明了当燃料进口国通过制定税收政策而不是设定排放总量控制来限制其燃料消费时，他们将从中受益，而燃料出口国总是希望设定一个确定的燃料税。当每一个国家集团内部，而不是国家集团之间的战略协同时，进口国和出口国燃料税总和将超过庇古水平，这反映出税收的两种不同动机，由排放对气候的影响导致的外部性矫正和战略性抽租。对燃料进口国来说，该行为作为"能源安全"动机可以被视为正当的。虽然其他的一些相关文献是动态的，但是这些文献因仅关注了一种能源和仅考虑税收政策而忽略了这里的两个关键的新问题。伯斯特罗（Bergstrom，1982）发表的一篇较早但却很有影响的文章中考虑了石油进口国面对竞争性石油供应或垄断性石油出口国情形下的战略性税收设置，但是这篇文章忽略了环境成本。进口消费税的负担在这篇论文中被证明通常由出口国全部承担[①]。卡普和纽贝里（Karp and Newberry，1991）与阿蒙森和

---

① 该结果基于这样的假设：化石燃料资源的耗竭性和零采掘成本导致当实施税收时，该资源均衡的未来价格路径发生改变。注意伯格斯特龙没有采掘成本的假设是受限制的，这使得他的结果很难普及。在本章的公式中，采掘成本是很重要的一部分，而耗竭性被忽略了。

朔布（Amundsen and Schöb，1999）都得出过相似的结论；阿蒙森和朔布的文章把战略税收动机和环境税收动机结合起来，并且他们的一些结论和我们相似，比如租金获取的论点可导致燃料进口国设定超过庇古水平的燃料税。不久前，鲁维奥（Rubio，2005）考虑了定量机制与定价机制的比较。其中，出口国和我们的模型一样，不是进口美国国会设定一个总量。利斯基和塔文嫩（Liski and Tahvonen，2004）研究了一个动态模型，在这个模型里只有进口国对化石燃料征税；他们的结论与我们相似，尤其是下面的结论，即当环境的外部性"很小"时，燃料进口国的税收可能被设定为高于庇古水平，但当环境的外部性"很大"时，则税收低于庇古水平。魏（Wei，2009）研究了消耗和进口化石燃料（石油）的区块与出口化石燃料（石油）的第二个区块之间的动态"终局博弈"（用于开采给定的化石燃料资源）；该博弈同利斯基和塔文嫩（2004）讨论的模型很相似，但是在这种情形下，出口国没有采掘成本并且自身消费部分该燃料。得出的结论和我们文章中有关税收方案的结论相似：进口国设定一个超过庇古水平的税收，出口国设定一个明确的出口税去抽取部分潜在的生产者剩余。这个分析确认了一点，即对于进口国来说，燃料或碳税在动态环境中也是有利的，并且这个优势可能比我们短期模型中显示的还要大[1]。凯迪本（Keutiben，2010）对该分析做出了更进一步的贡献，凯迪本将动态单一燃料模型扩展到下列情形，即燃料进口国生产部分燃料，燃料出口国消费部分燃料。结果证明更大程度的自主生产将有利于进口国的租金获取，同时，燃料出口国更多的燃料消费将使得进口国的租金获取更加困难。辛恩（Sinn，2008）主张在进口国征收燃料或碳税的情形下可能会产生"绿色悖论"问题；这意味着一个租金转移（rent-shifting）的极端例子，由此出口国的定价会大幅度的降低，从而导致化石燃料采掘和排放的总量事实上的增加[2]。艾克纳和帕斯哥（Eichner and Pethig，2009）对采用总量控制

---

① 魏（2009）证明出口国通常通过在国内市场将其燃料便宜出售而获得收益，因此解释了燃料出口国对国内销售的燃料提供津贴的倾向。也见斯特兰德（Strand，2009b），其中有相似的结果。

② 斯特兰德（Strand，2007）证明支持可替代能源发展的政策通过燃料采掘的向前转嫁可能导致"绿色悖论"，至少短期是这样的。普勒格和维特根（Ploeg and Withagen，2009）以及卡库尔和埃登霍费尔（Kalkuhl and Edenhofer，2010）研究了长期"绿色悖论"可能产生的条件，发现这些条件是有限的，而且依赖于可能最终替代化石燃料的后备技术的性质。

政策时出现这种"绿色悖论"的可能性进行了思考，他们运用了一个包含三个区域的动态模型：燃料出口国，制定气候政策，通过总量控制与交易制度实施碳价制度的燃料进口国，以及没有任何政策的燃料进口国。气候政策制定者们制定更加严格的总量控制可能导致对没有政策的地区过度的碳"泄漏"。他们发现这一现象仅发生在非常特殊的情形下，但如果总量控制政策仅在两个阶段中的第一个中实施，其发生的可能性将加大。需要注意的是，他们的论文没有研究出口国的战略性税收，而这是本章的一个主要特征。

本章引用到的论文没有一篇涉及本章的两个主题。第一个主题是，当燃料进口国和消费国自己生产化石燃料时的最优或均衡的气候政策。第二个主题是，在制定气候政策时，如何在税收和总量控制与交易制度这两种方案中做出选择。

7.2 基本要素

设想一个只有两种化石燃料的世界，并且两种燃料都只由区域 A 消费。燃料 1 可认为是石油完全由区域 B 生产，而燃料 2 则完全由区域 A 生产和消费[1]。燃料 2 可以被认为是煤炭、天然气或者可再生能源中的一种。所有的需求和供给函数都被假定为线性的[2]。

全球化的外部性来自燃烧化石燃料造成的碳排放可以用 $(1+\alpha)(c_1 R_1 + c_2 R_2)$ 来表示，在这里 R_1 和 R_2 分别是燃料 1 和燃料 2 的全球消费水平，c_1 和 c_2 则分别代表了两种燃料的每单位燃料的碳排放量。当区域 A 每单位排放的外部性成本为 1 时，这些（c_1 和 c_2）也就是区域 A 的人们所感受到的每单位燃料的外部性，而 αc_1 和 αc_2 为区域 B 的人们能感受到的外部性。

---

[1] 为了厘清思路，区域 A 可以被想为 OECD，绝大多数东南亚国家，和非洲及拉美地区；区域 B 是石油输出国组织和俄罗斯。这些地区的重要特点是区域 A 关心气候变化而区域 B 不太关心；区域 A 有大量的人口和燃料消耗；而区域 B 石油产量高而其他燃料产量少（其中俄罗斯的天然气产量例外）。

[2] 导致线性需求和供应函数的二次效用和生产函数可以被视为相应"真"函数的二阶泰勒近似。只要所考虑的变量的变化很小，则对函数形式没有严重制约。

α 是表示区域 B 碳排放估价与区域 A 估价相比较的系数[①]。我们假定 $\alpha <$ 1，也就是说"绝大多数"的（预防意愿）气候损害都发生在区域 A。当燃料 1 是石油而燃料 2 是煤时，我们可以假定 c_2 远远大于 c_1。当燃料 2 是天然气或可再生能源时，c_2 可以被假定为小于 c_1。区域 A 中与燃料消费不考虑外部性价值有关的公共效用假定由下列公式给出[②]：

$$V(A) = \alpha_1 R_1 - \frac{1}{2}\gamma_1 R_1^2 + \alpha_2 R_2 - \frac{1}{2}\gamma_2 R_2^2 - \theta R_1 R_2 - (p_1 + t_1)R_1 - (p_2 + t_2)R_2$$

(7.1)

其中，p_1 和 p_2 是燃料 1 和燃料 2 的生产者价格，t_1 和 t_2 是国家 A 对两种燃料征收的燃料税。除了 θ，式（7.1）是一个关于这两种燃料的效用函数的简单二次方程，θ 是一个交叉系数，代表了一个负的需求依赖，据此区域 A 的两种燃料被假定为能源消费的相互替代品。关于 R_1 和 R_2 最大化 $V(A)$ 的一阶条件是：

$$\frac{dV(A)}{dR_1} = \alpha_1 - \gamma_1 R_1 - \theta R_2 - (p_1 + t_1) = 0$$

(7.2)

$$\frac{dV(A)}{dR_2} = \alpha_2 - \gamma_2 R_2 - \theta R_1 - (p_2 + t_2) = 0$$

(7.3)

燃料 1 由区域 B（但是全部被区域 A 消费）中相互竞争的企业生产，我们用下边的等式来表示总利润函数：

$$\prod_1(P) = (p_1 - s)R_1 - p_{01}R_1 - \frac{1}{2}\phi_1 R_1^2$$

(7.4)

得出一阶条件：

$$p_1 - s - p_{01} - \phi_1 R_1 = 0$$

(7.5)

燃料 2 的生产者位于区域 A 并且不用支付额外的燃料税，燃料消费国已经对该燃料的消费征过税。这些生产者的利润函数假定为下面的这个二次方程：

---

① 自始至终，我们提取因燃料消耗导致的地方外部性。

② 这里的单个私营部门在确定其需求时，没有考虑排放外部性的动机；因此，这些外部性条件在确定需求时被放弃了。

$$\prod_2 = p_2 R_2 - p_{02} R_2 - \frac{1}{2} \phi_2 R_2^2 \tag{7.6}$$

燃料 2 生产者的一阶条件为:

$$p_2 - p_{02} - \phi_2 R_2 = 0 \tag{7.7}$$

现在我们通过式 (7.2)、式 (7.3)、式 (7.7) 和式 (附7.2) (见附件 7 – 1) 对 p_1、p_2 和 R_1、R_2 进行求解①,并在附件 7 – 1 中给出了完整的推导。我们发现一种燃料的消费和生产量与对该燃料征收的税收呈负相关,但是与对另外一种燃料征收的税收成正相关。不同燃料之间的这种正相关性其实是来自需求的可替代性。因为对一种燃料征收更高的税会减少该种燃料的消费,而其他燃料的边际消费价值就会随之增加,对它的需求也就增加了。相较于单一燃料模型,在多燃料的模型里,税负 t_1 和 s 对于燃料 1,t_2 对于燃料 2 对燃料生产量的直接影响程度更大。这主要是负的交叉需求效应导致的。当对某给定燃料假定是燃料 1 征收的税增加,区域 A 将会使用更多的替代燃料 [式 (7.2)],这也就导致了对燃料 1 需求的减少。

7.3 单个燃料税的纳什均衡税收

7.3.1 区域 A 的纳什均衡税收

我们现在开始推导燃料消费国设定的纳什均衡水平 t_1 和 t_2,以及燃料生产国对燃料 1 的税收 s②。

燃料进口国政府的目标函数定义如下:

---

① 附件 7 – 1 里所有在文章中没有提到的公式按照式 (附7.1)、式 (附7.2) 的序列排列,以此类推。

② 我们并不必要讲 s 解释为出口国对燃料 1 设定的一种"燃料税"。这也完全可以是一种生产税,针对出口集团的所有燃料生产者征收。原则上,它也可以被解释为公有燃料公司供应燃料的一个方案,其中每单位燃料的一部分收入保留在了出口国的国库中,并且单个国家的燃料供给对假设的价格做出反应。这种替代性解释在实践中是高度相关的,尤其因为考虑到 WTO 规则,一个明确的出口税可能很难正式保持。

$$W(A) = \alpha_1 R_1 - \frac{1}{2}\gamma_1 R_1^2 + \alpha_2 R_2 - \frac{1}{2}\gamma_2 R_2^2 - \theta R_1 R_2 - p_1 R_1 - p_{02} R_2$$

$$- \frac{1}{2}\phi_2 R_2^2 - c_1 R_1 - c_2 R_2 \qquad (7.8)$$

式（7.8）仅反映了公共效用函数（7.1）和企业目标函数（7.6）的相加，并且对政府税收收入做了修正。在这个等式里，R_1、R_2、p_1 和 p_2 由 t_1、t_2 和 s 同时决定，其中 t_1 和 t_2 由区域 A 设定，s 由区域 B 设定。区域 A 的纳什均衡税收意味着当其确定 t_1 时 s 是给定的。在附录里对区域 A 在给定 s 的情况下得出 t_1 和 t_2 最优解的一阶条件进行了推导。定义 $t_1^* = t_1 - c_1$，$t_2^* = t_2 - c_2$。得出用 R_1 表示的 t_1^* 和 t_2^* 的解如下：

$$t_1^* = \phi_1 R_1 \qquad (7.9)$$

$$t_2^* = 0 \qquad (7.10)$$

利用式（7.5）和式（7.9）可以写为：

$$t_1^* = p_1 - p_{01} - s \qquad (7.9a)$$

式（7.9）与斯特兰德（Strand，2009a）中的单一燃料模型具有相同的基础形态。显然 $t_1^* > 0$。由进口国针对外国生产的化石燃料设置的最优税收超过了其对进口国造成的环境损害边际成本。而且，在已知燃料进口国有能力最优的区别两种燃料的税收时，引进另外一种国内生产和消费的燃料并不会使消费区（A）改变国际性交易燃料的基本税收设置规则，这种燃料涉及战略性税收设置。无论两种燃料之间的可替代关系由 θ 来代表这种可替代性度的参数如何，这种情形都是适用的。

对于由区域 A 生产和消费的燃料 2，其纳什均衡税收等于该区域的环境损害边际成本（$t_2^* = 0$ 意味着庇古规则 $t_2 = c_2$）。直觉思维很简单，当对外国生产的燃料 1 征税时，区域 A 表现得具有战略性。而燃料 2 是本国生产并在本国消费的，所以区域 A 在考虑"最佳"方案时不需要做出战略性回应。

7.3.2　区域 B 的纳什均衡税收

对于区域 B 的统一政府来说，像之前一样假定该政府面临着独立生产者的竞争性供给；并且燃料全部出口区域 B 没有独立的燃料需求，政策就局限在为每单位出口燃料设定消费税 s。区域 B 的目标函数可以表示为：

$$W(B) = p_1 R_1 - p_{01} R_1 - \frac{1}{2}\phi_1 R_1^2 - \alpha c_1 R_1 - \alpha c_2 R_2 \qquad (7.11)$$

在附件 7 - 1 中里推导出的区域 B 地区政府的一阶条件如下：

$$s^* = \left(\gamma_1 - \frac{\theta^2}{\gamma_2 + \phi_2}\right)R_1 - \frac{\theta}{\gamma_2 + \phi_2}\alpha c_2 \qquad (7.12)$$

其中，$s^* = s - \alpha c_1$ 代表燃料 1 的单位出口税，是指超过出口国估算的每单位燃料 1 消费的外部性的部分。

解释式（7.12）首先需要注意的一点是，如果 $s^* = 0$ 时燃料出口国的税收规则是符合庇古税的。s^* 的表达式将会有一个正项（等号右侧的第一个主项）和一个负项（第二个主项）[1]。每一项都有一个简单明了的解释。第一个是战略交易项：s 被设定的很高，高于庇古水平，这是为了使燃料 1 的出口国能够抽取比从居住在区域 A 的燃料消费者那里获得的更多的租金。这一点和斯特兰德（Strand，2009a）的结果一样，只不过在那篇文章里，出口税有一个更简单的表达式 $s^* = \gamma_1 R_1$。这个表达式如今因为式（7.12）等号右侧括号内的第二项而变小了。这一修改是区域 B 的战略交易效应引起的，而该效应又是由另外一种燃料，即由区域 A 生产和消费的燃料 2 的出现引起的。燃料 2 的存在使区域 A 减少了对燃料 1 的依赖，因为当燃料 1 的价格增长时，额外的燃料选择在一定程度上使燃料 2 替代了燃料 1。当由替代参数 θ 代表的燃料替代程度越大时，这种效应越强。这种替代效应也在一定程度上阻止了出口国对燃料 1 的征税。

式（7.12）等号右侧的第二项，也就是那个负项是一个新加项。它代表了区域 B 对燃料 1 的税收对本区域福利的影响，这种影响是通过对区域 A 中燃料 2 的生产和消费产生的影响体现出来的。当 s 变大时，区域 A 将用燃料 2 替代燃料 1，这将增加对燃料 2 的消费。这一增加将导致更多的碳排放。这是区域 B 燃料 2 每增加一单位消费量 αc_B 的一个外部性。因为区域 B 不直接控制燃料 2 的消费。这一影响将抑制区域 B 对

---

[1] 注意，从基本假设 $\gamma_1 \gamma_2 - \theta^2 > 0$ 可以得出，式（7.12）右边第一项必须为正。

自产燃料的征税。

可以说，这些附加的影响很小。对等式第一项的修正取决于 θ 表示在区域 A 两种燃料的可替代性程度，θ 可以是很小的数[1]。更重要的是，气候损害边际效应 αc_2 可能很小。正如之前讨论的，系数 α[2] 是相当小的，主要有两个原因：第一，因为区域 B 的人口比区域 A 的人口少得多[3]。第二，因为由政治过程表达出的区域 B 中每个个人预防气候损害的偏好可能较弱。

7.3.3　总体的纳什均衡税收设置

结合 R_1 的解和式（7.10）给定的 $t_2^* = 0$ 这个条件，我们现在推导出总体的均衡税收水平 t_1 和 s。在附件 7 - 1 中，t_1 和 s 的解如下所示：

$$t_1 = \frac{\left[(2\gamma_1+\phi_1)(\gamma_2+\phi_2)-2\theta^2\right]c_1 + \phi_1(\gamma_2+\phi_2)(\alpha_1-p_{01}-\alpha c_1) - \phi_1\theta(\alpha_2-p_{02}-\alpha c_2)}{2\left[(\gamma_1+\phi_1)(\gamma_2+\phi_2)-\theta^2\right]}$$

(7.13)

$$s = \frac{\left[(\gamma_1+2\phi_1)(\gamma_2+\phi_2)-\theta^2\right]\alpha c_1 + \left[\gamma_1(\gamma_2+\phi_2)-\theta^2\right]\left(a_1-p_{01}-c_1-\frac{\theta}{\gamma_2+\phi_2}(a_2-p_{02}-c_2)\right)}{2\left[(\gamma_1+\phi_1)(\gamma_2+\phi_2)-\theta^2\right]}$$
$$-\frac{\theta}{\gamma_2+\phi_2}\alpha c_2$$

(7.14)

燃料 1 的总（消费者加生产者）税收用 z_1 来表示，$z_1 = t_1 + s$，更简单的表达为：

$$z_1 = \frac{1}{2}(c_1+\alpha c_1+a_1-p_{01}) - \frac{1}{2}\frac{\theta}{\gamma_2+\phi_2}(a_2-p_{02}-c_2) - \frac{\theta}{\gamma_2+\phi_2}\alpha c_2$$

(7.15)

---

① 这可能是合理的，至少当燃料 2 被解释为煤炭或天然气时，其中对石油的替代可能性（主要用于交通）是适度的。然而，当燃料 2 是可再生能源（尤其是生物燃料）时，我们这里的假设可能不太实际。斯特恩（Stern，2009）最近的元研究表明，尽管高度不确定且可变，宏观层面上燃料类型的可替代程度通常很高。石油和煤炭，石油和天然气之间的平均典型替代弹性为 1，尽管有预测弹性接近或低于零的许多例子。

② 表示相较于对区域 A 造成的边际气候损害，对区域 B 造成的边际气候损害。

③ 因此在每个个人的估值相等的情况下，当聚集了一个区域的所有个人时，区域 B 的气候损害估值要小得多。

当 θ 增加时，当两种燃料之间有较高程度的可替代性时，燃料 1 的总税收是减少的，这是由两个原因造成的。第一，是由燃料 2 对燃料 1 的可替代性造成的，用式（7.15）等号右侧的第二个主项来界定。不同燃料之间的可替代性越高导致燃料 1 征税的需求更高，对燃料 1 的更多需求都由其他燃料替代。作为回应，t_1 和 s 都以最优方式减少。第二，是由式（7.15）的最后一个主项代表的由于区域 A，唯一的燃料消费区更多地用燃料 2 代替燃料 1，从而对区域 B 的福利产生了外部性影响。正如前文所述，区域 B 希望避免燃料 2 在区域 A 的消费，因为区域 A 消费燃料 2 会对区域 B 产生负的"消费外部性"αc_2[①]。抑制 s 将导致更多的燃料 1 的消费，更少的燃料 2 的消费，因此会减少对区域 B 的外部性。

总之，区域 A 的第二种燃料稍微地减少了区域 B 操控其出口燃料 1（石油）价格的能力，并且导致更多的租金被转移到区域 A。这一点可以直接从式（7.12）中的最优 s 看出来。而且，出口国的征税权也因为进口区域（A）国内燃料 2 的碳排放导致的外部性而受到侵蚀。出口国只能通过燃料 1 的出口价格间接的控制这种效应，结果是燃料 1 的价格被设置的更低了。

另外一个新效应是，后面这个效应越强，系数 c_2 越大；也就是说第二种燃料"更脏"，因为正如前文所说，c_2/c_1 代表燃料 2 和燃料 1 的相对含碳量。重点是当区域 A 拥有一种"脏"燃料可替代燃料 1（石油），当对燃料 1 的税收增加时，这种替代真的发生，排放会增加很多。区域 B 不希望这样的事情发生，而这种情况也会降低区域 B 的出口税。但是，需要强调一点，这种效应可能很弱，因为区域 B 也许对排放的气候效应关注很少。

总的来说，这里对燃料 1 的总税收会比在单一燃料情况下少，而与燃料 2 的碳含量没有关系。

为了与其他情形比较，这里考虑一个特殊的情形，即不同燃料的需求是不相关的，$\theta = 0$；我们会在下一节主要讨论这种情形[②]。此时，t_1 和 s 有

---

① 代表了该消费会对区域 B 产生负的气候效应。

② 当燃料 2 是煤炭或天然气时，燃料 2 对燃料 1 的可替代程度可能较低，至少短期是这样的。石油如今主要是一种交通燃料，而煤炭和天然气主要用于取暖和发电。

了简化式，如下：

$$t_1^* = t_1 - c_1 = \frac{1}{2}\phi_1^* \, (a_1 - p_{01} - c_1 - \alpha c_1) \qquad (7.13a)$$

$$s_1^* = s - \alpha c_1 = \frac{1}{2}\gamma_1^* \, (a_1 - p_{01} - c_1 - \alpha c_1) \qquad (7.14a)$$

其中定义 $\gamma_1^* = \dfrac{\gamma_1}{\gamma_1 + \phi_1}$，$\phi_1^* = \dfrac{\phi_1}{\gamma_1 + \phi_1}$，因此 $\gamma_1^* + \phi_1^* = 1$。

在这种情形下，对燃料 1 的税收超过了庇古水平，总数为[①]：

$$z_1^* = t_1^* + s_1^* = \frac{1}{2}(a_1 - p_{01} - c_1 - \alpha c_1) \qquad (7.16)$$

z_1^* 在这里总是正的。两个对立集团的最优纳什均衡税收因此总会导致超过庇古水平的总税收[②]。

7.4　当区域 A 存在通用排放税时的纳什均衡税收

7.4.1　引言

上一节是基于这样的假设，即区域 A 可以最优化地区别对两种燃料的"排放税"。这样一来，我们将对燃料 1 最终征收的税称为"排放税"就不适当了，而应该理解为两种税的综合，即对两种燃料的排放税和特别针对燃料 1 的进口税。但这又会产生一个问题，即与 WTO 规则相冲突。因此，在本节中我们将考虑一个替代情形，其中区域 A 被局限于只能对两种燃料设置一个通用的排放税，这可以更容易地被主张为一个"纯粹的"排放税，因此不会再牵涉到 WTO 的问题。区域 A 从该税收取得的总收入 T 表

---

① 这里注意，t_1^* 和 s_1^* 是相对于各区域的外部性定义的，总数包括了消耗燃料 1 的全球外部性。因此 z_1^* 被定义为因燃料 1 产生的超过了全球外部性的税收。

② 这里应该注意的是，这并不是一个完全通用的结果；尤其是，它依据的假设是，所有的函数形式，需求和供应函数，都是线性的。参见 Liski Matti and Tahvonen Olli. Can carbon tax eat OPEC's rents? Journal of Environmental Economics and Management，2004，47：1 – 12.

示如下：

$$T = (c_1 R_1 + c_2 R_2) q \qquad (7.17)$$

在这个式（7.17）里，q 是燃料消费国设置的每单位碳排放量的通用税率，c_1 和 c_2 代表每单位燃料 1 和燃料 2 的碳含量。由此得出，燃料 1 每单位产量的税率是 $c_1 q$，燃料 2 每单位产量的税率是 $c_2 q$。在附录里推导出了 R_i 和 p_i 的表达式。

7.4.2　区域 A 和区域 B 的纳什均衡税收

为了在这种情形中推导出纳什均衡税，我们还是先从区域 A 说起，区域 A 此时只设定了一种税收，即每单位碳排放的通用税率 q。对于区域 B 来说情况很简单，第 7.3 节中的分析仍然适用，而且基本公式（7.12）也同样适用。在附录里给出了解析推导。此解的最重要特性及其如何从第 7.3 节的区别税方案中推导出来，这两个问题，我们都可以在一个简化的情形中来讨论，即当没有需求交互时 $\theta = 0$ 的情形，从现在开始，只关注这种情形时 q 和 s 的解如下（过程见附件 7 - 1）：

$$c_1 q = \frac{c_{r1} \phi_1^* (a_1 - p_{01} - \alpha c_1) + (2 - \phi_1^*) c_1}{2 - \phi_1^* (1 - c_{r1})} \qquad (7.18)$$

$$s = \frac{(1 - \phi_1^*)(a_1 - p_{01} - \alpha c_1) + (1 + c_{r1} \phi_1^*) \alpha c_1}{2 - \phi_1^* (1 - c_{r1})} \qquad (7.19)$$

$c_1 q$ 超过庇古水平的每单位燃料 1 的进口税尽管仍然是正的，但是在式（7.18）中要比在模型 1 式（7.13a）里的等价税收 t_1^* 小。但是，s^* 超过庇古水平的出口税在式（7.19）中要比在模型 1 式（7.14a）大。区域 A 现在设置了一个排放税作为两个单独燃料税，其中燃料 2 的税收在单独税收情形下是庇古税的折中，这也意味着现在对燃料 1 的税收比分别征税时要低。区域 B 通过对燃料 1 设置更高的出口税对此做出反应。因此，通过这种方式，设置最优"折中"排放税将一部分市场支配力从区域 A 转移到了区域 B，区域 B 通过提高其燃料出口税利用这一支配力。

在此种情形下燃料 1 的总税收表示如下：

$$z_1 = c_1 q + s = \frac{\left[1 - \phi_1^* (1 - c_{r1})\right](a_1 - p_{01}) + c_1 + \alpha c_1}{2 - \phi_1^* (1 - c_{r1})} \tag{7.20}$$

z_1 在式（7.20）里比在模型 1 里区域 A 设置最优分别税收条件下的式（7.16）中低[①]。原因是，作为一个斯塔克伯格的追随者，尽管区域 B 为了应对燃料 1 税收的减少而增加了出口税，该项增加小于 t_1 最初的减少。

7.5 区域 A 的总量控制政策

本章节将研究区域 A 对两种燃料的总排放设定总量控制的情形。区域 B 没资格设置总的排放总量控制，因为它对燃料 2 没有需求；它不消费任何化石燃料。这是一个很有意思的情形，因为它与很多观察者和分析家所建议的减排政策相一致。给定的总的碳排放总量控制定义为 C，表示如下：

$$C = c_1 R_1 + c_2 R_2 \tag{7.21}$$

由于每单位碳排放有一个通用的配额价格，总的配额假定配额在区域 A 内被政府完全拍卖出去，并且可在排放者间自由交易价值为式（7.17）中给定的 T。燃料 1 每单位燃料的配额价格等于 $q_1 = c_1 q$，同理，燃料 2 的为 $q_2 = c_2 q$，同 7.4 节里对燃料 1 的税收相当。

如同之前的税收设置情形一样，我们对两个区域分别进行考虑。从实际政策的角度来说，7.3 节和 7.4 节的唯一区别在于区域 A 如今对总的温室气体排放设置了总量控制，而不是像 7.4 节那样设置一项通用的税收，或者像 7.3 节里那样针对不同燃料设置一系列不同的税收。正如前文提到的，这里假定区域 A 的任何总量控制方案都是通过可自由交易的排放配额体系实施的，这些配额必须从政府处购买。在区域 A 里，这界定了两种燃料[②]排放的通用价格。

根据纳什均衡行为，区域 A 会根据区域 B 设定的税收 s 来选择一个最

[①] 这很容易从本章的假设 $a_1 - p_{01} > c_1 + \alpha c_1$ 里得出（这必须对燃料 1 在所有社会效率下的生产同样适用）。

[②] 燃料 1 和燃料 2，每单位燃料的价格将会根据排放浓度的不同而不同。

优的总量控制。区域 B 会根据区域 A 最优设定的排放总量控制来选择一个最优的税收 s。从区域 A 的角度来说，数量和价格设置是一个双重难题。因此，对于区域 A 来说，针对给定的 s 实施既定排放水平时，选择数量限制在战略上与选择一个排放价格 q 是等效的①。这意味着区域 A 的最大化问题可以用公式表示为给该区域内的排放配额选择一个内部交易价格 q 的问题。

因此，区域 A 的问题从解析方法上可以被设置为，在 s 被设为外生性的情况下，如何对 q 求导，使区域目标函数式（7.8）最大化的问题，与我们在 7.4 节中解决问题的方法一样。在 7.4 节中对区域 A 的分析同样适用于此处。对于区域 B 来说，现在的战略情势与之前两个模型中的完全不同。区域 B 现在可以被视为受公式（7.21）的约束，其中在给定 C 时，R_1 和 R_2 是相关的。区域 B 相应地对 s 求导最大化 W（B），并服从式（7.21）中常数 C 的约束。在附录里显示，当燃料出口税增加时，将导致燃料进口国做出下面的价格反应：

$$\frac{dp_1}{ds} = 1 - \phi_1^* (1 - c_{r1}) \tag{7.22}$$

式（7.22）显示，相对于碳税模型（7.4 节的模型 2），在这个模型里 p_1 对 s 的变化更加敏感；在模型 2 的情形下［从附件 7 - 1 中（附 7.10）表达式］，$dp_1/ds = \gamma^*$。而且，c_{r1} 越大，也就是说 c_1 和 c_2 的比值越大，p_1 对 s 越敏感。在给定的温室气体排放总量控制情况下，一个较低的 c_2 意味着当 s 增加时燃料 2 替代燃料 1 的空间很小；较高的 s 的效应将主要是降低配额价格 q。相应地，当 c_2 很高时，p_1 对 s 变化的敏感性也会降低；当出口税 s 增加时，导致对燃料 1 的需求降低，为了维持碳排放约束，燃料 2 对燃料 1 的替代要求相对较低。

现在这个问题可以用公式表示为在式（7.21）约束下，给定 C，关于 s 式（7.11）的最大化。因为区域 A 选择了总量控制方案，所以区域 B 在

---

① 理解这一点的一个方法是，认识到总量控制与交易中的给定总量和全部拍卖可以在有完全确定性和竞争性的配额市场上，由进口国通过两种方式实施：通过直接设定总量且拍卖相应的排放权，因此产生一个给定的和事先知道的价格；或者通过直接设定同样的配额价格，允许代理人以给定价格自由购买排放权，因此产生等于给定总量的配额销售额。

自身最优化时会接受的总碳排放量 C 是给定的。从区域 B 的角度来说，它自身的税收政策对碳排放量没有影响。因此，我们可以去掉式（7.11）中的最后两项。下面是每单位燃料 1 的碳排放配额价格 $c_1 q^*$（$= c_1 (q - 1)$），和燃料 1 的出口税 s^*（$= s - \alpha c_1$）的解（详细过程见附件 7-1）。

$$c_1 q^* = \phi_1^* c_{r1} \frac{1 - c_{r1}}{2 - c_{r1} - \phi_1^* (1 - c_{r1})^2} (a_1 - c_1 - p_{01}) \qquad (7.23)$$

$$s^* = \frac{1 - \phi_1^* (1 - c_{r1})}{2 - c_{r1} - \phi_1^* (1 - c_{r1})^2} (a_1 - c_1 - p_{01}) - \alpha c_1 \qquad (7.24)$$

对于进口商中每单位燃料 1 的出口税和排放配额价格的总和，两者一起构成了对燃料 1 的实际"税收"，发现：

$$z_1^* = c_1 q^* + s^* = \frac{1 - \phi_1^* (1 - c_{r1})^2}{2 - c_{r1} - \phi_1^* (1 - c_{r1})^2} (a_1 - p_{01} - c_1) - \alpha c_1 \qquad (7.25)$$

我们可以在不同参数的假设下研究式（7.23）到式（7.25）。考虑 α 可以忽略的情况，这就是区域 B 认为碳排放造成的损害可以忽略的情况。在这种情况下，式（7.25）的总实际净"税收"超过了庇古水平；作为出口税和区域 A 均衡排放配额价格的总和，总是要比式（7.20）区域 A 设置通用排放税的情况里的大。如果将其与根据 7.3 节中式（7.16）得出的在最优税收区别情形下燃料 1 的税收总和相比较，我们发现式（7.25）得出的总和要比式（7.16）得出的总和大，假定：

$$c_{r1} > \phi_1^* (1 - c_{r1})^2 \qquad (7.26)$$

只要 c_{r1} 不是一个很小的数，上面的等式就成立，例如，当 $\phi_1^* = (1/2)$ 时，c_{r1} 只要大于 1/4 时，式（7.26）就成立。当每单位价值的燃料 1 的碳含量比燃料 2 的低时，如燃料 1 是石油而燃料 2 是煤炭，这里的 c_{r1} 将会小于 1/2。在这种情形下，燃料进口国根据给定的排放预算对不同燃料的取舍意味着对交易燃料的需求弹性很大，而这对燃料出口国来说导致了相对较低的市场支配力，最终导致它选择一个适度最优出口税。

当 α 很小时，$c_1 q^*$ 在式（7.23）里总是要比在式（7.18）里小，而 s^* 在式（7.24）里总是要比在式（7.19）里大。因此，当燃料出口国的碳排放厌恶比较低时，出口国的出口价格政策在进口国设置排放总量控制时比进口国设置通用排放税时强硬。理解为什么会出现这种情况，需要注意一点，造成出口税在税收情形下比在排放总量控制情形下高的唯一原因是出口国对增加的碳排放厌恶程度高[1]。

记住一点，α 代表的是区域 B 对温室气体排放导致的损害边际估值。在 7.3 节和 7.4 节的税收设置情形下，当这个估值很高时，它对出口税有显著的影响，因为那样的话，出口税会被设定的更高，以限制区域 B 受到的排放和损害。相反，当区域 A 设定了总量控制时，区域 B 面临的是与其自身税收无关的排放水平，并且区域 B 的出口税会被视为对排放没有任何影响。因此，区域 B 在设定 S 时不会考虑气候损害。这个因素导致在总量控制情形下较低的出口税。原则上来说，这可能导致进口国设置税收而不是设置总量控制的情形下，出口税会更高。

对于进口国区域 A 来说，情况就正好相反，区域 A 对于等式中包含 α 的项没有内在的偏好，但因为这一项会影响出口国设置的税收，所以区域 A 会对这一项进行间接的考虑。然而，正如前文提到的，与进口国设置总量控制的情形相比，在进口国设置税收的情形下，一个较高的 α 会增加区域 B 的出口税；进口国对于 α 的增加将会做出相反的反应，因为从自身税收的角度，其最优化的反应是对方税收的下降函数，进口税和出口税是战略替代品。这一因素导致在这种特殊情形下，与进口国采用税收设置相比，当它采用总量控制时，进口税更高。这里一个清晰的结果就是，除了一些异常的和不现实的情况，尤其是区域 B 对于碳排放的厌恶度很高的情况，与税收设置情形相比，区域 A 在总量控制情形下损失更多。这个结果仅仅是由以下的事实造成的，即在总量控制情形下，区域 B 对燃料 1 的税收更高，而且最优化的区域 A 福利是区域 B 对燃料 1 税收的递减函数。

7.6 数学验证

本节对之前的几种情形和模型中的均衡税 t_1（或碳交易价格 c_1q^*）和

---

[1] 我们认为这种情形不太可能，因为出口国的人口必须非常少而且因为实际政治因素，实际上如今主要的燃料出口国好像不是很担心气候变化的前景。

s，及其总和 z_1 提供了一些数学验证。本节中我们始终考虑一个非常简化的例子，即所有的系数 γ 和 ϕ 都是相同的（所有的需求和供给曲线有一样的斜率）。考虑区域 B 的环境损害估值与区域 A 的估值相对，用参数 α 来表示有两个：一个"低"值，$\alpha = 0$，或者一个"高"值，$\alpha = 0.5$[①]。关于 c_2 与 c_1 的比值，我们也考虑三个可选的值来代表三个燃料类别的样本，具体如下：

（1）$c_2 = 2c_1$。该燃料每能源和经济价值单位的碳含量是石油的两倍。这是对煤炭正常属性的一个合理描述；因此，在这种情形下将燃料 2 界定为煤炭。

（2）$c_2 = c_1/2$。每价值和能源单位燃料 2 的碳含量现在是石油的一半。这是对天然气正常属性的一个合理描述，这种情形下将燃料 2 界定为天然气。

（3）$c_2 = 0$。此时，消费燃料 2 不会有任何的净碳排放。在这种情形下将燃料 2 与可再生能源联系起来。当然，要意识到对于很多可再生能源来说，碳排放为零是不切实际的。

表 7.1 仅涉及模型 1，其中假定区域 A 对每一种燃料单独设置税收。我们为需求依赖参数 θ 设定三个可选的值，一是，$\theta = 0$（需求无依赖），二是，$\theta = 0.1$（"弱"需求依赖），三是，$\theta = 0.25$（"较强"需求依赖）。

表 7.1　α 和 θ 不同取值下，对模型 1 中燃料 1 的税收的数学验证

验证类别	税收参数	$\theta = 0$		$\theta = 0.1$		$\theta = 0.25$	
		$\alpha = 0$	$\alpha = 0.5$	$\alpha = 0$	$\alpha = 0.5$	$\alpha = 0$	$\alpha = 0.5$
燃料 2 是煤 （$c_2 = 2c_1$）	t_1	1.5	1.38	1.48	1.35	1.47	1.34
	s	0.5	0.88	0.47	0.72	0.41	0.54
	z_1	2	2.35	1.95	2.07	1.88	1.88
燃料 2 是天然气 （$c_2 = c_1/2$）	t_1	1.5	1.38	1.44	1.32	1.37	1.23
	s	0.5	0.88	0.44	0.75	0.32	0.65
	z_1	2	2.25	1.88	2.07	1.69	1.88

---

① 可能，$\alpha = 0.5$ 是一个"极其高"的情形，尤其因为区域 B 的人口只是区域 A 人口的一小部分。

验证类别	税收参数	$\theta = 0$		$\theta = 0.1$		$\theta = 0.25$	
		$\alpha = 0$	$\alpha = 0.5$	$\alpha = 0$	$\alpha = 0.5$	$\alpha = 0$	$\alpha = 0.5$
燃料 2 是可再生能源 ($c_2 = 0$)	t_1	1.5	1.38	1.43	1.30	1.34	1.20
	s	0.5	0.88	0.42	0.77	0.31	0.68
	z_1	2	2.25	1.85	2.07	1.63	1.88
全球庇古税，燃料 1	z_1	1	1.5	1	1.5	1	1.5

在表 7.1 里，在所有情形中的总税额 $z_1 (= t_1 + s)$ 都超过了各自的庇古水平，不论是 $\alpha = 0$ 时的 1，还是 $\alpha = 0.5$ 时的 1.5，但是这个总税额会随着 θ 的增加而减少。一个显著的特点是，θ 增加时所有的税收都会减少，s 比 t_1 受这种影响更大。有意思的是，当 θ 增加并且燃料 2 有一个较低的碳含量，如当燃料 2 是可再生能源时，燃料 1 的税率会减少得更多。从式 (7.15) 中，可以看出这和燃料 2 的整体社会价值有关，当燃料 2 造成的碳边际外部性越小，则它的社会价值越高；当 $\theta > 0$ 时，这一价值是由燃料 2 对燃料 1 的替代性造成的，因此，抑制了对燃料 1 过高的税收。另外需要说明的一点是，对选定的参数值范围而言，税率的变化还是相当温和的。

表 7.2 ~ 表 7.4 对模型 1、模型 2 和模型 3 进行了比较。在所有的情形下，我们都假定了两种燃料之间的需求不依赖 $\theta = 0$，这是在 7.4 节和 7.5 节中考虑的唯一情形。从表 7.2 ~ 表 7.4，三个表格中关于模型 1 在区域 A 对两种燃料分别定税的结果没有区别，这是因为在这种情形下两种燃料之间没有相互的影响。但是，这种相互影响在模型 2 和模型 3 里存在。在所有情形下，z_1 都超过了庇古水平。在每种情形的纳什均衡下，对燃料 1 的税收都过高。相应地，燃料 1 的输出效率很低。这是我们对于区域战略协调的假设，以及战略税收动机加外部性矫正动机的事实造成的。同时我们也要注意，对于区域 A 来说，在税收设置方案中模型 1 和模型 2 尽管税率会根据 α 区域 B 的气候损害估值的变化而不同，但在总量控制与交易方案（模型 3）中税率与这种估值是互相独立的。原因在于，当区域 B 面对总量控制与交易方案时，其接受给定的总碳排放量，并且在设置燃料 1 的税收 s 时不会受到任何来自气候方面的影响。相反，当区域 A 要设置一种或多种税收时，区域 B 一般而言将会察觉到这种影响，因为总的碳排放量将成

为区域 B 设置出口税 s 的一个函数。

表 7.2　　　设 $\theta = 0$ 和 $c_2 = 2c_1$，模型 1～模型 3 的税收实数例
（燃料 2 是煤）

变量	模型 1：区域 A 最优地对燃料 1 和 燃料 2 分别纳税		模型 2：区域 A 实行一个 单一的碳税		模型 3：区域 A 对排放实行总量 控制与交易方案	
	$\alpha = 0$	$\alpha = 0.5$	$\alpha = 0$	$\alpha = 0.5$	$\alpha = 0$	$\alpha = 0.5$
t_1	1.5	1.375	1.13	1.09	1.11	1.11
s	0.5	0.875	0.63	1	0.81	0.81
z_1	2	2.25	1.76	2.09	1.92	1.92
全球庇古税，燃料 1	1	1.5	1	1.5	1	1.5
t_2	2	2	2.25	2.18	2.22	2.22
全球庇古税，燃料 2	2	3	2	3	2	3

表 7.3　　　设 $\theta = 0$ 和 $c_2 = 1/2c_1$，模型 1～模型 3 的纳什均衡税收数例
（燃料 2 是天然气）

变量	模型 1：区域 A 最优地对燃料 1 和 燃料 2 分别纳税		模型 2：区域 A 实行一个 单一的碳税		模型 3：区域 A 对排放实行总量 控制与交易方案	
	$\alpha = 0$	$\alpha = 0.5$	$\alpha = 0$	$\alpha = 0.5$	$\alpha = 0$	$\alpha = 0.5$
t_1	1.5	1.375	1.42	1.31	1.14	1.14
s	0.5	0.875	0.53	0.90	1.52	1.52
z_1	2	2.25	1.95	2.21	2.66	2.66
全球庇古税，燃料 1	1	1.5	1	1.5	1	1.5
t_2	0.5	0.5	0.71	0.66	0.57	0.57
全球庇古税，燃料 2	0.5	0.75	0.5	0.75	0.5	0.75

表 7.4　　　设 $\theta = 0$ 和 $c_2 = 0$，模型 1～模型 3 的纳什均衡税收数例
（燃料 2 是可再生能源）

变量	模型 1：区域 A 最优地对燃料 1 和 燃料 2 分别纳税		模型 2：区域 A 实行一个 单一的碳税		模型 3：区域 A 对排放实行总量 控制与交易方案	
	$\alpha = 0$	$\alpha = 0.5$	$\alpha = 0$	$\alpha = 0.5$	$\alpha = 0$	$\alpha = 0.5$
t_1	1.5	1.375	1.5	1.375	0	0

续表

变量	模型1：区域A 最优地对燃料1和 燃料2分别纳税		模型2：区域A 实行一个 单一的碳税		模型3：区域A 对排放实行总量 控制与交易方案	
	$\alpha = 0$	$\alpha = 0.5$	$\alpha = 0$	$\alpha = 0.5$	$\alpha = 0$	$\alpha = 0.5$
s	0.5	0.875	0.5	0.875	2	2
z_1	2	2.25	2	2.25	2	2
全球庇古税，燃料1	1	1.5	1	1.5	1	1.5
t_2	0	0	0	0	0	0
全球庇古税，燃料2	0	0	0	0	0	0

表7.2对比了 $c_2 = 2c_1$ 时的三种模型，这里燃料2被理解为煤炭，我们自始至终都把燃料1理解为石油。在表7.2中我们发现，模型2和模型3对燃料1的征税通常比模型1的征税更适度（其中A区对燃料1和燃料2的税收有最佳区分）。燃料1的税收在模型2里要比在模型1里适度，因为在模型2里区域A设定的税率是对两种燃料通用的碳排放税，而这个通用税在这种情形下受排放密集的燃料2税收的影响很大，并且使燃料1的税收朝庇古水平方向减少。相应地，当燃料2的税收对区域A来说是庇古税时，燃料2的税收在模型2和模型3里要比在模型1里高。当区域B对损害的估值偏低（ $\alpha = 0.5$ ）时，燃料2的税收情况与燃料1的不同；区域B对燃料2的税收t2将总是低于（全球的）庇古水平（=3）。然而当 α 的值接近零时，显然这个结果将被推翻[1]。

当燃料2的碳含量很高时均衡点的一个有趣的特点是，出口税与进口国总量控制与交易时配额价格的总和在总量控制与交易方案中（模型3）与统一碳排放税的情形（模型2）下区别不大。在这种情况下，出口国（区域B）因为燃料进口国在面对给定的总量控制时广泛的替代可能性而在制定税收方面受限。另外，在总量控制与交易方案中，区域B不考虑其

---

[1] 可能，0.5是 α 可以取的一个非常高的值。记住，在我们的模型里，区域B不消费任何燃料；逻辑上这必须意味着它的人口非常少。全球范围上，燃料出口集中于非常小的人口群体。如果边际气候损害值在全球不同人口间是相等的，与区域A相对，区域B的总的边际值将仅等于二者人口的比率。

燃料定价决策对总体碳排放的任何影响。因此，区域 B 的税收设置不会受到气候考虑的影响。这一因素使得在总量控制与交易情形下税收的设置更加温和，并且更加有利于进口商（区域 A），不用说，区域 A 肯定希望区域 B 对燃料 1 征收更低的税。事实上，在表 7.2 中，当区域 B 对碳排放的厌恶度"很高"时（$\alpha = 0.5$），这个减税因素对区域 B 税收设置的影响要超过总量控制与交易体制的垄断加强效应对其产生的影响，并且这一因素会使税收 t_2 在总量控制与交易情形（模型 3）中没有在税收设置情形（模型 2）中那么激进。在这种特殊情况下，进口集团赞成实行总量控制而不是税收。但是，这是这种结果发生的唯一情形是不现实的，因为 α 的值，相对于区域 A 的厌恶度，区域 B 对多余碳排放的厌恶度在这种情况下不切实际得高。

表 7.3 涉及的情形是，燃料 2 的碳含量是正的，但是很低（$c_2 = 1/2c_1$），这里我们把燃料 2 理解为天然气。表 7.3 与表 7.2 里数例的主要不同在于，在总量控制与交易情形（模型 3）下燃料出口国的税收设置更激进。原因就是前文所提到的，区域 A 在两种燃料为了任何已选的碳总量控制之间的取舍现在对区域 B 更有利，因为对燃料 1 的需求现在对该燃料事后涨价的反应能力变差。这导致区域 B 制定一个更激进的税收。作为回应，燃料 1 在区域 A 的纳什均衡税，更准确地说是碳排放配额价格在总量控制与交易情形（模型 3）中会比碳排放税情形（模型 2）中更低。我们发现，总的税收在总量控制与交易情形中更高，并且燃料消费与排放更少。在此情况下，因为区域 B 设置更高的税收，因此它会抽取更多的租金份额，税收设置方案要比总量控制与交易方案对区域 A 更有利。当区域 A 没有碳减排价值（$\alpha = 0$）时，这两种方案之间的差异比它具有这种价值（$\alpha = 0.5$）时要大，因为在模型 2 里当 $\alpha = 0$ 时，s 更小。

表 7.4 涉及的情形是，燃料 2 的消费不会导致任何碳排放，我们把燃料 2 理解为无碳的可再生能源。这里模型 2 和模型 3 的区别比在表 7.3 里要更加明显。在设置碳总量控制时，区域 A 现在必须通过消费燃料 1 来完全实现总量控制，并且不存在事后燃料替代的任何可能。这给了区域 B 在对出口燃料设置出口税 s 时最大的垄断权。这一税收将消除区域 A 中交易配额的任何价值，因此价值为零。在这种情况下，模型 1 和模型 2 将重叠

为一个，因为制定碳排放税和仅为燃料 1 设置税收是一样的，前提是这种燃料是碳排放的唯一来源。不论在哪种情形中，区域 A 对燃料 2 的实际税收都为零①。

7.7 结论

　　本章假定了一个建模框架，其中世界市场上只生产和消费两种燃料，该世界被分为两个主要的区域（A 和 B）。区域 A 消费所有的燃料，只生产其中的一种燃料 2，而区域 B 生产所有的燃料 1。这两个区域参与了三个纳什均衡博弈，分别在模型 1、模型 2 和模型 3 里进行了分析，这三个模型分别对应了三种不同的气候政策的实施方式。在模型 1 和模型 2 里，燃料出口国和燃料进口国都设置税收。在模型 1 里，燃料进口区域（A）对两种不同的燃料分别设置了不同的税收；在模型 2 里，区域 A 设置了一个通用的碳排放税。前者对区域 A 来说是一个更好的战略选择。然而，我们也考虑了模型 2，主要是因为碳排放税比单个的燃料税更容易遭到 WTO 或其规制的制裁。在模型 3 里，进口国设置了碳排放总量控制。在所有的三个模型里，燃料出口国（区域 B）都被假定选择了对燃料 1 征收最优出口或国内生产者税②。假定对于区域 A 来说，两种燃料之间属于负的需求依赖关系，由一个正的交互参数 θ 来表示；这一特点只在模型 1 里被明确地考虑到，在对模型 2 和模型 3 的讨论中，我们都不考虑需求依赖并假定 $\theta=0$。

　　在模型 1 里，进口国（A）接受了对燃料 1 给定的出口税，对两种不同的燃料分别设置了不同的税收。对进口燃料征收的税 t_1 有两方面的动机：由碳排放引起的外部性影响和进口战略性动机。该项税收的设置高于庇古水平，这一点和其他论文的结果相呼应，其中包括阿蒙森和朔布（2000）的论文，利斯基和塔文嫩（2004）的论文，以及斯特兰德（Strand，2009a）。燃料 2 由区域 A 生产并消费，对其定税的过程没有任何战略动机；

---

① 该结果可以被解释为一个限制结果，因为 c_2 趋于零。然后它重复并概括了斯特兰德（Strand，2009a）中为一个相似的单一燃料模型的类似结果。

② 再次注意，这两种税收是等效的，因为区域 B 的全部燃料生产都是出口的。

区域 A 对燃料 2 的税收与庇古水平一致。

　　对于出口区域，与先前只假设了一种燃料的论文（Strand，2009a）相比，在模型 1 里的最优纳什均衡出口税被下调了。首先，假定两种燃料之间属于负的需求依赖关系，交互参数 θ 是正的，燃料 2 在区域 A 的存在使该区域相对于区域 B 获得了一个更加有利的战略位置，因为当燃料 1 的进口价格较高时，区域 A 可以用燃料 2 来代替燃料 1，这一因素将会阻止区域 B 对燃料 1 征税。其次，与单一燃料情形相比，另外一个新的因素是为应对燃料 1 的税收而使燃料 2 的碳排放增加时，区域 B 所施加的外部性。该因素降低了区域 B 设置的最优燃料 1 税收。总的来说，与单一燃料情形（Strand，2009a）相比，燃料出口税降低了。相应地，区域 A 的税收比单一燃料情形中的或者较高或者较低，很可能是较低。

　　在模型 2 里，区域 A 对两种燃料设置了通用的碳排放税。与之前一样，区域 B 依然对燃料 1 设置了出口税。现在，这个碳排放税的设置是对两种燃料的“最好的折中”。该税是模型 1①里每种燃料单个最优税收的加权和。作为对燃料进口税的回应，燃料 1 的最优出口税多少会比在模型 1 里的要高，但是对燃料 1 的税收总和，既出口税加进口税比在模型 1 里的要低。

　　模型 3 涉及的是完全不同的气候政策类型。区域 A 现在对两种燃料设置综合的碳排放总量控制，并且在该区域通过统一的碳排放配额价格对两种燃料实施这一总量控制。模型 3 与模型 1 和模型 2 相比，最主要的战略区别在于区域 B 的行为，该区域现在面对的是总量控制与交易制度而不是模型 1 里的分类税或模型 2 里的通用税。对区域 B 来说，与税收情形相比，战略形势在两个方面发生了改变。首先，区域 B 现在更具战略优势，因为它意识到由于出口税的增加而引起的燃料 1 需求的减少将需要通过消费更多的燃料 2 来弥补，而燃料 2 对燃料 1 的替代对于区域 A 来说可能会比预想的成本高。该因素提高了区域 B 设置的最优税收。其次，现在区域 B 没有考虑碳排放变化造成不利影响的动机，因为总量控制确定了排放水平是不变的。相反，在区域 A 设置税收的情形下，这第二个因素通常导致

---

　　①　我们提到，在模型 1 里，燃料 1 的最优税收超过了庇古水平，而燃料 2 处于庇古水平。

区域 B 对燃料 1 设置更高的出口税来限制区域 A 对燃料 1 的消费及碳排放①。当区域 A 选择总量控制与交易政策时，总量控制与交易情形中该因素的缺乏通常导致区域 B 的最优税收降低。

这种政策取舍的确切性质证明对区域 B 的总体税收设置行为是至关重要的。尤其是，燃料 2 与燃料 1 相比的碳含量越高，为了应对区域 B 设置的出口税，对燃料 1 的需求越具有弹性，这样当区域 A 设置排放总量控制时，区域 B 的支配力就越弱。之前提到的第一个因素导致区域 B 出口税的提高也会变弱。相反，当燃料 1 相比燃料 2 的含碳量高，并且设置了给定的碳税时，区域 B 的战略地位就很强。而第二个因素在总量控制与交易情形中导致区域 B 的最优出口税降低的情况则截然相反：当燃料 2 的碳含量高（低）时，该因素对区域 B 的税收设置影响很大（很小）。因此，对于"低碳含量"燃料 2，区域 B 在总量控制与交易情形下设置的出口税要比在税收设置情形中的增加很多；对于"高碳含量"燃料 2，区域 B 设置的出口税增加很少或者根本不增加。

这些原理在表 7.2、表 7.3 和表 7.4 中的数学计算中进行了验证，三个表格分别考虑了燃料 2 与燃料 1 相比较的三种可能的碳含量水平：高含碳量（煤炭）；低含碳量（天然气）；和零含碳量（可再生能源）。这些具体数例通过演示当燃料 2 的含碳量越低时，出口国的支配力越强，出口税更激进，从而对理论结果进行了验证。在燃料 2 含碳量趋于零的极限情况下，总量控制与交易的解趋于一致，区域 B 在税收设置方面拥有最大的垄断势力而区域 A 在这个极限情况下，碳排放配额价格为零没有任何话语权。

几乎在所有的情况下，总量控制与交易方案对进口商气候政策制定的吸引力都不如任何一种税收设置方案，由此导致燃料进口国和主要消费国在很多情形下在气候政策中更愿意选择税收方案而不是总量控制与交易方案。唯一的例外情形是，当在总量控制方案中进口国的事后替代可能性"很高"，当燃料 2 的含碳量很高而对碳排放的厌恶度很高时。

---

① 然而，注意，当燃料需求的交互效应，由交互系数 θ 代表，是足够强时，该效应就减弱了，或者当燃料 2 的消耗为了应对燃料 1 的更高出口税而增加时，该效应就被消除了。

直接的政策结论是，主要的燃料进口和消费国应该选择税收方案而不是总量控制方案。正像模型显示的那样，选择总量控制与交易方案最主要的问题是，会使燃料进口国更容易受到垄断性出口国对燃料价格战略操纵的不利影响。其他影响可能就不是很明显了。人们尤其可能会得出这样的结论，即燃料进口商应该保持高碳燃料（煤炭）的大量产出，这样便可以削弱出口国的战略定价支配力，由此来使得总量控制与交易方案成为"最优的"。但是，这也会造成包括总碳排放增加等副作用。对这些情形的进一步分析很明显是未来工作的需要。

本章考虑斯特兰德（Strand，2009a）中对主要燃料消费者和燃料进口商的税收设置和总量控制行为进行的分析，并做了一些改进。然而，还是有很多问题没有涉及。首先，模型严格区分了燃料消费国与出口国；并严格假定每个集团内部完全的合作且没有任何跨集团的合作。最初的设想是放宽这些假设条件不需要从根本上对模型进行改变；尤其是，它不应该改变已导出的税收设置方案和总量控制方案之间的平衡①。其次，没有充分的政策协调，当这些假设条件改变时，纳什均衡税和总量控制方案将会受影响。尤其是，均衡税会被设置得更低，这样更具实际意义并且可能在全球范围更有效②。迈向现实性的一步是需要进口国自己生产一部分燃料1（石油）。尽管还有待于进一步研究，但我猜想这个扩展不会造成太大的本质影响。更重要的是一个静态模型的假设。我们至少有两种途径可以引入动态性：通过出口国的跨时预算约束，该出口国拥有固定总量的化石燃料需要出售，以及通过跨时碳排放约束，由此一个给定的碳排放总量控制被假定为长期有效。正如引言中提到的，一些相关的文献里涉及动态的研究：首先是1982年伯格斯特龙的开创性论文，之后又有鲁维奥和埃斯克里切（Rubio and Escriche，2001），萨罗和塔文嫩（Salo and Tahvonen，2001），

① 一个扩展在另外一个姊妹篇（Strand，2009a）已经涉及，其中我假设出口国消耗了其自产燃料的一部分。考虑到出口国被允许区分出口国和国内消费的不同燃料税，这个被证明没有导致模型的重大变化。自身消耗税收是庇古的，出口税的基本形式与本章中推导的一样。当出口国不能够区分自己对给定燃料的税收时，解决方案就会受到本质的影响，因为出口国将会对燃料出口设置较低的税收。这可能比较重要，尤其是当进口国选择总量控制与交易方案时；更完整的分析留待以后进一步开展。

② 当总的燃料税超过庇古水平时，它在全球范围都是过高的，而且是不切实际的高。

利斯基和塔文嫩（2004），还有魏（2009）等人的成果。一般来说，对于有限时间内给定的燃料，往往被理解为石油开采量，这些文章都考虑了单一出口商和进口商之间针对有限时间内采掘的给定数量的燃料，通常为石油抽取租金的动态博弈。从这些文章中可以得出的一般性结论是，燃料进口税在抽取出口国租金方面很高效，并且超过静态环境下的效率。魏（2009）的模型对一种情形进行了扩展，即燃料出口国将部分燃料在国内市场进行销售。由此他发现，对于出口国来说，要应对进口国的最优税收，最优战略就是通过较低的国内燃料价格诱导额外的国内燃料消费，以此来最优化地提高燃料出口价格[1]。凯迪本（2010）对单一燃料情况下，进口国自身也生产，出口国自身也消费的情形进行了研究，结果发现前者导致进口国通过进口燃油税享有更多的租金获取可能性，而后者则削弱了这种可能性。

　　这些现有的论文虽然考虑了动态因素，但是都没有考虑本章中涉及的两个主要的新问题——即第二种燃料的增加，以及对燃料进口国的总量控制与交易政策的分析。未来研究的一个显著主题就是如何将这两个扩展嵌入动态框架。在对结果没有进行充分预判的情况下，设想本章研究的主要结果，即税收制度比总量控制与交易方案对燃料进口国更有利；即使在动态环境下，当选择了总量控制与交易方案时，进口商好像也不能马上有办法去有效地抽取生产者租金。可以想象，在未来的研究中，关于战略模型设置的一些特性也可能会被更改。一个更改可能是假定燃料进口国，这里指区域 A 维持了总的碳排放总量控制，并且对进口燃油设置税收以便抽取部分生产者剩余[2]。然而，由此这种燃料税就变成了很明显的战略进口税，它的目标很明显，就是作为抽取租金的工具；很明显这与 WTO 规则是冲突的[3]。另外的设置是将出口国视为税收设置博弈中的斯塔克伯格领导者，如人们通常认为 OPEC 为主要的战略燃料出口国，然后让进口国通过设置

---

[1]　参见斯特兰德（Strand，2009b）中相关静态模型的构建。
[2]　这一点是麦克·托曼（Michael Toman）向我建议的。
[3]　人们当然可以认为进口税仅是对出口税的反击，因此，其本身不能被制裁。有一个问题是，出口税可能通过生产者税收或其他出口国抽取租金的计划被隐藏起来，这就使得外部观测者们很难做出判定。

税收或碳排放总量控制的方式进行应对，或者，通过允许 OPEC 独立设置出口价格和数量赋予它更多的战略势力；当绝大多数的 OPEC 产量来自国有石油公司时，这也并不是完全不现实的。结果就会因此不同：尤其斯特兰德（Strand，2009a）证明更多的租金可能因此被出口国抽取。更现实地说，在这些情形下，部分燃料 1 的供给应该建模为来自竞争性的外围，而这通常会削弱战略出口国的市场势力。

另外一个相关扩展是假定整个世界没有为碳排放税或总量控制所涵盖，正如艾克纳和帕斯哥（2009）在文章中假定的那样，因此，并不是全球的排放都被涵盖。这将在我的基本模型框架内展开政策相关问题的讨论，如区域间碳泄漏及补偿政策的范围。

技术附件 7-1：解析方法及过程

附 7-1-1 基本要素

给出区域 A 关于燃料消费的效用函数，不计入外部性价值，如下：

$$V(A) = a_1 R_1 - \frac{1}{2} \gamma_1 R_1^2 + a_2 R_2 - \frac{1}{2} \gamma_2 R_2^2 - \theta R_1 R_2 - (p_1 + t_1) R_1 - (p_2 + t_2) R_2$$

（附 7.1）

其中 p_1 和 p_2 分别是燃料 1 和燃料 2 的生产者价格，t_1 和 t_2 分别是区域 A 分别对两种燃料的税收。关于 R_1 和 R_2 最大化 $V(A)$ 的一阶条件为：

$$\frac{dV(A)}{dR_1} = a_1 - \gamma_1 R_1 - \theta R_2 - (p_1 + t_1) = 0 \qquad （附 7.2）$$

$$\frac{dV(A)}{dR_2} = a_2 - \gamma_2 R_2 - \theta R_1 - (p_2 + t_2) = 0 \qquad （附 7.3）$$

式（附 7.2）和式（附 7.3）导出由 p_i 和 t_i 表示的 R_1 和 R_2 的解：

$$R_1 = \frac{1}{\gamma_1 \gamma_2 - \theta^2} [\gamma_2 (a_1 - p_1 - t_1) - \theta (a_2 - p_2 - t_2)] \qquad （附 7.4）$$

$$R_2 = \frac{1}{\gamma_1\gamma_2 - \theta^2}[\gamma_1(a_2 - p_2 - t_2) - \theta(a_1 - p_1 - t_1)] \qquad (附7.5)$$

$\gamma_1\gamma_2 - \theta^2 > 0$ 是一个基本的稳定性条件，该项相当于式（附7.1）中不决定直接的二次项的交叉项。

燃料1由区域B生产（但是完全由区域A消费），竞争性企业的总利润函数如下：

$$\prod{}_1(P) = (p_1 - s)R_1 - p_{01}R_1 - \frac{1}{2}\phi_1 R_1^2 \qquad (附7.6)$$

关于 R_1 最大化等式（4）的一阶条件为：

$$p_1 - s - p_{01} - \phi_1 R_1 = 0 \qquad (附7.7)$$

燃料2的生产者位于区域A，被假定为不支付燃料税（所有该燃料的税收都设置在消费上）。总利润函数为：

$$\prod{}_2 = p_2 R_2 - p_{02}R_2 - \frac{1}{2}\phi_2 R_2^2 \qquad (附7.8)$$

关于 R_2 最大化式（附7.8）的一阶条件为：

$$p_2 - p_{02} - \phi_2 R_2 = 0 \qquad (附7.9)$$

现在，我们通过式（附7.4）和式（附7.7）来求解 p_1，通过式（附7.5）和式（附7.9）来求解 p_2。

得到由两个等式组成的方程组，通过它可以求得 R_1 和 R_2：

$$(\gamma_1\gamma_2 + \gamma_2\phi_1 - \theta^2)R_1 - \theta\phi_2 R_2 = \gamma_2(a_1 - s - t_1 - p_{01}) - \theta(a_2 - t_2 - p_{02})$$
$$(附7.10)$$

$$(\gamma_1\gamma_2 + \gamma_1\phi_2 - \theta^2)R_2 - \theta\phi_1 R_1 = \gamma_1(a_2 - t_2 - p_{02}) - \theta(a_1 - s - t_1 - p_{01})$$
$$(附7.11)$$

得到的解如下：

$$R_1 = \frac{(\gamma_2 + \phi_2)(a_1 - s - t_1 - p_{01}) - \theta(a_2 - t_2 - p_{02})}{(\gamma_1 + \phi_1)(\gamma_2 + \phi_2) - \theta^2} \qquad (附7.12)$$

$$R_2 = \frac{(\gamma_1 + \phi_1)(a_2 - t_2 - p_{02}) - \theta(a_1 - s - t_1 - p_{01})}{(\gamma_1 + \phi_1)(\gamma_2 + \phi_2) - \theta^2} \qquad (附7.13)$$

及如下导数：

$$\frac{dR_1}{dt_1} = \frac{dR_1}{ds} = -\frac{\gamma_2 + \phi_2}{(\gamma_1 + \phi_1)(\gamma_2 + \phi_2) - \theta^2} \tag{附 7.14}$$

$$\frac{dR_1}{dt_2} = \frac{dR_2}{dt_1} = \frac{dR_2}{ds} = \frac{\theta}{(\gamma_1 + \phi_1)(\gamma_2 + \phi_2) - \theta^2} \tag{附 7.15}$$

$$\frac{dR_2}{dt_2} = -\frac{\gamma_1 + \phi_1}{(\gamma_1 + \phi_1)(\gamma_2 + \phi_2) - \theta^2} \tag{附 7.16}$$

通过式（附 7.7）、式（附 7.9）、式（附 7.13）和式（附 7.14），我们得到燃料的生产者价格如下（注意，消费者价格给定为 $p_i + t_i$）：

$$p_1 = \frac{(\gamma_2 + \phi_2)\phi_1(a_1 - t_1) + [\gamma_1(\gamma_2 + \phi_2) - \theta^2](s + p_{01}) - \phi_1\theta(a_2 - t_2 - p_{02})}{(\gamma_1 + \phi_1)(\gamma_2 + \phi_2) - \theta^2}$$

$$\tag{附 7.17}$$

$$p_2 = \frac{-\phi_2\theta(a_1 - s - t_1 - p_{01}) + (\gamma_1 + \phi_1)\phi_2(a_2 - t_2) + [\gamma_1(\gamma_2 + \phi_2) - \theta^2]p_{02}}{(\gamma_1 + \phi_1)(\gamma_2 + \phi_2) - \theta^2}$$

$$\tag{附 7.18}$$

附 7 - 1 - 2　区域 A 的纳什均衡税收

定义区域 A 的目标函数为：

$$W(A) = \alpha_1 R_1 - \frac{1}{2}\gamma_1 R_1^2 + \alpha_2 R_2 - \frac{1}{2}\gamma_2 R_2^2 - \theta R_1 R_2 - p_1 R_1 - p_{02} R_2$$

$$- \frac{1}{2}\phi_2 R_2^2 - c_1 R_1 - c_2 R_2 \tag{附 7.19}$$

用给定的 s 设定 t_i 最大化 $W(A)$。得出的区域 A 的两个一阶条件如下：

$$\frac{dW(A)}{dR_1}\frac{dR_1}{dt_i} + \frac{dW(A)}{dR_2}\frac{dR_2}{dt_i} + \frac{dW(A)}{dp_1}\frac{dp_1}{dt_i} + \frac{dW(A)}{dp_2}\frac{dp_2}{dt_i} = 0 ; i = 1,2.$$

$$\tag{附 7.20}$$

利用式（附 7.2）、式（附 7.3）、和式（附 7.9），可以得到 $W(A)$ 的偏导函数：

$$\frac{dW(A)}{dR_1} = t_1 - c_1 ; \frac{dW(A)}{dR_2} = t_2 - c_2 ; \frac{dW(A)}{dp_1} = -R_1 ; \frac{dW(A)}{dp_2} = 0$$

$$\tag{附 7.21}$$

由式（附7.20）中的两个关系，得到下面这个由两个等式组成的方程组：

$$-(t_1 - c_1)(\gamma_2 + \phi_2) + (t_2 - c_2)\theta + R_1\phi_1(\gamma_2 + \phi_2) = 0 \quad （附7.22）$$

$$(t_1 - c_1)\theta - (t_2 - c_2)(\gamma_1 + \phi_1) - R_1\phi_1\theta = 0 \quad （附7.23）$$

定义 $t_1^* = t_1 - c_1$，$t_2^* = t_2 - c_2$。式（附7.22）和式（附7.23）可以得到由 R_1 表示的 t_1^* 和 t_2^* 的解：

$$t_1^* = \phi_1 R_1 \quad （附7.24）$$

$$t_2^* = 0 \quad （附7.25）$$

利用式（附7.12）和式（附7.16）可以写为：

$$t_1^* = p_1 - p_{01} - s \quad （附7.26）$$

附 7 – 1 – 3　区域 B 的纳什均衡税收

区域 B 的目标函数为：

$$W(B) = p_1 R_1 - p_{01} R_1 - \frac{1}{2}\phi_1 R_1^2 - \alpha c_1 R_1 - \alpha c_2 R_2 \quad （附7.27）$$

对于区域 B 关于 s 的一阶条件为：

$$\frac{dW(B)}{dR_1}\frac{dR_1}{ds} + \frac{dW(B)}{dR_2}\frac{dR_2}{ds} + \frac{dW(B)}{dp_1}\frac{dp_1}{ds} + \frac{dW(B)}{dp_2}\frac{dp_2}{ds} = 0 \quad （附7.28）$$

其中，利用式（附7.12）得到：

$$\frac{dW(B)}{dR_1} = s - \alpha c_1 ; \frac{dW(B)}{dR_2} = s - \alpha c_2 ; \frac{dW(B)}{dp_1} = R_1 ; \frac{dW(B)}{dp_2} = 0$$

$$（附7.29）$$

通过式（附7.14）~式（附7.15），式（附7.17）~式（附7.18），式（附7.28）~式（附7.29），得到：

$$s^* = \left(\gamma_1 - \frac{\theta^2}{\gamma_2 + \phi_2}\right)R_1 - \frac{\theta}{\gamma_2 + \phi_2}\alpha c_2 \quad （附7.30）$$

附 7 –1 –4　模型 1 中总的纳什均衡税收设定

总的均衡税收水平 t_1 和 s（承认 $t_2^* = 0$）由式（附 7.12）、式（附 7.16）和式（附 7.20）中的 R_1 共同确定。我们求得：

$$R_1 = \frac{1}{2} \frac{(\gamma_2 + \phi_2)(a_1 - p_{01} - c_1 - \alpha c_1) - \theta(a_2 - p_{02} - c_2)}{(\gamma_1 + \phi_1)(\gamma_2 + \phi_2) - \theta^2} \quad (\text{附 7.31})$$

$$t_1 = \frac{[(2\gamma_1 + \phi_1)(\gamma_2 + \phi_2) - 2\theta^2]c_1 + \phi_1(\gamma_2 + \phi_2)(a_1 - p_{01} - \alpha c_1) - \phi_1\theta(a_2 - p_{02} - c_2)}{2[(\gamma_1 + \phi_1)(\gamma_2 + \phi_2) - \theta^2]}$$

$$(\text{附 7.32})$$

$$s = \frac{[(\gamma_1 + 2\phi_1)(\gamma_2 + \phi_2) - \theta^2]\alpha c_1 + [\gamma_1(\gamma_2 + \phi_2) - \theta^2]\left(a_1 - p_{01} - c_1 - \frac{\theta}{\gamma_2 + \phi_2}(a_2 - p_{02} - c_2)\right)}{2[(\gamma_1 + \phi_1)(\gamma_2 + \phi_2) - \theta^2]}$$

$$- \frac{\theta}{\gamma_2 + \phi_2}\alpha c_2 \quad (\text{附 7.33})$$

对总税收 $z_1 = t_1 + s$，求得：

$$z_1 = \frac{1}{2}(c_1 + \alpha c_1 + a_1 - p_{01}) - \frac{1}{2}\frac{\theta}{\gamma_2 + \phi_2}(a_2 - p_{02} - c_2) - \frac{\theta}{\gamma_2 + \phi_2}\alpha c_2$$

$$(\text{附 7.34})$$

区域 A 通用碳税中的纳什均衡税收（模型 2）。

在这种情形下 R_i 和 p_i 的一式式为：

$$R_1 = \frac{-[(\gamma_2 + \phi_2)c_1 - \theta c_2]q + (\gamma_2 + \phi_2)(a_1 - s - p_{01}) - \theta(a_2 - p_{02})}{(\gamma_1 + \phi_1)(\gamma_2 + \phi_2) - \theta^2}$$

$$(\text{附 7.35})$$

$$R_2 = \frac{-[(\gamma_1 + \phi_1)c_2 - \theta c_1]q + (\gamma_1 + \phi_1)(a_2 - p_{02}) - \theta(a_1 - s - p_{01})}{(\gamma_1 + \phi_1)(\gamma_2 + \phi_2) - \theta^2}$$

$$(\text{附 7.36})$$

$$p_1 = \frac{-[(\gamma_2 + \phi_2)c_1 - \theta c_2]\phi_1 q + (\gamma_2 + \phi_2)\phi_1 a_1 - \phi_1\theta(a_2 - p_{02}) + [\gamma_1(\gamma_2 + \phi_2) - \theta^2](s + p_{01})}{(\gamma_1 + \phi_1)(\gamma_2 + \phi_2) - \theta^2}$$

$$(\text{附 7.37})$$

$$p_2 = \frac{-\left[(\gamma_1 + \phi_1)c_2 - \theta c_1\right]\phi_2 q - \phi_2 \theta(a_1 - s - p_{01}) + (\gamma_1 + \phi_1)\phi_2 a_2 + \left[\gamma_2(\gamma_1 + \phi_1) - \theta^2\right]p_{02}}{(\gamma_1 + \phi_1)(\gamma_2 + \phi_2) - \theta^2}$$

（附7.38）

区域 A 通用排放税 q 变化的效应，对两种燃料都适用，即

$$\frac{dR_1}{dq} = -\frac{(\gamma_2 + \phi_2)c_1 - \theta c_2}{(\gamma_1 + \phi_1)(\gamma_2 + \phi_2) - \theta^2}$$ （附7.39）

$$\frac{dR_2}{dq} = -\frac{(\gamma_1 + \phi_1)c_2 - \theta c_1}{(\gamma_1 + \phi_1)(\gamma_2 + \phi_2) - \theta^2}$$ （附7.40）

$$\frac{dp_1}{dq} = -\frac{\left[(\gamma_2 + \phi_2)c_1 - \theta c_2\right]\phi_1}{(\gamma_1 + \phi_1)(\gamma_2 + \phi_2) - \theta^2}$$ （附7.41）

$$\frac{dp_2}{dq} = -\frac{\left[(\gamma_1 + \phi_1)c_2 - \theta c_1\right]\phi_2}{(\gamma_1 + \phi_1)(\gamma_2 + \phi_2) - \theta^2}$$ （附7.42）

为了研究税收设置，从区域 A 开始，现在设定每单位碳排放的通用税为 q。$W(A)$ 由式（附7.19）给定，其中一阶条件为：

$$\frac{dW(A)}{dR_1}\frac{dR_1}{dq} + \frac{dW(A)}{dR_2}\frac{dR_2}{dq} + \frac{dW(A)}{dp_1}\frac{dp_1}{dq} + \frac{dW(A)}{dp_2}\frac{dp_2}{dq} = 0$$ （附7.43）

在这种情形下，可以得到：

$$\frac{dW(A)}{dR_1} = c_1 q - c_1; \frac{dW(A)}{dR_2} = c_2 q - c_2; \frac{dW(A)}{dp_1} = -R_1; \frac{dW(A)}{dp_2} = 0$$

（附7.44）

那么，区域 A 的一阶条件为：

$$(-c_1 q^* + R_1)\left[(\gamma_2 + \phi_2)c_1 - \theta c_2\right] - c_2 q^*\left[(\gamma_1 + \phi_1)c_2 - \theta c_1\right] = 0$$

（附7.45）

其中 $q^* = q - 1$ 是超过庇古水平 1 的每单位排放的税收。

接下来考虑没有需求交互（$\theta = 0$）的简化后的情形。求解 q 和 s 的两个等式可以被简化为：

$$(1 + \phi_1^* c_{r1})c_1 q + \phi_1^* c_{r1} s = \phi_1^* c_{r1}(a_1 - c_1 - p_{01}) + c_1$$ （附7.46）

$$(1 - \phi_1^*)c_1 q + (2 - \phi_1^*)s = (1 - \phi_1^*)(a_1 - c_1 - p_{01}) + \alpha c_1$$

（附7.47）

定义 $c_{r1} = \dfrac{c_1 c_1^*}{c_1 c_1^* + c_2 c_2^*}$，其中 $c_i^* = \dfrac{c_i}{\gamma_i + \phi_i}$，$i = 1$，$2$。

则 q 和 s 的解为：

$$c_1 q = \frac{c_{r1} \phi_1^* (a_1 - p_{01} - \alpha c_1) + (2 - \phi_1^*) c_1}{2 - \phi_1^* (1 - c_{r1})} \qquad (\text{附} 7.48)$$

$$s = \frac{(1 - \phi_1^*)(a_1 - p_{01} - c_1) + (1 + c_{r1} \phi_1^*) \alpha c_1}{2 - \phi_1^* (1 - c_{r1})} \qquad (\text{附} 7.49)$$

在这种情形下，燃料 1 的总税收为：

$$z_1 = c_1 q + s = \frac{[1 - \phi_1^* (1 - c_{r1})](a_1 - p_{01}) + c_1 + \alpha c_1}{2 - \phi_1^* (1 - c_{r1})} \qquad (\text{附} 7.50)$$

附 7 -1 -5 区域 A 在总量控制政策下的纳什均衡

在上述情形下，区域 B 可以被视为服从下面这个条件的约束：

$$C = c_1 R_1 + c_2 R_2 \qquad (\text{附} 7.51)$$

这里对于给定的 C，R_1 和 R_2 之间是相关的。区域 B 中在式（附 7.51）的约束和常数 C 的情况下关于 s 的 W（B）最大化。式（附 7.51）表示为：

$$c_1 \frac{a_1 - s - c_1 q - p_{01}}{\gamma_1 + \phi_1} + c_2 \frac{a_2 - c_2 q - p_{02}}{\gamma_2 + \phi_2} = C \qquad (\text{附} 7.52)$$

关于 s 对式（附 7.52）求导得到：

$$\frac{dc_1 q}{ds} = -c_{r1} \qquad (\text{附} 7.53)$$

通过式（附 7.53），目前可以求得：

$$\frac{dR_1}{ds} = -\frac{1}{\gamma_1 + \phi_1}(1 - c_{r1}), \frac{dR_2}{ds} = \frac{1}{\gamma_2 + \phi_2} \frac{c_2}{c_1} c_{r1} \qquad (\text{附} 7.54)$$

在这种情形（$\theta = 0$）下，式（附 7.17）得到如下的形式：

$$p_1 = \frac{\phi_1 (a_1 - c_1 q) + \gamma_1 (s + p_{01})}{(\gamma_1 + \phi_1)} \qquad (\text{附} 7.55)$$

对等式（附 7.55）求导，得到：

$$\frac{dp_1}{ds} = 1 - \phi_1^* (1 - c_{r1}) \qquad (\text{附} 7.56)$$

关于 s 最大化式（附 7.27），得到：

$$-(p_1 - p_{01} - \phi_1 R_1) \frac{1}{\gamma_1 + \phi_1} (1 - c_{r1}) + R_1 \frac{dp_1}{ds} = 0 \qquad (\text{附} 7.57)$$

因为对于碳排放的总量控制 C 被区域 A 选择，区域 B 在求其最大化利益时把 C 视为一个常数。因此，区域 B 的政策对碳排放量没有任何影响。由此式（附 7.27）里的最后两项可以去掉。我们推导出下面这个条件：

$$[1 - \phi_1^* (1 - c_{r1})] c_1 q^* + [1 + (1 - \phi_1^*)(1 - c_{r1})] s$$
$$= [1 - \phi_1^* (1 - c_{r1})](a_1 - c_1 - p_{01}) \qquad (\text{附} 7.58)$$

通过式（附 7.46）和式（附 7.58），我们求得 $c_1 q^*$（$= c_1(q - 1)$）和 ss^*（$= s - \alpha c_1$），表示如下：

$$c_1 q^* = \phi_1^* c_{r1} \frac{1 - c_{r1}}{2 - c_{r1} - \phi_1^* (1 - c_{r1})^2} (a_1 - c_1 - p_{01}) \qquad (\text{附} 7.59)$$

$$s^* = \frac{1 - \phi_1^* (1 - c_{r1})}{2 - c_{r1} - \phi_1^* (1 - c_{r1})^2} (a_1 - c_1 - p_{01}) - \alpha c_1 \qquad (\text{附} 7.60)$$

出口国的税收和进口国的配额价格（对燃料 1 的"实际税收"）的总和表示如下：

$$z_1^* = c_1 q^* + s^* = \frac{1 - \phi_1^* (1 - c_{r1})^2}{2 - c_{r1} - \phi_1^* (1 - c_{r1})^2} (a_1 - p_{01} - c_1) - \alpha c_1$$

$$(\text{附} 7.61)$$

第 **8** 章

公路燃油税的征收

伊恩·帕里（Ian W. H. Parry）

8.1 引言

美国政府对重型卡车征收的联邦和州燃油消费税，每加仑汽油为 40 美分，每加仑柴油为 45 美分。目前对于这两项燃油的联邦税分别为每加仑 18.4 美分和每加仑 24.4 美分[①]。按照国际标准，美国的税率相对较低，例如，在许多欧洲国家，汽油税超过了每加仑 2 美元，但是美国对柴油的税收比对汽油高，虽然只高出了一点，但这种现象是比较少见的（见图 8.1）。

从传统意义上讲，美国燃油税的高低取决于公路费用的需要；燃油税收入大约占到了全部高速公路用户费 1000 亿美元中的 2/3[②]。然而，现在关于联邦燃油税的适当水平及其作为专项收入来源的讨论越来越多。引起这一讨论的原因之一是，燃油税和公路费用之间的联系日益减弱。越来越

[①] Federal Highway Administration. Highway Statistics 2007. Washington D. C. : U. S. Department of Transportation, 2007.

[②] Transportation Research Board. The Fuel Tax and Alternatives for Transportation Funding. Special Report No. 285. Washington D. C. : National Academies Press, 2006. 其他收入来自机动车驾驶证和注册费，通行费及商业卡车的各种收费。

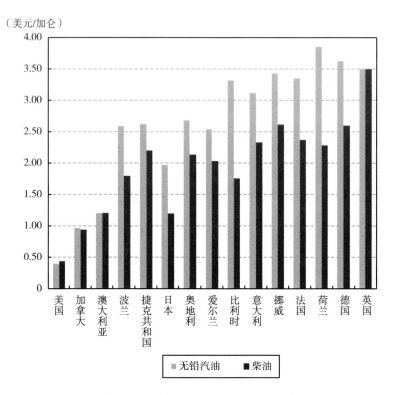

（美元/加仑）

图例：
■ 无铅汽油 ■ 柴油

图 8.1 汽车燃油税收：选定国家（2008 年）

资料来源：Energy Prices and Taxes：Quarterly Statistics. Organization for Economic Cooperation and Development，Paris，First Quarter，2009.

多的公路花费由非公路收入提供资金，如地方财产税，并且一些燃油税收入被用于其他目的。此外，人们开始担心单位行车里程的实际燃油税收入会受到侵蚀，尤其是目前耗热率法规的收紧，以及名义税率不能随通货膨胀而提高的事实更是加剧了这一侵蚀，联邦汽油和柴油税最后一次提高是在 1993 年。但是，不论收入是否专款专用，关键的问题是财政所需的燃油税率的确定。

燃油税受到大家关注的另外一个原因是，汽车出行的社会成本与驾车人的私人成本之间的差距越来越明显，这些差距是由税收不足造成的。这些更广泛的成本反映了二氧化碳排放的全球变暖潜力，也可能反映了经济对动荡的世界石油市场依赖的结果，而市场的动荡是由于供应商的不稳定造成的。以 2008 年为例，来自汽油和柴油的碳排放量分别占全国范围碳排放总量的 20% 和 6% , 但汽油和柴油占全年石油消耗总量的 46% 和 13%[①] 。

与此同时，因为公路出行需求的无休止增长已经超过了容量的增长速度（见图 8.2），所以，道路拥堵的状况不断恶化。2005 年，在美国的一些大城市，驾车人平均耗费在交通延误上的时间为 54 个小时；而在 1982 年，仅为 21 个小时（Bureau of Transportation Statistics，2009）。碰撞事故是另外一个主要的外部性。在过去的 25 年里，美国每年大约有四万人死于公路车祸（Bureau of Transportation Statistics，2009）。

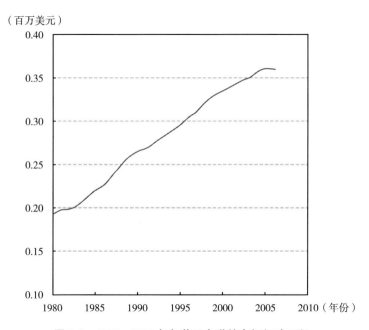

（百万美元）

图 8.2 1980～2007 年每英里车道的车辆行驶里程

注：数值包括轻型车辆和重型车辆的里程。

资料来源：Federal Highway Administration. Highway Statistics 2007. Washington D. C.：U. S. Department of Transportation，2007.

新的耗热率法规及全国温室气体总量控制与交易方案会对有效的燃油税起到一定的作用。此外，电子计量技术的进步和伦敦按区域收取拥堵费

---

① U. S. Energy Information Administration.

Bureau of Transportation Statistics. National Transportation Statistics 2008. Washington D. C.：U. S. Department of Transportation，2009.

的经验都提高了美国车辆里程收费的前景，与燃油税相比，这将是治理交通拥堵的一个更好的工具（Santos and Fraser，2006）。同样，按里程付费保险，开多远付多少也越来越引起人们的关注，这种保险可以把碰撞事故的外部性内在化（Bordhoff and Noel，2008；Greenberg，2009）。因此，现在是对燃油税的适当角色进行修正性评估的好机会。本章将主要关注效率问题，也就是说从纯粹的经济视角的理想税收体系上进行分析。另外，目前关于美国公路外部性及燃油价格的行为反应已经有大量的实证文献，尽管在某些情形，例如，在全球变暖损害下，文献中的观点仍明显不一致。本章集合了先前的分析研究，修正了参数值，并且提供了一些新的发现。这些新发现与两个方面的影响有关，即最近政策的制定和可替代的财政收入循环选项。本章也采用一贯的方法论和假设对比美国最优的汽油税和柴油税。我们将本章的一些关键点概述如下。

在基准评估里，矫正的汽油税应该为每加仑 1.23 美元，交通拥堵和碰撞事故总共占到了该项税收的 3/4。这一估计可能会被视为一个下限值，因为我们对全球变暖的影响使用了一个保守数值，而且或许对石油依赖的外部性也采用了保守值。全球变暖与石油依赖性的争议很大。但是，如果采取了有法律拘束力的全国性碳排放总量控制与交易方案，则不会产生全球变暖收益，因为排放量是固定的。另外，实施具有普遍法律约束力的耗热率法规时，矫正税有可能会上涨到每加仑 2 美元。在这种情况下，特定的因税收导致的油耗减少量更多地来自人们驾车的减少，较少的部分来自耗热率的提高，这样一来，每单位加仑燃油减少量将在更大程度上减少交通拥堵和碰撞事故。相反地，通过里程收费方式对交通拥堵和其他的外部性进行定价将大大降低矫正汽油税，甚至可能会低于现行水平，尽管这种综合性收费很可能还很遥远。

但是，对燃油税的公正评估必须解释燃油税与更广泛的财政制度造成的经济扭曲之间的相互作用。事实上，最优汽油税对各种替代性财政收入的用途是相当敏感的。一方面，如果财政收入被高效循环，则汽油税可能会提高到每加仑 3 美元，财政收入的高效循环主要通过减少所得税的方式实现，所得税会扭曲生产要素市场并且造成低税消费的倾向。另一方面，如果循环不能提高效率，更高汽油税的情形可能会反转。这是因为外部性减少带来的效率收益被劳动力市场的效率损失抵消，因为更高的燃油价格会推高与闲暇价格相对的运输价格。根据基准参数，我们把矫正柴油税设定为每加仑 1.15 美元，尽管柴油税和汽油税的潜在决定性因素不同。道路损害在矫正柴油税中扮演着重要的角色。尽管卡车占用更多的道路空间，但交通拥堵和碰撞事故的重要性则降低了，因为规定的因税收产生的柴油节约所行驶的里程只有同样汽油节约行驶里程的 1/3，这是由于重型卡车每加仑柴油行驶的里程较少。然而，当再次解释税收与更广泛的财政系统之间的相互作用时，我们发现最优化的税收高度依赖收入的使用情况，并且在零税率和每加仑 3 美元之间变化。最理想的税额预测不能刻板地去理解，因为如果不完全是纯理论，我们依据的参数证据在某些情形下是暂定的。毫无疑问燃油税的评估将会随着时间变化而不断演变，也许会发生巨大的改变，因为估值方法会被重新定义，运输特点也会变化，例如，废气排放率、交通拥堵水平，而且相关政策也在不断发展中。

本章接下来的内容是这样安排的。8.2 节给出了矫正汽油税的概念细节。8.3 节介绍了该项税收的具体计算方法。8.4 节讨论了燃油税与更广泛的财政制度之间的联系。8.5 节讨论了最优柴油税。最后一节是结束语及简单的附加说明，包括分配问题、可行性问题和诱发性创新的作用。

8.2 矫正汽油税：分析基础

目前在美国，我们可以合理地假定全部的汽油和柴油分别由客车和重型卡车使用。因此，当评估汽油税时就只需关注客车的外部性，而当评估柴油税时只需关注重型卡车的外部性[1]。

基于帕里和斯莫尔（Prry and Small，2005）的修订版本，考虑一个长期的静态模型，在这个模型里代表性的住户解决的最优问题如下：

---

[1]　在很多欧洲国家，大量的车辆燃油为柴油。在这种情形下，矫正柴油税将反映客车和重型卡车外部性的加权平均，而汽油客车和柴油客车的可替代性将影响这一矫正柴油税。

$$\underset{m,v,g,X}{\text{Max}}\, u(v,m,X,E_G(\bar{G}),E_M(\bar{M}))$$

$$+\lambda\{I+GOV-[(p_G+t_G)gm+t_Mm+c(g)]v-p_XX\} \qquad (8.1a)$$

$$G=gM, M=vm \qquad (8.1b)$$

所有的变量都是按人口平均来计算的，其中字母上方的横线表示被个人视为外生变量的一个整个经济范围的变量。

V 表示车辆存量[1]，m 表示每辆车行驶的英里数，g 表示每英里的汽油消耗量，或者耗热率的倒数。G 和 M 则分别为总的汽油消耗量和总的行驶英里数。X 是一个一般性消费品。$E_G(\cdot)$ 和 $E_M(\cdot)$ 表示分别随消耗汽油量和行使英里数成比例变化的外部性。I 表示固定的家庭收入，GOV 表示政府转移支付，用来获得燃油税收入的再循环。$c(g)$ 是汽车所有权的固定成本，汽车越是节油，该成本越高，它反映了纳入节油技术所增加的生产成本。p_G 和 p_X 表示汽油和一般性商品的固定生产者价格，而 t_G 是全国平均水平汽油消费税。t_M 是行车里数的一单位税。住户可以选择 v、m、g 和 X 来最大化效用 $u(\cdot)$，但是要服从预算条件的约束，即，使收入与用于汽油、车辆里程税、汽车和购买其他商品，λ 是一个拉格朗日乘子的花费相等[2]。$E_G(\cdot)$ 包括与石油依赖有关的温室气体及可能的能源安全外部性。$E_M(\cdot)$ 包括碰撞事故风险和道路拥堵。地方尾气排放也包括在 $E_M(\cdot)$ 中，假定所有的新客车必须符合相同的每英里排放量标准，不考虑它们的耗热率，并且由于排放控制系统的持久性和排放检测系统当前因车龄增加造成的排放速率的恶化是相对较轻的[3]。我们忽略了路面磨损、撕裂和噪声，因为它们主要是由重型卡车造成的[4]。

---

① 车辆选择是一个连续变量，同样地，我们对许多家庭的选择进行了平均。

② 我们的分析提取了市场失灵的可能性，这种可能性与燃油经济的消费者低估有关。是否存在市场失灵及其程度如何在实证文献中还是一个未解决的问题（Fischer, Carolyn, Harrington and Parry, 2007）。

③ 除了尾气排放，在石油运输、精炼和分配过程中地方空气污染物也会向上游释放。然而，部分由于严格的管制，造成的环境损害相对较小，根据国家研究委员会（National Research Council, 2002）大约为每加仑 2 美分。

④ Small Kenneth A., Clifford Winston and Carol A. Evans. Road Work: A New Highway Pricing and Investment Policy. Washington D. C.: Brookings Institution, 1989. Federal Highway Administration. Highway Statistics 2007. Washington D. C.: U. S. Department of Transportation, 2007.

矫正汽油税，用 t_G^C 表示（见附件 8 – 1）：

$$t_G^C = e_G + \beta \cdot (e_M - t_M)/g \qquad (8.2a)$$

$$e_G = -u_{E_G} E_G'/\lambda \,, e_M = -u_{E_M} E_M'/\lambda \qquad (8.2b)$$

$$\beta = \frac{g \cdot dM/dt_G}{dG/dt_G} \qquad (8.2c)$$

e_G 和 e_M 表示汽油使用和运费的边际外部成本，或者货币化的负效用，分别以每加仑多少美元和每英里多少美元的形式来表示。

式（8.2a）中的矫正税包括温室气体和对石油依赖性的边际外部成本。该税收也包含了交通拥堵、碰撞事故和地方尾气排放、扣除里程税等内在化成本的净额等边际外部成本，用两个要素对它进行测量。第一个要素是每加仑汽油行驶的英里数（$1/g$），用来把成本折合成每加仑汽油的美元价值。但是，每加仑汽油行驶的英里数是内生的，并且随着燃油价格的上涨增加了对节油汽车的需求，每加仑汽油行驶的英里数也会增加。相应地，这也增加了与里程相关的外部性对矫正税的贡献，因为当前汽油使用量的逐渐降低与行车英里数的更大减幅有关。第二个要素用 β 来表示，在式（8.2b）中进行定义，β 是指因行车里程数减少，而不是因耗热率提高而导致的汽油使用量逐渐降低的部分。β 值越小，与行车里程数相关的外生性对矫正汽油税的贡献也越小。事实上，如果所有燃油用量的逐渐减少都来自耗热率的提高，而不是来自驾车的减少，则 $\beta = 0$，并且交通拥堵、碰撞事故和地方尾气污染这些因素都不会影响矫正税。

我们采用下面这个函数形式：

$$\frac{M}{M^0} = \left(\frac{p_G + t_G}{p_G + t_G^0}\right)^{\eta_M}, \frac{g}{g^0} = \left(\frac{p_G + t_G}{p_G + t_G^0}\right)^{\eta_g} \qquad (8.3)$$

η_M 和 η_g 分别表示了行车里程数和每英里耗油量对汽油价格的弹性，0 表示初始值。汽油的需求弹性 η_G 是这两个弹性的总和。我们把所有的弹性都视为常数，这也就是说 β 也是一个常数。

汽油税从现行水平提高到矫正水平所带来的福利收益（W_G）表示如下（见附件 8 – 1）：

$$W_G = \int_{t_G^0}^{t_G^C} (t_G^C - t_G) \frac{dG}{dt_G} dt_G \qquad (8.4)$$

在图 8.3 中 W_G 用带阴影的三角形区域表示。

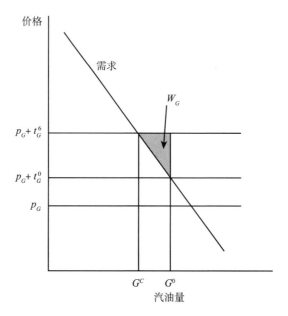

图 8.3　矫正税收的福利收益

8.3　计算矫正汽油税

本章节，我们讨论在基准参数假设和替代情形下的矫正税。基准参数来自 2007 年前后的代表性数据。

8.3.1　全球变暖的外部性

有些研究[1]说明废气带来的损害分别为每加仑 0.09 美元和每加仑 0.70 美元[2]。保守起见，我们使用前者作为基准案例，而用后者来进行敏感性

---

[1]　例如，诺德豪斯（Nordhaus，2008）认为目前二氧化碳排放的边际损害为每吨 10 美元，而斯特恩（Stern，2007）的一些研究认为是每吨 80 美元。

[2]　如果未来全球气候通过激进的减缓政策而迅速稳定，则在斯特恩（2007）中的边际损害会大幅度减少。

分析。出现不同估值的一个原因是，温室气体在大气中的长时间停留及气候系统的不断变化，如今尾气排放会产生代际影响，其损害的现值对假定贴现率高度敏感。希尔（Heal，2009）提出基于伦理立场，也就是说，避免仅因为有些人出生得晚就对其有歧视，我们应采用一个低贴现率来贴现代际影响。诺德豪斯（2007）认为市场贴现对有意义的政策分析必不可少，也就是说，避免其他情况下不当的政策影响。出现不同的二氧化碳损害估值的第二个原因与处理极端灾难风险的方法有关。尤其是，如果当未来气候损害的概率分布具有"肥尾效应"时，二氧化碳排放的边际损害会任意大；也就是说，越来越灾难性的后果的概率下降要缓慢于这些后果的边际效用上升（Weitzman，2009）。这反映了气候系统中不稳定反馈机制的可能性，例如，气温升高导致地下甲烷，其本身是一种温室气体的释放将会导致真正的灾难性升温。诺德豪斯（Nordhaus，2009）批评了肥尾假设，理由是了解到未来有关气候变化的严重性，我们可以通过激进的减缓措施和终极技术的部署，例如，去除大气中的碳，或者通过分散大气中的颗粒物使射入地球的太阳光发生偏转来阻止未来的灾难性后果。

为了实现我们的目的，如果对全国的二氧化碳排放实施有法律拘束力的总量控制与交易制度，则这些争论将会是多余的。在这种情况下，任何因更高的汽油税造成的二氧化碳减少都将会被其他领域的更高排放所抵消。相反，根据整个经济范围的二氧化碳税收制度，更高的汽油税将减少全国范围的排放，尽管每吨的收益将是扣除二氧化碳税收之后的净额。

8.3.2　石油依赖

来自石油依赖的一个可能的外部性是因油价冲击风险产生的宏观经济扰动成本。但是，私人市场能在多大程度上通过存货决策、金融对冲和购买高耗热率汽车等方式将这些风险充分内在化是有争议的。目前引用最广泛的研究为雷比（2007）的研究，雷认为 2004 年未内在化的宏观经济扰动成本大约为每加仑 0.10 美元（Brown and Huntington，2009）得出了相似的结论。一些分析人士建议汽油税可以代替石油进口关税，基于美国在国际石油市场上的买方垄断地位，这样做可以提高美国的福利。但是，进口关税是否可以作为燃油税估值的一个因素还不是很清楚，考虑到从全球角度来看，石油进口关税将会减少福利，并且如果其他国家能够通过贸易保护措施予以报复，可能也会减少美国的福利。

石油依赖或许也制约了美国的对外政策，例如，可能会导致美国政府不愿意在石油出口国强烈要求人权和民主自由。石油收入流动也可能资助恐怖主义活动。但是，估算这些地缘政治的成本是极其困难的。此外，即使美国的石油消耗被大量的削减，但是石油美元流动的减少比例相对很小，除非其他主要的石油消耗国也做出相同的举措。

假定石油依赖的外部性为每加仑 0.10 美元，但在我们能更好地处理外部性估值之前，这个假定可以被视为一个或许有些保守"占位符"。

8.3.3 其他外部性

人们对于汽车导致的地方性污染损害已经达成共识。我们随斯莫尔和班霍夫（Small and Verhoef，2007）的研究，假定全国范围内尾气污染的损害为每英里 0.01 美元。死亡效应（主要由颗粒物而不是臭氧引起）占损害的绝大部分。斯莫尔和班霍夫在考虑了从受到污染到死亡之间的时差贴现和老年人因受污染风险最大而具有较小的统计生命价值（VSL）之后，假定对量化的死亡率统计的生命价值（VSL）为 415 万美元。随着时间变化，地方性污染很可能会继续它们的下行趋势，因为随着车辆的更新换代，更多的汽车将被要求遵守目前更严格的新车排放标准①。

帕里和斯莫尔（2005）假定交通拥堵的边际成本为每英里 0.035 美元。这一数据是基于美国联邦公路管理局（2000）的一项估值给出的，该估值是对代表性的跨城乡的各种道路全天各个时段的边际拥堵成本计算出的平均值。通过假定出行时间的价值为市场工资的一半，边际交通延误数据可以从交通速度/交通流量曲线中得出，并且可以被货币化。相对于非高峰期驾驶，主要以通勤车为主，拥堵的高峰期驾驶对油价的敏感性较弱，这个每英里 0.035 美元的数字包括了对这一弱敏感性的调整。鉴于从

---

① "二级"标准意味着新车的排放率为 20 世纪 70 年代以前的排放率的 0.5%～5%。

2000～2007 年名义工资增长了 22%，交通拥堵延误增加了 8%[1]（白宫经济顾问委员会，2009；Schrank and Lomax，2009），我们将采用修正后的每英里 0.045 美元的估值[2]。

对于碰撞事故，帕里和斯莫尔（2005）假定了一个数值为每英里 0.03 美元的边际外部成本。外部成本包括对行人造成伤害的风险，第三方承担的医疗和财产损失成本的大部分，以及因伤害导致的工作单位生产力损失中的税收收入部分[3][4]。在将统计生命价值修正为美国运输部采用的 580 万美元后[5]，我们采用的边际外部性的价值为每英里 0.035 美元[6]。

8.3.4 弹性和其他数据

假定燃油的税前价格 p_G 为每加仑 2.30 美元，联邦和州汽油税的总和为每加仑 0.40 美元，并且初始的汽油消耗量为 1400 亿加仑[7]。假定初始的道路耗热率（1/克）为每英里 22 加仑[8]作为基准案例。假设长期汽油的

---

① 白宫经济顾问委员会网站数据。Schrank David and Timothy Lomax. The 2009 Urban Mobility Report. College Station，Texas Transportation Institute，Texas A&M University，2009.

② 我们认为拥堵成本数字是保守的。例如，根据从华盛顿特区网络模型和道路网线推算的全国拥堵成本，费雪等（Fischer et al.，2007）将边际拥堵成本设为每英里 0.065 美元。

③ 其他事故成本，例如，单方碰撞事故造成的伤害风险及因生产力损失导致的应得工资的损失，被假定为内部成本。

④ 在多车碰撞的情形下，外部成本是否应该包括其他乘客的伤害风险及程度如何，这个问题仍未解决。其他条件相同时，道路上每多一辆车就对其他车辆增加了碰撞的风险（因为它们的道路空间减小了）；然而，一个抵消因素是，在高峰时人们可能驾驶得更慢或者更小心。

⑤ 这个统计生命价值比污染致死的要高，因为死于碰撞事故的人们往往更年轻，且死亡时间很快。

⑥ 在更高的燃油税鼓励消费者购买轿车而不是轻型卡车的限度内，可能存在着我们的数字没有获取的额外的外部性收益。这是因为事故外部性好像对轻型卡车更大（例如，Li Shanjun. Traffic Safety and Vehicle Choice：Quantifying the Effects of the Arms Race on American Roads. Discussion Paper 09 – 33. Washington D. C. ：Resources for the Future，2009. White Michelle. The "Arms Race" on American Roads：The Effect of SUV's and Pickup Trucks on Traffic Safety. Journal of Law and Economics，2004，47：333 – 356.）

⑦ Parry Ian W. H. and Kenneth A. Small. Does Britain or the United States have the Right Gasoline Tax? American Economic Review，2005，95：1276 – 1289.

U. S. Energy Information Administration 网站。

⑧ Federal Highway Administration. Highway Statistics 2008. Washington D. C. ：U. S. Department of Transportation，2008.

需求弹性为 – 0.4，其中一半的响应来自燃油经济性的提高，另一半来自行驶里程的减少（车辆需求减少和每辆车行驶里程减少的某种组合）。因此，假定 η_g = – 0.2，η_M = – 0.2，β = 0.5。这些假定很大程度上是以斯莫尔和凡登德（Van Dender，2006）的研究为基础[1]。

由于受到 2007 年立法和 2009 年开始的行政诉讼的影响，标准耗热率被完全纳入减少新汽车每英里二氧化碳排放量的目标中。2016 年之前，汽车生产商的新轿车需要满足每英里 39 加仑的平均耗热率标准，而新的轻型卡车则要满足每英里 30 加仑的标准，之前的标准为轿车每英里 27.5 加仑，轻型卡车每英里 24.0 加仑。鉴于这些规定将会约束所有的汽车生产商，汽油消耗量对行车英里数的弹性将会大幅降低，这就意味着一个更小的 β。实际上，这些规定很可能是有约束力的，即使燃油价格每加仑将上涨 2 美元多，然而，因为驾车人可以用新轿车来代替新轻型卡车，并且更多地使用现有的高耗油量车辆，所以仍然会出现一些价格反应（Small，2009）。在敏感性分析中，我们可以考虑一个耗热率弹性为 0.1 的情况，也就意味着 β = 0.67。在这个情况下，假设客车的初始道路耗热率为每英里 29 加仑，道路耗热率比认证的新车耗热率要低大约 15%。最后，鉴于全国范围内的汽车通行费收入相对于来自汽油税的收入要少很多，我们在基准案例中设 t_M = 0。在敏感性分析里，我们考虑了通过里程收费将与英里数相关的外部性完全内在化（$t_M = e_M$）[2]。

8.3.5　最优税收估值

表 8.1 总结了根据基准参数及多次敏感性分析得出的矫正汽油税，按照 2007 年的美元价值及其影响，每次敏感性分析的参数都会变化。根据基准参数，矫正税为每加仑 1.23 美元。交通拥堵和碰撞事故占据了矫正税的大部分，分别为每加仑 0.52 美元和 0.41 美元。全球变暖、石油依赖和地方空气

---

①　预测的汽油需求弹性强度随着时间变化而减弱，反映出总（即时间加金钱）出行成本中燃料成本日益减小的份额。而且，提高汽车燃油经济性的相对低成本的技术机会已经在逐步开发。

②　对存在既有燃油经济性标准和既有里程税的情形，我们利用式（附 7.3）相应缩减了初始汽油用量，并且将里程税转化为与其对等的燃油税。

污染三者的比重大致相等，介于每加仑 0.09 美元和 0.12 美元之间。将汽油税从目前的每加仑 0.40 美元提高到矫正水平会使耗热率提高到每英里 23.2 加仑，并且使汽油使用总量下降 10 个百分点，导致的福利收益为 59 亿美元，而税收收入将从 560 亿美元增加到 1570 亿美元，增加了 180 个百分点。

表 8.1　　矫正汽油税的计算（按照 2007 年的美元价值）

基准例子	美元/加仑
矫正税	1.23
贡献构成	
全球变暖	0.09
石油依赖	0.10
地方空气污染	0.12
交通拥堵	0.52
碰撞事故	0.41
矫正税的里程/加仑	23.2
汽油使用的成比例减少	0.10
福利收益（十亿美元）[a]	5.9
税收的成比例增加	2.8
严重的全球变暖损害	
矫正税	1.88
矫正税的里程/加仑	24.0
汽油使用的成比例减少	0.16
福利收益（十亿美元）[a]	16.6
存在既有气候政策	
矫正税	1.14
有约束力的耗热率规定	
矫正税	2.01
矫正税的里程/加仑	30.4
汽油使用的成比例减少	0.17
福利收益（十亿美元）[a]	12.3
存在既有矫正里程税	
矫正税	0.19
汽油使用的成比例减少	-0.03
福利收益（十亿美元）[a]	0.43

注：[a] 表示忽略了来自于更广泛的财政联动的福利效应。

在严重的全球变暖情形下，最优汽油税将提高到每加仑 1.88 美元，而福利收益几乎高达三倍，因为图 8.3 里的三角形阴影部分的底边和高都增加了。但是，如果已经存在二氧化碳总量控制与交易政策，或将全球变暖损害完全内在化的庇古税，矫正税将降到每加仑 1.14 美元。在未来已存在有法律拘束力的耗热率规定的情况下，矫正税将会提高到每加仑 2.01 美元。在此，那些与里程有关的外部性，地方空气污染、交通拥堵和碰撞事故，每个占到矫正税的比例比在基准案例中的多出 80%。这是基于两个原因使得与给定的汽油用量减少相关的里程数的减少程度在当下更高。第一个原因是，假定的边际燃油使用量减少的 67% 来自驾驶的减少。第二个原因是，每加仑汽油行驶的距离比基准案例大约高出了 1/3。

最后，由于已存在能充分矫正所有与里程相关的外部性的税收，矫正汽油税将大幅度降到每加仑 0.19 美元，或者为现行税率的一半。在这种情况下，该税收仅反映了全球变暖和石油依赖这两个外部性。

8.4 汽油税的财政原理

汽油税或任何矫正税或关于该事项的规定会与因更广泛的税收制度造成的经济扭曲交互影响，为了获得一个公正的关于税收福利效应和最优水平的估值，我们应该把这些交互影响考虑在内。通过将更广泛的税收制度转化为一个对劳动收入征收的单一税 t_L 来表示这种税收制度，t_L 反映了工资总额与家庭收到的净工资的差额。工资总额反映了劳动边际产量价值，而净工资反映了根据在非市场活动中失去的时间计算的劳动供给边际成本。由燃油税导致的劳动供给的改变将会导致福利效应等于劳动供给改变和 t_L 的乘积。首先讨论对矫正汽油税的调整，并以此来解释更广泛的财政交互影响，其次给出这些调整的一些实证重要性。

8.4.1 矫正汽油税的财政调整

正如在古尔德（1995）有关环境税收转移的文献中分析的，更广泛的财政交互影响将采取两种形式。第一种形式是税收交互效应。当一个新的产品税抬高一般消费者的价格水平时，会造成居民的实际工资减少，进而会打击劳动供给的积极性，结果导致劳动力市场的效率损失。当然，产品税对经济范围内劳动力供给的影响比例将会是非常小的。但是，考虑到劳动力市场在经济运行中的巨大规模，以及因联邦和州所得税、工资税和营业税所带来的大幅度差额，最终的效率损失仍然可能实质地改变税收的总体福利效应①。第二种形式是收入循环效应。通常在相关文献里，这个效应被拿来反映更广泛的所得税减免中因环境税收入循环所产生的效率收益。另外，因更高的燃油税带来的收入可以被用于公路支出，或更广义的，用于公共物品、转移支付，或者削减赤字等。

在这里我们没有必要再次重复其他论文中关于矫正税财政调整的推导过程，它们是通过将外部性模型纳入之前税收扭曲的一般均衡模型中来进行的。相反，我们仅从帕里、拉斯梅纳理恩和韦斯特（Parry, Laxminarayan and West, 2009）推导出的以下公式进行讨论：

$$t_G^* = t_G^C + \delta\left\{ G\left(-\frac{dt_G}{dG} \right) - t_G^* \right\} - (1+\delta)t_L\frac{\partial L}{\partial p_G}\left(-\frac{dt_G}{dG} \right) \qquad (8.5)$$

在式（8.5）中，δ 为与每一额外美元的政府收入相关的效率收益，*表示最优（与矫正相对）税收。

在式（8.5）中，对矫正税的第一个调整是收入循环效应。这一调整等于 δ 乘以每加仑汽油减少量的额外收入得出的乘积。第二个调整是税收交互效应。这一调整包括以下两项的乘积，一项是因汽油价格的边际增长引起的劳动力供给的改变，第二项是每加仑汽油减少量相对应的汽油税的增加。这里劳动力供给的改变和劳动税楔相乘，再乘以 $1+\delta$，以此来表示已损失的劳工税收入的效率成本。在用斯勒茨基方程分解劳动力供给的效应时，同时采用帕里、拉斯梅纳理恩和韦斯特（2009）斯勒茨基对称性后，给出求解过程：

$$t_G^* = t_G^C + \delta\left\{ \frac{p_G + t_G^*}{(-\eta_G)} - t_G^* \right\} - \frac{(1+\delta)t_L(p_G + t_G^*)(\eta_{GI}^{comp} + \eta_{LI})}{(1-t_L)(-\eta_G)} \qquad (8.6)$$

---

① 这就是说，劳动力市场上的福利变化矩形的底的值小但高的值大。

η_{GI}^{comp} 表示与家庭工资或闲暇价格有关的补偿性汽油使用交叉价格弹性，并且 $\eta_{LI} < 0$ 表示劳动力供给的收入弹性。

假设现在用额外的收入来削减劳动税。在这种情形下，δ 表示通过劳工税增加每一额外美元收入的效率成本，或者表示 t_L 的增加量除以收入的边际增长得出的效率成本。因此，可以得出：

$$\delta = \frac{-t_L \dfrac{\partial L}{\partial t_L}}{\dfrac{\partial (t_L L)}{\partial t_L}} = \frac{\dfrac{t_L}{1-t_L}\varepsilon_L}{1-\dfrac{t_L}{1-t_L}\varepsilon_L}, \varepsilon_L = \frac{\partial L}{\partial (1-t_L)}\frac{1-t_L}{L} = \varepsilon_L^{comp} + \eta_{LI} \quad (8.7)$$

这里 ε_L 表示非补偿性劳动力的供给弹性。它借助斯勒茨基方程与补偿性劳动供给弹性 ε_L^{comp} 和劳动力供给的收入弹性相关。

8.4.2 财政联动的量化意义

尽管 ε_L 的实证估值有很大的离差，一个合理的基准假设是 $\varepsilon_L = 0.2$[1]。这一估值表示劳动力供给反应的平均值，该种反应是因每名雇员平均工时及劳动力，包括男工和女工参工率的变化导致的。我们用一个标准值 0.4 来表示劳工税楔，它表示的是平均税率（影响参工边际）和边际税率（影响工作时间边际）的折中。我们的估值意味着 $\delta = 0.15$ 美元。这与公共资金的边际成本值 1.15（等于 $1 + \delta$）相对应。需要注意的是，δ 在这里的界定是相对于收入没有循环的时候，因此构成 δ 基础的行为反应为非补偿性的。相反，举例来说，如果提高了所得税并且把收入一次性转移支付给家庭，效率效应将部分依赖于补偿性劳动供给弹性，这就意味着 δ 值更大。这一更大的值与通常界定的边际税收超额负担相对应。

如果汽油对闲暇的替代程度与一般消费品对闲暇替代程度相同，那么 $\eta_{GI}^{comp} = \varepsilon_L^{comp}$，也就是说，随着闲暇价格的补偿性增加，汽油用量的变化将

---

① Blundell Richard and Macurdy Thomas. Labor Supply: A Review of Alternative Approaches. In Handbook of Labor Economics, O. Ashenfelter and D. Card (eds.). New York: Elsevier, 1999.

和总消费量或者劳动供给成同比例变化[①]。从式（8.6）和式（8.7）的计算过程，我们可以很容易证明 $t_G^* = t_G^C/(1+\delta)$。在这种情形下，如果用给定的 δ 值，最优税收比矫正税少 15 个百分点。这种向下的调整反映了每一加仑汽油使用减少量的外部性效益和每一加仑汽油使用减少量的效率成本之间的平衡，其中后者表示的是每一加仑汽油的税收和$(1+\delta)$的乘积，用来解释汽油的税基侵蚀，这一侵蚀必须用更高的劳动税来抵消。

如果旅客的汽车出行都是和工作相关，那么可以合理地假定汽油是闲暇的一个一般替代品，因为随着闲暇价格的变化，出行会与工作时间（或总消费）成大致比例的变化。但是，韦斯特和威廉（2007）中的证据表明汽油是闲暇的一个相对较弱的替代品，也就是说 $\eta_{GI}^{comp} < \varepsilon_L^{comp}$，一个合理的解释是大部分的客车出行是与闲暇相关，而不是与工作相关的。基于韦斯特和威廉（2007）的研究，我们设定 $\eta_{GI}^{comp} + \eta_{NL} = 0.1$。根据这一设定，最优汽油税会提高到每加仑 1.71 美元，或者是比矫正税高出大约 40%[②]。

但是，美国财政体系不仅扭曲生产要素市场，并且扭曲在普通消费和低税商品之间的支出分配，如房主自用住宅和雇主提供的医疗保险。尽管税收优惠部分相对于劳动力市场在规模上很小，但是相对于劳动力供给，该部分对所得税变化的反应更大。这意味着相对于生产要素市场的效率成本，因支出模式扭曲加强而导致的更高所得税的效率成本可能仍然非常大。基于实证证据，帕里（Parry，2002）提到在所得税减免中循环每一美元收入所取得的效率收益，相对于不循环该收入的情况应该大约为 0.30 美元而不是 0.15 美元。如果这样，最优汽油税将会大幅提高，因为收入循环效应增加了一倍。正如图 8.4 中所显示的，最优汽油税提高到每加仑 3 美元多。图 8.4 是分别对收入循环和税收交互成分中的 δ 取不同的值再根据式（8.6）得出的。另外，额外的燃油税收入可能被用来为公路的维护和扩建项目提供资金。对公路支出的边际价值给出一个大致的数字是很困难的，因为这一边际价值的大小往往和每个项目的具体情况密切相关，而且运输局往往不会开展项目的例行经济评估活动。实际上，一个长期的顾虑

---

① Parry Ian W. H. , Ramanan Laxminarayan and Sarah E. West. Fiscal and Externality Rationales for Alcohol Taxes. B. E. Journal of Economic Analysis & Policy (Contributions), 2009, 9 (29): 1 –45.

② 通过式（8.6）和式（8.7）和 t_G^C 的基准值得出。

在于对公路支出的有效分配缺少压力，这是因为占到了联邦公路支出的一半多的联邦政府给州政府的拨款是根据车辆行驶里程成比例地分配，而不是根据交通拥堵程度和道路质量来分配。公路支出的社会回报率的实证估值通常介于 0 ~ 30%[①]。如果社会贴现率为 5%，这意味着公路支出的 δ 将介于 -0.05 和 0.25 之间[②]。正如图 8.4 中显示的，这将意味着最优汽油税为每加仑 0.50 美元到每加仑 2.50 美元之间。

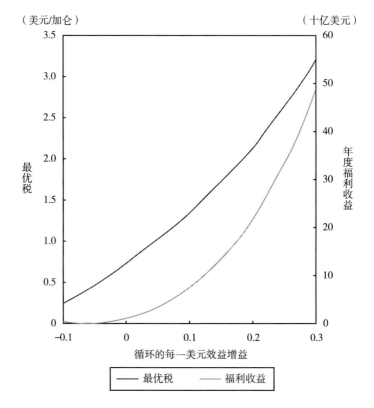

图 8.4　不同收入循环选择下的最佳汽油税和福利收益

注：效率收益是相对于经济收入的扣缴而定义的，因此，它取决于无偿行为反应。这里需要说明的一点是，用来衡量政策改变的基线到底是什么，这个问题并不总是清晰的。例如，燃料税收入可以为某些支出项目提供资金，而这些支出项目即使在燃料税没有增长的情况下也是必须开展的。在这种情况下，燃料税收入有效地替代了其他扭曲性税收的增长，而不是为额外的支出提供资金。

---

①　Transportation Research Board. The Fuel Tax and Alternatives for Transportation Funding. Special Report No. 285. Washington D. C.：National Academies Press，2006.

②　公路支出的效益，$1 + \delta$ 是（1 + 支出回报率）/（1 + 社会贴现率）。

更广义地说，额外的税收收入可以为与交通无关的公共支出或者赤字削减提供资金，尽管在没有更多的细节时很难知道如何将收入循环的效率收益与削减扭曲性税收带来的效率收益进行比较[①]。本章总的观点是最优汽油税对于不同形式的税收收入循环非常敏感，如果税收收入没有被用来增加效率，设定更高燃油税情形的基础就会受到很大的破坏。相应地，通过最优化汽油税得到的年度福利收益在不同的收入循环选择下将会有很大的差别，可能会从接近零到超过 300 多亿美元（见图 8.4）。

8.5 重型卡车的最优柴油税

8.5.1 概念框架

对重型载货车，即单体及组合式商用卡车所消耗的柴油征收的矫正税表示如下[②]：

$$t_D^C = e_D + (\beta^T/g_D) \{ e_M^T - t_M^T - \gamma \cdot (e_M - t_M + (e_G - t_G)/g) \} \quad (8.8)$$

其中，下标 D 指柴油而不再是汽油；g_D 表示卡车行驶每英里的柴油消耗；e_D 表示每加仑柴油的外部成本。上标 T 指卡车而不再是轻型载货汽车；β^T 表示边际柴油用量的减少部分，该部分是因卡车里程数减少导致并因价格诱发的；e_M^T 表示卡车每英里行车的外部成本，t_M^T 表示卡车每英里行车的可能税收，γ 表示卡车每单位里程数减少对应的汽车里程数的增加。在 $\gamma > 0$ 的程度内，拥堵道路上的行驶速度会因更多的道路空间被卡车腾出而提高[③]。如果 $\gamma = 0$，矫正柴油税将会在本质上类似于矫正汽油税，只是参数

[①] 对于纯粹的转移支出，根据帕里等（Parry et al.，2009），存在一个每美元循环收入 7 美分的效率损失（$\delta = 0.07$）。这是因为随着更高的家庭收入提高了闲暇（正常商品）的需求，劳动力供给会小幅度回落，因此，加重了劳动所得税的扭曲。

[②] 下面的公式改写自帕里（Parry，2008），对它的分析进行了总结，该分析对卡车里程按地区和车辆类型进行了区分。

[③] Calthrop E.，B. de Borger and S. Proost. Externalities and Partial Tax Reform：Does it Make Sense to Tax Road Freight (but Not Passenger) Transport? Journal of Regional Science，2007，47：721 – 752.

变成了与卡车的特点相关。对于此种情况有一个例外，那就是重型卡车的地方性排放会大致随着燃料使用量而不是里程数的变化而成比例变化，这是因为排放标准是相对于发动机容量（特别是每制动马力小时克数）而不是里程来定义的。另外，对于重型卡车来说，道路损害是一个重要的与里程数相关的外部性，而噪声在较小的程度上也是重型卡车的一个外部性。在 $\gamma > 0$ 的程度内，矫正的柴油税会被下调，用来解释由此引起的与燃油和里程数相关的汽车外部性的增加。这种增加被界定为扣除任何汽车里程收费和汽油税之后的净额。净汽车外部性用每汽车英里的美元来表示，然后再被转换为每一加仑柴油的美元（通过除以 g_D 得出），这种外部性会随着柴油用量减少而相应缩减，这里的柴油用量减少是因卡车里程数减少而不是因耗热率提高而导致的[①]。我们为卡车里程数和燃油量/英里数假定与式（8.3）中类似的函数形式，并且假定 γ 是一个常数。

最后，一个普遍的假设为，运费是闲暇的一般替代品，因为本质上所有的重型卡车出行都是与工作相关，因此，它可能表现出与一般商品相似的对闲暇的替代程度[②]。因此，这里我们运用与式（8.6）类似的表达式来计算总的最优税收，其中 $\eta_{GI}^{comp} = \varepsilon_L^{comp}$。

8.5.2　参数

消耗一加仑柴油要比消耗一加仑汽油多产生 16% 的二氧化碳[③]；因此，我们为柴油的全球变暖损害设定一个每加仑 0.10 美元的保守的值[④]。采用上文中相同的占位符估值，每加仑 0.10 美元来表示石油依赖成本。

基于美国环境保护署对 2000 年进行的来源解析研究，美国联邦公路管理局（2000）将重型卡车的地方空气污染成本设定为大约每加仑 0.40 美

---

① 原则上，更高的汽油税可能通过减轻道路拥堵导致卡车里程成比例地增加。然而，考虑到卡车在公路交通中所占份额相对较小，这一反应可能对最优汽油税造成的差异很小。

② Diamond Peter A. and James Mirrlees. Optimal Taxation and Public Production I: Production Efficiency and II: Tax rules. American Economic Review, 1971, 61: 8–27, 261–278.

③ 资料来源：（见英文原稿 P288）http://bioenergy.ornl.gov/papers/misc/energy conv.html.

④ 用一个更高的值或零来反映已存在的总量控制与交易制度，这与之前汽油税的相关讨论具有了可比的效应。

元。在对这一数字进行了两个调整之后，得出的成本值为每加仑 0.36 美元。首先，用 0.4 乘以 4.15/2.7，乘数为之前假定的对空气污染的统计生命价值与美国联邦公路管理局（2000）的统计生命价值之间的比率。其次，再用乘积乘以 0.6 用来表示重型卡车尾气排放率的下降[1]。

根据美国联邦公路管理局（2000），卡车的边际拥堵成本假定为每英里 0.09 美元，是汽车的两倍。这是因为卡车比汽车占用了更多的道路空间，并且行驶得更慢，不过一个部分的抵消因素是，相对于汽车来说，全国卡车里程数的更大份额都是发生在农村地区和非高峰时间自由流动条件下。根据美国联邦公路管理局（2000），卡车的边际事故成本被假定为汽车的 83%，或者说每英里 0.029 美元。尽管对于给定的冲击速度，卡车的损害潜力远大于轿车，但一个抵消因素是，卡车往往行驶得更慢并且发生碰撞的概率更低，部分原因是卡车往往是由职业司机驾驶的。

在有关给不同类型的机动车分摊道路维护费用的研究中，对重型卡车道路损害的外部性进行了估价，而噪声成本是基于价格效用研究进行预测，该研究测量与公路的距离如何影响房产价格。根据美国联邦公路管理局（2000），并利用消费者价格指数将其修正为 2007 年的水平，我们假定这两项外部性成本分别为每英里 0.055 美元和每英里 0.015 美元。假定柴油的税前价格和汽油相同，初始柴油税为每加仑 0.44 美元，初始卡车燃油消耗为 380 亿加仑，耗热率为每加仑 6 英里[2]。尽管可获得的有限证据显示柴油弹性与汽油价格弹性的大致范围相同[3]，我们可以期待柴油的燃油经济弹性要小，因为卡车需要更高的功率运送货物，提高卡车耗热率的技

　　[1]　Bureau of Transportation Statistics. National Transportation Statistics 2008. Washington D. C. : U. S. Department of Transportation, 2008.

　　[2]　Federal Highway Administration. Highway Statistics 2003. Washington D. C. : U. S. Department of Transportation, 2003. Bureau of Transportation Statistics. National Transportation Statistics 2008. Washington D. C. : U. S. Department of Transportation, 2008.

　　[3]　Dahl Carol. A Survey of Energy Demand Elasticities in Support of the Development of the NEMS. Report prepared for the U. S. Department of Energy, 1993: 122 – 123. Small Kenneth A. , Clifford Winston and Carol A. Evans. Road Work: A New Highway Pricing and Investment Policy. Washington D. C. : Brookings Institution, 1989.

术机会比轿车更有限[1]。假定柴油价格弹性为 - 0.25，40% 归于对耗热率的反应，60% 归于对行驶里程数的反应。

关于汽车外部性的反馈效应，大约 55% 的卡车出行是在农村地区[2]，在这些地区交通拥堵是最轻的；因此，卡车驾驶的减少在鼓励更多轿车出行方面的作用很微小。对于典型的城市道路，一个合理的经验法则似乎是，大概 70% 的卡车拥堵的减少会被额外的轿车出行抵消[3]。假定在全国范围内，70% 乘以 0.45 等于 31% 的卡车拥堵减少将会被额外的轿车出行抵消。基于以下假设，就交通拥堵而言，两辆轿车的里程数等于一辆卡车的里程数，我们将该数值翻倍得出 $\gamma = 0.62$[4]。如果柴油税大幅度提高，很有可能汽油税也会随之提高。因此，在计算式（8.8）中轿车的反馈效应时，尽管还注意到了假定现行汽油税的影响，我们仍使用矫正汽油税及该税的耗热率。

8.5.3 最优税估算

从表 8.2 中总结的最优柴油税的矫正部分开始，除了全球变暖和石油依赖两个外部性外，尽管所有的参数相对于汽油的参数有明显的不同，但总体上来讲，柴油的矫正税非常接近每加仑 1.15 美元而不是每加仑 1.23 美元的汽油矫正税。一方面，道路损害和噪声一起在矫正柴油税中贡献了每加仑 0.26 美元，而在矫正汽油税中，这两者的贡献为零，而地方空气污染对柴油税的贡献更大，因为排放会因所有的燃料减少而变化，而不是仅仅随着因里程数减少导致的燃料减少而变化。

---

① Energy Information Administration. Impacts of the Kyoto Protocol on U. S. Energy Markets and Economic Activity. Washington D. C. : U. S. Department of Energy, 1998.

② Federal Highway Administration. Addendum to the 1997 Federal Highway Cost Allocation Study Final Report. Washington D. C. : U. S. Department of Transportation, 2000.

③ Cervero R. and M. Hansen. Induced Travel Demand and Induced Transport Investment: A Simultaneous Equation Analysis. Journal of Transport Economics and Policy, 2002, 36: 469 – 490. Calthrop E. , B. de Borger and S. Proost. Externalities and Partial Tax Reform: Does it Make Sense to Tax Road Freight (but Not Passenger) Transport? Journal of Regional Science, 2007, 47: 721 – 752.

④ Santos Georgina and Gordon Fraser. Road pricing: Lessons from London. Economic Policy, 2006, 21: 264 – 310.

表 8.2　　　　　　　　矫正的柴油税计算（按照 2007 年的美元价值）

基准例子	美元/加仑
矫正税	1. 15
贡献构成	
全球变暖	0. 10
石油依赖	0. 10
地方空气污染	0. 36
交通拥堵	0. 33
碰撞事故	0. 11
道路损坏	0. 20
噪声	0. 06
汽车反馈效应	− 0. 10
矫正税的里程/加仑	6. 1
柴油使用的成比例减少	0. 06
福利收益（十亿美元）[a]	1. 3
税收的成比例增加	2. 8
存在既有矫正里程税	
矫正税	0. 56
柴油使用的成比例减少	0. 01
福利收益（十亿美元）[a]	0. 26

注：[a] 忽略从更广泛的财政联动中产生的福利效应。

　　另一方面，交通拥堵对矫正柴油税的贡献为每加仑 0. 33 美元，而对汽油矫正税的贡献为每加仑 0. 52 美元。卡车每英里的拥堵程度是汽车的两倍，并且因税收导致的柴油使用量减少中更多一部分被假定是由减少的车辆里程数造成的。但是，这些因素被卡车低得多的耗热率远远地抵消了，这意味着柴油使用量每减少一加仑所减少的车辆里程数要远小于一加仑汽油减少量所减少的里程数。同样的原因，碰撞事故在矫正柴油税中所起的作用更小。此外，卡车每英里的事故成本大概与汽车每英里的相等，而非汽车的两倍。汽车的反馈效应进一步从矫正柴油税中削去了每加仑 0. 10 美元。如果按照现行汽油税而不是矫正汽油税来估价，这个效应将为 0. 18 美元。

给定假设的情形，通过最优化燃油税导致的车辆耗热率的成比例改进和燃油使用量的成比例减少，柴油比汽油小。基于这些原因，将柴油税提高到矫正水平。

表 8.2 中的最后一点是，如果与里程相关的外部性通过车辆通行费被完全内在化，则柴油矫正税为每加仑 0.56 美元，这里假定汽车的外部性被完全内在化，因此排除了汽车的反馈效应。

一方面，如果每美元循环收入的效率收益为 0.15 美元，最优柴油税为 1.06 美元，或者稍低于矫正税。因此，对财政交互的净调整与对汽油税的净调整方向相反，这反映出这样的假设，即柴油是闲暇的一般替代物，而不是相对弱替代物。另一方面，如果来自收入循环的效率收益是每加仑 0.3 美元①，最优柴油税则会升到每加仑 3 美元。相反地，如果收入循环不增加效率，最优柴油税不但会低于现行水平，而且本质上会降为零。在这种情况下，来自税收交互效应的效率损失将大到足以抵消外部性减缓带来的全部效率收益。

8.6 结论

在可预见的未来，在其他更高效能很大程度地使与里程相关的外部性②内在化的政策广泛实施之前，似乎大幅度提高公路燃油税，如每加仑超过 1 美元，就会出现强效率的情形。这是以额外燃油税收入的有效利用为假定条件的。理想状况下，从效率的角度，这些收入将为扭曲性所得税的损失提供资金，在这种情形下，更高燃油税的论据更有力了。另外，如果存在财政收入不能被有效利用的风险，更高税收的情形将会更适合。

我们的讨论忽略了更高燃油税的分配效应。研究表明汽油税是累退的，但是如果收入按照人的寿命而不是以年为基础测算的话，这种趋势也

---

① 例如，因为所得税不仅扭曲了劳动力市场，还扭曲了支出模式。
② 例如，高峰时段的道路收费。

不是那么强烈①。处理这些问题的一个途径是调整更广泛的税收和福利制度。威廉（2009）发现通过这些调整，汽油税的分配效应可能被大致抵消，对最优汽油税的整体影响是相当温和的。目前，大大提高燃油税似乎只能得到很少的政治支持，但是我们也不难想到那些早前看来不可能实施而成功实现的政策改革的例子，例如，产业放松管制，基于市场的污染控制手段的运用。无论如何，经济学家的作用就是告知清除实施更高效政策的障碍所能获得的潜在净收益。

最后，长期来看，新技术的发展对任何使驾车人摆脱常规燃料的努力都很关键。这并不意味着我们应该施行更严厉的燃油税，因为经济学家中普遍认同一个观点，即处理创新激励问题方面，补充的技术政策比将能源税提高到超过外部性和财政基础保证的水平更有效②。这些补充的措施可能包括资助基础研究、激励应用性私营部门的研发和对技术部署阶段的可能干预，但是这些补充措施的宽严适度和设计仍需要更多地研究。

附件 8-1：解析推导

导出方程式（8.2）：矫正汽油税。最优税是通过一个标准的两步法解出的。第一步是通过式（8.1）解得家庭最优化问题，该式中，外部性还有政府变量是给定的。由此我们得到它的一阶条件为：

$$\frac{u_m}{v} = \lambda (p_G + t_G) g, u_v = \lambda \left[(p_G + t_G) gm + c \right], -c'(g) = (p_G + t_G) m$$

（附 8.1）

① Poterba James. Is the Gasoline Tax Regressive? Tax Policy and the Economy, 1991, 5: 145 – 164. West Sarah and Roberton C. Williams. Estimates from a Consumer Demand System: Implications for the Incidence of Environmental Taxes. Journal of Environmental Economics and Management, 2004, 47: 535 – 558.

② Fischer Carolyn and Richard G. Newell. Environmental and Technology Policies for Climate Mitigation. Journal of Environmental Economics and Management, 2008, 55: 142 – 162. Goulder Lawrence H. and Stephen H. Schneider. Induced Technological Change and the Attractiveness of CO2 Emissions Abatement Policies. Resource and Energy Economics, 1999, 21: 211 – 253.

第二步是把这个家庭的间接效用函数对汽油税求全导，这个效用函数仅是与式（8.1）等价的一个表达式。在这一步里，外部性经济范围的变化和政府转移支付都被考虑在内。通过使用式（附8.1）中的一阶条件，我们消除 dm/dt_G，dv/dt_G，dg/dt_G，及 dX/dt_G 中的项，全导的结果为：

$$u_{E_G}E_G'\frac{dG}{dt_G} + u_{E_M}E_M'\frac{dM}{dt_G} + \lambda\left\{\frac{dGOV}{dt_G} - G\right\} \qquad （附8.2）$$

政府预算约束等于用汽油税收入进行的支出，为 $GOV = t_C G$。对该表达式求全导得出：

$$\frac{dGOV}{dt_G} = G + t_C\frac{dG}{dt_G} \qquad （附8.3）$$

把这一表达式对式（8.1b）中的汽油用量求导，得到：

$$\frac{dG}{dt_G} = g\frac{dM}{dt_G} + M\frac{dg}{dt_G} \qquad （附8.4）$$

为了求出矫正税，我们使式（附8.2）等于零，进而代替（附8.3），得出：

$$t_D^C = -\frac{u_{E_G}}{\lambda}E_G' - \frac{u_{E_M}}{\lambda}E_M'\frac{dM/dt_G}{dG/dt_G} \qquad （附8.5）$$

将式（8.2b）中的表达式代入式（附8.5），得出式（8.2a）中矫正税的公式，其中 β 在式（8.2c）中定义。

评　论
罗伯特·威廉姆斯Ⅲ（Roberton C. Williams Ⅲ）

一、引言

伊恩·帕里的分析提供了美国效率最大化水平的汽油和柴油税的评估，这些评估极具价值，与现实问题高度相关，并且是最新的。在进行评估时，本章研究建立在帕里和斯莫尔（Parry and Small，2005）工作的基础上，这篇早期论文的贡献甚至更大。该论文对涉及与机动车相关的外部性的文献提供了一个谨慎和周密的综合，其中包括了对各种外部性怎样共同作用去决定最优汽油税率进行了清晰的分析。帕里的章节在两个方面建立在早前的研究之上：本章修正了之前的分析，将过去五年发生的变化及同期开展的新研究成果纳入进来；将早期的方法扩展到重型卡车柴油使用情况的分析中。

在评论里，我将从回顾本章分析中本人认为关键的部分开始，并且将尽力对关键结果提供补充的认识。在这么做时，我将指出本人认为帕里的章节中没有足够重视的一个结论，即汽油税不是解决与机动车相关的外部性的最好政策，按行驶里程计税将会更有效率，并且多个政策的组合还要更有效率。首先，我将指出帕里分析的其他几个影响。其次，我会提出关于帕里分析某些方面的几个问题，尤其是关于石油依赖性和交通事故这两个外部性，以及汽油税的分配效应问题。

二、多重边际分析

帕里这一章及帕里和斯莫尔（2005）的研究中都注意到了问题的一个关键部分，即多重边际在确定汽油或者柴油需求及与该需求有关的外部性方面非常重要。其中最重要的三个边际分别是车辆行驶的里程数、车型和车辆技术；换句话说，使用的汽油量可能因为人们驾驶总里程的减少，更换更小型号的车，或者是更换了与原来车型一样但却更省油的车等而减少。这些不同的外部性与不同的边际相关，并且用来降低汽油使用量的不同政策，以不同的方式影响着这些边际。因此，任何关于这一问题的分析都必须考虑到这些政策对每个边际的影响。仅考虑一个减少汽油使用量的政策就会使分析变得复杂，而考虑两个或更多的这种政策就使得分析变得更加复杂。此情况的一个重要影响是，政策的选择取决于哪些外部性是重要的及哪些边际与这些重要的外部性相关。为了搞明白这一点，让我们先来考虑一个与汽油使用量直接相关的外部性，如二氧化碳排放量或石油依赖性，这两个外部性都和汽油使用量成简单的比例关系。对于这样的外部性,汽油税是一个用来矫正外部性的理想工具。在这种情况下,给定的汽油需求的减少到底是来自驾车的减少、车型的变小,或者更节油的技术已经不再重要,因为这些因素对外部性的影响是一样的。因此,处理这种外部性的理想工具将刺激这三个边际的减少。汽油税可以做到这点,但是其他通常采用的政策就不行了。例如,耗热率标准会促进更节油的技术发展,并且会鼓励人们使用小型车辆,如果该标准对大型车辆没有放宽,但是这些标准不会造成驾车里程的减少;甚至,改良的燃料效率实际上鼓励了更多的驾车,因为每英里的燃油成本降低了。因此,耗热率标准在两个边际上降低了燃油消耗,但在第三个上增加了消耗量。耗热率标准对混合动力车的补贴政策影响更小,只影响了车辆技术这一边际。因为这些政策不能处理所有三个边际,所以他们在处理与汽油消耗量直接相关的外部性方面效率不高,但是汽油税完美地解决了这一外部性,因此是非常高效的。

然而,对于一个只和某个特定的边际相关的外部性,汽油税将变得不太好实现。例如,交通拥堵几乎完全取决于行驶里程的多少。车型的影响非常小,多一辆小车和多一辆大车对交通拥堵的影响本质上是一样的,而节油技术对拥堵没有任何影响。在处理这样的外部性时,会影响三个边际的政策处于劣势,因为只有一个边际很重要。此时,最理想的政策将是直接处理真正发挥作用的那个边际,例如,按行驶里程计税,或者更好的拥堵税,这一税种不仅取决于行驶里程,并且取决于是否在交通高峰期时的拥挤路段行车。

上面这个例子仅考虑了一个外部性。当有多个外部性并且每个外部性与不同的边际相关时,要实现最优结果,我们需要多个政策:一个政策对应一个外部性,或者一个政策对应一个边际。人们也许想要一个拥堵税来处理交通拥堵问题,一个地方空气污染物税来处理这些污染物排放问题,等等。在这种情况下,汽油税作为一个可以同时平均影响所有边际的政策只能提供一个大致接近于理想的结果。

本章及帕里和斯莫尔(2005)的研究都考虑了与汽油使用量相关的五个主要的外部性。其中两个是二氧化碳排放量和石油依赖性,这两个外部性都直接和汽油使用量相关。另外三个分别是地方空气污染、交通拥堵和碰撞事故，这三个外部性都与行驶里程数相关①，并且这三个中的任何一个都比头两个中的任何一个影响要大。对于重型卡车使用的柴油，这五个外部性同样适用，同时还要加上道路损害和噪声这两个外部性，这两个也都与行驶里程数相关。因此，绝大多数与驾车有关的外部损害都是与行驶里程数相关的，而与车型和车辆技术无关。

考虑到这一点，一个理想的政策应该是能够更多地刺激行驶里程的减少，而不是去削减另外两个边际，但是美国现行的政策恰好相反。汽油税是针对所有三个边际的，然而其他政策，如耗热率标准和混合动力汽车补贴，则主要是针对车辆技术的，并且实际上鼓励行驶更多的里程数。因为现行政策是以错误的边际为目标的，所以这种多政策组合是非常低效地处理这些外部性的方式，还不如仅使用汽油税更有效。因为汽油税将平均地处理所有的边际，里程税也会更有效率。因为该税处理的边际与绝大多数外部性契合，而多政策的组合效率还要更高，因其每个政策都针对一个特定的外部性。

但是，涉及所有可能的政策并非一个章节能够处理的范畴，而且实际上，我们并没有看到多少里程税的用处所在。因此，帕里的这一章主要集中在找到一个最优的汽油税。尽管如此，有一点我们需要记住，就是在寻找最优汽油税时，我们只不过在找一个非最优政策工具的最优水平。

三、多重边际、多重外部性和最优汽油税

即便我们将分析仅局限于考虑汽油税或者柴油税，多重边际和多重外部性的问题依然很重要。某个给定的外部性对最优汽油税的影响取决于两个方面，一方面是这种外部性的大小，另一方面是由于这种外部性相关的边际产生的并因汽油税导致的汽油消耗量的份额减少。例如，如果汽油税对车辆行驶里程没有影响，而仅影响了车型和技术，则与里程相关的外部性，如交通拥堵将对最优汽油税没有任何贡献，因为在这种情况下，汽油

---

① 人们可能认为地方空气污染将与汽油用量相关，但是正如帕里和斯莫尔指出的，其他规定限制了每行驶里程的地方空气污染物排放。因此，一旦那些规定到位，这些排放就与行驶里程相关了。

税对这种外部性没有影响。反之，如果汽油税仅影响行驶里程数，而对车型和技术没有任何影响，则这种外部性将会完全贡献于最优汽油税，因为在这种情况下，汽油税将会完美地处理这种外部性。

实际上，汽油税影响了所有的三个边际，现在我们来考虑处于这两种极端中间的一种情况。也就是说，每一个外部性都对最优汽油税有一些贡献，但是对于一个只与一个边际相关的外部性来说，它对最优汽油税的贡献将仅是外部性全部贡献中的一小部分。

最优汽油税也更多地取决于其他已经实施的政策，这有两个原因。第一，其他政策工具可能会矫正一些外部性，因此，汽油税将不再需要去处理这些矫正过的外部性。例如，如果存在一个最优拥堵税，该税将完全矫正交通拥堵的外部性，因此，交通拥堵这个外部性在最优汽油税的确定中将不再发挥作用，这将导致一个显著降低的最优汽油税。实际上，在这种情况下，道路拥堵税取代了部分汽油税。第二，其他政策可能会影响汽油税的效果。例如，当存在一个有法律拘束力的耗热率标准时，汽油税将仅影响行驶里程数：车型和技术两个方面已经被这个有拘束力的标准所限定，此时，已不存在对这些边际进行调整的空间，除非这个汽油税的税率如此之高以至于这个标准不再有拘束力。这将使汽油税成为一个更有针对性的政策，因为最大的外部性都是与行驶里程相关的，并且这将意味着一个大大提高的汽油税。因此，尽管决策者们似乎认为一个严厉的耗热率标准是一个更高汽油税的替代，事实上，反之亦然，收紧的耗热率标准也会提高最优汽油税。

四、石油依赖性

在本章帕里的研究及帕里和斯莫尔（2005）的研究中都提到了石油依赖性这个外部性。石油依赖性被作为论据来支持很多试图降低美国石油消耗量或者提高美国石油生产量的不同政策。尽管使用广泛，但是对于"石油依赖性"到底是什么，这个词却似乎没有明确且被广泛接受的概念。这一概念显然与以下因素有关：国内石油消耗中来自进口的部分，以及如果进口石油价格升高或者进口被切断所造成的后果。但是，很难找到一个准确的并且被普遍接受的定义。更重要的一点是，无论石油依赖性的定义是什么，它是不是一个外部性事实上一点也不明确。例如，如果我买了一辆高油耗的 SUV，我就增加了自身的石油依赖性：因为我买了这辆车，未来世界油价的增长对我造成的成本将会被放大。这一情况同样适用于一个建设了一个低效能工厂的公司。在这两种情形下，成本都被完全内在化了。

为什么石油依赖性造就了一个外部性，一个普遍的论点是，石油依赖性会推动宏观经济的波动：经济对石油的依赖度越高，油价的冲击就越容易引起经济衰退。根据这种推理，假设：我买一辆 SUV 的行为将造就一个外部性，因为该行为使我的邻居失业的可能性略微地增加了。这好像有道理，但是考虑到我们对宏观经济扰动的成因了解有限，并且有关宏观经济的文献中关于经济衰退的福利成本仍存在广泛的分歧，这种推论对于政策的制定来说依然是一个相当不可靠的依据[1]。

此外，同样的论点可以被用来从其他广泛的活动中发现外部性，从办理抵押贷款到投资非流动性资产，再到选择一个找工作成本相对很高的职业。可以说，活动中的任何一个对经济刚性都有一些微小的贡献，而经济刚性可能会加剧宏观经济的波动。但还没有人声称存在与所有这些活动相关的外部性，并且需要对这些活动征税。

值得肯定的是，帕里承认对石油波动这一外部性的估值是高度不确定的，但是紧接着在他的计算中，基于雷比（2007）使用了每加仑 0.10 美元的值，并且将它形容为一个"可能有些保守"的值。我认为对于石油依赖性这一外部性保守的估值应该是零。幸运的是，石油依赖外部性代表了最优汽油税估值中的一小部分，因此，并不会对这一章的结果有很大的影响。

五、交通事故外部性

帕里的这一章与帕里和斯莫尔（2005）一样，都假定交通事故外部性只取决于行驶里程数，而与车型无关，这一点好像不切实际。该章的一个

---

① 例如，卢卡（Luca，1987）认为商业周期的福利成本很小。

脚注承认，如果更高的汽油税导致消费者将轻型卡车换成小轿车，将会得到一个额外的收益，因为轻型卡车和小轿车相比会引起更大的交通事故外部性。该脚注是迈向正确方向的一步，但是还远远不够。为什么将轻型卡车换成小轿车会对交通事故外部性造成影响，但是从大轿车换成小轿车却没有这样的影响呢？另外，根据常识和简单的物理知识显示，如果一辆车的重量不变，那么在交通事故中，其中一辆车的重量确定，另外一辆车越重，则前一辆车受到的损害和其乘员的风险都将越大。因此，在特定的交通事故中，一辆车的重量越大，其边际损害，即它对另一辆车造成的损害也就越大。考虑到与交通事故的潜在损害相比，强制责任险的水平很低，许多州规定责任险为 20000 美元，而统计生命价值则以百万美元来计算，这样的保险显然不能够完全将外部成本内在化。因此，根据不同车型确定不同的保险费率并不能完全将外部成本的差异内在化。

在事故外部性取决于车辆重量而不只取决于行使里程数的范围内，最优汽油税的税率将会比帕里在他的这一章中估计得更高。

六、汽油税的分配效应

帕里这一章专注于由于汽油税变化带来的效率效应，尽管他确实在结论里简单地提到了分配问题但确实没太关注分配效应。而事实上，汽油税的分配影响被广泛地引用为汽油税走低的一个原因。此论点有一些价值，相较于较高收入家庭，一般来说，汽油支出在低收入家庭的平均家庭预算中占据了较大的份额。这意味着汽油税的提高将至少有一点累退性。然而，这一效应并不能证明与美国现行税率差不多低的汽油税税率是合理的。在威廉姆斯（2009）的一篇论文里，我注意到了使用所得税和转移支付体系去抵消汽油税提高的分配效应所需的成本。因为汽油税本身多少是累退的，这就要求提高税收体系中其他税种的累进性。这意味着更高的有效边际税率，因为它有效率成本。尽管如此，这个成本是相对适中的。将这一成本考虑在内并将估算的最优汽油税税率降低了大约每加仑 12 美分，这是一个很大的数额，但是仍然远小于现行美国大约每加仑 40 美分汽油税率和帕里估算的最优税率每加仑 1.23 美元之间的差距。

对于柴油的类似分析会复杂。大多数的汽油是由单个家庭购买和使用，因此，汽油价格的变化会通过家庭预算直接显现出来。相反，大多数的柴油被用来运输其他商品，而柴油价格的提高将会导致许多其他商品价格的提高，因此，柴油价格的变化将在家庭预算的很多方面间接地显现出来。但是，这也意味着成本很可能会大体与整体消费成比例关系，而不是累退的。因此，关于分配的考虑对于柴油税变化或许不是一个问题。

七、结论

在本评论中，本人对帕里本章的分析提出了几点质疑：石油依赖外部性的存在，交通事故外部性的建模系统，还有仅关注效率而对分配效应几乎没有考虑。尽管这些点很重要，并且会使最优税率产生巨大的差异，但它们不会对这一章的结论产生根本的定性改变。帕里这一章里的一些估算有力地证明了较高的汽油和柴油税是处理与汽车相关的外部性的一个手段。汽油税不是最佳的政策，按行驶里程计税将会更有效率，并且多个政策的组合会效率更优，但是，很显然在没有这样的替代政策时，一个较高的汽油税无疑将会提高经济效率。

第 9 章

石油生产采掘税及钻井费用抵免的作用

乌扎特·加达维普 (Ujjayant Chakravorty)

谢尔比·格尔克 (Shelby Gerking)

安德鲁·利奇 (Andrew Leach)

9.1 引言

　　尽管大多数能源生产州多年来一直对石油、天然气和煤炭生产的价值征税，但随着州政府努力应对当前经济衰退带来的预算短缺，这些税收的变化已成为头条新闻。例如，阿拉斯加提高了对石油产值的采掘税，并试图通过对包括钻探设备、基础设施、勘探和设备扩张等资本项目的税收进行抵免来刺激未来的生产①。加州州长阿诺德·施瓦辛格 (Arnold Schwarzenegger) 曾提议对绝大多数的境内石油产值征收 9.9% 的生产税，来减少预期的 240 亿美元的预算赤字，但随后他又转变了态度②。宾夕法

---

① Alaska Department of Revenue. Tax Division. Fall 2008 Revenue Sources Book. 2008.

② Casselman Ben. States Consider Gas and Oil Levies. Wall Street Journal, 2009 – 06 – 29. Skelton George. There's Revenue in those Hills and Offshore. Los Angeles Times, 2009 – 08 – 06.

尼亚州立法机构正在考虑一项提案，即对大的马塞勒斯页岩矿床生产的天然气价值征收5%的税，但这遭到产业领导人的反对，他们认为在未来的10年里，这将会使州政府和地方政府的钻探和税收减少30%，总计8.8亿美元[①]。这些已出台和拟议的措施，提出了几个长期存在的关于州能源税效应的重要问题，这些税收已远远超出了为公共部门提供坚实收入基础的可能。考虑到州政府和联邦政府所主张的税基互相重叠，州能源税的增加会在多大程度上影响包括联邦企业所得税在内的联邦税收入减少呢？州能源税会限制生产，并鼓励能源储量的"选择性开采"吗？它的程度如何？州税收会使能源的生产路径倾斜向当前还是未来呢？上游的勘探和开发补贴是如何与下游的生产税收一起影响到生产和税收征收的水平及时间路径的？这些税收对不可再生资源的长期可持续利用的影响是什么？本章的分析主要围绕这些问题展开。这也为检验联邦税收政策的拟议变革提供了基础，这些变革包括取消百分率折耗减免及无形钻井成本的费用。

　　本章采用平狄克（Pindyck）建立的霍特林模型（Hotelling Model）来分析在不同的资源勘探和生产阶段的州税收及补贴是如何改变石油生产商的行为，并因此影响勘探活动、基础储量的增加及能源生产的。在模型中，勘探收益属于递减收益，生产成本受储量水平和产出水平的影响。假设给定州的生产商只生产全球产出的一小部分，因此，它面临一个外生决定的石油价格。我们将使用美国油田的数据来校准模型，评估替代性税收和补贴政策对于钻井量和产量，对归于州政府和联邦政府的税收，以及对钻井费用和资源生产的时间路径的影响。从校准后的模型得出的一个关键性结论：石油产量与储量规模密切相关，但对石油价格的变化相对不敏感。这一结论与美国石油行业过去50年的经历大体一致，并可据此得出，采掘税对生产水平几乎没有影响，它主要是用来将石油行业赚取的租金重新转给公共部门。因此，采掘税的提高或石油和天然气行业补贴的降低可能会导致租金税，而只对石油钻探和生产具有边际效应，并且在国家安全和美国对外国石油依赖性的增强方面，几乎没有任何不利的影响。

---

　　① George Camille. HB 1489 Fair for Gas Industry, Landowners and Taxpayers. The Tribune – Democrat, Johnstown, PA, 2009 – 08 – 05.

之前迪肯（Deacon，1993）和库斯（Kunce，2003）的模拟研究也对这些问题的一些方面进行了分析，但本章的创新点在于，关注勘探和开发补贴与能源生产税收相结合所产生的效应。补贴勘探开发的基本原理是，扩大基础储量，最终鼓励石油生产，鼓励的方式与投资税收减免的方式类似，这可能会促进资本形成并提高制造业的产量。正如前面所指出的，这种税收政策已被阿拉斯加州所采用，并被建议作为其他州的范例。在鼓励钻探新储量的利益方面，它可能也会对国家能源税收政策产生影响[1]。模拟表明，钻井费用的抵免成本可能超过了采掘税收入的增量，但是，如果一个州的目标是为了提高采掘税税率寻求更多的支持，那么这种抵免是值得的让步。

本章的其余部分由六节组成。9.2 节回顾了美国 12 个主要产油州的石油税收问题。9.3 节对文献研究结果进行了总结，这些文献是有关州能源税收政策的时间经济效应。9.4 节介绍了扩展的平狄克模型，该模型是税收政策模拟的一个概念基础。9.5 节讨论了模型参数化的方式。9.6 节呈现了研究的结果，9.7 节是结语。

9.2 美国石油行业的州税收制度综述

各州政府和地方政府对不可再生资源的开发所征收的税收主要可分为三类：生产税、财产税和所得税。生产税或采掘税最简单的征收形式是，当资源被开采出时按照生产总值（产量）来征收。采掘税是专门适用于美国石油行业被广泛采用的州税，讨论中该税种受到最多的关注。州和地方政府也对地上或地下设备的评估（准市场）价值征收财产税。所得税是针对采掘企业的会计净收入征收的。尽管这些税收的一般目的都是为了获得生产商从不可再生资源销售中赚取的部分经济租金，但是，他们对生产、

---

[1] 在 2008 年的共和党全国代表大会上，马里兰州的前副州长，共和党全国委员会的现任主席迈克尔·斯蒂尔（Michael Steele）强调了需要更多的能源资源勘探的观点。这个观点也收到了共和党副总统候选人萨拉·佩林（Sarah Palin）的回应，作为阿拉斯加州州长签署了立法，给予钻井费用部分抵免以应对因税率提高而需多承担的采掘税负债。更多内容见 Ball Jeffrey. Palin's policy: Drill, baby, drill. Wall Street Journal, 2008.

勘探和开发等方面的影响却有很大的差异。本章节主要总结这些税收如何适用于美国主要的产油州，它们之间及与对能源生产商征收的其他联邦税收是如何相互影响的①。

表 9.1 显示的是 2007 年美国石油产量最多的 12 个州以下几个方面的数据：石油产量、石油采掘税名义（法定）税率、采掘税实际税率和名义的企业所得税税率②。如表 9.1 所示，这些州的产量在得克萨斯州的 3.97 亿桶到犹他州的 2000 万桶之间变动。这些州的采掘税名义税率变化也很大。除了加利福尼亚州之外，所有州都根据石油产量来征收采掘税③。正如前文所提到的，加利福尼亚州正在考虑是否采用这一税收。在阿拉斯加州和蒙大拿州，名义税率可以超过 10%，其他的纳税编码的特征反映了重要的州际差异④。采掘税一般是依据净产量来征收的，尽管每个州对这一概念有不同的界定。有些州，如怀俄明州，以井口处的产值为标准，而其他州，如犹他州，以井底处的产值为标准，不过它实际上允许减去采油成本。大多数州为了明确采掘税责任，在计算公共土地上生产的净产值时会扣除权利金，以生产总值的百分比来计算。相比于其他州，公共土地的权利金对阿拉斯加州、科罗拉多州、新墨西哥州、犹他州和怀俄明州相对来说更重要，因为这些州的公共土地较多。州能源税法也经常发生变化。例如，目前阿拉斯加州可以允许生产商在采掘税的负债中抵免用于勘探和开发的资本支出。

表 9.1　　　2007 年选定的美国州的石油产量（以万桶计）和税率

州	产量	采掘税		企业所得税税率[b]
		名义税率	实际税率	
阿拉斯加州	263595	12.25% ~ 15%[a]	12%	1.0% ~ 9.4%
加利福尼亚州	216778	无	无	8.84%

---

①　关于每个州的税收及油气生产规制的更详细的调查可从州际石油天然气契约委员会（2007）处获得，并且可以通过在 Lexis – Nexis 上搜索州法规完成最新的调查。海勒斯坦（Hellerstein, 1983）对自然资源的州税收法律依据开展了一个有用的讨论。

②　2007 年是可以搜集到实际税率数据的最近一年。

③　加利福尼亚州确实对地下储量征收财产税。

④　见表 9.1 的注释。

续表

州	产量	采掘税		企业所得税税率[o]
		名义税率	实际税率	
科罗拉多州	23237	2%~5%[b]	0.7%	4.63%
堪萨斯州	36490	4.33%[c]	3.0%[l]	4.0%~7.35%
路易斯安那州	76651	3.125%~12.50%[d]	9.4%	4.0%~8.0%
蒙大拿州	34829	15.1%[e]	8.6%	6.75%
新墨西哥州	58831	7.1%[f]	7.5%[m]	4.8%~7.6%
北达科他州	45058	5.0%~11.5%[g]	—[n]	2.6%~7.05%
俄克拉荷马州	60952	7.0%[h]	6.9%	6.0%
德州	396894	4.6%[i]	3.1%	1.0%[p]
犹他州	19520	3.0%~5.0%[j]	2.4%	5.0%
怀俄明州	54130	4.0%~6.0%[k]	5.3%	无

注：[a] 较低的税率适用于生产少于 5 年的领域；较高的税率适用于生产超过 5 年的领域。

[b] 税率取决于运营商的总收入，并且不包括 4%~10% 的县从价税。

[c] 不包括约 4% 的县从价税。

[d] 3.125% 的税率只适用于低产井的产量。

[e] 税率适用于非经营权益的所有者；经营权益的所有者支付较低的利率，并随矿井的类型变化。

[f] 税率是石油采掘税、石油教育税和石油资源保护税的总和；约 1.2% 的地方从价税被排除在外。

[g] 取决于按矿井类型变化的石油采掘税的水平；低产井的税率为 0。

[h] 不包括随县变化的从价税。

[i] 不包括县从价税和（小额）州监管和保护税。

[j] 较低的税率适用于首个 13 美元/桶；较高的税率适用于高于 13 美元/桶。不包括县从价税征收；低产井的生产不征收采掘税。

[k] 低产井产量征 4% 的税率；其他生产征收 6% 的税率；排除 5.9%~7.7% 的县。

[l] 实际税率是石油和天然气的组合税率。

[m] 实际税率是石油和煤气的组合税率。

[n] 信息缺失。

[o] 多数州的税率取决于税前收入水平。

[p] 这是一个总收入税，在 2007 年取代了企业所得税（见 State corporate income tax rates, 2000 – 2009. Tax Foundation, 2009a.）。

资料来源：U. S. Department of Energy, Energy Information Administration. Crude Oil Reserves, Reserve Changes, and Production, 2009b. 。名义采掘税税率数据来自 Interstate Oil and Gas Compact Commission. Summary of State Regulations and Statutes. Oklahoma City, 2007. 实际采掘税税率数据由作者计算得出。州企业所得税税率的数据来自 State corporate income tax rates, 2000 – 2009. Tax Foundation, 2009a.

新墨西哥州和北达科他州的采掘税实际上是对净产值征收的两个或两

个以上税收的总和。科罗拉多州的采掘税是基于经营者总收入按累进税率征收的，而阿拉斯加州、俄克拉荷马州和犹他州的现行税率则取决于油价。在科罗拉多州、堪萨斯州和怀俄明州，地方政府对能源产值征收大量的税。尽管税收管理者通常称这种税为财产税，但它实际上是地方政府所征收的一种采掘税。针对经营者可能会遇到的多种特殊情况，许多州给予采掘税较多的免税和抵免。例如，在有些州，低产井[①]要比高产井的税率低。那些二次或三次回采井的产量有时也适用较低的税率。

在分析州采掘税的经济效应时，一个更复杂的因素是，州和联邦政府还向石油生产商征收其他税种，并且税基相互影响，尤其是在州和联邦之间。除怀俄明州外，12 个州均向石油生产商征收企业所得税或特许经营税。表 9.1 显示了每个州此类税的名义税率[②]。州企业所得税的税基通常与计算联邦企业所得税负债所用的税基类似，但是，州企业所得税的税率通常要低于联邦企业所得税的最高税率，目前在 35% ~ 40% 不等[③]。州企业所得税的支付可抵扣联邦企业所得税的负债，州和地方生产税的支付可抵扣前两个税的负债。在一些州，联邦企业所得税的支付在计算州企业所得税时可以扣除，而其他州却不能。尽管大多数州的地方政府向石油和天然气的采掘设备征收某种形式的财产税，但像加利福尼亚州和得克萨斯州这样对储量征收财产税的州相对来说仍较少。

随着行业代表主张税收待遇呼声的不断增强，州和地方石油生产商的税收负债在国家税收委员会和立法听证会上被不断地进行比较。然而，由于每个州的采掘税和其他税收政策是多种多样的，对名义税率进行比较并不是很有意义。一旦考虑到大量潜在的免税、抵免、激励措施和抵扣以及税法的其他特性，基于名义税率的判断就会完全相反。反之，通过计算实际税率，即特定税收的收入与产值的比率，能够使得州与州之间的比较更有意义。因为产值被作为共同的标准，实际税率的计算，没有计入生产商面临的各州特定的税收待遇，能够充分说明州与州之间的比较差异。

表 9.1 显示的是 12 个最重要的产油州 2007 年实施的有效采掘税税率。

---

① 低产井指每天的产量低于 10 桶。

②③ State Corporate Income Tax Rates, 2000 – 2009. Tax Foundation, 2009a.

遗憾的是，关于采掘税征收的信息既不是出自同一渠道，也不是使用通用格式。因此，在计算实际税率时需要的采掘税征收数据是通过在互联网上搜索可利用的税务部报告，并且一旦出现问题，就通过直接联系这些机构中的知情人士获得相关的信息。每桶原油的平均现价乘以产量，能够估算出每个州的产值。州产量可以从美国能源部的能源信息署处获取（2009b）。每个州石油的平均井口价可以从美国石油学会（2009）处获得。价格和产量数据排除了在大陆架（Outer Continental Shelf，OCS）生产的石油，这部分石油不受州税收的约束。如表 9.1 所示，在征收采掘税的州中，2007 年的实际税率在科罗拉多州的 0.7% 到阿拉斯加州的 12% 之间变化。由于刚刚讨论的许多特殊的纳税编码特征，这些税率往往低于相应的名义税率。

9.3 文献综述

大量的文献对前一节分析的三类税收的经济效应进行了探讨。在本章假设的理论结构之前，有必要对之前的成果进行简要的说明。由于讨论仅限于跨期问题，像州际税负转嫁或"税负输出"这样的话题就被忽略了（Gerking and Mutti，1981；Mclure，1969；Metcalf，1993）。关于采掘税的论述是最详细的，因为它已被广泛地采用，并且它的影响是 9.6 节中模拟的核心。

9.3.1 生产税

霍特林（Hotelling，1931）开创性的分析工作在具有内生价格，即扣除不变的采掘成本后固定储量枯竭的模型里考虑了每单位采掘税。他们发现，采掘税通过延长耗竭全部石油储量的时间而节约了资源。赫芬达尔（Herfindahl，1967）用一个模型对这一结果进行了扩展，而这个模型的特点是一个基于产量的采掘成本函数。在竞争条件下，采掘税被证明将生产向未来倾斜，也就是说，延迟生产，从而延长了石油储量的使用时间。在一个延迟的终期，石油储量会完全被耗尽。

博纳斯（Burness，1976）重新设计了动态模型，将随时间变化的采掘税涵盖进来。在这个模型中，价格是外生的，储量完全被耗尽，并且采掘成本仅由产量决定。引申出的一般命题是，如果税率保持不变或者提高的比率低于贴现率，采掘税将会使生产向未来倾斜。随着贴现率上升的采掘税并不会扭曲生产的时间路径。康拉德和乌尔（Conrad and Hool，1984）表明，把不同等级的资源引入该模型中不会对这一结果产生任何影响。列夫哈里和利维坦（Levhari and Leviatan，1977）考虑了既取决于当前产量也取决于累计产量的采掘成本函数，这样一来，随着时间的变化，被开采的资源越多，生产一增量单位的成本就越高。因此，在这个模型中，资源也许不会完全被耗尽。从量采掘税对资源枯竭时间的效应是不明确的。如果资源价格不随着时间的变化而发生变化，那么结束的时间将会缩短，并且开采最高品位的矿石，同时把低品位的矿石留在地下的选择性开采可能会发生。尽管如此，如果税率随着时间的变化而发生变化，那么，正如希普斯（Heaps，1985）所论证的那样，资源的总回收和资源的经济寿命可能增加或减少，但是两者方向相反。由于税收的这两种效应是相互矛盾的，对耗尽的净效应就无法确定。

如果不同石油储量中的资源质量不同，而同一石油储量中的资源质量相同，康拉德（1978，1981）表明，当征收从量采掘税时，矿山寿命会缩短，并且较低质量的资源会被留在地下。在一个有限储量模型中，克劳特克雷默（Krautkraemer，1990）研究了当给定矿床中的资源质量发生变化时生产税的效应。企业除了选择采掘税率，他们也在每个时间点上选择边际品位。生产税在每个瞬间都会引起选择性开采，而不是仅在生产项目结束时才发生。有趣的是，生产税减少了资源的总回收，并且留在地下的低品位资源将不会被开采，即使在生产税被废除的未来某一时刻也不会被开采。

尤勒（Uhler，1979）第一次在一个采掘不可再生自然资源的模型中简略地分析了生产税的效应，该模型中的采掘包括生产和勘探。勘探可能意味着基础储量不再固定。此外，当这一模型考虑到勘探和储量增加时，动态过程会变得复杂，并且均衡条件不再有闭式解。因此，可以通过模拟来分析生产税的效应。这个模型把加拿大阿尔伯塔的一个小油气生产区参数化了。当实施不变税率的采掘税时，经营者在所有期间都减少了生产与勘探，同时资源的内生价格上涨。迪肯（Deacon，1993）用平狄克创建并被于杰尔（Yücel，1986，1989）使用过的模型模拟了采掘税的效应。在迪肯的模型中，石油行业被视为具有竞争力，因此资源价格的时间路径被作为外生的来对待。在模拟中，资源价格被假设为在开采计划的初期就开始上涨，但上涨的比率低于所假设的5%的贴现率。与博纳斯（1976）及其他人在从勘探抽象出来的模型中得出的分析结果相似，与无税收的基准情形相比，从价采掘税的应用将生产向未来倾斜。然而，在项目的生命周期中，税收降低了产量，这意味着生产税的一个重要效应是，它会引起选择性开采。除此之外，模拟表明，与不征税的情形相比，生产税减少了所有期间的钻探，并且，钻探会永久地停工。

正如迪肯（1993）研究的情形那样，库斯特等（Kunceet et al.，2003）也通过利用平狄克（1978）的模型模拟了生产税的效应，但是，他们只对怀俄明州的模型进行了参数化，而不是把整个国家作为一个整体进行参数化。在假设石油生产商是价格接受者的背景下，他们研究了把石油开采的生产税提高一倍所产生的影响。这一研究的关键特征是把生产税嵌入一个更大的税收体系中，这个体系考虑到了地方、州和联邦政府之间相互影响的税基和税负转嫁。模拟证明了在随后的每一个时期，假设怀俄明州的生产税翻倍，则会减少钻探和石油产量。然而，预测的产量下降还是相对温和的；生产对税收的变化被证明是高度缺乏弹性的（-0.06）。因此，税收上涨的主要效应反而是急剧增加怀俄明州的采掘税收入，并降低经营者需支付的联邦企业所得税。

9.3.2 财产税

研究不可再生资源产量的文献很少关注财产税，尤其是储量税。原因之一是实际征收这种税的复杂性。尽管如此，霍特林（1931）论证了储量值的恒定比例税将会促使企业加快开采速度，因为他们试图尽快将矿产开采完。康拉德和乌尔（1981）证明，在项目的早期阶段，每单位恒定的税率能够鼓励高品位资源的开采，但是边界品位的开采程度较低，从而延长了矿山的生产寿命。希普斯和利威尔（Heaps and Helliwell，1985）在一个考虑了新储量投资的模型中对财产税进行了研究。结果证明，税收使开采更倾向于在当下进行，并且减少了新矿床的投资以规避储备成本。甘波尼亚和门德尔松（Gamponia and Mendelsohn，1985）的模拟研究证明，储量财产税会使开采更倾向于在当下进行。迪肯（1993）也在它的模拟研究中得出了相同的结论，同时他通过证明储量财产税在项目早期会降低钻探水平而肯定了希普斯和利威尔（1985）的结论。

9.3.3　所得税

博纳斯分析了对拥有固定储量的不可再生资源生产商征收的利润所得税，并得出结论，当采用恒定税率时，产量轨迹不会发生变化。然而，如果税率随时间上涨，那么企业就会加速对固定储量的消耗。康拉德和乌尔（1984）模拟了一个累进利润税，发现在关于采掘路径与品位选择方面，这种税没有显示出单一税率利润税的中性。迪肯（1993）模拟了一个结构，大体与联邦企业所得税相似，该税将根据现行钻探成本和资本化的钻探成本进行征收。模拟出的采掘路径、钻井工作量及储量等方面与无税收的基准情形偏离很小。这些结果表明，在美国所征收的三种能源税中，所得税的扭曲效应最小。

9.4 概念框架

本章在对霍特林（1931）和平狄克（1978）的传统做法进行了一些修改的基础上提出了一个简单的动态模型。思路就是，在州政府或社会组织对石油生产实施了税收和补贴的情形下考察生产商的反应。考虑三种税收或补贴工具，分别是采掘税、企业所得税和对钻井费用的补贴。生产商为了最大化利润会选择最优的钻井量及石油产量。

这个模型是动态的，存在已知的贴现率，而且没有不确定性。资源生产商面对的是一个外生确定的产品产出价格。理想情况下，产出价格应通过动态最优化的过程内生地确定，如平狄克（1978）中的一样。然而，因为我们的目的是，在替代性石油价格和美国单个州只生产一小部分的世界产量的假设下，考察不同税收制度的影响，所以外生价格的假设可能是合理的近似。不管怎样，带有外生价格的局部均衡模型可能将太多严重影响石油价格的国际金融市场、全球经济增长等因素排除在模型之外。

石油的产出价格为 $p(t)$，其中参数 t 表示时间。然后，社会计划者实施一组税收 $(1 - \alpha_p)$，因而生产商接受的净价是分数 α_p 乘以该价格。[1] 因此，归于能源生产商的生产收入就是 $\alpha_p p q$，其中 q 是生产商销售的石油量。假设采掘出的全部产量全部被销售，即没有存量。

因为区分了生产和勘探，我们把任何给定时间 t 的储量定义为 R，石油存量的累计增加设为 x。存量和储量之间的关系由微分方程给出如下：

$$\dot{R}(t) = f(w, x) - q \tag{9.1}$$

也就是说，正如平狄克（1978）中的分析，储量变化等于扣除产量之后储的增加。f 表示以钻探工作量 w 和累计存量增加 x 为变量的储量增加函数，并且假设 $f_1 > 0$，$f_{11} > 0$，$f_2 < 0$，$f_{22} > 0$ 和 $f_{12} < 0$。更多的钻探工作量（w）导致更高的储量增加，但是以一种递减的比率。更高的累计存量增加 x 会减少当前的储量增加，以一种递减的比率。过去的发现越多，基础储量的增加越难。最后，储量增加作为钻井的一个函数，其边际效应随着累计存量的增加而减少。为方便理解，假设资源存量随钻井工作量线性增长。然而，钻井成本随钻井工作量呈凸形增长，由 $k(w)$ 表示，其中 $k'(w) > 0$，$k''(w) \geqslant 0$ 和 $k(0) = 0$。采掘的总成本由 $c(q, R)$ 给出，其中 $c_1 > 0$，$c_{11} > 0$，$c_2 < 0$，$c_{22} > 0$ 和 $c_{12} < 0$。[2] 总"采油"成本随产量增长而增长。例如，当石油从更深的井里采掘出来时，并且它也随现有储量增加而凹形减少。这是根据石油是资本的一种形式利用储量和非储量输入，即储量以外的物质资本和劳动力生产的观点，因此，采掘成本与产出正相关，与储量负相关。交叉偏导数 c_{12} 被假设为负的。

---

[1] 税收参数 α_p 和同时界定的其他两个税收参数在下一节中进行实证说明。

[2] 在平狄克（Pindyck, 1978）的原始模型中，平均和边际举升成本都取决于 R 而不是 q。

在该模型中引入两个其他的税收或补贴参数，即生产成本的份额$(1 - \alpha_c)$，它在计算税收负债时可抵扣，因此企业面临的净生产成本是$\alpha_c c(q, R)$并且$(1 - \alpha_D)$部分是可由企业扣减的部分，这意味着企业的应付净钻井成本由$\alpha_D k(w)$给出。本章的主要目标是检验这三个不同的税收或补贴的政策工具，分别由α_p、α_c和α_D表示，是如何影响钻井活动、储量增加和生产的，并对它们相应的收入和福利影响进行比较。

最后，给定固定贴现率$r > 0$，社会计划者求出以下问题的解：

$$\mathop{Max}_{q, w, x, R} \int_0^\infty \left[\alpha_p pq - \alpha_c c(q, R) - \alpha_D k(w) \right] e^{-rt} dt \qquad (9.2)$$

受以下等式的约束：

$$\dot{x} = w \qquad (9.3)$$

并且：

$$\dot{R} = f(w, x) - q \qquad (9.4)$$

该问题的汉密尔顿函数现值为：

$$H = \alpha_p pq - \alpha_c c(q, R) - \alpha_D k(w) + \lambda w + \theta \left[f(w, x) - q \right] \qquad (9.5)$$

因此，一阶条件为：

$$\alpha_p p \leq \alpha_c c_q + \theta \ (\ = iff \ q > 0) \qquad (9.6)$$

$$\theta f_w \leq \alpha_D k_w - \lambda \ (\ = iff \ w > 0) \qquad (9.7)$$

$$\dot{\lambda} = r\lambda - \theta f_x \qquad (9.8)$$

$$\dot{\theta} = r\theta + \alpha_c c_R \qquad (9.9)$$

还有此处没有显示的横截条件。

协态（co-state）变量λ代表额外一单位被发现的石油的影子价格。注意，累计发现越高，储量增加越少。因此影子价格λ将是负的。影子价格θ表示利润的贴现增量，来自一单位储量的增加。储量减少了生产成本，因此θ应是正的。

式（9.6）体现出该模型的一个重要影响是，如果扣除边际采掘成本后贴现的石油税后井口价格超过了额外单位储量（θ）带来的未来利润的现值，企业将决定去开采（$q > 0$）①。式（9.7）使钻探额外油井的边际效益与成本相等。效益的形式为储量增加的增长，由表达式 θf_w 给出。成本由两部分组成，一部分是扣除钻井补贴的边际钻井成本 $\alpha_D k_w$，另一部分成本是储量增加的负效应 λ，储量增加是由累计资源存量的增加产生的。

式（9.8）和式（9.9）给出了对两个影子价格 λ 和 θ 求导后的时间变化趋势。影子价格 λ 的增长比率有两个组成部分，分别是贴现率 r 和开采一单位资源增加的未来"成本"，成本的增加是由较低的边际储量增加导致的。因为 f 被假设为负的，第一项 $r\lambda$ 是负的，第二项 $-\theta f_x$ 是正的。至少初期由于储量增加的高值，后一项可能很大，在这种情形下，$\dot{\lambda}(t)$ 可能是正的，并且 lambda 函数值是负的，并且会随时间的变化而减少。这样，在该模型中，存量增加就对储量形成造成了不利的影响，因此，这一解释与没有勘探活动的标准霍特林模型的解释完全不同。额外的钻井成本减少了钻井的未来效益。单位储量边际价值 θ 的时间变化也以贴现率的比率增加，但是采油成本的效应会减弱这一变化，因为储量增加有助于减少扣除生产补贴之后的生产成本。这由 $\alpha_c c_R$ 表示。

本章分析的这一模型与平狄克建立的模型类似，但有一些关键的差异。主要的差异在于它的生产成本独立于储量，而在本章假设的情形中，生产成本随累计储量的增加而减少。而且，本章的焦点在三个税收或补贴工具上，说明了它们在影响企业的生产和钻井行为方面是如何发挥不同作用的。

9.5 模拟模型的校准

前一节模型中的模拟是在钻井成本预测、采油成本和储量增加方程的基础上构建的，详细地说明了税收或补贴和其他参数的价值。

---

① 注意，式（9.7）与平狄克（1978）得出的相应条件不同，认为边际举升成本随 q 的增长而增长。因此，企业更关注的是举升成本是如何受产出水平影响的，而不是在储量水平、地理条件和技术水平的约束下以最大速度生产。

9.5.1　方程估计

$k(w)$和$f(w,x)$是一起估计的，因为它们被用来计算储量增加的边际成本(k_w/f_w)，这是上述模型中的一个关键的关系。每英尺的钻井成本被假设为与钻进进尺线性相关，如下所示：

$$k_w/w = \phi w + u \qquad (9.10)$$

其中ϕ是估计的参数，干扰项u是正态分布。这就确保了只要$\phi > 0$，钻井的边际成本就是正的，且随着钻进进尺的增加而不断增长。使用1959～2007年的美国年度数据，每英尺钻井成本以2000年美元价值计算，且钻进进尺以百万英尺来计量，ϕ的最小二乘估计是1.23，t统计量为8.17[1]。

总的储量增加的生产函数如下：

$$f(w,x) = Aw^\rho e^{-\beta x} e^v \qquad (9.11)$$

其中，A、ρ和β是估计的参数，干扰项e^v是均值为单位1和方差为σ_v^2的对数分布。式（9.11）与尤勒（1976）提出的描述发现过程等式类似，尤勒（1976）提出的等式描述了发现过程，该提法后来被平狄克采纳。等式的理念是，钻井的边际产品随着钻进进尺的累计增加而减少。式（9.11）的估计使用了美国加利福尼亚州、堪萨斯州、路易斯安那州、新墨西哥州、俄克拉荷马州、得克萨斯州和怀俄明州七个主要产油州的年度数据，并收集到了这些州1970～1997年的必要变量的完整信息[2]。石油储量增加被定义为扩张、新油田发现和老油田中新油层的发现。钻进进尺变量与式（9.10）中定义的一样，累计钻进进尺的变量通过每个州样本期间的逐年增加而产生。在对式（9.10）取自然对数，并将州效应包括进来之后，我们得出最小二乘估计$\rho = 0.95$（$t = 14.18$），$\beta = 0.000437$（$t = 1.37$）。A的值（28.78）被选定使等式能够预测美国2007年的储量增加。式（9.11）表明，钻井的边际产品（f_w）随钻进进尺和累计钻探的增加而减少，尽管累计钻探系数在传统水平上是可以忽略不计的。

---

①② American Petroleum Institute. Basic Petroleum Data Book. Washington D. C. : American Petroleum Institute, 2009.

因为关于采油成本的数据较弱，所以，$c(q, R)$ 不能在经济上被估计出来。相反，利用柯布—道格拉斯函数形式并运用迪肯（1993）中描述的方法对等式进行校准适用于美国的情形。结果表明，如果非储量输入的产出弹性为 0.35，则对 2007 年来说，$C/q = 458.1(q/R)^{1.86}$。458.1 的值被选定使右边将预测美国 2007 年每桶的平均运营成本为 7.56 美元[1]。注意，柯布—道格拉斯函数形式意味着当储量接近零时，采油成本无限上涨，而在产量下降时成本也回落。

9.5.2　税收／补贴参数的说明

参数 $\alpha_j (j = p, c, D)$ 的值通过选择石油生产商面临的代表性的州和联邦税税率来表示，然后将这些值代入方程（9.12）～方程（9.14）中，得出：

$$\alpha_p = (1 - \tau_{us})(1 - \tau_s)(1 - \tau_r)(1 - \tau_p) + \tau_{us}(1 - \tau_r)\gamma \qquad (9.12)$$

$$\alpha_c = (1 - \tau_{us})(1 - \tau_s) \qquad (9.13)$$

$$\alpha_D = \{(1 - \tau_{us}\eta - (1 - \tau_{us})\delta)\} \qquad (9.14)$$

在式（9.12）、式（9.13）和式（9.14）中，τ_{us} 表示联邦企业所得税税率，τ_s 表示州企业所得税税率，τ_r 表示从公共土地上开采的权利经费率，τ_p 表示州采掘税税率，δ 表示可以被视为州采掘税负债抵免的钻井成本的比例。该抵免在阿拉斯加州是显著的税法特征。而且，γ 表示联邦百分率折耗减免，通过有资格的生产商[2]的产量比例来计量，$\eta = e + (1 - e)f$ 表示当前和资本化的钻井成本的开支部分，这部分是为计算联邦企业所得税负债而列入当期收入，其中 e 表示税收中当期钻井成本的开支比例，f 表示单位可耗减费用的成本耗减抵扣现值。

这些方程式没有分析到石油生产商面临的税法的所有方面。相反，它们仅反映了重要的税收特征和影响石油行业的绝大多数州税法和联邦税法之间的联系：（1）采掘税针对石油井口价格征收；（2）在计算州采掘税负

---

[1]　U. S. Department of Energy, Energy Information Administration. Cost Indices for Domestic Oil Field Equipment and Production Operations, 2009a.

[2]　未合并的独立石油生产商（non - integrated independents）。

债时，为在公共土地上开采而支付的权利金是可抵扣的；（3）在计算州企业所得税负债时，公共土地权利金、州采掘税和采掘成本是可抵扣的；（4）在计算联邦企业所得税时，公共土地权利金、州采掘税和州企业所得税是可抵扣的。联邦企业所得税由于百分率折耗减免和钻井成本的特殊待遇而被调整。这些方程式强调税基的相互影响，在这方面比莫朗尼（Moroney，1997）和迪肯等（1990）的论述更详细。方程式将整体的税收结构纳入模型中，而不是像迪肯（1993）那样一次仅分析一种税收。然而，方程式（9.12）~式（9.14）忽略了对产值的地方税收和只有很少数几个州对储量征收的财产税。如9.2节中提到的，石油行业的州税收待遇并不统一；参数 $\alpha_j(j=p,c,D)$ 的选择需要重新论述以代表特定州的税收结构。

9.5.3　模拟中所用的税收/补贴参数值

以下章节考虑了模型的四个模拟情形。基准的情形：没有征税，也没有补贴（无税收模型 A）；税收参数值 $\alpha_p=1$，$\alpha_c=1$，$\alpha_D=1$。低税模型 B 考虑的情形是：采掘税名义税率 $\tau_p=0.12$，州企业所得税税率为 $\tau_s=0.06$，作为总产值一部分的公共土地权利金支出 $\tau_r=0.09$。对州企业所得税和采掘税税率的选择大体代表了这些税收实际的名义税率（见表9.1）。公共土地权利金类似于美国西部产油州的实际价值（Gerking，2005）。在联邦一级，联邦企业所得税实际税率 $\tau_{us}=0.30$。现行15%的名义折耗率适用于60%的美国石油开采；因此，$\gamma=0.09$。[①] 当期钻井成本的开支比例大约是行业的40%，资本化钻井成本的折耗抵扣现值由 $(q/R)/(r+(q/R))$ 进行估算，假设大约为8%；因此，$\eta=0.40+(1-0.4)\times(0.08/(0.04+0.08))=0.8$。参数 $\delta=0$。因此，模型 B 的税收政策参数 $\alpha_p=0.55$，$\alpha_c=$

0.67，$\alpha_D = 0.76$。

高税收的模型 C 将所有税收的值设为等于模型 B 中的值。除了采掘税，模型 C 被设为 $\tau_p = 0.25$。因此，$\alpha_p = 0.47$，$\alpha_c = 0.67$，$\alpha_D = 0.76$。钻井补贴模型 D 将所有税收参数设为模型 C 中的值，除了 $\delta = 0.22$，因此，$\alpha_p = 0.47$，$\alpha_c = 0.67$，$\alpha_D = 0.61$。

9.5.4 其他参数

每个模型都使用了一个贴现率 $r = 0.04$，石油价格：$p =$ 每桶 70 美元，它运行 110 个周期，那时四个模型中的钻井因为不再盈利几乎都停止了。储量的初始值（R）设为 200 亿桶，该值接近美国 2007 年的探明储量。累计钻进进尺的初始值被随意地设为 20 亿英尺，大致等于美国油井过去 30 年的累计钻进进尺。

9.6 模拟结果的讨论

在代入税收或补贴的参数值以及钻井成本的具体方程式（9.10）、储量增加［方程式（9.11）］和采油成本之后，解模型中的一阶方程式（9.6）和式（9.9）得到模拟结果。表9.2 显示了四个模型中第一年的解值。

表 9.2   四个模型第一年的解值

变量	模型 A	模型 B	模型 C	模型 D
十亿桶产量（q）（亿桶）	2.33	2.16	2.03	2.03
百万英尺钻进进尺（w）（百万英尺）	92.44	72.21	63.43	74.26
生产商的每桶税后价格（$\alpha_p P$）（亿桶）	70.00	38.50	32.90	32.90
额外一桶的税后边际开采成本（$\alpha_c C_q$）（亿桶）	24.03	13.98	12.46	12.46
新钻探一百万英尺的十亿桶储量增加（f_w）（亿桶）	0.0091	0.0092	0.0093	0.0092
十亿桶的总储量增加（$w f_w$）（亿桶）	0.841	0.664	0.588	0.683

续表

变量	模型 A	模型 B	模型 C	模型 D
新钻探一英尺的税后边际成本（$\alpha_D k_w$）（亿桶）	227.40	135.00	118.59	111.43
十亿桶的初始储量（R）（亿桶）	20	20	20	20
最终储量（R）（亿桶）	18.55	18.50	18.56	18.65
θ	45.80	24.50	20.50	20.50
λ	227.00	135.00	119.00	111.00

　　例如，在模型 A 中第一年，产值和钻进总长的解分别为每天 640 万桶、每年 23 亿桶、9244 万英尺。这些值加上初始储量设为 200 亿桶且 $p = 70$ 美元，意味着每开采额外一桶油的边际成本 $c_p = 24.03$ 美元，并且每钻进一英尺的边际成本为 227.40 美元。在第一年里，储量有所下降，因为产量超过了储量增加。额外一桶油储量未来利润的现值是 $\theta = 45.80$ 美元［方程式（9.6）］，并且每额外单位储量中钻井成本抵扣的现值是 $\lambda = 227$ 美元的负数［方程式（9.7）］。随着时间变化，这两个影子价格收敛为零。

　　表 9.2 中显示的模型 B 和模型 C 的值可以进行类似的解释。在这两个模型中，生产和钻探都低于模型 A，部分原因是与采掘及钻井成本相比，采掘税会使生产商的接受价格不成比例地下降。在模型 D 中，产量和模型 C 一样，因为税率和初始储量值一样，但由于钻井费用补贴，钻进进尺的值更高。在这三个模型中，影子价格 λ 和 θ 随着时间的变化收敛为零，这与模型 A 中的一样。

　　图 9.1 显示的是四个模型中以每天百万桶单位计量的石油产量的时间剖面图。

　　在每个模型中，随着时间的变化，产量都在急剧下降。不征税情形（模型 A）中的生产率最高。模型 B 中，税收的引入使生产稍微更倾斜向未来，正如固定储量开采模型中所预测的那样［方程式（9.4）］。数值计算表明，模型 B 中的生产率在前 26 年都要低于模型 A，但在这之后，模型 B 中的生产率就高于模型 A。在模型 C 中，与模型 A 相比，由于假设了较高的采掘税税率，生产向未来倾斜的情况比模型 B 更明显。在项目早期，模型 C 中的产量较低，但到第 27 年，它的产量开始超过模型 B。与模型 C

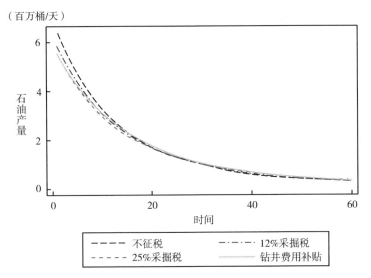

（百万桶/天）

图9.1　石油产量对美国的税收结构相对不敏感

相比，钻井费用补贴的引入使得生产又倾斜向当下。模型 D 的产量最初是
高于模型 C 的，但在 48 年后，它的产量会低于模型 C。

图 9.1 同时表明，产量对税率的变化相对不太敏感，因此，其对经营
商接受价格的变化也相对不敏感。110 年项目周期的累计产量值表明了这
个结果（见表 9.3）。

表 9.3　　　　　　四个模型 110 年项目周期的总钻进进尺、总产量、
总税收、总利润和总储量

变量	模型 A 无税收	模型 B 12% 采掘税	模型 C 25% 采掘税	模型 D 含钻井补贴的 25% 采掘税
总产量（十亿桶）	39.4	38.5	38.0	38.6
总钻进进尺（十亿英尺）	4.5	3.9	3.6	3.9
贴现的公共土地的权利金（十亿美元）	0	131.0	126.3	129.3
贴现的采掘税（十亿美元）	0	159.0	319.2	307.5
实际采掘税税率	0	0.109	0.228	0.212
贴现的州企业所得税收入（十亿美元）	0	60.9	49.6	50.8
贴现的联邦企业所得税收入（十亿美元）	0	230.0	182.5	188.4
贴现的折耗减免的扣除（十亿美元）	0	119.2	114.9	117.7
贴现的税前总收入（十亿美元）	1544	1456	1403	1437

续表

变量	模型 A 无税收	模型 B 12% 采掘税	模型 C 25% 采掘税	模型 D 含钻井补贴的 25% 采掘税
贴现的采掘成本（十亿美元）	186.3	151.8	130.1	133.0
贴现的钻井成本（十亿美元）	125.6	84.4	68.3	88.3
贴现的企业利润（十亿美元）	1231	638	527	539
初始储量（十亿桶）	20	20	20	20

更具体地说，将模型 A 与模型 C 进行比较，累计产量对采掘税率变化
$((\Delta q/q)/(\Delta \tau_p/\tau_p))$ 的弧弹性只有（-1.4/38.7）（0.125/0.25）=-0.02。
这一结果意味着，累计产量对经营者接受价格变化的弧弹性为（-1.4/
38.7）（56.7/-26.6）=0.05 的变化。当然，这些简单的弹性计算是基于累
计总产量的，而没有考虑生产时间，但是正如图 9.1 所示，四个模型中时
间上的生产变化并没有太大的差异。

石油产量同样也对百分率折耗减免率（η）的变化不敏感，未合并的
独立石油生产商在计算联邦企业所得税负债时会使用这一比率。正如方程
（9.12）~方程（9.14）所示，η 的下降或者采掘税税率 τ_p 的上涨会降低
α_p，而 α_c 与 α_D 保持不变。事实上，考虑到模型 B、模型 C 和模型 D 中所
使用的税收参数值，当采掘税上涨 4% 时，取消百分率折耗减免会对产量
带来同样的影响。根据奥巴马当局取消百分率折耗减免这一税收优惠的提
案，采掘税税率的变化与百分率折耗减免变化之间的相似性可能会有吸引
力。当然，采掘税的变化与百分率折耗减免的变化对州和联邦其他税收的
征收产生的影响是不相同的。

石油产量对采掘税上涨的不敏感某种程度上在这些模型中是被预期到
的，因为税收的一个关键效应仅是减少行业利润。根据历史标准，假设的
石油价格相对较高；那么，贴现利润在贴现总收入中所占的比例相对较
大。因此，模型 B 中实施的税收可以在不明显改变钻井活动或产量的情况下
降低利润。库斯等（2003）发现，当把 P 的值（$P=23$ 美元）设置到低于这
项研究中的值时，石油产量对税率变化的影响较大。在他们的模拟中，假设
的利润对总收入的比值较低，产量对采掘税税率变化的长期弹性是 -0.06。

　　无论如何，生产对采掘税和价格变化的无弹性表明，当 $\delta=0$ 时，采掘税 $s=\tau_p(1-\tau_r)pq-\delta k(w)$ 的增长应该与税率变化成比例。如表 9.3 所示，在为期 110 年的项目里，模型 B 和模型 C 中贴现 4% 的采掘税征收总额分别为 1590 亿美元和 3192 亿美元。这两个模型中，采掘税的实际税率分别为 0.109 和 0.228。这些数字表明，假设权利金费率和石油价格不变，贴现的采掘税总额对实际税率变化的弹性弧度是 0.95。在包含了钻井费用抵免（$\delta=0.22$）的模型 D 中，采掘税总额低于模型 C。

　　表 9.3 表明，采掘税税率的上涨会使州和联邦的企业所得税征收额下降。由于采掘税支付可在这两项税收中进行抵扣，贴现的州企业所得税征收额从模型 B 中的 609 亿美元跌到模型 C 中的 496 亿美元，且贴现的联邦企业所得税征收额从模型 B 中的 2300 亿美元跌到模型 C 中的 1825 亿美元。注意，联邦企业所得税收入的下降受到损耗津贴扣除额（1190 亿~1149 亿美元），以及当期和资本化钻井成本扣除额的下降的缓冲。这两项扣除的值都下降了，因为模型 D 中的生产和钻井活动比模型 C 要低。另外，当所有的税都被征收时，将模型 A 与模型 B 和模型 C 进行比较，石油行业的贴现利润会大幅度下降。无论如何，采掘税增加的主要效应是：（1）将石油行业的利润重新分配到公共部门；（2）税收款项由联邦一级重新分配到州一级。

　　尽管模型参数化的具体方式可能造成了产量对石油价格和采掘税税率变化不敏感，但是，图 9.1 和表 9.3 所显示的结果与美国过去 50 年的实际经历相一致。图 9.2 通过绘制美国石油总探明储量（以十亿桶单位计算）、美国石油探明储量的总产量（以亿桶单位计算）和原油实价的曲线图，说明了这一结论。

　　1959~1970 年，探明储量达到了约 300 亿桶，随着普拉德霍湾石油的发现，这一储量在 1971 年达到了约 400 亿桶，随后稳步下降到 2007 年的 209 亿桶。在这期间，生产遵循着相似的模型，每年剩余 8%~11% 的储量，平均起来，产量代表了 9.2% 的储量，标准误差为 1.34。另外，原油实价的变化更大，但是无论是 20 世纪 70 年代末和 80 年代初的危机，还是近年来价格的上涨，都对生产没有太多的影响。

　　为期 110 年的项目的钻井活动显示在四个模型中（见图 9.3 和表 9.3），

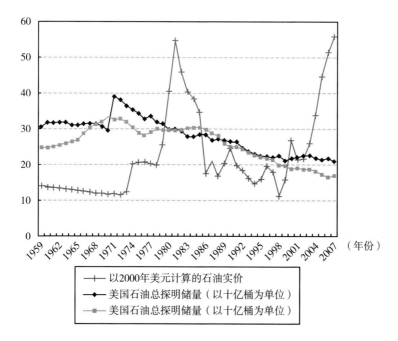

图9.2　在过去50年间美国石油产量已经对石油价格不敏感

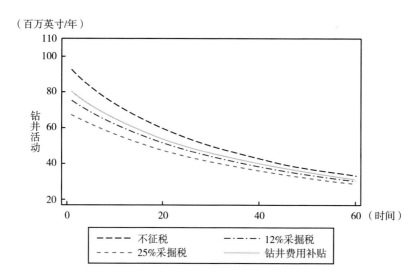

图9.3　钻井活动对税收制度更敏感

所显示出的百分比差异要高于对产量计算出的差异。在模拟期间，模型 A
每年的钻井活动最多。模型 B 与模型 C 的钻井总数分别比模型 A 低 13.3%
和 20.0%，因为采掘税的征收减少了该活动的未来收益。模型 D 中 22% 钻井费用抵免的影响是将钻井量增加到高于模型 B 所预计的水平，但比模型 A 所预计的水平仍低 13.3%。对于 110 年模拟期间的钻进进尺，扣除 20 亿英尺的起始值，模型 A 为 45 亿英尺，模型 B 为 39 亿英尺，模型 C 为 36 亿英尺，模型 D 为 39 亿英尺。

图 9.3 中显示的数据意味着，对于 110 年的项目，在模型 B 与模型 C 中考虑的钻进进尺关于采掘税税率变化的长期弧弹性为 −0.07。与之相对应的价格弹性为 0.91。因此，按百分比计算，钻进进尺要比产量对税收和价格的影响更大。图 9.4 显示，这些结论与观测到的美国过去 50 年钻进进尺和实际油价的之间的关系（见图 9.2）大体一致。

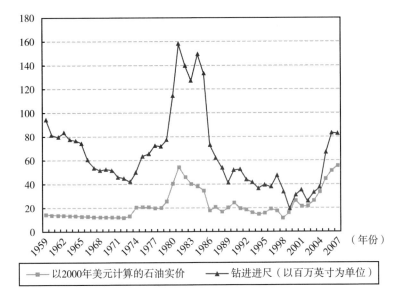

图 9.4　价格变动与钻进进尺的变化一致

如图 9.4 所示，钻进进尺对实际油价的变化做出积极的反应，钻进进尺的自然对数对原油实价自然对数的回归得出后一变量的系数为 0.44（t 统计量 =3.38）。这一估计与模拟模型中的估计一致。

通过对储量行为进行分析，可以得出钻井及产量随时间变化的另外一个结论。在这四个模型中，初始储量值被设为 200 亿桶。钻井可以使每年的储量增加，更多钻井活动的开展带来最高的储量增加。因此，模型 A 的储量增加倾向于比模型 B 或模型 C 高。模型 D 的储量增加要高于模型 B，这再一次说明了钻井费用补贴的影响。然而，这四个模型中，每年的储量增加通常被每年的产量超越，因此，可知随着时间的变化储量日益下降。将初始储量与最终储量进行比较就可以在表 9.3 中看出这一结论①。而且，这一结论与之前所讨论的趋势（见图 9.2）相一致，该趋势表明美国石油的探明储量在过去的 50 年里减少了 50%。表 9.3 提供了关于 22% 的钻井费用补贴对钻井量、产量、储量和税收征收影响的更多信息。比较模型 C 与模型 D，在项目周期内，税收抵免能够促进钻井量的增长，从而能够增加基础储量，提高产量。贴现的钻井支出增加了 29%（200 亿美元），但由于钻井支出以日益增长的速度随钻进进尺的增加而增加［方程式 (9.10)］，因此，钻进进尺以较小的比例增加（8% 或 3 亿英尺）。比较模型 B 与模型 D，与抵免相关的 6 亿桶产量的增加几乎抵消了采掘税的上涨（从 12% 上涨到 25%）对产量所带来的影响。在项目结束时，比较模型 C 与模型 D，抵免的适用使剩余储量减少了 14%，并且大体抵消了模型 C 中采掘税上涨对剩余储量所带来的影响。

与模型 C（3192 亿美元）相比，由钻井费用抵免所带来的产量增量会导致模型 D（3269 亿美元）中采掘税收现值（抵免总额）的增长。然而，一旦钻井费用抵免的现值被扣除，模型 D 中扣除抵免后的采掘税现值（3075 亿美元）将会比模型 C 低 3.7%，尽管它现在比模型 B 仍然高 93.4%。对模型 D 和模型 C 进行比较，12 亿美元的采掘税收入损失可以通过增加的州企业所得税收入重新获得；然而，59 亿美元的采掘税收入损失以更高的联邦企业所得税形式转移到了联邦政府那里。无论如何，钻井费用抵免会给贴现的州采掘税及州企业所得税收入带来 105 亿美元的净损失。在这些损失的贴现州的采掘税及州企业所得税收入中，花费 17.5 美元可以生产额外的一桶油，花费 35 美元可以钻进额外 1 英尺。除此之外，因抵免而损失的每一美元的州税收收入都与 1.9 美元的钻井支出增长有关。

这一结果引出了一个问题：其他公共政策工具，例如，支持降低钻井

---

① 储量的结束值反映了因采掘税带来的选择性开采，如文献综述中讨论的那样。例如模型 B 和模型 C 的结束储量比模型 A 的分别高 38% 和 63%。

成本或提高发现率的研究，是否能够使州以较低的成本来加速钻井开采。尽管如此，如果一个州给予钻井费用抵免的目的是为采掘税税率从12%提高到25%寻求支持，那么这是一个相对廉价的让步。另外，期待通过采掘税的征收，钻井费用抵免能产生收益的州将会失望，因为它仅增加了很少的石油产量。事实上，如图9.5所示，不仅在对整个项目进行评估时，钻井费用抵免成本高效益低，而且在每个项目年度里该抵免也是成本高效益低。

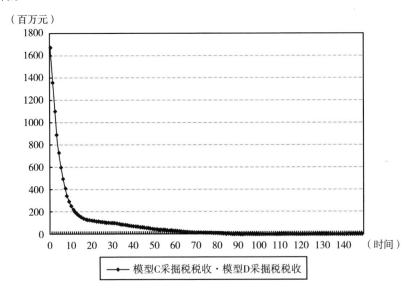

（百万元）

图9.5 钻井成本抵免中的贴现采掘税损失随时间在累积

如表9.2所示，比较模型C和模型D，在第一年里，抵免使钻井量增长了17%，但产量却没有增加，因此储量也没有增加。在第二年里，模型D中的产量反映了钻井量的增长，直到第48年，它的产量才超过模型C中的产量。在这些年里，与模型C相比，模型D中采掘税的收入损失要小于抵免值。如图9.5所示，从第49年开始，模型C的产量要高于模型D。因此，在第49~第110年，与模型C相比，模型D中采掘税的收入损失超过了抵免值。关于这些计算的一个担忧是，它们与一个使用美国油田数据进行参数化的模型相关。特别是，有一个假想可能是，钻井抵免可能会在经济上对那些没有被大规模勘探过的地区更具有吸引力，从而在确定新储量时钻井的边际产品会更高。为了证明这一设想，通过假设项目开始之前，累计的钻进进尺为 5 亿英尺，而不是 20 亿英尺，而对模拟模型进行重新校准。这一修改使在确定新储量时钻井的边际产品增加了一倍，从而提高钻井量、储量和产量。因此，模型 C 中的贴现采掘税收入要高于表 9.3 中所显示的。模型 D 中的贴现采掘税收入也同样高于表 9.3 中所显示的收入，但仍低于模型 C 中的可比值。因此，无论从绝对数字上还是从百分比上，与累计钻进进尺 20 亿英尺相比，当累计钻进进尺为 5 亿英尺时，因钻井费用抵免所带来的采掘税收入损失会更多。通过利用过去几十年里油价的变化路径来构建一个模型应该也会有很大的意义。然而，随着时间的变化，这个价格会急剧上涨或下跌（见图 9.2），导致这种模拟算法失效。作为第二个选择，在两个给定的外生利率基础上，我们使用了一组敏感性分析来反映这一预测，随着时间的变化，石油价格将会上涨。当然，石油价格的上涨速度不会高于贴现率，因为石油生产会被延迟到未来。因此，假设石油价格的外生增长速度为 1% 和 2%。如图 9.6 所示，在价格增长为 2% 时，钻井活动停止增长。

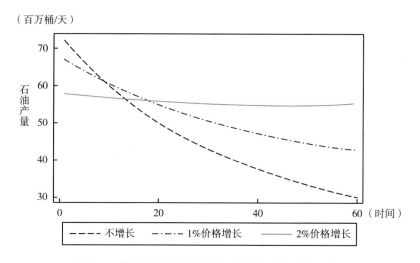

图 9.6　随着油价外生地增长，石油钻井倾斜向未来

　　然而，如图 9.7 所示，石油产量对石油价格的增长相对不敏感。这是因为，即使价格的增长会使钻井活动转移到未来，但累计钻井收益的下跌依然会阻止产量随着时间的变化保持平衡。在石油价格不变的情况下，产量在持续下降。图 9.8 显示了在价格增长的情况下储量增加的变化。

（百万桶/天）

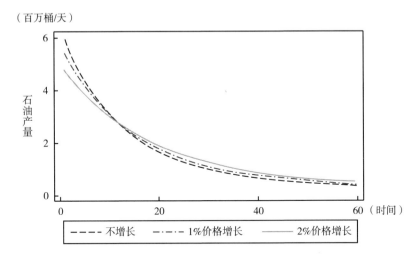

图 9.7 石油产量不随着石油价格的增长而发生明显的改变

（百万桶）

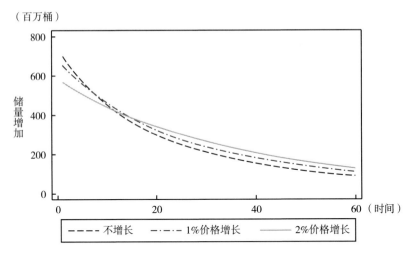

图 9.8 储量增加随着石油价格的增长而有轻微的改变

9.7 结论

本章叙述了美国采取的影响石油行业的税收政策。讨论了三类税收：采掘税（也称生产税）、财产税和企业所得税。然后，在两个方面对采掘税进行了分析，它在能源生产州的广泛运用，以及它产生支撑公共部门的潜能。该分析是通过利用一个调整的概念模型（Pindyck，1978）来进行的，该模型是关于可耗竭资源勘探或开发和生产的，其中油价被视为是外生的。这种观点是州税收分析的一个有用的简化，因为没有州可以生产足以明显影响世界油价的石油量。通过校准模型得到的模拟表明，石油产量对价格和采掘税税率的变化相当不敏感。因为它主要效应是将石油行业赚取的经济租金重新分配到公共部门，所以，采掘税税率的增长被视为会成比例地增加采掘税收入。该结果的意义是，尽管两类税收措施的改变可能对税收收入在州政府和联邦政府之间的分配具有完全不同的效应，但未合并的独立石油生产商可获得的百分率折耗减免的拟议取消与采掘税增加对产量的影响相同。

　　基于美国经验的模型证明，钻井费用抵免并没有带来预期的钻井量增加。如果抵免适用在美国，尤其是在钻井活动已经大量开展的一些地区，那么它在确定新储量方面的贡献是相当有限的。换言之，美国本土已被大面积地勘探，因此，大规模石油发现的机会可能很小。模型的模拟结果显示，钻井费用抵免并不能够产生足够的采掘税收入增量。我们需要额外的研究来验证，促进勘探和开发活动的替代公共政策是否更具成本效率，以及当对模型进行不同的参数化时，得出的结果在多大程度上会保持不变。

第 10 章

美国生物燃料政策的社会成本与效益的税收扭曲

哈里·德戈特和戴维·贾斯特

(Harry de Gorter and David R. Just)

10.1 引言

美国生物燃料政策的主要目标是：减少对石油的依赖，加强能源安全[1]；减缓全球气候变化和区域大气污染物，改善环境[2]；提高农业收入和在减少农业补贴计划税收成本的同时促进农村发展促进农业繁荣发展[3]。为了实现这些目标，一些政策已经实施，但是政策的核心是联邦和州的生物燃料消耗强制令和消耗补贴（也称作税收抵免），这些自身不会对国际贸易产生歧视的政策。本章将在三种不同的次优约束条件下对消耗强制令

---

[1] 油价上涨，不断减少的石油供给，中东和其他发展中国家出口商的政治不稳定性带来的石油价格和供给来源的不稳定性，以及能源使用和来源多样化的愿望是"能源安全"战略下的主要担忧。

[2] 与交通拥堵和交通事故相关的负外部性将被证明比其他环境影响更重要。

[3] 生物燃料政策和农场收入/农村发展是一把双刃剑：扣除了因生物燃料生产导致的经济发展后，对牲畜和家禽领域的税收可能阻碍农村地区的经济发展。

和税收抵免的影响进行分析：一个次优的燃油税，有约束力的消耗强制令
加税收抵免，和财政制度的交互效应，其中消耗强制令和税收抵免对政府
税收收入和财政基础的规模具有微分效应。在这三个既存扭曲条件下对消
耗强制令和税收抵免进行对比时，本章不对如进口壁垒、生产补贴，还有
可持续性标准等贸易歧视政策进行分析。在每一个次优约束下，我们仅认
定乙醇消耗量是一样的。

　　不断涌现的关于生物燃料的文献中已证明消耗强制令优于税收抵免①。
本章将证明这一优越性被一个次优的燃油税放大了，如在美国即使燃料价
格在消耗强制令情况下有所降低。这是因为强制令对汽油消耗征收税款来
支付较高的乙醇价格，并且以此来补偿次优燃油税。这里，福利的体现形
式包括温室气体减排，与行驶里程相关的外部性减少，石油依赖的减少。
另外，次优的燃油税使得乙醇税收抵免更加扭曲，因为税收抵免降低了燃
料价格，然而此时在次优燃油税的作用下，燃料价格已经很低。但是，两
种政策组合使用的话可能会对外部性和福利造成不良影响。税收抵免的单
独存在会补贴乙醇的消耗，但是当存在有约束力的强制令时，它的效果将
发生改变，税收抵免现在补贴了汽油的消耗。这是一个很重要的结果，不
仅因为许多国家都在使用补贴和生物燃料强制令相结合的手段，而且因为
在世界范围内，可再生电力也同样面临着相似的政策组合。因此，这将使
得税收抵免与所声明的降低对石油的依赖及改善环境的政策目标相违背，
与此同时，却不能给玉米和乙醇的生产商带来任何利益。最后，从与财
政制度相互作用中也得到一些启示，对于相同的乙醇消耗水平，强制令
与税收抵免对政府税收收入和燃料价格的影响各不相同。这些财政交互
效应可能有重要的福利意义，这取决于税收收入如何循环和燃料价格变

---

① de Gorter Harry and David R. Just. The Law of Unintended Consequences: How the U. S. Biofuel
Tax Credit with a Mandate Subsidizes Oil Consumption and has no Impact on Ethanol Consumption. Working
Paper No. 2007 – 20, Department of Applied Economics and Management, Cornell University, Ithaca NY. ,
2007. de Gorter Harry and David R. Just. The Welfare Economics of the U. S. Ethanol Consumption Man-
date and Tax Credit. Unpublished Working Paper, Department of Applied Economics and Management, Cor-
nell University, Ithaca NY. , 2008a. de Gorter Harry and David R. Just. The Economics of a Blend Man-
date for Biofuels. American Journal of Agricultural Economics, 2009b, 91 (3): 738 – 750. Lapan H. and
G. Moschini. Biofuel Policies and Welfare: Is the Stick of Mandates Better than the Carrot of Subsidies?
Working Paper No. 09010, Department of Economics, Iowa State University, Ames IA. , 2009.

化如何影响税基。尽管从理论上来说，强制令会花费纳税人更多的钱，经验上，我们发现对于相同数量的乙醇，强制令可以节省大量的税收成本。这一效益必须与强制令通过相对较高的燃料价格而减小税基的成本得到实现。

本章的结构安排是：10.2 节介绍生物燃料政策的福利经济学概况；10.3 节推导最优燃油税——税收抵免组合；10.4 节推导最优燃油税——强制令组合；10.5 节解析了次优燃油税的影响；10.6 节解释了有约束力的强制令加税收抵免如何补贴汽油消耗；10.7 节从税收收入和财政基础规模的净效应方面总结了与财政制度的预期交互效应；10.8 节呈现了既存扭曲产生的社会福利成本与效益的模拟结果，其中强调了强制令优于税收抵免的收益及把税收抵免与强制令相加的巨大成本；10.9 节是结论。

10.2 背景

关于生物燃料政策的福利经济学的文献相当丰富。一些研究强调乙醇政策在降低燃料价格和农业补贴计划的税收成本，提升玉米出口和石油进口的国际贸易条件等方面的收益[①]。其他一些研究强调了生物燃料政策对

---

① Babcock Bruce A. Distributional Implications of U. S. ethanol policy. Review of Agricultural Economics, 2008a, 30（3）: 533 – 542. Bourgeon Jean – Marc and David Tr'eguer. Killing Two Birds with One Stone: The United States and the European Union biofuel program. Paper Presented at the XIIth Congress of the European Association of Agricultural Economists, Ghent Belgium, 2008 – 08 – 26. de Gorter Harry and David R. Just. The Welfare Economics of a Biofuel Tax Credit and the Interaction Effects with Price Contingent Farm Subsidies. American Journal of Agricultural Economics, 2009a, 91（2）: 477 – 488. Du Xiaodong, Dermot J. Hayes and Mindy L. Baker. Ethanol: A Welfare – Increasing Market Distortion? Working Paper 08 – WP 480, Center for Agricultural and Rural Development（CARD）, Iowa State University, Ames IA. , 2008. Gardner Bruce. Fuel Ethanol Subsidies and Farmprice Support. Journal of Agricultural and Food Industrial Organization, 2007, 5（2）: Article 2. Rajagopal Deepak, Steven E. Sexton, David Roland – Holst, et al. Challenge of biofuel: Filling the Tank without Emptying the Stomach? Environmental Research Letters, 2007, 2（11）: 1 – 9. Schmitz A. , C. B. Moss and T. G. Schmitz. Ethanol: No free lunch. Journal of Agricultural and Food Industrial Organization, 2007, 5（2）: Article 3.

二氧化碳排放和汽车行驶里程数的影响[1]，强调了乙醇进口关税的无用成本。还有一些研究认为乙醇政策不能通过总体的成本效益测试[2]；这些政策对食品价格和贫困有不利的影响，尤其在发展中国家[3]；并且会因为间接的土地用途变化造成更高的温室气体排放量[4]。

在美国汽油的消耗占到了全国石油总消耗的 45%[5]，并且其中二氧化碳排放量占到了总排放量的 19%[6]。每加仑汽油当量的乙醇和汽油的二氧化碳排放量是不同的。理论上来说，有三种不同的方式来计算二氧化碳排放量。我们必须认识到所有因乙醇燃烧排放的二氧化碳都是在玉米生长时储存的。因此，来自乙醇的二氧化碳排放为零，每加仑的汽油燃烧时会释

---

[1]　de Gorter Harry and David R. Just. The Welfare Economics of the U.S. Ethanol Consumption Mandate and Tax Credit. Unpublished Working Paper, Department of Applied Economics and Management, Cornell University, Ithaca NY., 2008a. de Gorter Harry, David R. Just and Qinwen Tan. The Social Optimal Import Tariff and Tax Credit for Ethanol with Farm Subsidies. Agricultural and Resource Economics Review, 2009, 38 (1): 65 – 77. Khanna Madhu, Amy W. Ando and Farzad Taheripour. Welfare Effects and Unintended Consequences of Ethanol Subsidies. Review of Agricultural Economics, 2008, 30 (3): 411 – 421. Lapan H. and G. Moschini. Biofuel Policies and Welfare: Is the Stick of Mandates Better than the Carrot of Subsidies? Working Paper No. 09010, Department of Economics, Iowa State University, Ames IA., 2009. Martinez – Gonzalez Ariadna, Ian M. Sheldon and Stanley Thompson. Estimating the Welfare Effects of U.S. Distortions in the Ethanol Market Using a Partial Equilibrium Trade Model. Journal of Agricultural & Food Industrial Organization, 2007, 5 (2): Article 5.

[2]　Hahn Robert and Caroline Cecot. The Benefits and Costs of Ethanol: An Evaluation of the Government's Analysis. Journal of Regulatory Economics, 2009, 35 (3): 275 – 295. Metcalf Gilbert. Using Tax Expenditures to Achieve Energy Policy Goals. American Economic Review Papers and Proceedings, 2008, 98 (4): 90 – 94. Taylor Jerry and Peter Van Doren. The Ethanol Boondoggle. The Milken Institute Review, 2007 (1): 17 – 27.

[3]　Mitchell Donald. A Note on Rising Food Prices. Policy Research Working Paper 4682, Development Prospects Group, the World Bank, 2008. Runge C. Ford and Benjamin Senauer. How Biofuels could Starve the Poor. Foreign Affairs, 2007, 86 (3): 41 – 53.

[4]　对生物燃料政策福利经济学的调查见 de Gorter Harry and David R. Just. The Social Costs and Benefits of Biofuels: The Intersection of Environmental, Energy and Agricultural Policy. Applied Economic Perspectives and Policy, 2010, 32 (1): 4 – 32. Searchinger Timothy D., Ralph E. Heimlich, Richard A. Houghton, et al. Use of U.S. Croplands for Biofuels Increases Greenhouse Gases through Emissions from Land Use Change, 2008, Science 319 (5867): 1238 – 1240.

[5]　Energy Information Administration. Annual Energy Outlook 2010 Early Release, Report #DOE/EIA – 0383, 2009.

[6]　Environmental Protection Agency. U.S. Greenhouse Gas Inventory, Table ES – 2, 2010 – 01 – 06.

放 17.94 磅的二氧化碳①。而生产乙醇过程中所使用的其他任何非乙醇能源所释放的二氧化碳都归因于其他燃料。这种计算方法同样被诺贝尔奖得主、政府间气候变化专门委员会（IPCC）所采纳，该组织在评估京都议定书碳限制合规性时没有将采用生物能源的汽车尾气或工厂烟囱排放的二氧化碳考虑在内②。

第二种计算方法是指通过生命周期计量来测量二氧化碳排放量，就是说我们对汽油生产过程中温室气体的排放量进行"从油井到车轮"的测量，而对乙醇生产的排放量进行"从田地到燃料罐"的测量。这里，每加仑汽油会释放 25.57 磅的二氧化碳排放量③，而乙醇的释放量只有前者的80%④。第三种计算方法是把因间接的土地用途改变导致的二氧化碳排放量加入生命周期计量内，在这种情况下，乙醇释放的二氧化碳将比汽油更多⑤。后两种计算方法是基于简单的二氧化碳排放量平衡投影，它假定一加仑乙醇能量等效替代一加仑汽油，但情况并非如此，实际存在市场"漏损量"。实证分析显示乙醇的生产存在 52% 的漏损量。换句话说，每加仑乙醇在能量当量的基础上只能替代 0.48 加仑汽油，其他部分由汽油取代。因此，很难先验地对排放量的真实改变进行可靠的预测。此外，推广乙醇的政策将很可能会导致人们采用各种不同可能污染更严重的生产工艺来生产乙醇。通过采用第一种方法计算乙醇对排放量的直接贡献的方式，避免

---

① 一加仑汽油中有 115000 英热单位且石油每百万英热单位有 156 磅二氧化碳，这导致每加仑汽油里有 17.94 磅的二氧化碳。

② 关于为什么乙醇是零二氧化碳排放及利用生命周期确定二氧化碳排放的奇想的论证，见 de Gorter Harry and David R. Just. Why Sustainability Standards for Biofuel Production Make Little Economic Sense. Cato Institute Policy Analysis, 2009c, 647 (10)。

③ 该数字是考虑了下列因素得出的：(1) 每加仑汽油燃烧时排放 17.94 磅的二氧化碳；(2) 利用生命周期分析，预测的石油每兆焦耳 95.85 克二氧化碳；(3) 每磅有 453.6 克；(4) 每英热单位有 0.001052 兆焦耳；(5) 一加仑汽油有 115000 英热单位。

④ 20% 的减少是基于法雷尔等 (Farrell et al., 2006) 的研究，该研究利用元分析去计算美国玉米乙醇生产的二氧化碳排放的点估计。相应地，美国已经制定了可持续性标准，该标准要求，相对于汽油，乙醇生产减少 20% 的二氧化碳。

⑤ Hertel Thomas W., Wallace E. Tyner and Dileep Birur. Biofuels for all? Understanding the Global Impacts of Multinational Mandates. GTAP Working Paper 51, Center for Global Trade Analysis, Department of Agricultural Economics, Purdue University, West Lafayette, IN., 2008. Searchinger Timothy D., Ralph E. Heimlich, Richard A. Houghton, et al. Use of U. S. Croplands for Biofuels Increases Greenhouse Gases through Emissions from Land Use Change, 2008, Science 319 (5867): 1238–1240.

了漏损问题，并且生产工艺不变，这能够让我们稳定地测量某种燃料到底对环境保护有多大的贡献。而且，这种方法避免了重复计算。采用生命周期计量方法会把一些排放归因于多种燃料，例如，如果化石燃料被用来生产生物燃料，由此产生的排放将被当作化石燃料和生物燃料共同的排放量。尽管如此，生命周期计量方法是文献中最突出的方法，因此也是不同研究中最易比较的方法。

实证部分，本章会以生命周期计量方法，中间情况为基准案例并且用另外两种方法来进行敏感性分析①。以行驶每英里为基础，假定乙醇和汽油对于交通拥堵、地方空气污染和交通事故具有相同的边际外部性成本值②。

值得注意的是，几个乙醇政策效率低下的根源这里并没有进行分析。例如，美国的乙醇生产也会产生我们所谓的"矩形"无用成本。这些矩形无用成本是向乙醇部门转移支付的主要部分。如果生产乙醇的成本超过了燃料价格，这之间的缺口必须被弥补以确保生产能进行。这一缺口可以通过混合燃料的税收抵免形式由纳税人填补，或者如果政府强制命令乙醇的最低混合比例，则由消费者填补。对于这一缺口的支付费用是一项无用成本，因为无论是生物燃料的生产者还是消费者，都不能获得该付款，于是它便在生产生物燃料的成本中遗失了。如果这一缺口很大的话，乙醇刺激政策对玉米价格的影响就会很小，因为一部分补贴被吃掉来弥补这一缺口③。

─────────────

① 福利分析中的生命周期方法也被 Holland Stephen P., Jonathan E. Hughes and Christopher R. Knittel. Greenhouse Gas Reductions under Low Carbon Fuel Standards? American Economic Journal: Economic Policy, 2009, 1 (1): 106 – 146. Lasco Christine and Madhu Khanna. Welfare Effects of Biofuels Trade Policy in the Presence of Environmental Externalities. Paper presented at the ASSA Meetings, San Francisco, January, 2009. 所采用。

② 乙醇对地方空气质量的贡献是有争议的。利用生命周期分析，雅各布森（Jacobson, 2009）称其为"清洗"，但是其他人认为乙醇更糟，尤其是玉米乙醇（见 Stern Nicholas. Imperfections in the Economics of Public Policy, Imperfections in Markets and Climate Change. Presidential Lecture for the European Economic Association, Barcelona, August, 2009. Hahn Robert and Caroline Cecot. The Benefits and Costs of Ethanol: An Evaluation of the Government's Analysis. Journal of Regulatory Economics, 2009, 35 (3): 275 – 295.

③ de Gorter Harry and David R. Just. 'Water' in the U. S. Ethanol Tax Credit and Mandate: Implications for Rectangular Deadweight Costs and the Corn – oil Price Relationship. Review of Agricultural Economics, 2008b, 30 (3): 397 – 410. de Gorter Harry and David R. Just. The Economics of a Blend Mandate for Biofuels. American Journal of Agricultural Economics, 2009b, 91 (3): 738 – 750.

美国的生产成本如此之高以至于效率低下比比皆是。除了对乙醇生产的直接补贴外，历史上玉米补贴也被要求用来弥补乙醇生产成本和燃料价格之间的这一缺口[①]。

联邦政府以《可再生燃料标准》（RFS）的形式强制要求，截至 2022 年，每年的生物燃料利用量要达到 360 亿加仑，这一规模相当于美国总燃料消耗量的 20%。《可再生燃料标准》（RFS）要求其中的 150 亿加仑为常规玉米生产的乙醇，但是能源立法也呼吁对生物燃料继续推行税收抵免[②]。联邦和州对玉米乙醇的税收抵免目前总计大约为每加仑 52 美分，而另一个针对生物柴油的平行计划则为每加仑 1.00 美元。仅限于纤维素乙醇生产的税收抵免将对生产出的乙醇每加仑支付 1.01 美元。在 2022 年，如果强制令能够完全履行，届时的税收抵免价值将超过 287 亿美元。如前所述，补贴和强制令本身不属于国际贸易歧视。然而，生产补贴、进口关税（约 57 美分/加仑）和可持续性标准确实如此。除了造成巨大的效率低下外，这些进口壁垒还与能源和环境目标不一致，因为巴西低成本的甘蔗乙醇比玉米乙醇对减少二氧化碳当量排放的贡献要大得多。甘蔗乙醇需要更少的土地，因此造成的间接的土地用途改变也很小，这是因为在巴西，不仅每公顷可以出产双倍的乙醇，而且被美国取代的作物现在不得不在其他地方生产，例如，玉米在巴西的产量仅仅是美国的 1/3，这样一来，在巴西每公顷每年的净吸收更高。[③] 考虑到巴西的乙醇生产相比美国更加经济与高效并且气候适宜，废除美国玉米和乙

---

① de Gorter Harry and David R. Just. The Economics of a Blend Mandate for Biofuels. American Journal of Agricultural Economics, 2009b, 91 (3): 738 – 750.

② 在其他国家，生物燃料消耗补贴是对燃油泵的免税，而美国采取的形式是对燃料乙醇调和商进行补贴。理论上，两种方法具有相同的效应，除了国际贸易的特定情形外（de Gorter, Harry, David R. Just, and Erika M. Kliauga. Measuring the "Subsidy" Component of Biofuel Tax Credits and Exemptions. Paper Presented at the Annual Meeting of the International Trade Research Consortium, Scottsdale, Arizona, 2008 – 12 – 07. Drabik Dusan, Harry de Gorter and David R. Just. The Economics of a Blenders Tax Credit Versus a Tax Exemption: The Case of U. S. Splash & Dash Biodiesel Exports to the European Union. Working Paper 2009 – 22, AgFoodTrade, 2009. de Gorter Harry, David R. Just and Qinwen Tan. The Social Optimal Import Tariff and Tax Credit for Ethanol with Farm Subsidies. Agricultural and Resource Economics Review, 2009, 38 (1): 65 – 77.）。

③ de Gorter Harry and Yacov Tsur. Towards a Genuine Sustainability Criterion for Biofuel Production. Background Paper for World Bank Report Low Carbon, High Growth, Augusto de la Torre, Pablo Fajnzylberg and John Nash (eds.), 2008 – 07 – 31.

醇的生产补贴及乙醇进口关税，仅在二氧化碳排放方面就可节省数十亿美元[1]。这些因贸易限制导致的低效与本章分析的强制令和税收抵免的福利效应无关。

本章的一个关键是强制令优于税收抵免。在表 10.1 里总结了各项政策对关键外部性的影响。尽管汽油消耗不论在强制令或者税收抵免的情况下都会降低，也就是说，石油依赖度降低，依据乙醇供给和汽油供给的相对弹性，在强制令情况下总的燃油消耗可能会增加[2]。这意味着与汽车行驶里程还有二氧化碳排放量相关的外部性的改变也是不明确的。强制令有可能增加二氧化碳的排放量，尽管乙醇和汽油相比，每行驶一英里排放的二氧化碳更少。然而，有一点要注意，燃油价格的降低不是二氧化碳排放量增加的一个充分条件。排放量最终的变化不仅取决于两种燃料的排放比例，还取决于生产者的价格响应程度。如果汽油生产具有很高的价格刚性，因强制令影响而增长的乙醇消耗可能不会完全被汽油消耗的降低所抵消，并且很可能会导致更高的碳排放量[3]。另外，在税收抵免情况下，燃料消耗总是增加的。税收抵免明确地增加了行驶里程数，但是二氧化碳的排放量有可能增加也有可能减少，这取决于两方面，一方面是因税收抵免导致的乙醇消耗的增加量，另一方面是乙醇对二氧化碳排放的贡献。尽管行驶每单位里程，乙醇比汽油排放更少的二氧化碳，但对乙醇的补贴还是有可能会增加碳排放。这是因为对乙醇的补贴降低了

---

① de Gorter Harry and Yacov Tsur. Towards a Genuine Sustainability Criterion for Biofuel Production. Background Paper for World Bank Report Low Carbon, High Growth, Augusto de la Torre, Pablo Fajnzylberg and John Nash (eds.), 2008 – 07 – 31. Lasco Christine and Madhu Khanna. Welfare Effects of Biofuels Trade Policy in the Presence of Environmental Externalities. Paper Presented at the ASSA Meetings, San Francisco, January 2009.

② Holland Stephen P., Jonathan E. Hughes and Christopher R. Knittel. Greenhouse Gas Reductions under Low Carbon Fuel Standards? American Economic Journal: Economic Policy, 2009, 1 (1): 106 – 146. 在分析加利福尼亚州的"低碳燃料标准"时得到了同样的结果，该标准基本上与混合强制令是相同的。

③ de Gorter Harry and David R. Just. The Welfare Economics of the U. S. Ethanol Consumption Mandate and Tax Credit. Unpublished Working Paper, Department of Applied Economics and Management, Cornell University, Ithaca NY., 2008a. Lapan H. and G. Moschini. Biofuel Policies and Welfare: Is the Stick of Mandates Better than the Carrot of Subsidies? Working Paper No. 09010, Department of Economics, Iowa State University, Ames IA., 2009.

总的燃料价格。① 无论如何，如表 10.1 最后一行所表明的，对消耗相同数量的乙醇，强制令比税收抵免导致较低水平的总燃料消耗、二氧化碳排放量和行驶里程②。

表 10.1　　　　　　　　　对外部性的强制令和税收抵免的效应

分类	石油依赖度	里程	二氧化碳 e 排放
强制令	减少	增加或减少	增加或减少
税收抵免	减少	增加	增加或减少
强制令与税收抵免（相同乙醇消耗）	————————比强制令低些————————		

资料来源：de Gorter Harry and Yacov Tsur. Towards a Genuine Sustainability Criterion for Biofuel Production. Background Paper for World Bank Report Low Carbon, High Growth, Augusto de la Torre, Pablo Fajnzylberg and John Nash (eds.), 2008 – 07 – 31. Lasco Christine and Madhu Khanna. Welfare Effects of Biofuels Trade Policy in the Presence of Environmental Externalities. Paper Presented at the ASSA Meetings, San Francisco, January 2009.

10.3 最优燃油税——税收抵免组合

我们用 ξ_E 和 ξ_G 分别来表示乙醇和汽油每英里的二氧化碳的排放量，边际外部成本用每英里 τ_1 美元表示③。用 τ_2 表示因交通拥堵、地方空气污染和交通事故所导致的行驶每英里的边际外部成本，假定对于乙醇和汽油

———————

① 对排放造成的影响将依赖于燃料需求与石油供应的相对价格响应程度；乙醇补贴情形下，较高的相对需求价格弹性增加了排放，见 de Gorter Harry and David R. Just. The Welfare Economics of the U. S. Ethanol Consumption Mandate and Tax Credit. Unpublished Working Paper, Department of Applied Economics and Management, Cornell University, Ithaca NY., 2008a. Lapan H. and G. Moschini. Biofuel Policies and Welfare: Is the Stick of Mandates Better than the Carrot of Subsidies? Working Paper No. 09010, Department of Economics, Iowa State University, Ames IA., 2009.

② 这些结果的全面解释见 de Gorter Harry and David R. Just. The Welfare Economics of the U. S. Ethanol Consumption Mandate and Tax Credit. Unpublished Working Paper, Department of Applied Economics and Management, Cornell University, Ithaca NY., 2008a. de Gorter Harry and David R. Just. The Economics of a Blend Mandate for Biofuels. American Journal of Agricultural Economics, 2009b, 91 (3): 738 – 750.

③ 正如在上一节中讨论的，$\xi_E = 0$，$0.8\xi_G$ 或者是 $> \xi_G$。如果是后者的话，则分析中采取的税收抵免是负的。

来说是相等的。现在设想一个竞争性市场，其中国内供给曲线为 $E(P_E)$，按车辆行驶里程的贡献进行测量，P_E 表示乙醇供给者的价格，$G(P_G)$ 表示油基汽油的供给，同时也按行驶里程测量，P_G 表示汽油供给者的市场价格。市场上燃料只有两种：乙醇和汽油。假定这两种燃料在消耗方面是完全替代品。消费者不愿意为任何一种燃料支付更高的每英里费用。因此，在竞争均衡下，乙醇的每英里费用必须等于汽油的每英里费用：$P_E = P_G$。燃油的国内需求以英里测量用 $D_F(P_F)$ 表示，这里 P_F 表示混合燃料每英里的价格。政策缺席情况下燃料的市场均衡价格用 P 表示，结果如下：

$$D_F(P) = E(P) + G(P) \tag{10.1}$$

现在，考虑美国政府出台一个政策对所有的燃料按数量或容积征税，然后对乙醇提供一个税收抵免政策的情形。用 t_v 来表示从量燃油税，以每加仑的美元数来测量。一加仑乙醇行驶的距离只有一加仑汽油行驶距离的 70%。因此，对于汽油和乙醇两者来说，每行驶一英里的税收是不同的。汽油每英里的税费为 $t = t_v / MPG_G$，这里 MPG_G 是每加仑汽油行驶的英里数。相应地，乙醇每英里的税费为 ϕ_t，这里 $\phi = MPG_G / MPG_E \approx 1 / 0.7$，或者接近于 1.4，这里的 MPG_E 为每加仑乙醇行驶的英里数。用 t_{cv} 来表示每加仑乙醇的税收抵免。因此，乙醇每英里的税收抵免为 $t_c = t_{cv} / MPG_E$。同样，竞争均衡将会迫使乙醇和汽油的零售价格相同，如下：

$$P_G + t = P_E + \phi_t - t_c \tag{10.2}$$

因此，消费者将支付 $P_G + t$，并且乙醇在均衡时的价格将表示为 $P_E = P_G + (1 - \phi)t + t_c$。税收和税收抵免情况下的均衡表示如下：

$$D_F(P_G + t) = E(P_G + (1 - \phi)t + t_c) + G(P_G) \tag{10.3}$$

因此，汽油的价格是税收和税收抵免的隐函数，如方程式（10.3）所定义的。根据方程式（10.3）中的均衡条件，任何时候，当政策制定者调整税收或者税收抵免时，都必定会造成 P_G 的改变，并且也会改变乙醇价格、乙醇和汽油的生产量，以及燃料需求量。为找到最优的燃油税—税收抵免组合，令 $V(P_F, Y, X)$ 为代表性消费者的间接效用函数，通过这个函数求得最优效用，其中变量为燃料价格、收入水平 Y，还有二氧化碳排放量和行驶里程数的环境外部性水平 X。在燃油税和乙醇税收抵免的情况下，假定政府的税收收入将全额返还给此代表性消费者。因此，收入表示为：

$$Y = \pi_E(P_E) + \pi_G(P_G) + tG(P_G) + (\phi t - t_c)E(P_E) \qquad (10.4)$$

这里 $\pi_E(P_E)$ 表示来自乙醇销售的利润，是一个关于乙醇价格的函数，$\pi_G(P_G)$ 表示来自汽油销售的利润，是一个关于汽油价格的函数，其他的所有变量和之前定义的一样。因此，为了求解最优税收和税收抵免，我们对 V 求最大值：

$$\max_{t,t_c} V(P_F, Y, X) \qquad (10.5)$$

根据式（10.3），$P_F = P_G + t$，Y 则为式（10.4）中指定的值，与汽油和乙醇消耗相关的货币测度外部性成本定义为 X，表示如下：

$$X = \tau_1[\xi_E E(P_E) + \xi_G G(P_G)] + \tau_2[E(P_E) + G(P_G)] \qquad (10.6)$$

接下来，可以解得燃料的最优税收和乙醇的税收抵免（见附件 10-1 中的 10-1-1 节），得到 $t^* = \tau_1\xi_G + \tau_2$，和 $t_c^* = \phi t^* - t_E^* = \phi(\tau_1\xi_G + \tau_2) - (\tau_1\xi_E + \tau_2)$，这里乙醇的社会边际损害为 $t_E^* = \tau_1\xi_E + \tau_2$。最优汽油税等于消耗汽油的边际外部成本。或者说，最优乙醇税收抵免是每英里乙醇消耗的税收成本（支付 ϕt^* 的税收负担）和消耗乙醇的边际外部成本两者之间的差额。因此，在最佳条件下，对于每一种消耗的燃料，个人都要支付其消耗量的边际外部成本。

图 10.1 给出了我们如何能在燃油税和乙醇税收抵免组合中实现最优的直觉。为了简化图 10.1 中的解释，假定汽油价格 P_G 由 G 表示的汽油供给曲线所固定。用 D_F 表示燃料需求曲线，用 E 表示乙醇的供给曲线。在没有燃油税或乙醇税收抵免的情况下，汽油的市场价格决定了燃料和乙醇的初始市场消费价格 P_{F0} 和 P_{E0}[①]。燃料消耗量等于 F_0，乙醇产量为 E_0。用 D_{G0} 来定义汽油的需求曲线（初始乙醇量 E_0 使燃油需求曲线 D_F 左移）。得出汽油消耗量 G_0。

[①] 乙醇价格 P_{E0} 等于汽油价格，因为所有单位都是以汽油当量计算。如果所有的单位是以加仑计算，则乙醇的市场价格 P_{E0} 低于 P_G，因为消费者需要行驶里程。在这种情形下每加仑的乙醇价格等于 P_G/ϕ。

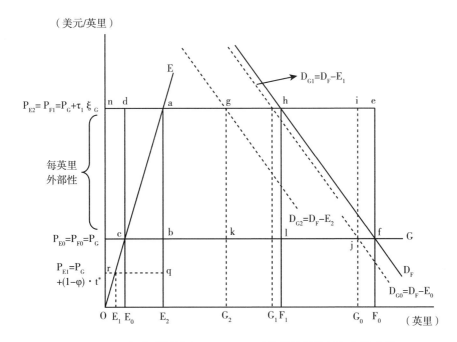

图 10.1　二氧化碳排放为 $\xi_E = \tau_2 = 0$ 时最优的税收抵免和燃油税

注：* 代表最优税。

为了进一步简化分析，假定汽油的二氧化碳排放量是由 $\tau_1 \xi_G$ 给定的唯一的外部性，假定乙醇的二氧化碳 e 排放量为净值零，在 $\xi_E = 0$ 的情形下，并且来自行驶里程的外部性假定为零，$\tau_2 = 0$。这意味着燃油消耗的初始外部成本由区域 $defc$ 给定。我们利用最优燃油税 $t^* = \tau_1 \xi_G$ 来生成一个新的汽油价格 P_{F1}，汽油供给者的市场价格依然是 P_G，燃油消耗降到 F_1。因为消费者需要行驶里程，并且仅愿意为乙醇支付 $P_G + (1 - \phi) t^*$，因此乙醇供给者的市场价格 P_{E1} 将降低（同时乙醇生产量将移到 E_1）$(1 - \phi) t^*$。[1] 因此，$(1 - \phi) t^*$ 代表对燃油混合者的惩罚，因为政府要求对所有的燃料支付从量燃油税，但是消费者却不愿意为乙醇支付超额税。对此，最优解是对乙醇实施一个消耗补贴，由税收抵免 $t_c = \phi \tau_1 \xi_G$ 给定，由此得到一个新的乙醇市场价格 $P_{E2} = P_{E1} + \phi \tau_1 \xi_G = P_{F1}$，乙醇的

---

[1]　以每加仑美元计，乙醇的市场价格 P_{E1} 将降低 $\left(1 - \dfrac{1}{\phi}\right) t^*$，因为消费者需要里程。

产量为 E_2。汽油消耗量 G_2 由 $F_1 - E_2$ 给出。因此，图 10.1 中的均衡点描述了最优燃油税与税收抵免组合，假定 $\tau_2 = \tau_{1E} = 0$，这里燃油价格等于 P_{F1}，乙醇市场价格等于 P_{E2}，燃油的消耗量等于 F_1，乙醇的产量为 E_2，汽油的消耗量等于 G_2。

最优的燃油税与税收抵免组合在区域 $dabc$，增加的乙醇消耗量和区域 $hijl$，减少的汽油消耗量，产生了二氧化碳排放量减少的一个主要的福利收益。燃油税收入为区域 $ahlb + naqr$，但是税收抵免的税收成本为区域 $naqr$，因此，净税收收入为区域 $ahlb(= \tau_1 \xi_G \times G_2)$。减少的燃料消耗量的无用成本由区域 hfl 给出，而乙醇生产的无用成本为区域 abc。

10.4 最优燃油税——强制令组合

根据乙醇消耗的强制令，消费者被迫接受特定数量的乙醇 $\bar{E}$。因而产生的燃油市场价格将会是包括混合燃料生产平均边际成本的价格，表示如下：

$$P_F = \frac{\bar{E} P_E(\bar{E}) + P_G G(P_G)}{\bar{E} + G(P_G)} \qquad (10.7)$$

这里 $P_E(E)$ 是生产 $\bar{E}$ 数量的乙醇所必要的生产者价格。在燃油里程需求等于供给时就将得到市场均衡点：

$$D_F\left(\frac{\bar{E} P_E(\bar{E}) + P_G G(P_G)}{\bar{E} + G(P_G)}\right) = \bar{E} + G(P_G) \qquad (10.8)$$

如果允许从量燃油税和乙醇消耗强制令组合，对于生产者的乙醇边际成本变为 $P_E(\bar{E}) + \phi t$。因此，存在强制令和燃油税时，市场均衡由下式决定：

$$D_F\left(\frac{(P_E(\bar{E}) + \phi t)\bar{E} + (P_G + t)G(P_G)}{\bar{E} + G(P_G)}\right) = \bar{E} + G(P_G) \qquad (10.9)$$

这一等式同样把 P_G 定义为燃油税和乙醇强制令的隐函数。因此，当政策改变时，汽油的价格（及汽油的消耗量）也将改变以适应该政策。为了找到最优的燃油税和乙醇强制令组合，再次考虑间接效用函数 $V(P_F, Y, X)$。

政策制定者必须求得：

$$\max_{E,t} V(P_F, Y, X) \tag{10.10}$$

表 10.2　　　　　　　　　　　　　最优的强制令和税收抵免

分类	最优的燃油税和乙醇政策组合	次优的燃油税
强制令	$\bar{E} = E(P_G(t^*, t_c^*) + (1-\phi)t^* - t_c^*)$； $t < t^*$	$\bar{E} > E(P_G(t^*, t_c^*) + (1-\phi)t^* + t_c^*)$
税收抵免	$t_c = \phi t^* - t_E^*$；$t = t^*$	$t_c < \phi t^* - t_E^*$

资料来源：推导见本章附件 10-1。

其中：

$$P_F = \frac{(P_E(\bar{E}) + \phi t)\bar{E} + (P_G + t)G(P_G)}{\bar{P} + G(P_G)} \tag{10.11}$$

$$Y = \pi_E(P_E) + \pi_G(P_G) + tG(P_G) + \phi tE(P_E) \tag{10.12}$$

且 X 与式（10.6）中给出的一样，这里 P_G 是燃油税和乙醇强制令的函数，并由式（10.9）隐含地定义。在乙醇强制令情况下的最优燃油税（定义为 t^M）可以用最优的燃油税和税收抵免组合来表述（推导过程见附件 10-1 第 10-1-1 节）：

$$t^M = \frac{t^* G(P_G(t^*, t_c^*)) + (\phi t^* - t_c^*)\bar{E}}{G(P_G(t^*, t_c^*)) + \phi\bar{E}} \tag{10.13}$$

$$\bar{E} = E(P_G(t^*, t_c^*) + (1-\phi)t^* + t_c^*) \tag{10.14}$$

式（10.13）和式（10.14）隐含着通过最优解（采用税收和税收抵免）得到的相同水平的乙醇和汽油使用量。但是，这种情况下的最优燃油税较低，如下所示：

$$t^M = \frac{t^* G(P_G(t^*, t_c^*)) + (\phi t^* - t_c^*)\bar{E}}{G(P_G(t^*, t_c^*)) + \phi\bar{E}} < \frac{t^* G(P_G(t^*, t_c^*)) + \phi t^* \bar{E}}{G(P_G(t^*, t_c^*)) + \phi\bar{E}} = t^* \tag{10.15}$$

差值为 $t_c^* \bar{E} / (G(P_G(t^*, t_c^*)) + \phi\bar{E})$。如表 10.2 中的第 1 列所示，在

最优税收情况下的最优强制令导致的乙醇使用量将等于在最优燃油税和税收抵免组合下的乙醇消耗量，尽管最优燃油税将会降低。最优燃油税降低的原因相当明确：乙醇强制令相当于市场为较高的乙醇价格支付的汽油税。因此，需要一个较低的燃油税去抵消燃油消耗的边际外部成本。此时的乙醇价格和在最优的燃油税和税收抵免组合情况下的价格完全一样，这样可以实现最优条件，产生完全相同的间接效用[1]（见附件10-1第10-1-4节）。

　　最优的燃油税和乙醇强制令组合在图10.2中进行了描述。如同在图10.1中一样，我们对如何得到这一最优组合的过程进行简化，假定二氧化碳排放量仅来自汽油（$\xi_E = 0$），并且忽略因里程导致的外部成本（$\tau_2 = 0$）。最优乙醇强制令为 $\bar{E}$，乙醇的市场价格为 P_{E1}（由此形成一个燃油的税前价格 P_{FE1}）。存在最优乙醇强制令的情况下，最优燃油税表示为 t^M。总的燃油消耗降到 F^*（汽油消耗量为 $G^* = F^* - \bar{E}$）。乙醇销售的税收收入等于区域 $naji$，而汽油的税收收入为区域 $ngfe$。

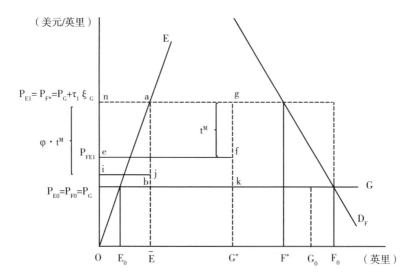

图 10.2　二氧化碳排放为 $\xi_E = \tau_2 = 0$ 时最优的燃油税和乙醇强制令组合

---

　　[1]　不管燃料消耗是不是随着强制令而增加，这一结果都成立，因为即使强制令补贴了燃料消耗者，它仍然对汽油消费者征税，且充当对汽油供应商的买主垄断角色。

10.5 次优燃油税如何放大乙醇强制令的优越性

　　对已推导出最优的燃油税和税收抵免组合及最优的燃油税和强制令组合而言，考虑政治施加的政策限制是很重要的。假定在美国把汽油税提高至其最优水平在政治上是不可行的[①]。接下来，我们推导出两个关键的结果：一个次优的燃油税需要一个较低的税收抵免和在大多数情况下一个更高的强制令。换句话说，强制令的优越性被放大了。

10.5.1 为什么税收抵免不得不降低?

　　如果要在燃油税为 0 时找到最优的乙醇税收抵免，我们发现 $t_c < -\overline{t_E^*}$（详见附件 10 - 1 中的附 10 - 1 - 3 节）。因此，这种情况下的最优乙醇税收抵免实际上是一个必须超过乙醇边际外部成本的税收。在这种情况下，针对乙醇的手段是可用来处理与燃油相关的任一外部性的唯一政策。乙醇消耗的税收抵扣外部效应该比产生外部性二次降低的补贴更加有效，该补贴通过用乙醇来替代汽油实现这种降低。

　　因为燃油税从最佳水平外生性地减少，在给定燃油税时能够最大化福利的最优响应乙醇税收抵免降低，并且当税收低于乙醇的边际外部成本时最终变为负的（见附件 10 - 1 附 10 - 1 - 3 节）。最优乙醇税收抵免 t_c 只有在两种情况下是正的：（1）二氧化碳的排放量减少时；（2）二氧化碳排放量减少的社会收益大于在税收抵免情况下行驶里程明确增加时的社会成本。只要燃油税超过乙醇消耗的边际外部成本，这种情况就将会发生。一个次优的燃油税将导致一个最优的税收抵免 t_c，它低于最优税收抵免 t_C^*。另外，考虑一个次优的税收抵免。如果找到一个能够使乙醇税收抵免为 0 的最优燃油税，这个最优燃油税满足 $t^* > t > t_E^*/\phi$（见附件 10 - 1 中的附 10 - 1 - 2 节）。因此，最优燃油税将会位于汽油的边际外部成本和乙醇的

　　[①]　这里的分析与英国情形的分析相反，后者有一个超级最优燃油税（Parry and Small, 2005）。

边际外部成本之间。这里，调整 ϕ 是由税收是以容积为基础的事实导致的。这样总会产生一个燃油税，比在最优燃油税和乙醇税收抵免共同作用下的燃油税低，但是比在最优燃油税和乙醇税收抵免共同作用下的乙醇净税高。一般来说，如果 $t^* > t_E^* < \phi$，外生性地降低乙醇税收抵免总是会降低最优燃油税。

10.5.2　为什么强制令不得不增强？

存在次优燃油税时，只要在竞争性均衡里，乙醇的边际外部成本加上其边际内部成本大于汽油的这两个成本之和，最优乙醇强制令将会是正的。最优消耗强制令的水平 $\bar{E}^*$ 很大程度上取决于汽油和乙醇的供给弹性。一般来说，最优强制令 $\bar{E}$ (t)，将会导致满足下列式子的燃油价格（见附件10-1 附 10-1-5 节）：

$$P_G(t, \bar{E}(t)) + t < P_F(t, \bar{E}(t)) < P_G(t, \bar{E}(t)) + t^* \qquad (10.16)$$

如果考虑将最优燃油税和强制令组合中的税收降低，给定燃油税时最大化福利的最优响应强制令的改变方向将会是正的，只要我们处于最优的燃油税和强制令组合的位置（见附件 10-1 中附 10-1-5 节中的推导过程），公式如下：

$$\left(P_G - P_E + (1 - \phi)t^M\right) > \left(\frac{\eta_G}{\eta_F}P_F - P_G\right)\frac{D_F}{E_{\eta_G}} \qquad (10.17)$$

这里 η_G 是汽油的供给弹性，η_F 是燃油的需求弹性。式（10.17）的左侧和右侧都必须是负的。因此，如果乙醇的消耗量在最优条件下占总燃油消耗的比例较小，或者如果汽油的供给弹性和燃油的需求弹性都很低，最优响应强制令的减少很可能会比在最优条件下要大。这一情况似乎具有目前燃料、汽油和乙醇市场的特点。式（10.17）中的条件和为了提高燃油价格而增强乙醇强制令所要求的条件非常相似[①]。直观来说，

①　de Gorter Harry and David R. Just. The welfare economics of the U. S. ethanol consumption mandate and tax credit. Unpublished working paper, Department of Applied Economics and Management, Cornell University, Ithaca NY. , 2008a.

如果乙醇占据了燃油消耗的绝大部分，强制令的增强将会迫使汽油消耗下降的比例更大。这一汽油消耗更大比例的下降将会导致汽油价格更大比例的下跌，很可能会引起整体燃油价格的下跌，这将加剧两种燃料消耗的外部性。但是，即使燃油价格随着强制令走高，外部性仍可能会增加。因此，式（10.17）中的条件比起德戈特和贾斯特（2008a）发现的条件更加有限制性。

　　图10.3描述了为什么在次优燃油税情况下强制令需要增加的直觉。如图10.1和图10.2中的情形，我们对这一解释进行简化，只假定汽油的二氧化碳排放（$\xi_E = 0$），忽略来自行驶里程的外部性成本（$\tau_2 = 0$）。首先考虑只有最优燃油税的结果（$t^* = \tau_1 \xi_G$）。燃油消耗量下降至F_1，并得到此时的燃油价格P_{F1}，同样，因为从量燃油税，乙醇价格降到P_{E1}。汽油消耗量由$G_1 (= F_1 - E_1)$给出。现在考虑没有燃油税，并且最优乙醇强制令变为$\bar{E}^*$，并且相应的燃油价格为$P_{F2} (< P_{F1})$。此时，总的燃油消耗量为F_2，而汽油消耗量为G_2。注意，乙醇的产量水平现在比图10.2中最优

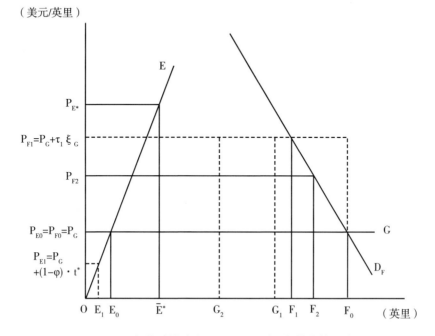

图10.3　二氧化碳排放为$\xi_E = \tau_2 = 0$时，与最优的燃油税
相比的最优乙醇强制令

税和强制令组合情形下的 $\bar{E}$ 要高，乙醇价格 P_{E^*} 如今也更高。这是因为强制令相当于一个对汽油征收的税和对乙醇生产的补贴。过度生产没有燃油税的乙醇是值得的，这是因为强制令补偿了次优燃油税，不同于之前演示的税收抵免的情形，燃油税越低，最优税收抵免也越低。但是，因为更高成本的乙醇的过度生产，最优燃油税不能仅仅通过强制令间接地实现。

正如表 10.2 中显示的，在次优燃油税情况下，最优强制令将会增强，而最优税收抵免则将会下降。最优强制令的增强意味着乙醇消耗量比在最优情况下要高。另外，较低的税收抵免则意味着乙醇的消耗量比在最优政策情况下更低。相比于次优燃油税情况下的税收抵免，只要 $t_E^* < \phi t^*$，强制令总是有优越性的，这个不等式是确保在最优情况下最优税收抵免为正的条件（推导过程见附件 10 - 1 中附 10 - 1 - 6 节）。汽油供给的弹性越大，乙醇强制令在减缓次优汽油税方面比税收抵免越有优势。同样，一个无弹性需求曲线将会减少税收抵免的汽油价格响应，同时也会导致强制令对税收抵免的优越性更大（同见附件 10 - 1 中附 10 - 1 - 6 节）。

在没有税收抵免的情况下，最优燃油税符合 $t^* > t > t_E^*/\phi$（见附件 10 - 1 中附 10 - 1 - 2 节）。因此，在这种情况下，最优税收必须处于最优乙醇税和最优汽油税之间。当相对于乙醇的供给弹性，汽油的供给弹性增加时，强制令情况下的最优燃油税 t^M 趋近于 t^*。

10.6 强制令加上税收抵免

如果税收抵免决定乙醇的市场价格，则强制令不起作用；但是，反过来就不成立了。如果强制令是有约束力的，则税收抵免反而将会补贴汽油消耗，如果只存在税收抵免则只会补贴乙醇消耗。这一违反常规的效应可解释如下：在存在有拘束力的强制令时，税收抵免将不能对乙醇产量的增加提供任何刺激。相反地，利用补贴的唯一途径是降低燃油价格（汽油和乙醇的混合燃油），以此来争夺销售量。但是如果燃油价格下跌，结果是消耗更多的燃油,给定有约束力的强制令,这些增加的燃油必须是汽油①。

因此,社会将失去了强制令情形下外部性减少的主要福利收益。当税收抵免接近因强制令导致的乙醇价格溢出时,强制令的效益将消失。如果税收抵免等于因强制令导致的乙醇价格溢出且石油价格是内生时,则税收抵免彻底转变强制令外部性减少的主要福利收益,并且很可能将蚕食部分燃油税②。如果单是强制令增加了二氧化碳排放量和车辆行驶里程,则税收抵免在这种情形下只会使情况更糟。因此,对已到位的强制令适用税收抵免与新能源法案陈述的降低石油依赖性、改善环境,以及提高农村繁荣的目标相抵触。这一结果独立于与间接土地利用和生命周期计量有关的二氧化碳排放测量,这些测量方法目前是公众关于生物燃油讨论的最前沿。更糟的是,当存在一个有约束力的强制令时,对玉米和乙醇的生产补贴可能会补贴汽油消耗。这一推理与强制令加税收抵免情形中的类似。然而,与税收抵免不同,对玉米或者乙醇的补贴将导致一个更低的乙醇批发价格。当存在玉米和乙醇的生产补贴时,即使乙醇的市场价格降低了,乙醇的生产和消耗量将保持不变,这是因为它们已经在强制令中确定了下来③。

这一结果很重要的另一个原因是可再生电力同样面临着相似的消耗量

---

① de Gorter Harry and David R. Just. The Law of Unintended Consequences: How the U. S. Biofuel Tax Credit with a Mandate Subsidizes Oil Consumption and has no Impact on Ethanol Consumption. Working Paper No. 2007 – 20, Department of Applied Economics and Management, Cornell University, Ithaca NY., 2007. de Gorter Harry and David R. Just. "Water" in the U. S. Ethanol Tax Credit and Mandate: Implications for Rectangular Deadweight Costs and the Corn – Oil Price Relationship. Review of Agricultural Economics, 2008b, 30 (3): 397 – 410. de Gorter Harry and David R. Just. The Welfare Economics of a Biofuel Tax Credit and the Interaction Effects with Price Contingent Farm Subsidies. American Journal of Agricultural Economics, 2009a, 91 (2): 477 – 488. Lapan H. and G. Moschini. Biofuel Policies and Welfare: Is the Stick of Mandates better than the Carrot of Subsidies? Working Paper No. 09010, Department of Economics, Iowa State University, Ames IA., 2009.

② de Gorter Harry and David R. Just. The Welfare Economics of the U. S. Ethanol Consumption Mandate and Tax Credit. Unpublished Working Paper, Department of Applied Economics and Management, Cornell University, Ithaca NY., 2008a. Lapan H. and G. Moschini. Biofuel Policies and Welfare: Is the Stick of Mandates Better than the Carrot of Subsidies? Working Paper No. 09010, Department of Economics, Iowa State University, Ames IA., 2009.

③ 玉米生产随着乙醇生产补贴而减少,但是随着玉米生产补贴而增加。对于相同的每单位补贴,乙醇价格在乙醇补贴情形中比在玉米补贴情形中下降得较多。在两种情形中,非乙醇玉米的消耗都增加了。

强制令（也被称为可再生能源投资组合标准）、税收抵免（也被称为免税）、生产补贴（也被称为生产者税收抵免）和生物燃料生产的补贴，例如，对于混烧火电厂使用的柳枝稷的补贴等政策组合。也要注意即使强制令不具有约束力，它在其他情形下有可能有约束力，并且能代表那些补贴石油消耗的税收抵免和生产补贴的真实机会成本[1]。

10.7 与财政制度的交互

到目前为止，我们的分析都忽略了生物燃料政策与更广泛的财政制度之间的交互作用。有一篇很重要的环境经济学文献，其中指出各种可选的环境政策的排名很大程度上依赖于其对政府预算收入及税基大小的影响[2]。因此，同样，如果财政交互效应被考虑在内的话，生物燃料强制令和税收抵免之间的可能排名也许会颠倒过来。

表 10.3 在对不同情况下的强制令和税收抵免进行对比的同时，总结了财政交互效应。第一列总结了当财政交互效应被忽略时，在社会福利方面我们的结果，与在最优燃油税和生物燃油政策组合的情形下的社会福利是一样的，但是在其他两种情形下，强制令占有优势。表 10.3 的第一行确认了我们早期的结果，两个最优政策的组合在各个方面都是一样的，其中包括财政交互效应。如同附录中 A.4 节所演示的，这两种政策产生了同样水平的净税收收入，燃油税收入减去税收抵免的费用。另外，所有的消费者和生产者价格、消费水平，及生产水平也是一样的。因此，如果这些生物燃料政策都是在各个社会最优的燃油税组合下进行评估，则因财政交互导致的强制令和税收抵免之间将没有区别。

---

① Hahn Robert and Caroline Cecot. The Benefits and Costs of Ethanol：An Evaluation of the Government's Analysis. Journal of Regulatory Economics，2009，35（3）：275–295.

② Goulder Lawrence H.，Ian W. H. Parry and Dallas Burtraw. Revenue–raising vs. Other Approaches to Environmental Protection：The Critical Significance of Pre–existing Tax Distortions. RAND Journal of Economics，1997，28（4）：708–731. Goulder Lawrence H.，Ian W. H. Parry，Roberton C. Williams Ⅲ，et al. The Cost Effectiveness of Alternative Instruments for Environmental Protection in a Second–best Setting. Journal of Public Economics，1999，72（3）：329–360.

表 10.3　　　　　强制令和税收抵免对政府税收收入和燃油价格的影响

分类	社会福利	政府税收收入	燃油价
最优的燃油税/乙醇政策结合	相同	相同	相同
次优的燃油税（乙醇消耗相等）	强制令[a]下更高	如果（a）乙醇供给比燃油需求弹性更大，（b）税收抵免比燃油税更高，以及（c）更加缺乏弹性的汽油供给曲线，在强制令下更高	税收抵免下更低
次优的燃油税[b]（最大化社会福利）	强制令[a]下更高		不确定[c]

注：[a] 假设没有财政交互效应。

[b] 注意到，现在有一个对乙醇、玉米价格和农业补贴税收成本的区别效应。

[c] 只是在燃油价随强制令增加而下降时不确定，否则，燃油价随税收抵免而降低。

资料来源：笔者计算得出。

即使强制令不牵涉纳税人的支出，但在理论上，强制令依然可以导致较低的政府预算净收入，这是因为税收收入随燃油消耗的减少而减少。图 10.4 描述了这一结果的依据，其中，假定税收抵免等于燃油税，并且汽油的供给曲线是平的。实现与税收抵免情形下同样乙醇产量的强制令造成了更高的燃油价格 P_{FM} 和更低的燃油消耗量 F_M，这样一来区域 $c+d$ 等于区域 $a+b$。区域 e 代表了由于总体燃油消耗量的减少导致的税收收入的损失，并且如果燃油需求的弹性足以超越乙醇供给的弹性，该区域有可能超过区域 $a+b$ 中的纳税人税收抵免的成本。但是通过实证分析发现，燃油需求相对于乙醇供给相当刚性，这样一来强制令节省了纳税人的成本。而且，税收抵免超过了燃油税，这使得对于等量的乙醇，相对于税收抵免，强制令包含更多税收收入的可能性更小了。最后，移除汽油供给的完全弹性假设，进一步扩大了强制令在节省税收成本方面的优越性[①]。

但是，纳税人成本节省这一效益取决于税收收入如何使用及燃油价格如何受到影响。如表 10.3 中最后一列所示，在次优燃油税的情形下，对等

[①] 为了理解后面这一点，考虑垂直汽油供给曲线的情形。在强制令和税收抵免中总的燃油消耗量是相同的。因此，不存在燃油税收入损失，所以其他条件不变，汽油供给曲线越不弹性，强制令放弃燃油税收入的可能性越小。

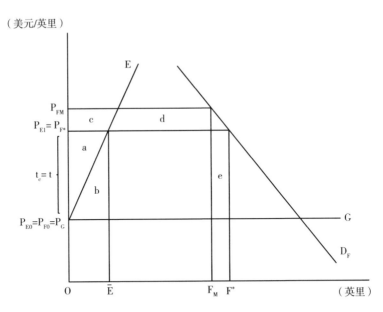

图 10.4　纳税人成本：强制令和税收抵免的比较

量乙醇实施税收抵免情形下的燃油价格比强制令情形下的要低。这样的话将降低税基，并且可能抵消较低的税收成本的效益。在燃油市场情形下，帕里认为较低的税收成本的效益更有可能占优势。

10.8 实证模拟

　　通过对美国在 2007 年、2015 年和 2022 年的汽油和乙醇市场的简易程式化模型进行校准来确定因强制令和税收抵免导致的社会无用成本的潜在重要性。表 10.4 概括了一些关键参数的假定值。生命周期排放量取自加州空气资源委员会关于加州"低碳燃油标准"的最新裁决，其中，基于我们之前的讨论，乙醇的碳排放量假定为汽油的 80%。二氧化碳价格、石油依赖性、交通拥堵、地方空气污染和交通事故的假定值取自第 8 章帕里（Parry）的相关文献。每一美元循环税收收入的效率收益取自第 8 章表 8.5。燃油税、燃油需求弹性、提高后的耗热率响应，以及每加仑可行驶的初始英里数取自第 8 章帕里（Parry）的相关文献。

表 10.4　　　　　　　　　　　　　实证模拟中的参数选取

基准例子	
外部性	
二氧化碳 e 的生命周期排放量	
英镑/每加仑汽油	25.57
英镑/每加仑乙醇	0.8×25.57
二氧化碳 e 价格（美元/吨，诺德豪斯）	10
石油依赖性（美分/加仑）	10
交通拥堵（美分/里程）	52
地方空气污染（美分/里程）	12
交通事故（美分/里程）	41
每一美元循环税收收入的效率收益（美分）	30
参数	
燃料税（美分/加仑）	41
燃料需求弹性	-0.4
提高后的耗热率响应	$\beta = 0.5$
每加仑可行驶的初始英里数	22.3
乙醇供给弹性	4，2，3（2007；2015；2022）
国内石油供给弹性	0.2
OPEC 供给弹性	2.375
OPEC 以外的国家对石油的超额需求弹性	-0.86
敏感度分析	
二氧化碳 e 价格（美元/吨斯特恩）	80
每一美元循环税收收入的效率收益（美分）	0
提高后的耗热率响应	$\beta = 0.67$
每加仑可行驶的初始英里数	30.4

资料来源：笔者根据 Leiby Paul N. Estimating the Energy Security Benefits of Reduced U.S. Oil Imports. Oak Ridge National Laboratory ORNL/TM-2007/028 Oak Ridge, TN, February 28, 2007 估计得出。

　　乙醇的供求曲线被定义为玉米供给和非乙醇玉米需求的水平差异。因此，乙醇供给的弹性由 $\eta_E^S = \eta_C^S S_C/S_C^E - \eta_{NE}^D S_C^{NE}/S_C^E$ 给出，这里 η_C^S 是玉米的供给弹性，η_{NE}^D 是非乙醇玉米国内和出口销售量的需求弹性，S_C 是玉米的产量，S_C^E 是用作乙醇生产给料的玉米，S_C^{NE} 是用于非乙醇目的的玉米。因为全部玉米产量中，生产乙醇用的玉米份额预期会下降，并将于 2015 年触底①，我们为每一年预测了不同的乙醇供给弹性。美国玉米市场假定的供给弹性为 0.2，非乙醇国内需求弹性为 - 0.2，出口需求弹性为 - 1.0②。利用不同年份观察到的或者预测的数量，以及假定的参数值，预测到 2007 年、2015 年和 2022 年的乙醇供给弹性分别为 4、2 和 3。汽油的进口供给弹性从负的乙醇供给曲线公式推导而来，其中假定的国内汽油供给弹性，OPEC 供给及世界其他地方的汽油超额需求取自雷比（Leiby，2007）。OPEC 供给弹性为 2.375，这个数值处在雷比（2007）给出范围的中间位置。

敏感性分析的取值，二氧化碳排放的价格、每循环使用一美元的效率收益、提高后的耗热率响应和每加仑可行驶的初始英里数取自帕里（第 8 章）。2007 年，汽油的市场价格为每加仑 2.00 美元，并预计在 2015 年和 2022 年均达到每加仑 2.50 美元。乙醇市场价格的估计值，$P_E = \lambda (P_G + t) - t + t_c$，这里 λ 表示乙醇对汽油的每加仑行驶英里数的比值，假定为 0.70，P_G 是汽油的价格，t 表示从量燃油税，t_c 表示乙醇的税收抵免。2007 年、2015 年和 2022 年的加权平均生物燃油税收抵免分别为每加仑 0.570 美元、0.658 美元和 0.796 美元。

强制令拘束力的可能性取决于税收抵免自身的水平。如果税收抵免高到足以产生约束性的话，真正的社会机会成本将依然是一个强制令，它可能以其他的方式产生相同水平的乙醇消耗量。在接下来的实证分析中，我们将使用每年税收抵免产生的乙醇消耗水平来分析税收抵免、强制令，或者完全没有任何政策之间的权衡。换句话说，强制令被设置来重现乙醇产量和价格，而产量和价格在其他情况下可以通过观察到的税收抵免得到。

---

① Babcock Bruce A. Situation, Outlookand Some Key Research Questions Pertaining To Biofuels. Paper presented at the annual meeting of the USDA Economic Research Service. Conference on Energy and Agriculture: Emerging Policy and R&D Issues. Washington D. C., March 7, 2008b.

② 这些参数刚好在大量的农业经济学文献的范围内，这些文献报告了对不同供求弹性的估计。

表 10.5 中给出了对一些关键的市场参数的变化进行模拟得到的结果，并且表 10.6 给出了福利的变化。表 10.6 中的负值表示了社会收益。表 10.6 中的第一组结果显示了只有税收抵免的效应。税收抵免的唯一社会效益是石油进口贸易条件的改善和石油依赖度的降低。理论上来说，二氧化碳的排放量可能会降低，但是通过实证得到的结果却是增加。收入循环的每美元效率收益假定为 30 美分①。其他一些人认为这一值可能为零，比如卡普洛（Kaplow，2004），但是第 8 章帕里的文献表明循环每美元收益 30 美分是运输燃油领域参数的一个更加准确的估计。总的来说，税收抵免在 2007 年对社会福利的改善估计为 3 亿美元，但是 2015 年和 2022 年的净社会损失被预测为分别是 11 亿美元和 15 亿美元。

表 10.5　　　　　　　　　税收抵免和强制令的市场影响比较

变化	税收抵免对无政策			强制令对无政策			强制令代替税收抵免ª		
	2007 年	2015 年	2022 年	2007 年	2015 年	2022 年	2007 年	2015 年	2022 年
［1］汽油价（美分/加仑）	−0.0081	−0.0126	−0.0269	−0.0093	−0.0155	−0.0323	−0.0012	−0.0029	−0.0054
［2］燃料价（美分/加仑）	−0.0081	−0.0126	−0.0269	0.0248	0.0633	0.1119	0.0329	0.0758	0.1388
［3］乙醇价（美分/加仑）	0.56	0.65	0.78	0.56	0.65	0.78	0	0	0
［4］乙醇消费（十亿加仑）	7.7	10.5	24.7	7.7	10.5	24.7	0	0	0
［5］燃料消费（十亿加仑）	0.19	0.26	0.62	−0.58	−1.37	−2.68	−0.76	−1.63	−3.30
［6］全球石油消费（十亿加仑）	−4.0	−5.5	−12.9	−4.6	−6.8	−15.5	−0.6	−1.3	−2.6
［7］石油出口（十亿加仑）	−4.7	−6.5	−15.5	−5.4	8.0	−18.5	−0.7	−1.5	−3.1

①　见本书第 8 章中图 8.5。

续表

变化	税收抵免对无政策			强制令对无政策			强制令代替税收抵免[a]		
	2007 年	2015 年	2022 年	2007 年	2015 年	2022 年	2007 年	2015 年	2022 年
[8] 纳税人成本（十亿美元）	4.7	12.8	25.4	0.3	0.7	1.4	-4.4	-12.1	-24.0

注：[a]（强制令下的）乙醇价格和消费等于在税收抵免下的价格和消费（强制令与一个税收抵免之和的倒数）。

资料来源：笔者自行计算得出。

表 10.6 的第二组结果显示了只有强制令的效应。社会效益在这种情况下很高。尽管在理论上不一定是这样，但是随着行驶里程和二氧化碳排放量的增加，汽油市场价格和总的燃油消耗则在降低。通过估计的以上市场参数，强制令产生的效益位于 2007 年的 25 亿美元和 2022 年的 95 亿美元之间。

表 10.6 的最后一组结果显示了为实现相同水平的乙醇消耗去实施强制令而不是实施税收抵免的效应。这模拟了有约束力的强制令与一个税收抵免之和的倒数。因此，在所有分类中都有社会效益，2007 年、2015 年和 2022 年的社会福利收益分别为 22 亿美元、55 亿美元和 110 亿美元。注意，强制令加税收抵免的社会成本将会比单独实施强制令的效益高，例如，在 2022 年，这两项分别为 110 亿美元和 95 亿美元。这是因为税收抵免将蚕食强制令的全部社会效益和部分燃油税。

表 10.6 最后两行提供了一些敏感性分析。对于车辆行驶里程的前瞻性展望情形，允许因燃油经济性法规使行驶里程对燃油价格改变具有高度的响应（见第 8 章）。这在一定程度上增加了税收抵免的成本和强制令的效益。一些人认为燃油经济性法规使得行驶里程对燃油价格的改变完全敏感（也就是说，响应参数 β 应该等于 1）。表 10.6 中的 [11] 行代表了假定二氧化碳价格为每吨 80 美元的效应，就像斯特恩（2007）研究中的情形。表 10.6 最后一行提供了福利损失或收益的范围，包括基线中的结果及敏感性分析产生的结果（后者反映在第 [10] 和第 [11] 行中的结果中，以及每美元回收没有效率提高的可能性，燃烧时乙醇零排放，或包括乙醇生产间接改变土地利用造成的二氧化碳当量排放）。

表 10.6　　　　　　　　　　　税收抵免对强制令的社会成本和效益

变化	税收抵免对无政策			强制令对无政策			强制令代替税收抵免[a]		
	2007 年	2015 年	2022 年	2007 年	2015 年	2022 年	2007 年	2015 年	2022 年
社会净损失成本（十亿美元）									
［1］国际贸易项下	-1.5	-2.3	-5.1	-1.7	-2.9	-6.2	-0.2	-0.5	-1.0
［2］石油依赖性	-0.40	-0.58	-1.48	-0.47	-0.73	-1.79	-0.07	-0.15	-0.31
［3］二氧化碳排放（十美元/吨）（诺德豪斯）	0.03	0.05	0.11	-0.04	-0.11	-0.21	-0.08	-0.16	-0.33
［4］每一美元循环税收收入的效率收益（30 美分）车辆行驶里程（VMT）	1.4	3.8	7.6	0.09	0.20	0.41	-1.3	-3.6	-7.2
［5］地方空气污染	0.02	0.03	0.07	-0.07	-0.16	-0.32	-0.09	-0.20	-0.40
［6］交通拥堵	0.10	0.14	0.32	-0.30	-0.71	-1.39	-0.40	-0.85	-1.72
［7］交通事故	0.08	0.11	0.26	-0.24	-0.56	-1.10	-0.31	-0.67	-1.35
［8］净损失成本三角[b]	0.001	0.002	0.012	0.014	0.064	0.241	0.013	0.062	0.229
［9］总计[c]	-0.3	1.1	1.5	-2.5	-4.4	-9.5	-2.2	-5.5	-11.0
［10］VMT 展望（更高的燃料经济性）	0.11	0.16	0.38	-0.35	-0.83	-1.63	-0.47	-0.99	-2.01
［11］二氧化碳排放（生命周期循环；80 美元/吨）（斯特恩）	0.28	0.39	0.92	-0.33	-0.90	-1.69	-0.61	-1.29	-2.61
最好/最坏的范围[d]	-1.7/0	-2.7/1.5	-6.1/2.4	-2.8/-2.5	-5.3/-4.4	-11.2/-9.5	-2.8/-0.9	-6.8/-1.9	-13.6/-3.8

注：[a]乙醇价格和消费等于税收抵免的情形（税收抵免与强制令的之和的倒数）。

[b]只有国内汽油供给和燃料需求。

[c]不包括交通事故的成本，因为该成本抵消现行的燃油税。

[d]包括在行［4］中每一美元循环税收收入的无效率收益的可能性。

资料来源：笔者根据计算所得。

总体来说，表10.6 的结果显示了石油进口贸易条件和财政交互效应的改变是如何比无用成本的其他一些潜在来源大很多，这些来源是之前我们分析过的。尽管汽油价格变化不大，石油进口的绝对量产生了相对较大的社会效益；同样对于财政交互效应也是如此，尽管表10.6 底部给出的强制令最好情况和最坏情况的范围包括了强制令在替纳税人省钱方面没有任何作用的可能性。与石油依赖性和二氧化碳排放量有关的成本和效益值都较低的一个原因是漏损津贴。尽管石油消耗量在运输行业有所降低，但是由于运输行业消耗的石油仅仅占据了美国国内总石油消耗的45%，因此，部分收益则由国内经济其他领域石油消耗量的增加所抵消。除同时也允许国际漏损之外，世界石油价格下降，因此世界其他地方的二氧化碳排放量将会增加，二氧化碳排放量也会发生同样的情况。此外，因为采用生命周期计量，我们假定乙醇生产只能降低20%的二氧化碳排放量。由于这三个原因，石油依赖性和二氧化碳排放量的值显著减少。

最后，需要强调的一点是，对无用成本三角区域的估算仅仅是针对燃料需求和国内石油生产量的。我们忽略了国内乙醇和玉米领域的无用成本，这是因为这些扭曲是由贸易歧视政策引起的。而强制令和税收抵免自身不会歧视国际贸易。在每一个模拟中，我们都令乙醇产量不变。但如拉斯科和康纳（Lasco and Khanna，2009）与德戈特和提苏尔（de Gorter and Tsur，2008）中提到的，需要进一步地分析来估算没有任何国内乙醇产量时的社会成本。

10.9 结论

不断涌现的关于生物燃料政策的福利经济学文献显示，强制令要比消耗补贴更有优势。以这种文献为基础，对三个重要的既存约束条件进行评估：一个次优的燃油税、一个有约束力的强制令和一个工资所得税。在每种情形下，强制令被发现都要比乙醇消耗补贴更加优越。在理论和实证分析中，我们都对国际贸易歧视政策的福利效应进行了提炼，因此忽略了美国乙醇生产和玉米领域的无用成本，而侧重点则集中在对强制令和消耗补贴进行对比上，令每种情形下的乙醇消耗量为定值。

我们首次对强制令和消耗补贴效应的对比呈现了数值预测，并且呈现了三个次优约束的相对重要性。实证发现显示，无论是在哪个既存扭曲情况下，强制令的福利优势都要远大于消耗补贴。重要的是强调强制令加消耗补贴的效应，此时强制令的效益将被消除，而这在很大程度上是因为补贴蚕食了强制令和燃油税的正效应，从而与可再生能源政策的目标相冲突。因此，那些结合了不同政策的混合工具可能会造成严重的不利政策交互效应。不但很多国家同时使用了这两种政策，并且同样的政策组合也在世界范围内被广泛地用于可再生电力。随着可再生能源强制令和不同形式补贴的扩张势头，政策制定者对政策工具的选择也变得尤为重要。

　　尽管每项政策的影响及其相互作用被证明是相当复杂的，但一旦能够理解，就会出现一系列相对明确的政策影响。在比较环境经济学文献中替代政策工具的辩论中，这种关于生物燃料政策的清晰图景是非典型的，其中环境政策工具的选择（例如，一种碳税与限额与交易）通常被认为是固有的困难，因为竞争标准（Goulder and Parry，2008）。同时也关注一下本书中韦斯巴赫和卡普洛关于价格和数量环境政策之间的功能等价性的论述。目前，关于应对全球气候变化的适当环境政策的讨论经常是围绕着到底是使用胡萝卜还是大棒，还是胡萝卜加大棒。斯特恩认为，我们同时需要两者："毫无疑问，我们应该使用税收政策和配额的组合。"① 但在生物燃料强制令对补贴的情形下，这一点好像不能成立。显然，可再生能源政策被证明是独特的，因为作为棒子的强制令比作为胡萝卜的消耗补贴更好，并且政府永远也不应该同时使用这两者。

　　这些结论与一些政府活动背后的政策推力高度相关，这些政府活动包括能源和农业立法、经济刺激法案和拟议气候变化法案，该法案通过扩大补贴和强制令的大杂烩来开发新型清洁可再生能源。美国政府在提倡替代能源和防止气候变化方面日益增强的决心也导致一系列新的政策提议，包括总量控制与交易制度、碳补偿、绿色关税和生产者折扣。这些政策建议将被添加到目前政策的不同层次的动机和规章中，这些建议自身仅仅与政策结合起来而没有进行协调，并且目前对它们也没有很好的理解。这也意味着在生物燃料、环境和能源政策之间将会有一个更加复杂的经济交互关系，这将是未来研究的优先议题。

---

　　① Stern Nicholas. Imperfections in the Economics of Public Policy, Imperfections in Markets and Climate Change. Presidential Lecture for the European Economic Association, Barcelona, 2009: 28.

附件 10 – 1

附 10 – 1 – 1　最优燃油税和乙醇税收抵免组合

解下式求得最优燃油税和乙醇税收抵免：

$$\max_{t,t_c} V(P_F, Y, X) \qquad\qquad (\text{附} 10.1)$$

该式受以下条件约束：

$$P_F = P_G + t \qquad\qquad (\text{附} 10.2)$$

$$P_E = P_G + (1 - \phi)t + t_c \qquad\qquad (\text{附} 10.3)$$

$$Y = \pi_E(P_E) + \pi_G(P_G) + tG(P_G) + (\phi t - t_c)E(P_E) \qquad (\text{附} 10.4)$$

$$X = \tau_1[\xi_E E(P_E) + \xi_G G(P_G)] + \tau_2[E(P_E) + G(P_G)] \qquad (\text{附} 10.5)$$

这里 P_G 是关于 t 和 t_c 的函数，并由市场均衡条件得出：

$$D_F(P_G + t) = E(P_G + (1 - \phi)t + t_e) + G(P_G) \qquad (\text{附} 10.6)$$

式（附 10.2）到式（附 10.5）代入式（附 10.1）中。因此，一阶条件由下式给出：

$$V_p \cdot \left(\frac{dP_G}{dt} + 1\right)$$

$$+ V_Y \cdot \left(\left(\left(\frac{dP_G}{dt} + 1 - \phi\right)\pi_E' + \frac{dP_G}{dt}\pi_G' + G + t\frac{dP_G}{dt}G' + \phi E + (\phi t - t_c)\left(\frac{dP_G}{dt} + 1 - \phi\right)E'\right)\right)$$

$$+ V_X \cdot \left(\tau_1\left[\xi_E\left(\frac{dP_G}{dt} + 1 - \phi\right)E' + \xi_G\frac{dP_G}{dt}G'\right] + \tau_2\left[\left(\frac{dP_G}{dt} + 1 - \phi\right)E' + \frac{dP_G}{dt}G'\right]\right) = 0$$

$$(\text{附} 10.7)$$

和：

$$V_P \cdot \frac{dP_G}{dt_c}$$

$$+ V_Y \cdot \left(\left(\frac{dP_G}{dt_c} + 1 \right) \pi'_E + \frac{dP_G}{dt_c} \pi'_G + t \frac{dP_G}{dt_c} G' - E + (\phi t - t_c) \left(\frac{dP_G}{dt_c} + 1 \right) E' \right)$$

$$+ V_X \cdot \left(\tau_1 \left[\xi_E \left(\frac{dP_G}{dt_c} + 1 \right) E' + \xi_G \frac{dP_G}{dt_c} G' \right] + \tau_2 \left[\left(\frac{dP_G}{dt_c} + 1 \right) E' + \frac{dP_G}{dt_c} G' \right] \right) = 0$$

（附 10.8）

这里，撇号表示关于单个变量的求导，而下标则表示求导的指定变量。通过把弹性等价式变为：

$$E' = \frac{\eta_E E}{P_E} = \frac{\eta_E E}{(P_G + (1 - \phi) t + t_c)} \qquad （附 10.9）$$

$$G' = \frac{\eta_G G}{P_G} \qquad （附 10.10）$$

代入式（附 10.7）和式（附 10.8），我们发现 $\pi'_E = E$，$\pi'_G = G$，通过霍特林的辅助定理得到：

$$\left(\begin{array}{l} V_P + V_Y \left[E + G + t \frac{\eta_G G}{P_G} + (\phi t - t_c) \frac{\eta_E E}{(P_G + (1 - \phi) t + t_c)} \right] \\ + V_X \left[(\tau_1 \xi_E + \tau_2) \frac{\eta_E E}{(P_G + (1 - \phi) t + t_c)} + (\tau_1 \xi_G + \tau_2) \frac{\eta_G G}{P_G} \right] \end{array} \right) \frac{dP_G}{dt}$$

$$+ V_P + V_Y \left[(1 - \phi) E + G + \phi E + (\phi t - t_c) \frac{(1 - \phi) \eta_E E}{(P_G + (1 - \phi) t + t_c)} \right]$$

$$+ V_X \left[(\tau_1 \xi_E + \tau_2) \frac{(1 - \phi) \eta_E E}{(P_G + (1 - \phi) t + t_c)} \right] = 0 \qquad （附 10.11）$$

$$\left(\begin{array}{l} V_P + V_Y \left[E + G + t \frac{\eta_G G}{P_G} + (\phi t - t_c) \frac{\eta_E E}{(P_G + (1 - \phi) t + t_c)} \right] \\ + V_X \left[(\tau_1 \xi_E + \tau_2) \frac{\eta_E E}{(P_G + (1 - \phi) t + t_c)} + (\tau_1 \xi_G + \tau_2) \frac{\eta_G G}{P_G} \right] \end{array} \right) \frac{dP_G}{dt_c}$$

$$+ V_Y \left(E - E + (\phi t - t_c) \frac{\eta_E E}{(P_G + (1 - \phi) t + t_c)} \right)$$

$$+ V_X \left[(\tau_1 \xi_E + \tau_2) \frac{\eta_E E}{(P_G + (1 - \phi) t + t_c)} \right] = 0 \qquad （附 10.12）$$

因为边际外部效应是通过货币成本的形式来测量的，所以，$V_X / V_Y = -1$。

式（附 10.11）和式（附 10.12）除以 V_Y，得到 $V_P/V_Y = -D_F = -E - G$，对式（附 10.11）和式（附 10.12）进行改写，得到：

$$[t - (\tau_1\xi_E + \tau_2)]\frac{\eta_G G}{P_G}\frac{dP_G}{dt}$$

$$+\left[\phi t - t_c - (\tau_1\xi_E + \tau_2)\right]\frac{\eta_E E}{(P_G + (1-\phi)t + t_c)}\left(\frac{dP_G}{dt} + 1 - \phi\right) = 0$$

（附 10.13）

$$[t - (\tau_1\xi_E + \tau_2)]\frac{\eta_G G}{P_G}\frac{dP_G}{dt}$$

$$+\left[\phi t - t_c - (\tau_1\xi_E + \tau_2)\right]\frac{\eta_E E}{(P_G + (1-\phi)t + t_c)}\left(\frac{dP_G}{dt} + 1\right) = 0$$

（附 10.14）

这两个一阶条件都隐含了相似的关系，唯一的不同就是对汽油价格求导的政策工具和式（附 10.13）中最后的项 ϕ。对式（附 10.6）求全导，并且代入 $D_F' = \frac{\eta_F D_F}{P_F} = \frac{\eta_F D_F}{P_G + t} < 0$，整理后得到：

$$\frac{dP_G}{dt} = -\frac{\left[\frac{\eta_F D_F}{P_G + t} - \frac{(1-\phi)\eta_E E}{(P_G + (1-\phi)t + t_c)}\right]}{\left[\frac{\eta_F D_F}{P_G + t} - \frac{\eta_E E}{(P_G + (1-\phi)t + t_c)} - \frac{\eta_G G}{P_G}\right]} < 0 \quad （附 10.15）$$

和：

$$\frac{dP_G}{dt_c} = -\frac{\frac{\eta_E E}{(P_G + (1-\phi)t + t_c)}}{\left[\frac{\eta_F D_F}{P_G + t} - \frac{\eta_E E}{(P_G + (1-\phi)t + t_c)} - \frac{\eta_G G}{P_G}\right]} < -1 \quad （附 10.16）$$

式（附 10.15）和式（附 10.16）中的分子一般来说是不相等的，这意味着式（附 10.13）和式（附 10.14）是非常不可能被满足的，除非该两等式中方括号内的部分等于零[1]。因此，最优税收和税收抵免组合，

---

[1] 存在的另外一个解是，税收和税收抵免将需要满足 $\frac{\eta_F D_F}{(2-\phi)\eta_E E} = \frac{P_G + t}{(P_G + (1+\phi)t + t_c)}$ 以及式（附 10.13）和式（附 10.14）。存在两个未知项和三个等式，这只能在测度零集情况下发生。

$t^* = \tau_1\xi_G + \tau_2$ 和 $t_c^* = \phi t^* - t_E^* = \phi(\tau_1\xi_G + \tau_2) - (\tau_1\xi_E + \tau_2)$。

附 10 - 1 - 2　求没有税收抵免情况下的最优税收

解下式求无税收抵免情况下的最优税收：

$$\max_t V(P_F, Y, X) \qquad （附 10.17）$$

$t_c = 0$，运用式（附 10.2）到式（附 10.5）的条件约束，此时 P_G 是 t 的隐函数，由式（附 10.6）定义，同样，$t_c = 0$。与式（附 10.7）对比，得到一阶条件为：

$$\left[t - t^*\right]\frac{\eta_G G}{P_G}\frac{dP_G}{dt} + \left[\phi t - t_E^*\right]\frac{\eta_E E}{(P_G + (1-\phi)t + t_c)}\left(\frac{dP_G}{dt} + 1 + \phi\right) = 0$$

$$（附 10.18）$$

这里 t^* 是最优税收（等于消耗汽油的边际外部成本），t_E^* 是消耗乙醇的边际外部成本。对式（附 10.6）求全导，发现 dP_G/dt 与式（附 10.9）给出的公式一样，只不过现在 $t_c = 0$。通过式（附 10.9），发现：

$$1 + \phi + \frac{dP_G}{dt} = \frac{\left[\phi\frac{\eta_F D_F}{P_G + t} - (\phi+1)\frac{\eta_G G}{P_G}\right]}{\frac{\eta_F D_F}{P_G + t} - \frac{\eta_E E}{(P_G + (1-\phi)t)} - \frac{\eta_G G}{P_G}} > 0 \qquad （附 10.19）$$

同时请回想 $dP_G/dt < 0$。这种情形下，最优税收必定是位于 t^* 和 t_E/ϕ 之间。要理解这一点，首先假设 $t^* > t_E^*/\phi$。然后在 $t = t_E^*/\phi$ 时求式（附 10.18）等号左侧部分的值，则第一项为正，第二项为零；由此，税收在这个函数中是增长的。如果在 $t = t^*$ 时求值，则第一项将会为正，第二项为负；由此，税收在这个函数中是降低的。考虑到二阶条件在全球范围内成立，并且函数是连续的，我们必定可以得到，$t^* > t > t_E^*/\phi$。因此，在这种情形下（作为显性外部成本的代表），无税收抵免情况下的最优税收将会比在最优税收抵免情况下的最优税收要低。另外，如果 $t^* < t_E^*/\phi$，同样的逻辑意味着 $t^* < t < t_E^*/\phi$，这样一来，此时的最优税收将会比最优税加税收抵免情况下的更高。

附 10 – 1 – 3 没有次优燃油税情况下的最优税收抵免

求固定燃油税情况下的最优税收抵免，需解：

$$\max_{t_c} V(P_F, Y, X) \qquad\qquad (\text{附} 10.20)$$

此等式受式（附 10.2）至式（附 10.5）的条件约束，此时 P_G 是一个关于 t_c 的隐函数，由式（附 10.6）定义。与式（附 10.14）对比，得到的一阶条件为：

$$\frac{dV}{dt_c} = \left[t - t^* \right] \frac{\eta_G G}{P_G} \frac{dP_G}{dt_c}$$

$$- \left[\phi t - t_c - t_E^* \right] \frac{\eta_E E}{(P_G + (1-\phi)t + t_c)} \left(\frac{dP_G}{dt} + 1 \right) = 0 \quad (\text{附} 10.21)$$

这里 t^* 和 t_E^* 与之前定义的一样，分别为消耗汽油和乙醇的边际外部成本。注意当在推导式（附 10.21）的等号左侧部分时，我们小心地保持了原导数的符号。在 t 被设为等于零时通过对式（附 10.6）求全导，可以发现适合于该政策的 dP_G/dt_c 值。这一求导过程恰恰得出了式（附 10.10）中的条件，除了 t 的值是外生设定的。首先考虑 $t = 0$ 的情形。从式（附 10.10），我们知道 $dP_G/dt_c + 1 < 0$。这和式（附 10.21）意味着（$-t_c - t_E^*$）必定是正的。因此，$t_c < t_E^*$。这样一来，没有税收情况的最优税收抵免实际上是一个负值，并且超过了乙醇的边际外部成本。

一般来说，我们会从考虑最优税收和税收抵免组合开始，接着再通过降低 t 来观察对式（附 10.21）中一阶条件的影响。如果从考虑最优组合开始（见附件 10 – 1 中附 10 – 1 – 1 节的推导），式（附 10.21）必等于零。通过使 t 变小，$[t - t^*]$ 将变成一个负值，从而使得式（附 10.21）中的第一项为负。而且，使 t 变小还会使得 $[\phi t - t_c - t_E^*]$ 为负，由此式（附 10.21）中的第二项也为负。因此，福利对税收抵免的求导结果为负。这意味着降低税收会导致一个更低的最优税收抵免。

附 10 – 1 – 4 求税收和强制令的最优组合

为了求最优税收和强制令，需解出：

$$\max_{\bar{E},t} V(P_F, Y, X) \qquad (附10.22)$$

其中：

$$P_F = \frac{(P_E(\bar{E}) + \phi t)\bar{E} + (P_G + t)G(P_G)}{\bar{E} + G(P_G)} \qquad (附10.23)$$

$$Y = \pi_E(P_E(\bar{E})) + \pi_G(P_G) + t[G(P_G) + \phi\bar{E}] \qquad (附10.24)$$

$$X = \tau_1[\xi_E\bar{E} + \xi_G G(P_G)] + \tau_2[\bar{E} + G(P_G)] \qquad (附10.25)$$

并且这里 P_G 是一个关于税收和强制令的函数，由下式隐含地定义：

$$D_F\left(\frac{(P_E(\bar{E}) + \phi t)\bar{E} + (P_G + t)G(P_G)}{\bar{E} + G(P_G)}\right) = \bar{E} + G(P_G)$$

$$(附10.26)$$

式（附10.23）到式（附10.25）代入式（附10.16）中。注意在最优税收加税收抵免情况下，间接效用函数表示如下：

$$V(P_G(t^*, t_c^*) + t^*, Y, X) \qquad (附10.27)$$

由式（附10.4）和式（附10.5）可以得出：

$$Y = \pi_E(P_G(t^*, t_c^*) + (1-\phi)t^* + t_c^*) + \pi_G(P_G(t^*, t_c^*))$$
$$+ t^* G(P_G(t^*, t_c^*)) + (\phi t^* - t_c^*)E(P_G(t^*, t_c^*) + (1-\phi)t^* + t_c^*)$$

$$(附10.28)$$

$$X = \tau_1[\xi_G E(P_G(t^*, t_c^*) + (1-\phi)t^* + t_c^*) + \xi_G(P_G(t^*, t_c^*))]$$
$$+ \tau_2[E(P_G(t^*, t_c^*) + (1-\phi)t^* + t_c^*) + G(P_G(t^*, t_c^*))]$$

$$(附10.29)$$

再次注意，因为最优税收加税收抵免等价于对乙醇和汽油征收一个单独的税收，这样一来就实现了最优。可以证明，间接效用的等价水平通过设定消耗强制令得到：

$$\bar{E} = E(P_G(t^*, t_c^*) + (1-\phi)t^* + t_c^*) \qquad (附10.30)$$

此时乙醇的生产者价格等于 $P_E = P_G(t^*, {}_c^*) + (1-\phi)t^* + t_c^*$，设定税收，可以得到燃油价格等于 $P_F = P_G(t^*, t_c^*) + t^*$。注意此时的燃油价格与在最优税收加税收抵免组合情况下的价格一样；因此，两种情况下燃油需求和消耗量也是相等的。而且，因为消耗的燃油量还有乙醇用量是相同的，这必将导致汽油的消耗量也相同，$G(P_G(t^*,t_c^*))$。必要的税收解得：

$$P_F = \frac{(P_G(t^*,t_c^*)+(1-\phi)t^*+\phi t)\bar{E}+(P_G(t^*,t_c^*)+t)G}{\bar{E}+G} = P_G(t^*,t_c^*)+t^*$$

（附 10.31）

或者：

$$t^M = \frac{t^* G(P_G(t^*,t_C^*))+(\phi t^*-t_C^*)\bar{E}}{G(P_G(t^*,t_C^*))+\phi\bar{E}}$$

（附 10.32）

这一政策组合导致间接效用为：

$$V(P_G(t^*,t_c^*)+t^*,Y,X)$$

（附 10.33）

此处由式（附 10.24）和式（附 10.25）可变得：

$$
\begin{aligned}
Y &= \pi_E(P_G(t^*,t_c^*)+(1-\phi)t^*+t_c^*)+\pi_G(P_G(t^*,t_c^*)) \\
&\quad +t^M[G(P_G(t^*,t_c^*)+\phi E(P_G(t^*,t_c^*)+(1-\phi)t^*+t_c^*)] \\
&= \pi_E(P_G(t^*,t_c^*)+(1-\phi)t^*+t_c^*)+\pi_G(P_G(t^*,t_c^*)) \\
&\quad +t^G(P_G(t^*,t_c^*)+(\phi t^*-t_c^*)E(P_G(t^*,t_c^*)+(1-\phi)t^*+t_c^*)
\end{aligned}
$$

（附 10.34）

$$
\begin{aligned}
X &= \tau_1[\xi_E E(P_G(t^*,t_c^*)+(1-\phi)t^*+t_c^*)+\xi_G G(P_G(t^*,t_c^*))] \\
&\quad +\tau_2[E(P_G(t^*,t_c^*)+(1-\phi)t^*+t_c^*)+G(P_G(t^*,t_c^*))]
\end{aligned}
$$

（附 10.35）

这里，式（附 10.33）、式（附 10.34）和式（附 10.35）得到一样的 P_F，Y，及 X 的值，因此，最大化的 V 也相等，如同在式（附 10.1）中一样。因为这是 V 能得到的最大的值，这一税收加强制令的组合必定是求解式（附 10.27）的最佳值。

附 10-1-5　保持燃油税不变情况下求最优强制令

为了求无税收情况下的最优强制令，我们必须解得：

$$\max_{\bar{E}} V(P_F,Y,X)$$

（附 10.36）

其中：

$$P_F = \frac{(P_E(\bar{E}) + \phi t)\bar{E} + (P_G + t)G(P_G)}{\bar{E} + G(P_G)} \quad （附 10.37）$$

$$Y = \pi_E(P_E(\bar{E})) + n_G(P_G) + t[G(P_G) + \phi\bar{E}] \quad （附 10.38）$$

$$x = \tau_1[\xi_E\bar{E} + \xi_C G(P_G)] + \tau_2[\bar{E} + G(P_G)] \quad （附 10.39）$$

并且此处 P_G 是一个关于强制令的函数，由下式隐含地定义：

$$D_F\left(\frac{(P_E(\bar{E}) + \phi t)\bar{E} + (P_G + t)G(P_G)}{\bar{E} + G(P_G)}\right) = \bar{E} + G(P_G)$$

$$（附 10.40）$$

一阶条件由下式给定：

$$V_P \cdot \left[\frac{\left[\bar{E}P_E' + P_E + t + \frac{dP_G}{d\bar{E}}G + (P_G+t)G'\frac{dP_G}{d\bar{E}}\right](\bar{E}+G) - \left[1 + G'\frac{dP_G}{d\bar{E}}\right]((P_E+\phi t)\bar{E} + (P_G+t)G)}{(\bar{E}+G)^2}\right]$$

$$+ V_Y \cdot \left[\pi_E'P_E' + \pi_G'\frac{dP_G}{d\bar{E}} + tG'\frac{dP_G}{d\bar{E}} + \phi t\right] + V_X \cdot \left[(\tau_1\xi_E + \tau_2)(\tau_1\xi_G + \tau_2)G'\frac{dP_G}{d\bar{E}}\right] = 0$$

$$（附 10.41）$$

除以 V_Y，并运用弹性公式，霍特林的辅助定理，$V_P/V_Y = -D_F = -E - G$，t^* 和 t_E^* 之前的定义，还有恒等式 $V_X/V_Y = -1$（正如附件 10-1 中附 10-1-1 节讨论的），我们得到：

$$-P_F + P_E + (1-\phi)t + t_E^* - (P_F - P_G - {}^*)\eta_G\frac{G}{P_G}\frac{dP_G}{d\bar{E}} = 0$$

$$（附 10.42）$$

注意，在对式（附 10.42）的左侧求导时，我们小心地保留了它的符号。因此，一个正的左侧的值意味着增加 $\bar{E}$ 将会增加福利。从前一节可知，如果在给定税收抵免时，税收是最优的，则 $P_F(t^*, \bar{E}(t^*)) = P_G(t^*, \bar{E}(t^*)) + t^*$。因此，在这一点对式（附 10.42）求值，得到：

$$-P_F + P_E + (1-\phi)t^* + t_E^* = 0 \quad （附 10.43）$$

如果在保持其他变量不变的情况下将 t 从 t^* 的值降低，P_F 将会下降，式（附 10.42）中的第一项增加。在式（附 10.42）中，$(1-\phi) < 0$，所

以降低 t 将同样增加第三个附加项。而 P_E 和 t_E^* 项则将保持不变（前者不变是因为强制令保持不变）。因此，如果最后一项也增加，我们必定会发现，当税收低于最优水平时式（附 10.42）变为一个正值，这意味着一个更高的最优乙醇强制令。式（附 10.40）对 P_G 和 $\bar{E}$ 求全导，得到：

$$\frac{dP_G}{d\bar{E}} = -\frac{\left[D_F' \dfrac{dP_F}{d\bar{E}} - 1\right]}{\left[D_F' \dfrac{dP_F}{dP_G} - G'\right]} \qquad （附 10.44）$$

只要均衡是稳定的，它一定是负的（换句话说，只要燃油需求的负斜率比混合燃油供给更小[①]）。因此，如果 $P_F - P_G$ 随着式（附 10.42）中 t 的降低而降低，当税收降低时最优乙醇强制令必定会增加。式（附 10.40）对 P_G 和 t 求全导，得到：

$$\frac{dP_G}{dt} = -\frac{D_F' \cdot (\phi\bar{E} + G)}{\left[D_F' \cdot \left(G + \dfrac{P_G - P_E + (1-\phi)t\bar{E}G'}{(\bar{E} + G)}\right) - G'(\bar{E} + G)\right]}$$

$$（附 10.45）$$

或者，代入弹性公式：

$$\frac{dP_G}{dt} = -\frac{\dfrac{\eta_F}{P_F}(\phi\bar{E} + G)}{\left[\dfrac{\eta_F}{P_F}\left(G + (P_G - P_E + (1-\phi)t)\bar{E}\eta_G \dfrac{G}{(\bar{E}+G)P_G}\right) - \eta_G\dfrac{G}{P_G}\right]}$$

$$（附 10.46）$$

或者，对 P_F 进行求导并代入弹性公式：

$$\frac{dP_F}{dt} = \frac{(\phi\bar{E} + G) + \left[(P_G - P_E + (1-\phi)t)\dfrac{G\bar{E}\eta_G}{(\bar{E}+G)P_G} + G\right]\dfrac{dP_G}{dt}}{(\bar{E} + G)}$$

$$（附 10.47）$$

---

① de Gorter Harry and David R. Just. The Welfare Economics of the U. S. Ethanol Consumption Mandate and Tax Credit. Unpublished Working Paper, Department of Applied Economics and Management, Cornell University, Ithaca, NY. , 2008a.

联合式（附 10.46）和式（附 10.47），化简得到：

$$\frac{d(P_F - P_G)}{dt} = \frac{(\phi\bar{E} + G)}{(\bar{E} + G)}$$

$$+ \frac{\dfrac{\eta_F}{P_F}\left(\phi\bar{E} + G - \dfrac{\eta_F}{P_F}\dfrac{(\phi\bar{E} + G)}{(\bar{E} + G)}\left[G + (P_G - P_E + (1-\phi)t)\,\bar{E}\eta_G\,\dfrac{G}{(\bar{E} + G)P_G}\right]\right)}{\left[\dfrac{\eta_F}{P_F}\left(G + (P_G - P_E + (1-\phi)t)\,\bar{E}\,\eta_G\,\dfrac{G}{(\bar{E} + G)P_G}\right) - \eta_G\dfrac{G}{P_G}\right]}$$

（附 10.48）

或者：

$$\frac{d(P_F - P_G)}{dt} = \frac{(\phi\bar{E} + G)}{(\bar{E} + G)}\left[\frac{\left(-\eta_G\dfrac{G}{P_G} + \dfrac{\eta_F}{P_F}(\bar{E} + G)\right)}{\left[\dfrac{\eta_F}{P_F}\left(G + (P_G - P_E + (1-\phi)t)\,\bar{E}\eta_G\,\dfrac{G}{(\bar{E}+G)P_G}\right) - \eta_G\dfrac{G}{P_G}\right]}\right]$$

（附 10.49）

注意，第一个乘积为正，而方括号中的分子必定为负。分母也将为一个负值，如果：

$$(P_G - P_E + (1-\phi)t) > \left(\frac{\eta_G}{\eta_F}P_F - P_G\right)\frac{D_F}{\bar{E}\eta_G}$$

（附 10.50）

这意味着，式（附 10.49）是一个正值。因此，如果等式（附 10.50）保持 $t = t^*$，则一个次优的税收将导致增加的强制令。只要不等式的左侧不是一个特别小的负值，这一条件就不会变。注意式（附 10.50）的两侧都是负的。因此，式（附 10.50）将会一直成立，例如，如果最优乙醇强制令相对于燃油需求较低的话，最优的税收加强制令组合将不会在汽油和乙醇的价格之间产生太大的差距。这一条件与乙醇强制令增加时对提高燃油价格的要求非常类似[1]。

---

① de Gorter Harry and David R. Just. The Welfare Economics of the U. S. Ethanol Consumption Mandate and Tax Credit. Unpublished Working Paper, Department of Applied Economics and Management, Cornell University, Ithaca, NY. , 2008a.

附10－1－6 在税收抵免加强制令情形下当燃油税被降低时的福利

在最优税收加税收抵免组合情况下和在最优税收加强制令组合情况下实现的福利水平是相同的。因此，我们可以仅仅通过关于税收对福利求导及在最优政策时估值来确定在每种生物燃料政策情况下降低燃油税对福利的影响。首先考虑在给定外生性设定的燃油税情况下的最优税收抵免。如果从最优税收最佳情况下的估值开始，福利由下式给定：

$$V(P_g(t^*,t_c^*) + t^*, Y, X) \qquad (附10.51)$$

其中：

$$Y = \pi_E(P_E(t^*,t_c^*)) + \pi_G(P_g(t^*,t_c^*)) + t^* G(P_g(t^*,t_c^*))$$
$$+ (\phi t^* - t_c^*)E(P_E(t^*,t_c^*)) \qquad (附10.52)$$

$$X = \tau_1 [\xi_E E(P_E(t^*,t_c^*)) + \xi_G G(P_g(t^*,t_c^*))] + \tau_2 [E(P_E(t^*,t_c^*))$$
$$+ G(P_g(t^*,t_c^*))] \qquad (附10.53)$$

关于对式（附10.51）税收求导得到：

$$\frac{dV}{dt} = V_P \cdot \left(\frac{dP_G}{dt^*} + 1\right)$$

$$+ V_Y \cdot \left(\pi_E'\frac{dP_E}{dt^*} + \pi_G'\frac{dP_g}{dt^*} + G + t^* G'\frac{dP_g}{dt^*} + \phi E + (\phi t^* - t_c^*)E'\frac{dP_E}{dt^*}\right)$$

$$+ V_X \cdot \left(\tau_1\left(\xi_E E'\frac{dP_E}{dt^*} + \xi_G G'\frac{dP_g}{dt^*}\right) + \tau_2\left(E'\frac{dP_E}{dt^*} + G'\frac{dP_g}{dt^*}\right)\right)$$

$$= V_P \cdot \left(\frac{dP_g}{dt^*} + 1\right) + V_Y \cdot \left(\left(E + t_E^* \eta_E \frac{E}{P_E}\right)\frac{dP_E}{dt^*} + \left(G + t^* \eta_G \frac{G}{P_g}\right)\frac{dP_g}{dt^*} + G + \phi E\right)$$

$$+ V_X \cdot \left(t_E^* \eta_E \frac{E}{P_E}\frac{dP_E}{dt^*} + t^* \eta_G \frac{G}{P_g}\frac{dP_g}{dt^*}\right) \qquad (附10.54)$$

相反，如果在由最优税收加强制令组合给定的初始税收处，对税收的响应求解最优强制令，得到福利：

$$V(P_F(t^M, \bar{E}), Y, X) \qquad (附10.55)$$

其中：

$$P_F(t^M, \bar{E}) = \frac{(P_E(\bar{E}) + \phi t^M)\bar{E} + (P_G(t^M, \bar{E}) + t^M)G(P_G(t^M, \bar{E}))}{\bar{E} + G(P_G(t^M, \bar{E}))}$$

（附 10.56）

$$Y = \pi_E(P_E(\bar{E})) + \pi_G(P_G(t^M, \bar{E})) + t^M[G(P_G(t^M, \bar{E})) + \phi\bar{E}]$$

（附 10.57）

$$X = \tau_1[\xi_E\bar{E} + \xi_G(P_G(t^M, \bar{E}))] + \tau_2[\bar{E} + G(P_G(t^m, \bar{E}))]$$

（附 10.58）

关于税收对式（附 10.55）求导，得到：

$$\frac{dV}{dt} = V_P \cdot \left(\frac{(\phi\bar{E} + G)(\bar{E} + G) + \frac{dP_G}{dt^M}[(\bar{E} + G)G + (P_G - P_E + t^M - \phi t^M)G'\bar{E}]}{(\bar{E} + G)^2} \right)$$

$$+ V_Y \cdot \left(\pi_G'\frac{dP_G}{dt^M} + G + \phi\bar{E} + t^M G'\frac{dP_G}{dt^M} \right) + V_X \cdot (\tau_1\xi_G + \tau_2)G'\frac{dP_G}{dt^M}$$

$$= V_P \cdot \left(\frac{(\phi\bar{E} + G)(\bar{E} + C) + \frac{dP_G}{dt^M}[(\bar{E} + G)G + (P_G - P_E + t^M - \phi t^M)\frac{\eta_G G}{P_G}\bar{E}]}{(\bar{E} + G)^2} \right)$$

$$+ V_Y \cdot \left(\left(G + t^M\frac{\eta_G G}{P_G} \right)\frac{dP_G}{dt^M} + G + \phi\bar{E} \right) + V_X \cdot t^*\frac{\eta_G G}{P_G}\frac{dP_G}{dt^M}$$

（附 10.59）

因此，为了使强制令提供一个更高水平的福利，必须是在税收抵免情形下关于税收的求导大于（一个更陡的下降）强制令情形下的求导，或者：

$$V_P \cdot \left(\frac{(\phi\bar{E} + G)(\bar{E} + G) + \frac{dP_G}{dt^M}[(\bar{E} + G)G + (P_G - P_E + t^M - \phi t^M)\frac{\eta_G G}{P_G}\bar{E}]}{(\bar{E} + G)^2} \right)$$

$$+ V_Y \cdot \left(\left(G + t^M\frac{\eta_G G}{P_G} \right)\frac{dP_G}{dt^M} + G + \phi\bar{E} \right) + V_X \cdot t^*\frac{\eta_G G}{P_G}\frac{dP_G}{dt^M}$$

$$< V_P \cdot \left(\frac{dP_G}{dt^*} + 1 \right) + V_Y \cdot \left(\left(E + t_E^*\eta_E\frac{E}{P_E} \right)\frac{dP_E}{dt^*} + \left(G + t^*\eta_G\frac{G}{P_G} \right)\frac{dP_G}{dt^*} + G + \phi E \right)$$

$$+ V_X \cdot \left(t_E^* E'\frac{dP_E}{dt^*} + t^*\eta_G\frac{G}{P_G}\frac{dP_G}{dt^*} \right)$$

（附 10.60）

对式（附 10.60）的两侧同时除以 V_Y，运用通用等式，并删去同类项，由此，将式（附 10.60）改写为：

$$\left(1 - \phi - \frac{dP_E}{dt^*} + \frac{dP_G}{dt^*} - \frac{dP_G}{dt^M}(P_G - P_E(1-\phi)t^M)\frac{\eta_G G}{P_G(\bar{E}+G)}\right) < 0$$

（附 10.61）

把 $P_E = P_G(t^*, t_c^*) + (1-\phi)t^* + t_c^*$ 和 $dP_E/dt^* = dP_G/dt^* + (1-\phi)$ 代入式（附 10.53）中，得到：

$$-\frac{dP_G}{dt^M}((1-\phi)(t^M - t^*) - t_c^*)\frac{\eta_G G}{P_G(\bar{E}+G)} < 0 \quad （附 10.62）$$

注意 $dP_G/dt^M < 0$，$\eta_G G/[P_G(\bar{E}+G)] > 0$，因此式（附 10.54）的成立必须建立在下式的基础上：

$$(1-\phi)(t^M - t^*) < t_c^* \qquad （附 10.63）$$

代入式（附 10.32）中 t^M 的定义和 t_c^* 的定义，并删除同类项，得到：

$$t_E^* < t^* \phi \qquad （附 10.64）$$

此不等式的成立要求消耗乙醇的边际外部成本低于在最优税收加税收抵免组合情形下的消耗乙醇的边际税收负担。这同样是税收抵免为正的必要条件。

参 考 文 献

［1］Adar Zvi and James M. Griffin. Uncertainty and the Choice of Pollution Control Instruments. Journal of Environmental Economics and Management, 1976, 3: 178 – 188.

［2］Ahman Markus and Kristina Holmgren. New Entrant Allocation in the Nordic Energy Sectors: Incentives and Options in the EU ETS. Climate Policy, 2006, 6: 423 – 440.

［3］Ahman Markus, Dallas Burtraw, Joe Kruger, et al. A Ten – year Rule to Guide the Allocation of EU Emission Allowances. Energy Policy, 2007, 35 (3): 1718 – 1730.

［4］Alaska Department of Revenue. Tax Division. Fall 2008 Revenue Sources Book, 2008: 43 – 59.

［5］Aldy Joseph E. , Alan J. Krupnick, Richard G. Newell, et al. Designing Climate Mitigation Policy. Discussion Paper 08 – 16, Washington D. C. : Resources for the Future, 2009.

［6］Aldy Joseph E. , Peter R. Orszag and Joseph E. Stiglitz. Climate Change: An Agenda for Global Collective Action. Paper Prepared for a Conference on the Timing of Climate Change Policies, Pew Center on Global Climate Change, 2001.

［7］American Petroleum Institute. Basic Petroleum Data Book. Washington D. C. : American Petroleum Institute, 2009.

［8］Amundsen Eirik S. and Schob Ronnie. Environmental Taxes on Exhaustible Resources. European Journal of Political Economy, 2000, 15: 311 – 329.

［9］ Armington Paul. A Theory of Demand for Products Distinguished by Place of Production. International Monetary Fund Staff Papers, 1969, 16: 159 – 176.

［10］ Babcock Bruce A. 2008a. Distributional Implications of U. S. Ethanol Policy. Review of Agricultural Economics, 2008a, 30 (3): 533 – 542.

［11］ Babcock Bruce A. Situation, Outlook and Some Key Research Questions Pertaining to Biofuels. Paper Presented at the Annual Meeting of the USDA Economic Research Service. Conference on Energy and Agriculture: Emerging Policy and R&D Issues. Washington D. C. , 2008b – 03 – 07.

［12］ Babiker Mustafa, Gilbert Metcalf and John M. Reilly. Tax distortions and global climate policy. Journal of Environmental Economics and Management, 2003, 46: 269 – 287.

［13］ Babiker Mustafa, John M. Reilly and Laurent Viguier. Is Emissions Trading always Beneficial? Energy Journal, 2004, 25 (2): 33 – 56.

［14］ Babiker Mustafa, John M. Reilly, Monika Mayer, et al. The MIT Emissions Prediction and Policy Analysis (EPPA) Model: Revisions, Sensitivities and Comparison of Results. MIT Joint Program on the Science and Policy of Global Change, Report 71, Cambridge, MA, 2001.

［15］ Baldursson Fridrik M. and Nils – Henrik M. Von der fehr. Price Volatility and Risk Exposure: On Market – based Environmental Policy Instrument. Journal of Environmental Economics and Management, 2004, 48 (1): 682 – 704.

［16］ Ball Jeffrey. Palin's policy: Drill, Baby, Drill. Wall Street Journal, 2008 – 09 – 04.

［17］ Bento Antonio M. , Lawrence H. Goulder, Mark R. Jacobsen, et al. Distributional and Efficiency Impacts of Increased US Gasoline Taxes. American Economic Review, 2009, 99 (3): 667 – 699.

［18］ Bergstrom Theodore C. On Capturing Oil Rent with a National Excise Tax. American Economic Review, 1982, 72: 194 – 201.

［19］ Biermann Frank and Rainer Brohm. Implementing the Kyoto Protocol

Without the USA: The Strategic Role of Energy Tax Adjustments at the Border. Climate Policy, 2005, 4: 289 – 302.

[20] Binmore Kenneth and Paul Klemperer. The Biggest Auction Ever: The Sale of the British 3G Telecom Licenses. The Economic Journal, 2002, 112: 74 – 76.

[21] Birnbaum Jeffrey and Alan Murray. Showdown at Gucci Gulch – Lawmakers, Lobbyists and the Unlikely Triumph of Tax Reform. New York: Vintage Books, 1988.

[22] Blundell Richard and Macurdy Thomas. Labor Supply: A Review of Alternative Approaches. In Handbook of Labor Economics, O. Ashenfelter and D. Card (eds.). New York: Elsevier, 1999.

[23] Bordoff Jason E. and Pascal J. Noel. Pay – as – you Drive Auto Insurance: A Simple Way to Reduce Driving – related Harms and Increase Equity. In The Hamilton Project. Washington D. C. : Brookings Institution, 2008.

[24] Bourgeon Jean – Marc and David Tr' eguer. Killing Two Birds with One Stone: The United States and the European Union Biofuel Program. Paper Presented at the XIIth Congress of the European Association of Agricultural Economists, Ghent, Belgium, 2008 – 08 – 26.

[25] Bovenberg A. Lans and Lawrence H. Goulder. Neutralizing the Adverse Industry Impacts of CO_2 Abatement Policies: What does it cost? In Distributional and Behavioral Effects of Environmental Policy, Carlo Carraro and Gilbert E. Metcalf (eds.). Chicago: University of Chicago Press, 2001: 45 – 85.

[26] Bovenberg A. Lans and Lawrence H. Goulder. Optimal Environmental Taxation in the Presence of Other Taxes: General Equilibrium Analyses. American Economic Review, 1996, 86 (4): 985 – 1000.

[27] Bovenberg A. Lans, Lawrence J. Goulder and Derek J. Gurney. Efficiency Costs of Meeting Industry – distributional Constraints under Environmental Permits and Taxes. RAND Journal of Economics, 2005, 36 (4): 951 – 971.

[28] Bovenberg, A. Lans, and Lawrence H. Goulder. Environmental Tax-

ation and Regulation. In Handbook of Public Economics, A. J. Auerbach and M. Feldstein (eds.). Amsterdam: Elsevier Science, 2002.

[29] Boyce James and Matthew Riddle. Cap and Dividend: A State – by – state Analysis. Political Economy Research Institute, University of Massachusetts, Amherst, 2009.

[30] Brown Stephen P. A. and Hillard G. Huntington. Reassessing the Oil Security Premium. Working paper, Resources for the Future and Stanford University, 2009.

[31] Bull Nicholas, Kevin Hassett and Gilbert E. Metcalf. Who Pays Broad – based Energy Taxes? Computing Lifetime and Regional Incidence. Energy Journal, 1994, 15 (3): 145 – 164.

[32] Bureau of Transportation Statistics. National Transportation Statistics 2008. Washington D. C. : U. S. Department of Transportation, 2008.

[33] Burness H. Stuart. On the Taxation of Nonreplenishable Resources. Journal of Environmental Economics and Management, 1976, 3: 289 – 311.

[34] Burtraw Dallas and Karen Palmer. Compensation Rules for Climate Policy in the Electricity Sector. Journal of Policy Analysis and Management, 2008, 27 (4): 819 – 847.

[35] Burtraw Dallas, Jacob Goeree, Charles Holt, et al. Auction Design for Selling CO_2 Emission Allowances under the Regional Greenhouse Gas Initiative. Report to the New York State Energy Research and Development Authority. Washington D. C. : Resources for the Future, 2007.

[36] Burtraw Dallas, Karen Palmer, Anthony Paul, et al. The Effect on Asset Values of the Allocation of Carbon Dioxide Emission Allowances. The Electricity Journal, 2002, 15 (5): 51 – 62.

[37] Burtraw Dallas, Margaret Walls and Joshua Blonz. Distributional Impacts of Carbon Pricing Policies in the Electricity Sector. Chapter 2. In U. S. Energy Tax Policy, Gilbert E. Metcalf (ed.). Cambridge, UK: Cambridge University Press, 2010.

[38] Burtraw Dallas, Margaret Walls and Joshua Blonz. Distributional

Impacts of Carbon Pricing Policies in the Electricity Sector. Chapter 2. In U. S. Energy Tax Policy, Gilbert E. Metcalf (ed.). Cambridge, UK: Cambridge University Press, 2011.

[39] Burtraw Dallas, Margaret Walls and Joshua A. Blonz. Distributional Impacts of Carbon Pricing Policies in the Electricity Sector. Washington D. C. : American Tax Policy Institute, 2009.

[40] Burtraw Dallas, Margaret Walls and Joshua Blonz. Distributional Impacts of Carbon Pricing Policies in the Electricity Sector. Chapter 2. In U. S. Energy Tax Policy, Gilbert E. Metcalf (ed.). Cambridge, UK: Cambridge University Press, 2011.

[41] Burtraw Dallas, Richard Sweeney and Margaret Walls. The Incidence of U. S. Climate Policy: Alternative Uses of Revenue from a Cap and Trade Auction. Washington D. C. : Resources for the Future, 2009.

[42] Burtraw Dallas, Richard Sweeney and Margaret Walls. The Incidence of U. S. Climate Policy: Alternative Uses of Revenues from a Cap and trade Auction. National Tax Journal, 2009, 62 (3): 497 – 518.

[43] Burtraw, D. and Erin mansur. Environmental Effects of SO_2 Trading and Banking. Environmental Science and Technology, 1999, 33 (20): 3489 – 3494.

[44] California Air Resources Board (CARB). Proposed Regulation to Implement the Low Carbon Fuel Standard, 2009 – 03 – 05.

[45] Calthrop E. , B. de Borger and S. Proost. Externalities and Partial Tax Reform: Does it make Sense to Tax Road Freight (but not Passenger) Transport? Journal of Regional Science, 2007, 47: 721 – 752.

[46] Casselman Ben. States Consider Gas and Oil Levies. Wall Street Journal, 2009 – 06 – 29.

[47] Cervero R. and M. Hansen. Induced Travel Demand and Induced Transport Investment: A Simultaneous Equation Analysis. Journal of Transport Economics and Policy, 2002, 36: 469 – 490.

[48] Chameides William and Michael Oppenheimer. Carbon trading over

taxes. Science, 2007, 315: 1670.

[49] Chirinko Robert S. Investment Tax Credits. CESifo Working Paper No. 243. Ifo Institute for Economic Research, Munich, Germany, 2000.

[50] Chirinko R. , S. Fazzari and A. Meyer. That Elusive Elasticity: A Long Panel Approach to Estimating the Capital Labor Substitution Elasticity. CESifoWorking Paper, Ifo Institute for Economic Research, Munich, Germany, 2004.

[51] Collinge Robert A. and Wallace E. Oates. Efficiency in Pollution Control in the Short and Long Runs: A System of rental Emission Permits. Canadian Journal of Economics, 1982, 15: 346 – 354.

[52] Congressional Budget Office. 2009. The Estimated Costs to Households from the Cap – and – Trade Provisions of H. R. 2454. Washington D. C. : Congressional Budget Office, 2009 – 08 – 10.

[53] Congressional Budget Office. Assessment of Potential Budgetary Impacts from the Introduction of Carbon Dioxide Cap and Trade Policies. Washington D. C. : Congressional Budget Office, 2009a.

[54] Congressional Budget Office. H. R. 2454 American Clean Energy and Security Act of 2009 Cost Estimate. Washington D. C. : Congressional Budget Office, 2009b.

[55] Congressional Budget Office. The Economic Effects of Legislation to Reduce Greenhouse Gas Emissions. Washington D. C. : Congressional Budget Office, 2009.

[56] Congressional Budget Office. Policy Options for Reduction CO_2 Emissions. Washington D. C. Congressional Budget Office, 2008.

[57] Conniff Richard. The political history of cap and trade. Smithsonian Magazine, August, 2009.

[58] Conrad Robert and Bryce Hool. Intertemporal Extraction of Mineral Resources under Variable Tax Rates. Land Economics, 1984, 60: 319 – 327.

[59] Conrad Robert and Bryce Hool. Resource Taxation with Heterogeneous Quality and Endogenous Reserves. Journal of Public Economics, 1980, 16:

17 – 33.

[60] Conrad Robert F. Output Taxes and the Quantity – quality Trade – off in the Mining Firm. Resources and Energy, 1981, 4: 207 – 221.

[61] Conrad Robert F. Royalties, Cyclical Prices and the Theory of the Mine. Resources and Energy, 1978, 1: 139 – 150.

[62] Cosbey Aaron. Border Carbon Adjustment. Paper Presented at the Trade and Climate Change Seminar, Copenhagen, 2008 – 06 – 18.

[63] Cossa Paul F. Uncertainty Analysis of the Cost of Climate Policies. Technology and Policy Program. Cambridge: Massachusetts Institute of Technology, 2004.

[64] Council of Economic Advisers. Economic Report to the President. Washington D. C. : Council of Economic Advisors, 2009.

[65] Dahl Carol. A Survey of Energy Demand Elasticities in Support of the Development of the NEMS. Report prepared for the U. S. Department of Energy, 1993.

[66] Davies James B. , France St. – Hilaire and John Whalley. Some calculations of lifetime tax incidence. American Economic Review, 1984, 74 (4): 633 – 649.

[67] De Cendra Javier. Can Emissions Trading Schemes be Coupled with Border Tax Adjustments? An Analysis Vis à vis WTO Law. RECIEL, 2006, 15 (2): 131 – 145.

[68] De Gorter Harry and David R. Just. 'Water' in the U. S. Ethanol Tax Credit and Mandate: Implications for Rectangular Deadweight Costs and the Corn – Oil Price Relationship. Review of Agricultural Economics, 2008b, 30 (3): 397 – 410.

[69] De Gorter Harry and David R. Just. The Economics of a Blend Mandate for Biofuels. American Journal of Agricultural Economics, 2009b, 91 (3): 738 – 750.

[70] De Gorter Harry and David R. Just. The Economics of the U. S. Ethanol Import Tariff with a Blend Mandate and Tax Credit. Journal of Agricultural &

Food Industrial Organization, 2008c, 6 (6).

[71] De Gorter Harry and David R. Just. The Forgotten Flaw in Biofuels Policy: How Tax Credits in the Presence of Mandates Subsidize Oil Consumption. Resources for the Future Policy Commentary, 2008d.

[72] De Gorter Harry and David R. Just. The Law of Unintended Consequences: How the U. S. Biofuel Tax Credit with a Mandate Subsidizes Oil Consumption and has no Impact on Ethanol Consumption. Working Paper No. 2007 – 20, Department of Applied Economics and Management, Cornell University, Ithaca, NY, 2007.

[73] De Gorter Harry and David R. Just. The Social Costs and Benefits of Biofuels: The Intersection of Environmental, Energy and Agricultural Policy. Applied Economic Perspectives and Policy, 2010, 32 (1): 4 – 32.

[74] De Gorter Harry and David R. Just. The Social Costs and Benefits of U. S. Biofuel Policies with Preexisting Distortions. Chapter 10. In U. S. Energy Tax Policy, Gilbert E. Metcalf (ed.). Cambridge UK: Cambridge University Press, 2011.

[75] De Gorter Harry and David R. Just. The Welfare Economics of a Biofuel Tax Credit and the Interaction Effects with Price Contingent Farm Subsidies. American Journal of Agricultural Economics, 2009a, 91 (2): 477 – 488.

[76] De Gorter Harry and David R. Just. The Welfare Economics of the U. S. Ethanol Consumption Mandate and Tax Credit. Unpublished Working Paper, Department of Applied Economics and Management, Cornell University, Ithaca, NY, 2008a.

[77] De Gorter Harry and David R. Just. Why Sustainability Standards for Biofuel Production make Little Economic Sense. Cato Institute Policy Analysis no. , 2009c, 647.

[78] De Gorter Harry and Yacov Tsur. Towards a Genuine Sustainability Criterion for Biofuel Production. Background Paper for World Bank Report Low Carbon, High Growth, Augusto de la Torre, Pablo Fajnzylberg and John Nash (eds.), 2008 – 07 – 31.

[79] De Gorter Harry, David R. Just and Erika M. Kliauga. Measuring the "Subsidy" Component of Biofuel Tax Credits and Exemptions. Paper Presented at the Annual Meeting of the International Trade Research Consortium, Scottsdale, Arizona, 2008 – 12 – 07.

[80] De Gorter Harry, David R. Just and Qinwen Tan. The Social Optimal Import Tariff and Tax Credit for Ethanol with Farm Subsidies. Agricultural and Resource Economics Review, 2009, 38 (1): 65 – 77.

[81] Deacon Robert, Stephen DeCanio, H. E. Frech Ⅲ, et al. Taxing Energy: Oil Severance Taxation and the Economy. New York: Holmes and Meier, 1990.

[82] Deacon Robert. Taxation, Depletion and Welfare: A Simulation Study of the U. S. Petroleum Resource. Journal of Environmental Economics and Management, 1993, 24: 159 – 187.

[83] Delong J. Bradford, Andrei Shleifer, Lawrence H. Summers, et al. Noise Trader Risk in Financial Markets. Journal of Political Economy, 1990, 98 (4): 703 – 738.

[84] Demaret Paul and Raoul Stewardson. Border Tax Adjustments under GATT and EC Law and General Implications for Environmental Taxes. Journal of World Trade, 1994, 28 (4): 5 – 65.

[85] Diamond Peter A. and James Mirrlees. Optimal Taxation and Public Production I: Production Efficiency and Ⅱ: Tax Rules. American Economic Review, 1971, 61: 8 – 27, 261 – 278.

[86] Dinan Terry and Diane Lim Rogers. Distributional Effects of Carbon Allowance Trading: How Government Decisions Determine Winners and Losers. National Tax Journal, 2002, 55 (2): 199 – 221.

[87] Dinan Terry. Carbon Taxes and Carbon Cap and Trade Programs: A Comparison. National Tax Journal, 2009, 62: 3.

[88] Dirkse S. and M. Ferris. The PATH Solver: A Nonmonotone Stabilization Scheme for Mixed Complementarity Problems. Technical Report, Computer Sciences Department, University of Wisconsin Madison, 1993.

[89] Drabik Dusan, Harry de Gorter and David R. Just. The Economics of a Blenders Tax Credit Versus a Tax Exemption: The Case of U. S. Splash & Dash Biodiesel Exports to the European Union. Working Paper 2009 - 22, AgFoodTrade, 2009.

[90] Du Xiaodong, Dermot J. Hayes and Mindy L. Baker. Ethanol: Awelfare - increasing Market Distortion? Working Paper 08 - WP 480, Center for Agricultural and Rural Development (CARD), Iowa State University, Ames, IA, 2008.

[91] Eichner Thomas and Pethig Rudiger. Carbon Leakage, the Green Paradox and Perfect Future Markets. CESifo Working Paper No. 2542. Ifo Institute for Economic Research, Munich, Germany, 2009.

[92] Ellerman A. Denny and David Harrison, Jr. Emissions Trading in the U. S.: Experience, Lessons And Considerations for Greenhouse Gases. Pew Center on Global Climate Change, 2003.

[93] Energy Information Administration. Annual Energy Outlook 2010 Early Release, Report #DOE/EIA -0383, 2009.

[94] Energy Information Administration. Energy Market and Economic Impacts of H. R. 2454, the American Clean Energy and Security Act of 2009. SR/OIAF/2009 - 05. Washington D. C.: Energy Information Administration, 2009 -08 -20.

[95] Energy Information Administration. Energy Market and Economic Impacts of S. 2191, the Lieberman - Warner Climate Security Act of 2007. SR/OIAF/2008 - 01. Washington D. C.: Energy Information Administration, 2008 -03 -10.

[96] Energy Information Administration. Federal Financial Interventions and Subsidies in Energy Markets 2007. Washington D. C.: Energy Information Administration, 2008.

[97] Energy Information Administration. Impacts of the Kyoto Protocol on U. S. Energy Markets and Economic Activity. Washington D. C.: U. S. Department of Energy, 1998.

[98] Energy Information Administration. State Energy Data System. Energy Information Administration, 2009.

[99] Environmental Protection Agency. Changes to Renewable Fuel Standard Program. Proposed Rule 40 CFR Part 80 Regulation of Fuels and Fuel Additives, 2009 – 05 – 26.

[100] Environmental Protection Agency. EPA Analysis of the American Clean Energy and Security Act of 2009 H. R. 2454 in the 111th Congress. Washington D. C. : Environmental Protection Agency, 2009 – 08 – 05.

[101] Environmental Protection Agency. U. S. Greenhouse Gas Inventory, Table ES – 2, 2010.

[102] Farrell A. , R. Plevin, B. Turner, et al. Ethanol can Contribute to Energy and Environmental Goals. Science, 2006, 311 (5760): 506 – 508.

[103] Federal Corporate Income Tax Rates, 1909 – 2008. Tax Foundation, 2009b.

[104] Federal Highway Administration, Addendum to the 1997 Federal Highway Cost Allocation Study Final Report. Washington D. C. : U. S. Department of Transportation, 2000.

[105] Federal Highway Administration. Highway Statistics 2003. Washington D. C. : U. S. Department of Transportation, 2003.

[106] Federal Highway Administration. Highway Statistics 2007. Washington D. C. : U. S. Department of Transportation, 2007.

[107] Fischel D. R. and A. O. Sykes. Governmental Liability for Breach of Contract. American LawEco – Nomic Review, 1999, 1 (1): 313 – 385.

[108] Fischelson Gideon. Emission Control Policies Under Uncertainty. Journal of Environmental Economics and Management, 1976, 3: 189 – 198.

[109] Fischer Carolyn and Richard G. Newell. Environmental and Technology Policies for Climate Mitigation. Journal of Environmental Economics and Management, 2008, 55 (2): 142 – 162.

[110] Fischer Carolyn, Winston Harrington and Ian W. H. Parry. Should Corporate Average Fuel Economy (CAFE) Standards be Tightened? Energy Jour-

nal, 2007, 28: 1 - 29.

[111] Fischer C. and A. K. Fox. Output Based Allocation of Emissions Permits for Mitigating Tax and Trade Interactions. Land Economics, 2009, 83: 575 - 599.

[112] Fishelson Gideon. Emission Control Policies under Uncertainty. Journal of Environmental Economics and Management, 1976, 3: 189 - 198.

[113] Frankel Jeffrey. Global Environment and Trade Policy. In Post - Kyoto International Climate Policy Joseph E. Aldy and Robert N. Stavins (eds.). New York: Cambridge University Press, 2008.

[114] Friedman Milton. A Theory of the Consumption Function. Princeton: Princeton University Press, 1957.

[115] Fullerton Don and Diane Lim Rogers. Who Bears the Lifetime Tax Burden? Washington D. C. : Brookings Institution, 1993.

[116] Fullerton Don and Garth Heutel. The General Equilibrium Incidence of Environmental Taxes. Journal of Public Economics, 2007, 91 (3 - 4): 571 - 591.

[117] Fullerton Don, Inkee Hong and Gilbert E. Metcalf. A Tax on Output of the Polluting Industry is not a Tax on Pollution: The Importance of Hitting the Target. In Behavioral and Distributional Effects of Environmental Policy, Carlo Carraro and Gilbert. E. Metcalf (eds.), Chicago: University of Chicago Press, 2001: 13 - 38.

[118] Fullerton Don. Introduction. In The Distributional Effects of Environmental and Energy Policy, Don Fullerton (ed.), Aldershot, UK: Ashgate Publishers, 2009.

[119] Fullerton Don. The Distributional Effects of Environmental and Energy Policy, Don Fullerton (ed.). Aldershot, UK: Ashgate Publishers, 2009.

[120] Gamponia Villamor and Robert Mendelsohn. The Taxation of Exhaustible Resources. Quarterly Journal of Economics, 1985, 100: 165 - 181.

[121] Gardner Bruce. Fuel Ethanol Subsidies and Farmprice Support. Journal of Agricultural and Food Industrial Organization, 2007, 5 (2):

Article 2.

[122] George Camille. HB 1489 Fair for Gas Industry, Landowners – and Taxpayers. The Tribune – Democrat, Johnstown, PA, 2009 – 08 – 05.

[123] Gerking Shelby D. and John H. Mutti. Possibilities for the Exportation of Production Taxes: A General Equilibrium Analysis. Journal of Public Economics, 1981, 16: 233 – 252.

[124] Gerking Shelby. Effective Tax Rates on Oil and Gas Production: A Ten State Comparison. Working Paper, University of Central Florida, Department of Economics, 2005.

[125] Goulder Lawrence H. and Ian W. H. Parry. Instrument Choice in Environmental Policy. Review of Environmental Economics and Policy, 2008, 2 (2): 152 – 174.

[126] Goulder Lawrence H. and Stephen H. Schneider. Induced Technological change and the Attractiveness of CO2 Emissions Abatement policies. Resource and Energy Economics, 1999, 21: 211 – 253.

[127] Goulder Lawrence H. Environmental Taxation and the "Double Dividend": Reader's Guide. International Tax and Public Finance, 1995, 2: 157 – 183.

[128] Goulder Lawrence H. , Ian W. H. Parry and Dallas Burtraw. Revenue Raising vs. Other Approaches to Environmental Protection: The Critical Significance of Preexisting Tax Distortions. RAND Journal of Economics, 1997, 28 (4): 708 – 731.

[129] Goulder Lawrence H. , Ian W. H. Parry, Roberton C. Williams III, et al. The Cost Effectiveness of Alternative Instruments for Environmental Protection in a Second – best Setting. Journal of Public Economics, 1999, 72 (3): 329 – 360.

[130] Graetz Michael. Legal Transitions: The Case of Retroactivity in Income Tax Revision. University of Pennsylvania Law Review, 1977, 126: 47.

[131] Grainger Corbett and Charles D. Kolstad. Who pays a price on carbon? NBER Working Paper No. 15239, Cambridge, MA, 2009.

[132] Greenberg Allen. Designing Pay Per – mile Auto Insurance Regulatory Incentives. Transportation Research Part D, 2009, 14: 437 –445.

[133] Hahn Robert and Caroline Cecot. The Benefits and Costs of Ethanol: An Evaluation of the Government's Analysis. Journal of Regulatory Economics, 2009, 35 (3): 275 –295.

[134] Harberger Arnold. The incidence of the corporation income tax. Journal of Political Economy, 1962, 70: 215 –240.

[135] Hassett Kevin, Aparna Mathur and Gilbert Metcalf. The incidence of a U. S. carbon tax: A lifetime and regional analysis. Energy Journal, 2009, 30 (2): 155 –177.

[136] Hassett Kevin, Aparna Mathur and Gilbert Metcalf. The Incidence of a U. S. Carbon Tax: A Lifetime and Regional Analysis. The Energy Journal, 2009, 30 (2): 157 –179.

[137] Headwaters Economics. Impacts of Energy Development in Wyoming. Bozeman, MT, 2009.

[138] Heal Geoffrey. Climate Economics: Ameta Review and Some Suggestions for Future Research. Review of Environmental Economics and Policy, 2009, 3: 4 –21.

[139] Heaps Terry and J. R. Helliwell. The Taxation of Natural Resources. In Handbook of Public Economics, A. J. Auerbach and Martin Feldstein (eds.), Amsterdam: Elsevier, 1985, 421 –472.

[140] Heaps Terry. The Taxation of Nonreplenishable Natural Resources Revisited. Journal of Environmental Economics and Management, 1985, 12: 14 –27.

[141] Helfand Gloria, Peter Berck, Tim Maullet, et al. The Theory of Pollution Policy. In Handbook of Environmental Economics, vol 1., K. – G. Maler and J. R. Vincent (eds.), Amsterdam: Elsevier Science, 2003: 249 –303.

[142] Hellerstein Walter. Legal Constraints on State Taxation of Natural Resources. In Fiscal Federalism and the Taxation of Natural Resources, Charles McLure and Peter Mieszkowski (eds.), Lexington MA: Lexington Books,

1983: 135 – 166.

[143] Herfindahl Orris C. Depletion and Economic Theory. In Extractive Resources and Taxation, Mason Gaffney (ed.), Madison: University of Wisconsin Press, 1967: 63 – 90.

[144] Hertel Thomas W., Wallace E. Tyner and Dileep Birur. Biofuels for all? Understanding the Global Impacts of Multinational Mandates. GTAP Working Paper 51, Center for Global Trade Analysis, Department of Agricultural Economics, Purdue University, West Lafayette, IN., 2008.

[145] Herzog Tim. World Greenhouse Gas Emissions in 2005. World Resource Institute, 2009.

[146] Hill J., S. Polasky, E. Nelson, et al. Climate Change and Health Costs of Air Emissions from Biofuels and Gasoline. Proceedings of the National Academy of Sciences, 2009, 106 (6): 2077 – 2082.

[147] Ho Mun S., Richard D. Morgenstern and Jhih – Shyang Shih. Impact of Carbon Price Policies on US Industry. Discussion Paper 08 – 37. Washington D. C.: Resources for the Future, 2008.

[148] Hoel Michael and Larry Karp. 2002. Taxes Versus Guotas for a Stock Pollutant. Resource and Energy Economics, 2002, 24: 367 – 384.

[149] Holland Stephen P., Jonathan E. Hughes and Christopher R. Knittel. Greenhouse Gas Reductions under Low Carbon Fuel Standards? American Economic Journal: Economic Policy, 2009, 1 (1): 106 – 146.

[150] Holt Mark and Gene Whitney. Greenhouse Gas Legislation: Summary and Analysis of H. R. 2454 as passed by the House of Representatives. Washington D. C.: Congressional Research Service, 2009.

[151] Hotelling Harold. The Economics of Exhaustible Resources. Journal of Political Economy, 1931, 39: 137 – 175.

[152] Hovi Jon and Bjart Holtsmark. Cap – and – trade or Carbon Taxes? The Feasibility of Enforcement and the Effects of Non – compliance. International Environmental Agreements: Politics, Law and Economics, 2006, 6 (2): 137 – 155.

[153] Hufbauer, Gary Clyde and Jisun Kim. Climate Policy Options and the World Trade Organization. Economics, the Open Access Open Assessment E – journal, 2009, 3: 2009 – 2029.

[154] Hufbauer, Gary Clyde, Steve Charnowitz and Jisun Kim. Global Warming and the World Trading System. Washington D. C. : Peterson Institute for International Economics, 2009.

[155] Hyman Robert C. A More Cost – Effective Strategy for Reducing Greenhouse Gas Emissions: Modeling the Impact of Methane Abatement Opportunities. Technology and Policy Program. Cambridge: Massachusetts Institute of Technology, 2001.

[156] Hyman Robert C. , John M. Reilly, Mustafa H. Babiker, et al. Modeling Non – CO_2 Greenhouse Gas Abatement. Environmental Modeling and Assessment, 2003, 8 (3): 175 – 186.

[157] Intergovernmental Panel on Climate Change. 2006 IPCC Guidelines for National Greenhouse Gas Inventories. Paper Presented at the National Greenhouse Gas Inventories Programme, Institute for Global Environmental Strategies, Tokyo, Japan, 2007.

[158] Interstate Oil and Gas Compact Commission. Summary of State Regulations and Statutes. Oklahoma City, 2007.

[159] Ireland N. J. Ideal Prices vs. Prices vs. Quantities. Review of Economic Studies, 1976, 44 (1): 183 – 186.

[160] Ismer R. and K. Neuhoff. Border Tax Adjustment: A Feasible Way to Support Stringent Emission Trading. European Journal of Law and Economics, 2007, 24: 137 – 164.

[161] Jacobson Mark Z. Review of Solutions to Global Warming, Air Pollution and Energy Security. Energy Environmental Science, 2009, 2: 148 – 173.

[162] Jacoby H. D. and A. D. Ellerman. The Safety Valve and Climate Policy. Energy Policy, 2004, 32 (4): 481 – 491.

[163] Kalkuhl Matthias and Edenhofer Ottmar. Prices Versus Quantities

and the Intertemporal Dynamics of the Climate Rent. CESifo Working Paper No. 3044. Munich: CESifo. Karp, Larry and Newbery, David M. 1991. OPEC and the U. S. Oil Import Tariffs. Economic Journal Supplement, 2010, 101: 303 – 313.

[164] Kaplow Louis and Steven Shavell. Onthe Superiority of Corrective Taxes to Quantity Regulation. American Law and Economics Review, 2002, 4: 1 – 17.

[165] Kaplow Louis. Capital Levies and Transition to a Consumption Tax. In Institutional Foundations of Public Finance: Economic and Legal Perspectives, Alan Auerbach and Daniel Shaviro (eds.). Cambridge: Harvard University Press, 2008b, 112 – 146.

[166] Kaplow Louis. Government Relief for Risk Associated with Government Action. Scandinavian Journal of Economics, 1992, 94: 525 – 541.

[167] Kaplow Louis. On the (ir) Relevance of Distribution and Labor Supply Distortion to Government Policy. Journal of Economic Perspectives, 2004, 18 (4): 159 – 175.

[168] Kaplow Louis. Optimal Control of Externalities in the Presence of Income Taxation. NBER Working Paper No. 12339, Cambridge MA, 2006.

[169] Kaplow Louis. The Theory of Taxation and Public Economics. Princeton: Princeton University Press, 2008a.

[170] Kaplow Louis. Transition Policy: A Conceptual Framework. Journal of Contemporary Legal Issues, 2003, 13: 161 – 209.

[171] Kaplow Louis. An Economic Analysis of Legal Transitions. Harvard Law Review, 1986, 99: 509 – 617.

[172] Kaplow Louis. Capital Levies and Transition to a Consumption Tax. In Institutional Foundations of Public Finance, Economic and Legal Perspectives, A. J. Auerbach and D. Shaviro (eds.), Cambridge: Harvard University Press, 2008, 112 – 146.

[173] Karp Larry and Jiangfeng Zhang. Regulation of Stock Externalities with Correlated Abatement Cost. Environmental and Resource Economics, 2005,

32 (2): 273 –299.

[174] Karp Larry and jiangfeng Zhang. Regulation with Anticipated Learning about Environmental Damages. Journal of Environmental Economics and Management, 2006, 51 (3): 259 –279.

[175] Keohane Nathaniel O. Cap and Trade, Rehabilitated: Using Tradable Permits to Control U. S. Greenhouse Gases. Review of Environmental Economics and Policy, 2009, 3 (1): 42 –62.

[176] Keohane Nathaniel O. and Kal Raustiala. Toward a Post – Kyoto Climate Change Architecture: A Political Analysis. The Harvard Project on International Climate Agreements. Harvard Kennedy School, Cambridge MA, 2008.

[177] Keutiben Octave N. On Capturing Foreign Oil Rents. Working Paper, Department of Economics, Universit'e de Montr'eal, 2010.

[178] Khanna Madhu, Amy W. Ando and Farzad Taheripour. Welfare Effects and Unintended Consequences of Ethanol Subsidies. Review of Agricultural Economics, 2008, 30 (3): 411 –421.

[179] Kolstad Charles D. and Michael Toman. The Economics of Climate Policy, In Handbook of Environmental Economics, Maler and J. R. Vincent (eds.), Amsterdam: Elsevier Science, 2005, 1561 – 1618.

[180] Koplow Doug. Ethanol – At what cost? Government Support for Ethanol and Biodiesel in the United States. 2007 Update. Geneva, Switzerland: Global Subsidies Initiative of the International Institute for Sustainable Development, 2007.

[181] Krautkraemer Jeffrey A. Taxation, Ore Quality Selection, and the Depletion of a Heterogeneous Deposit of a Nonrenewable Resource. Journal of Environmental Economics and Management, 1990, 18: 120 –135.

[182] Kunce Mitch and William E. Morgan. Taxation of Oil and Gas in the United States. Natural Resources Journal, 2005, 45: 77 –101.

[183] Kunce Mitch, Shelby Gerking, William Morgan, et al. State Taxation, Exploration and Production in the U. S. Oil Industry. Journal of Regional Science, 2003, 43: 749 –770.

［184］Laffont Jean－Jacques and Jean Tirole. Pollution Permits and Environmental Innovation. Journal of Public Economics, 1996, 62: 127－140.

［185］Laffont, Jean Jacques. More on Prices vs. Quantities. Review of Economic Studies, 1977 (1): 177－182.

［186］Lapan H. and G. Moschini. Biofuel Policies and Welfare: Is the Stick of Mandates better than the Carrot of Subsidies? Working Paper No. 09010, Department of Economics, Iowa State University, Ames, IA, 2009.

［187］Lasco Christine and Madhu Khanna. Welfare Effects of Biofuels Trade Policy in the Presence of Environmental Externalities. Paper Presented at the ASSA Meetings, San Francisco, 2009.

［188］Leiby Paul N. Estimating the Energy Security Benefits of Reduced U. S. Oil Imports. Oak Ridge National Laboratory ORNL/TM－2007/028 Oak Ridge, TN, 2007－02－28.

［189］Leiby Paul N. Estimating the Energy Security Benefits of Reduced U. S. Oil Imports. Oakridge National Laboratory, 2007.

［190］Lenton Timothy. Tipping Elements in the Earth's Cliamte System. Proceedings of the National Academy of Sciences, 2008, 105: 1786.

［191］Levhari D. and N. Levitan. Notes on Hotelling's Economics of Exhaustible Resources. Canadian Journal of Economics, 1977, 10: 177－192.

［192］Li Shanjun. Traffic Safety and Vehicle Choice: Quantifying the Effects of the Arms Race on American Roads. Discussion Paper 09－33. Washington D. C. : Resources for the Future, 2009.

［193］Liski Matti and Tahvonen Olli. Can Carbon Tax eat OPEC's Rents? Journal of Environmental Economics and Management, 2004, 47: 1－12.

［194］Lockwood Ben and John Whalley. Carbon Motivated Border Tax Adjustment: Old Wine in Green Bottles. Working Paper No. 14025, NBER, Cambridge MA. , 2008.

［195］Lucas Robert E. , Jr. Models of Business Cycles. New York: Basil Blackwell, 1987.

［196］Lyon Andrew and Robert Schwab. Consumption Taxes in a Lifecycle

Framework: Are Sin Taxes Regressive? Review of Economics and Statistics, 1995, 77 (3): 389 –406.

[197] Malkiel Burton G. The Efficient Market Hypothesis and its Critics. Journal of Economic Perspectives, 2003, 17 (1): 59 –82.

[198] Markandya Anil and Kirsten Halsnaes. Developing Countries and Climate Change. In The Economics of Climate Change, A. Owen and N. Hanley (eds.), New York: Routledge, 2004, 239 –258.

[199] Martinez – Gonzalez Ariadna, Ian M. Sheldon and Stanley Thompson. Estimating the Welfare Effects of U. S. Distortions in the Ethanol Market Using a Partial Equilibrium Trade Model. Journal of Agricultural & Food Industrial Organization, 2007, 5 (2): Article 5.

[200] Mas – Colell Andreu, Michael D. Whinston and Jerry R. Green. Microeconomic Theory. New York: Oxford University Press, 1995.

[201] Mathiesen Lars. Computation of Economic Equilibria by a Sequence of Linear Complementarity Problems. Mathematical Programming Study, 1985, 23: 144 –162.

[202] McKibbin Warwick J. and Peter J. Wilcoxen. The Economic and Environmental Effects of Border Tax Adjustments for Climate Change Policy, In Climate Change, Trade and Competitiveness: Is a Collision Inevitable? Lael Brainard and Isaac Sorkin (eds.). Washington D. C.: Brookings Institution Press, 2009.

[203] McLure Charles E., Jr. forthcoming, Carbon – added Taxes: An Idea Whose Time should Never Come. Carbon and Climate Law Review, 2010.

[204] McLure Charles E., Jr. The GATT – legality of Border Adjustments for Carbon Taxes and the Cost of Emissions Permits: A Riddle Wrapped in a Mystery, Inside an Enigma. Mimeograph, Hoover Institution, Stanford, CA, 2010a.

[205] McLure Charles. The Inter Regional Incidence of General Regional Taxes. Public Finance, 1969, 24: 457 –483.

[206] Metcalf Gilbert E. and David A. Weisbach. The Design of a Carbon

Tax. Harvard Environmental Law Review, 2009, 33 (2): 499 - 556.

[207] Metcalf Gilbert E. Federal Tax Policy Toward Energy. Tax Policy and the Economy, 2007, 21: 145 - 184.

[208] Metcalf Gilbert E. Reaction to Greenhouse Gas Emissions: A Carbon Tax to Meet Mission Targets. Medford, MA: Tufts University, 2009.

[209] Metcalf Gilbert E. Tax Exporting, Federal Deductibility and State Tax Structure. Journal of Policy Analysis and Management, 1993, 12: 109 - 126.

[210] Metcalf Gilbert E. Tax Policies for Low Carbon Technologies. National Tax Journal, 2009, 62 (3): 519 - 533.

[211] Metcalf Gilbert E., Sergey Paltsev, John M. Reilly, et al. Analysis of U.S. greenhouse gas proposals. MIT Joint Program on the Science and Policy of Global Change, Report 160, Cambridge, MA, 2008.

[212] Metcalf Gilbert, Jennifer Holak, Henry Jacoby, Sergey Paltsev and John Reilly. Analysis of U.S. Greenhouse Gas Tax Proposals. Working Paper No. 13980, NBER, Cambridge, MA, 2008.

[213] Metcalf Gilbert. 2009. Designing a Carbon Tax to Reduce U.S. Greenhouse Gas Emissions. Review of Environmental Economics and Policy, 2009, 3 (1): 63 - 83.

[214] Metcalf Gilbert. A Distributional Analysis of Green Tax Reforms. National Tax Journal, 1999, 52 (4): 655 - 681.

[215] Metcalf Gilbert. A Proposal for a U.S. Carbon Tax Swap: An Equitable Tax Reform to Address Global Climate Change. In Hamilton Project Discussion Paper. Washington D. C. : Brookings Institution, 2007.

[216] Metcalf Gilbert. Designing a Carbon Tax to Reduce U.S. Greenhouse Gas Emissions. Review of Environmental Economics and Policy, 2009, 3 (1): 63 - 83.

[217] Metcalf Gilbert. Using Tax Expenditures to Achieve Energy Policy Goals. American Economic Review Papers and Proceedings, 2008, 98 (4): 90 - 94.

［218］Minnesota IMPLAN Group. State – Level U. S. Data for 2006. Minnesota IMPLAN Group Inc, 2008.

［219］Mitchell Donald. A Note on Rising Food Prices. Policy Research Working Paper 4682, Development Prospects Group, the World Bank, 2008.

［220］Moroney John R. Exploration, Development and Production: Texas Oil and Gas 1970 – 95. Greenwich, CT: JAI Press, 1997.

［221］Murray Brian C. , Richard G. Newell and William A. Pizerl. Balancing Cost and Emissions Certainty: An Allowance Reserve for Cap – and – trade. Review of Environmental Economics and Policy, 2009, 3 (1): 84 – 103.

［222］National Research Council. Effectiveness and Impact of Corporate Average Fuel Economy (CAFE) Standards. Washington D. C. : National Academy Press, 2002.

［223］National Research Council. Hidden Costs of Energy: Unpriced Consequences of Energy Production and Use. Washington D. C. : National Academies Press, 2009.

［224］Newbery David M. Why Tax Energy? Towards a more Rational Policy. The Energy Journal, 2005, 26: 1 – 40.

［225］Newell Richard G. and William A. Pizer. Regulating Stock Externalities Under uncertainty. Journal of Environmental Economics and Management, 2003, 45: 416 – 432.

［226］Newell Richard G. , William A. Pizer and Jiangfeng Zhang. Managing Permit Markets to Stabilize Prices. Environmental and Resource Economics, 2005, 31: 133 – 157.

［227］Nordhaus William D. A Question of Balance: Weighing the Options on Global Warming Policies. New Haven: Yale University Press, 2008.

［228］Nordhaus William D. A Review of the Stern Review on the Economics of Climate Change. Journal of Economic Literature, 2007, 45 (3): 686 – 702.

［229］Nordhaus William D. An analysis of Weitzman's Dismal Theorem.

Working Paper, Yale University, New Haven, CT, 2009.

[230] Nordhaus William D. To Tax or Not to Tax: Alternative Approaches to Slowing Global Warming. Review of Environmental Economics and Policy, 2007, 1 (1): 26 – 44.

[231] Office of Management and Budget. Budget of the United States Government, Fiscal Year 2010. Washington D. C. : Government Printing Office, 2009.

[232] Organisation for Economic Co – operation and Development. Environment Directorate. The Political Economy of Environmentally Related Taxes. Paris: OECD, 2006.

[233] Organization for Economic Co – operation and Development. Energy Prices and Taxes: Quarterly Statistics. Organization for Economic Cooperation and Development, Paris, First Quarter, 2009.

[234] Paltsev Sergey, John M. Reilly, Henry D. Jacoby, et al. The MIT Emissions Prediction and Policy Analysis (EPPA) Model: Version 4. MIT Joint Program on the Science and Policy of Global Change, Report 125, Cambridge, MA, 2005.

[235] Paltsev Sergey, John Reilly, Henry Jacoby, et al. Assessment of U. S. Cap – and – Trade Proposals. Report No. 146, MIT Joint Program on the Science and Policy of Global Change. Cambridge: Massachusetts Institute of Technology, 2007.

[236] Parry Ian and Kenneth Small. Does Britain or the United States have the Right Gasoline Tax? American Economic Review, 2005, 95 (4): 1276 – 1289.

[237] Parry Ian W. H. and Kenneth Small. Does Britain or the United States have the Right Gasoline Tax? American Economic Review, 2005, 95 (4): 1276 – 1289.

[238] Parry Ian W. H. Are Emissions Permits Regressive? Journal of Environmental Economics and Management, 2004, 47 (2): 364 – 387.

[239] Parry Ian W. H. , Roberton C. Williams Ⅲ and Lawrence H. Goul-

der. When can Carbon Abatement Policies Increase Welfare? The Fundamental Role of Distorted Factor Markets. Journal of Environmental Economics and Management, 1999, 37 (1): 51 –84.

[240] Parry Ian W. H. and Kenneth A. Small. Does Britain or the United States have the Right Gasoline Tax? American Economic Review, 2005, 95: 1276 – 1289.

[241] Parry Ian W. H. How Much should Highway Fuels be Taxed? Chapter 8. InU. S. Energy Tax Policy, Gilbert E. Metcalf (ed.). Cambridge, UK: Cambridge University Press, 2011.

[242] Parry Ian W. H. Tax Deductions and the Marginal Welfare Cost of Taxation. International Tax and Public Finance, 2002, 9: 531 –551.

[243] Parry Ian W. H. , How should Heavy Duty Trucks be Taxed? Journal of Urban Economics, 2008, 63: 651 –668.

[244] Parry Ian W. H. , Ramanan Laxminarayan and Sarah E. West. Fiscal and Externality Rationales for Alcohol Taxes. B. E. Journal of Economic Analysis & Policy (Contributions), 2009, 9 (29): 1 –45.

[245] Parry Ian, Hilary Sigman, Margaret Walls, et al. The incidence of pollution control policies. In International Yearbook of Environmental and Resource Economics 2006/2007, H. Folmer and T. Tietenberg (eds.). Cheltenham, UK: Edward Elgar Publishers, 2006.

[246] Parry Ian. Are Emissions Permits Regressive? Journal of Environmental Economics and Management, 2004, 47 (2): 364 –387.

[247] Paul Anthony, Dallas Burtraw and Karen Palmer. Compensation for Electricity Consumers under a U. S. CO_2 Emissions Cap. In Reforming Rules and Regulations: Laws, Institutions and Enforcement, Vivek Ghosal (ed.). Cambridge: MIT Press, 2010.

[248] Paul Anthony, Dallas Burtraw and Karen Palmer. Haiku Documentation: RFF's Electricity Market Model Version 2. 0. Washington D. C. : Resources for the Future, 2009b.

[249] Pechman Joseph A. Who Paid the Taxes: 1966 – 85? Washington

D. C. : Brookings Institution, 1985.

[250] Peterson Everett B. and Joachim Schleich. Economic and Environmental Effects of Border Tax Adjustments. Fraunhofer Institute for Systems Innovation Research, Hannover, Germany, 2007.

[251] Pew Research. Fewer Americans see Solid Evidence of Global Warming, 2009 – 10 – 22.

[252] Philibert Cedric. Price Caps and Price Floors in Climate Policy: A Quantitative Assessment. OECD and the International Energy Agency, 2008.

[253] Pindyck Robert S. The Optimal Exploration and Production of Nonrenewable Resources. Journal of Political Economy, 1978, 86: 841 – 861.

[254] Pizer William A. Climate Change Catastrophes. Washington D. C. : Resources for the Future, 2003.

[255] Pizer William A. Combining Price and Quantity Controls to Mitigate Global Climate Change. Journal of Public Economics, 2002, 85 (3): 409 – 434.

[256] Pizer William, James Sanchirico and Michael Batz. Regional Patterns of U. S. Household Carbon Emissions. Climate Change, 2010, 99 (1 – 2): 47 – 63.

[257] Ploeg, Frederick v. d. and Withagen Cees. Is there Really a Green Paradox? CESifo Working Paper No. 2963. Munich: CESifo, 2009.

[258] Poterba James M. Is the Gasoline Tax Regressive? Tax Policy and the Economy, 1991, 5: 145 – 164.

[259] Poterba James. Lifetime Incidence and the Distributional Burden of Excise Taxes. American Economic Review, 1989, 79 (2): 325 – 330.

[260] Rajagopal Deepak, Steven E. Sexton, David Roland – Holst, et al. Challenge of Biofuel: Filling the Tank Without Emptying the Stomach? Environmental Research Letters 2 (November), 2007: 1 – 9.

[261] Rausch Sebastian and Thomas F. Rutherford. Tools for Building National Economic Models Using State – Level IMPLAN Social Accounts. Mimeograph. Cambridge: Massachusetts Institute of Technology, 2009.

[262] Rausch Sebastian, Gilbert E. Metcalf, John M. Reilly, et al. Distributional Impacts of a U. S. Greenhouse Gas Policy: A General Equilibrium Analysis of Carbon Pricing. Chapter 3. In U. S. Energy Tax Policy, Gilbert E. Metcalf (ed.). Cambridge, UK: Cambridge University Press, 2011.

[263] Rausch Sebastian, Gilbert E. Metcalf, John M. Reilly, et al. In press. Distributional Implications of Alternative U. S. Greenhouse Gas Control Measures. The B. E. Journal of Economic Analysis & Policy, 2010.

[264] Roberts Marc J. and Michael Spence. Effluent Charges and Licenses Under uncertainty. Journal of Public Economics, 1976, 5 (3 −4): 193 −208.

[265] Rose − Ackerman Susan. Effluent Charges: Acritique. Canadian Journal of Economics, 1973, 6: 512 −527.

[266] Ross Martin. Documentation of the Applied Dynamic Analysis of the Global Economy (ADAGE). Working Paper 08 −01, Research Triangle Institute, 2008.

[267] Rubio Santiago J. and Escriche Luisa. Strategic Pigouvian Taxation, Stock Externalities and Polluting Non − renewable Resources. Journal of Public Economics, 2001, 79: 297 −313.

[268] Rubio Santiago J. Tariff Agreements and Non − renewable Resource International Monopolies: Prices Versus Quantities. Discussion Paper No. 2005 − 10, Department of Economic Analysis, University of Valencia, Madrid, 2005.

[269] Runge C. Ford and Benjamin Senauer. How Biofuels could Starve the Poor. Foreign Affairs, 2007, 86 (3): 41 −53.

[270] Ruth Mathius, Steve Gabriel, Karen Palmer, et al. Economic and Energy Impacts from Participation in the Regional Greenhouse Gas Initiative: A Case Study of the State of Maryland. Energy Policy, 2008, 36: 2279 −2289.

[271] Rutherford Thomas F. Applied General Equilibrium Modeling with MPSGE as a GAMS Subsystem: An Overview of the Modeling Framework and Syntax. Computational Economics, 1999, 14: 1 −46.

[272] Rutherford Thomas F. CESPreferences and Technology: A Practical Introduction. Mimeograph. University of Colorado, 1995a.

[273] Rutherford Thomas F. Extensions of GAMS for Complementarity Problems Arising in Applied Economic Analysis. Journal of Economic Dynamics and Control, 1995b, 19 (8): 1299 – 1324.

[274] Salo Seppo and Tahvonen Olli. Oligopoly Equilibrium in Nonrenewable Resource Markets. Journal of Dynamic Optimization and Control, 2001, 25: 671 – 702.

[275] Sandmo Agnar. The Public Economics of the Environment. New York: Oxford University Press, 2000.

[276] Santos Georgina and Gordon Fraser. Road Pricing: Lessons from London. Economic Policy, 2006, 21: 264 – 310.

[277] Schmitz A., C. B. Moss and T. G. Schmitz. Ethanol: No Free Lunch. Journal of Agricultural and Food Industrial Organization, 2007, 5 (2): Article 3.

[278] Schrank David and Timothy Lomax. The 2009 Urban Mobility Report. College Station, Texas Transportation Institute, Texas A&M University, 2009.

[279] Searchinger Timothy D., Ralph E. Heimlich, Richard A. Houghton, et al. Use of U. S. Croplands for Biofuels Increases Greenhouse Gases through Emissions from Land Use Change, 2008, Science 319 (5867): 1238 – 1240.

[280] Seidman Laurence and Kenneth Lewis. Compensations and Contributions under an International Carbon Treaty. Journal of Policy Modeling, 2009, 31: 341 – 350.

[281] Shaviro Daniel. When Rules Change: An Economic and Political Analysis of Transition Relief and Retroactivity. Chicago: University of Chicago Press, 2000.

[282] Shiller Robert J. Do Stock Prices Move too much to be Justified by Subsequent Changes in Dividends. American Economic Review, 1981, 71 (3): 421 – 436.

[283] Shiller Robert J. From Efficient Markets Theory to Behavioral Finance. Journal of Economic Perspectives, 2003, 17 (1): 83 – 104.

［284］Sinn Hans – Werner. Public Policies Against Global Warming. International Tax and Public Finance, 2008, 15: 360 – 394.

［285］Skelton George. There's Revenue in those Hills and Offshore. Los Angeles Times, 2009 – 08 – 06.

［286］Small Kenneth A. and Clifford Winston. The Demand for Transportation: Models and Applications. In Transportation Policy and Economics: A Handbook in Honor of John R. Meyer, J. A. Gomez Ibanez, W. Tye and C. Winston (eds.). Washington D. C.: Brookings Institution, 1999.

［287］Small Kenneth A. and Erik Verhoef. The Economics of Urban Transportation. New York: Routledge, 2007.

［288］Small Kenneth A. and Kurt Van Dender. Fuel Efficiency and Motor Vehicle Travel: The Declining Rebound Effect. Energy Journal, 2006, 28: 25 – 52.

［289］Small Kenneth A. Energy Policies for Passenger Transportation: A Comparison of Costs and Effectiveness. Working Paper, University of California, Irvine, CA, 2009.

［290］Small Kenneth A., Clifford Winston and Carol A. Evans. Road Work: A New Highway Pricing and Investment Policy. Washington D. C.: Brookings Institution, 1989.

［291］State Corporate Income Tax Rates, 2000 – 2009. Tax Foundation, 2009a.

［292］Stavins Robert N. Addressing Climate Change with a Comprehensive US Cap – andtrade System. Oxford Review of Economic Policy, 2008, 24 (2): 298 – 321.

［293］Stavins Robert N. Correlated Uncertainty and Policy Instrument Choice. Journal of Environmental Economics and Management, 1996, 30: 218 – 232.

［294］Stern David I. Interfuel Substitution: A Meta – analysis. MPRA Working Paper No. 15792, Arndt – Corden Division of Economics, Research School of Pacific and Asian Studies, Australian National University, 2009.

［295］ Stern Nicholas. Imperfections in the Economics of Public Policy, Imperfections in Markets and Climate Change. Presidential Lecture for the European Economic Association, Barcelona, 2009.

［296］ Stern Nicholas. The Economics of Climate Change: The Stern Review. Cambridge, UK: Cambridge University Press, 2007.

［297］ Stevens Brandt and Adam Rose. A Dynamic Analysis of the Marketable Permits Approach to Global Warming Policy: A Comparison of Spatial and Temporal Flexibility. Journal of Environmental Economics and Management, 2002, 44 (1): 45 – 69.

［298］ Stewart Richard B. and Jonathan B. Wiener. Reconstructing Climate Policy. Washington D. C. : AEIPress, 2003.

［299］ Strand Jon. Taxes and Caps as Climate Policy Instruments with Domestic and Imported Fuels. Chapter 7. In U. S. Energy Tax Policy, Gilbert E. Metcalf (ed.). Cambridge, UK: Cambridge University Press, 2010.

［300］ Strand Jon. Taxes and Caps as Climate Policy Instruments with Domestic and Imported Fuels. Chapter 7. In U. S. Energy Tax Policy, Gilbert E. Metcalf (ed.). Cambridge, UK: Cambridge University Press, 2011.

［301］ Strand Jon. Technology Treaties and Fossil – fuels Extraction. The Energy Journal, 2007, 28: 169 – 181.

［302］ Strand Jon. Who Gains and who Loses by Fossil – fuel Taxes and Caps: Importers Versus Exporters. World Bank, 2009a.

［303］ Strand Jon. Why do Fossil Fuel Exporters Subsidize their own Fuel Consumption? World Bank, 2009b.

［304］ Taylor Jerry and Peter Van Doren. The Ethanol Boondoggle. The Milken Institute Review, 2007, 1: 17 – 27.

［305］ Transportation Research Board. The Fuel Tax and Alternatives for Transportation Funding. Special Report No. 285. Washington D. C. : National Academies Press, 2006.

［306］ Tuladhar S. , M. Yuan P. Bernstein, et al. In Press. A Top – down Bottom – up Modeling Approach to Climate Change Policy Analysis. Energy Economics, 2009.

[307] Uhler Russel S. The Rate of Petroleum Extraction. In Advances in the Economics of Energy and Resources, Robert S. Pindyck (ed.). Greenwich, CT: JAI Press, 1979.

[308] U. S. Census Bureau. American Household Community Survey 2006: Household Income in the Past 12 Months. Washington D. C. : U. S. Census Bureau, 2006.

[309] U. S. Department of Energy, Energy Information Administration. Cost Indices for Domestic Oil Field Equipment and Production Operations, 2009a.

[310] U. S. Department of Energy, Energy Information Administration. Crude Oil Production, 2009c.

[311] U. S. Department of Energy, Energy Information Administration. Crude Oil Reserves, Reserve Changes and Production, 2009b.

[312] U. S. Department of Energy, Energy Information Administration. Natural Gas Liquids Proven Reserves, 2009d.

[313] U. S. Department of Energy, Energy Information Administration. Oil and Natural Gas Production by FRS Companies by Region, 2009e.

[314] U. S. Environmental Protection Agency. Inventory of U. S. Greenhouse Gas Emissions and Sinks: 1990 – 2007. Washington D. C. : Environmental Protection Agency, EPA 430 – R – 09 – 004, 2009.

[315] U. S. EPA. The Effects of H. R. 2454 on International Competitiveness and Emission Leakage in Energy Intensive Trade Exposed Industries: An Interagency Report Responding to a Request from Senators Bayh, Specter, Stabenow, McCaskill and Brown, 2009.

[316] U. S. House of Representatives, Committee on Ways and Means. Testimony of Douglas W. Elmendorf on the Timing of Emission Reductions under a Cap and Trade Program. Washington D. C. : Congressional Budget Office, 2009.

[317] U. S. Senate Committee on Finance. Testimony of Dallas Burtraw.

Hearing on Climate Change Legislation: Allowance and Revenue Distribution. Washington D. C. , 2009.

[318] U. S. Senate Finance Committee Subcommittee on Energy, Natural Resources and Infrastructure. Testimony of Alan B. Krueger, Assistant Secretary for Economic Policy and Chief Economist, U. S. Department of Treasury, 2009 – 09 – 10.

[319] Van Asselt Harro and Thomas Brewer. Addressing Competitiveness and Leakage Concerns in Climate Policy: An Analysis of Border Adjustment Measures in the US and the EU. Energy Policy, 2010, 38: 52 –51.

[320] Vedenov Dmitry and Michael Wetzstein. Toward an Optimal US Ethanol Fuel Subsidy. Energy Economics, 2008, 30: 2073 –2090.

[321] Victor David. The Collapse of the Kyoto Protocol and the Struggle to Slow Global Warming. Princeton: Princeton University Press, 2001.

[322] Webster M. , M. Babiker, M. Mayer, et al. Uncertainty in emissions projections for climate models. Atmospheric Environment, 2002, 36 (22): 3659 –3670.

[323] Wei Jiegen. Fossil Endgame? Strategic Pricing and Taxation of Oil in a World of Climate Change. PhD thesis, Department of Economics, University of Gothenburg, Sweden, 2009.

[324] Weisbach David A. and Jacob Nussim. The Integration of Tax and Spending Programs. Yale Law Journal, 2004, 113: 995.

[325] Weisbach David. Instrument Choice is Instrument Design. Chapter 4. InU. S. Energy Tax Policy, Gilbert E. Metcalf (ed.). Cambridge, UK: Cambridge University Press, 2011.

[326] Weisbach David. Instrument Choice Is Instrument Design. Washington D. C. : American Tax Policy Institute, 2009.

[327] Weitzman Martin L. Prices vs Quantities. Review of Economic Studies, 1974, 41 (128): 477 –491.

[328] Weitzman Martin L. Optimal Rewards for Economic Regulation. American Economic Review, 1978, 68: 683 –691.

[329] Weitzman Martin, L. Onmodeling and Interpreting the Economics of Catastrophic Climate Change. Review of Economics and Statistics, 2009, 91: 1 - 19.

[330] Weitzman Martin. Prices vs. Quantities. Review of Economic Studies, 1974, 41 (4): 477 - 491.

[331] West Sarah and Roberton C. Williams. Optimal Taxation and Cross - price Effects on Labor Supply: Estimates of the Optimal Gas Tax. Journal of Public Economics, 2007, 91: 593 - 617.

[332] West Sarah and Roberton C. Williams. Estimates from a Consumer Demand System: Implications for the Incidence of Environmental Taxes. Journal of Environmental Economics and Management, 2004, 47: 535 - 558.

[333] Whalley John. On the Effectiveness of Carbon - motivated Border Tax Adjustments. Working Paper No. 63, Asia - Pacific Research and Training Network on Trade Working Paper Series, 2009.

[334] White Michelle. The "Arms Race" on American Roads: The Effect of SUV's and Pickup Trucks on Traffic Safety. Journal of Law and Economics, 2004, 47: 333 - 356.

[335] Williams Roberton C. Ⅲ. An Estimate of the Second - best Optimal Gasoline Tax Considering both Efficiency and Equity. Working Paper, University of Maryland, Baltimore, MD, 2009.

[336] Williams Roberton. An Estimate of the Second - best Optimal Gasoline Tax Considering both Efficiency and Equity. Working Paper, University of Maryland and University of Texas at Austin, 2009.

[337] World Trade Organization. Trade and Environment at the WTO, 2004.

[338] Yucel Mine K. Dynamic Analysis of Severance Taxation in a Competitive Exhaustible Resource Industry. Resources and Energy, 1986, 8: 201 - 218.

[339] Yucel Mine K. Severance Taxes and Market Structure in an Exhaustible Resource Industry. Journal of Environmental Economics and Manage-

ment, 1989, 16: 134 – 148.

[340] Zhang Z. X. Meeting the Kyoto Targets: The Importance of Developing Country Participation. Paper Presented at the International Conference on Reconstructing Climate Policy after Marrakech, Honolulu, HI, Elsevier Science, 2003.

作者名单

本书是由美国税收政策协会（American Tax Policy Institute）在美国华盛顿特区主办的能源税收会议论文组成，作者和评论者如下。

Roseanne Altshuler，华盛顿特区城市协会税收政策中心（Tax Policy Center，The Urban Institute）主任

Joshua Blonz，华盛顿特区未来资源研究所（Resources for the Future）助理研究员

Dallas Burtraw，华盛顿特区未来资源研究所（Resources for the Future）高级研究员

Curtis Carlson，华盛顿特区美国财政部税收分析办公室（Office of Tax Analysis）金融经济学家

Ujjayant Chakravorty，加拿大艾伯塔省埃德蒙顿市艾伯塔大学（University of Alberta）商学院经济学系，加拿大研究会主席、教授

Harry de Gorter，纽约州伊萨卡市康奈尔大学（Cornell University）应用经济与管理系教授

Terry M. Dinan，华盛顿特区美国国会预算局（Congressional Budget Office）高级顾问

Susan Esserman，华盛顿特区美国斯特博特强生律师事务所（Steptoe and Johnson，LLP）合伙人

Don Fullerton，伊利诺伊州香槟市伊利诺伊大学（University of Illinois）厄巴纳—香槟分校金融学 Gutgsell 教授

Shelby Gerking，佛罗里达州奥兰多市佛罗里达中央大学（University of Central Florida）经济学 Galloway 教授

Lawrence Goulder，加里弗尼亚州斯坦福市斯坦福大学（Stanford University）环境和资源经济学 Shuzo Nishihara 教授

Dan Greenbaum，马萨诸塞州波士顿市健康影响研究所（Health Effects Institute）所长

Kevin Hassett，华盛顿特区美国企业研究所（American Enterprise Institute）经济政策研究主任、高级研究员

David R. Just，纽约州伊萨卡康奈尔大学（Cornell University）应用经济与管理系副教授

Louis Kaplow，马萨诸塞州坎布里奇哈佛法学院（Harvard Law School）Finn M. W. Caspersen 和法律经济学 Household International Professor

Andrew Leach，加拿大艾伯塔省埃德蒙顿市艾伯塔大学（University of Alberta）商学院助理教授

Charles E. McLure, Jr.，加里弗尼亚州斯坦福市斯坦福大学（Stanford University）胡佛研究所（Hoover Institution）高级研究员（名誉）

Gilbert E. Metcalf，马萨诸塞州梅福德市塔夫茨大学（Tufts University）经济系教授

Richard D. Morgenstern，华盛顿特区未来资源研究所高级研究员

Adele Morris，华盛顿特区布鲁金斯学会（Brookings Institution）气候与能源经济学政策主任、研究员

Sergey Paltsev，马萨诸塞州坎布里奇市麻省理工学院（MIT）联合计划"全球变化的科学和政策"首席研究员

Ian W. H. Parry，华盛顿特区未来资源研究所 Allen Kneese 高级研究员

Sebastian Rausch，马萨诸塞州坎布里奇市麻省理工学院（MIT）联合计划"全球变化的科学和政策"研究员

John M. Reilly，马萨诸塞州坎布里奇市麻省理工学院（MIT）联合计划"全球变化的科学和政策"主任

Stephen Salant，密歇根州安阿伯市 University of Michigan（University of Michigan）经济学教授

Jon Strand，华盛顿特区世界银行环境能源团队研发组，挪威奥斯陆奥斯陆大学（University of Oslo）经济系

Eric Toder，华盛顿特区城市协会机构研究员

Margaret Walls，华盛顿特区未来资源研究所高级研究员

David Weisbach，伊利诺伊州芝加哥市芝加哥大学（University of Chicago）法学院 Walter J. Blum 教授

Roberton C. Williams Ⅲ，马里兰州大学公园市马里兰大学（University of Maryland）农业和资源经济副教授

Brent Yacobucci，华盛顿特区美国国会研究处（Congressional Research Service）能源和环境政策专家

后　记

　　本译著主要由吕凌燕、陈文勤翻译，翻译初稿工作由美国洛约拉马利蒙特大学刘天文（第7章、第8章、第10章）、忻州师范学院聂莉斌（第3章与第5章）、中国地质大学（武汉）张卉和何子健合作完成，统稿和校审由武汉大学钟晓、中国地质大学（武汉）曹勐菲协助完成。

　　当前我国处于经济高速发展阶段，但是能源紧张、消耗量大、能源利用效率不高的现状，成为制约经济发展、影响环境质量的隐患，而这本关于美国能源税的众多学者智慧的结晶，对于能源税政策进行了相关的评估，并从经济学角度探讨碳定价的影响、碳定价的设计特征，从更大的视野上研究能源市场上更广泛的环境问题。这些能够为我国在能源税的制定上提供更多思考的方向和路径，对于能源和环境、社会、经济的关系及相互作用有一个更加深刻的理解。

　　在本书出版之际，感谢经济科学出版社的支持，感谢美国洛约拉马利蒙特大学刘天文，忻州师范学院聂莉斌，中国地质大学（武汉）张卉和何子健、曹勐菲，以及武汉大学钟晓的支持和帮助。更应该感谢中国地质大学（武汉）公共管理学院法学系全体同事的帮助，本书的出版凝聚了大家的共同智慧，是集体智慧的结晶。